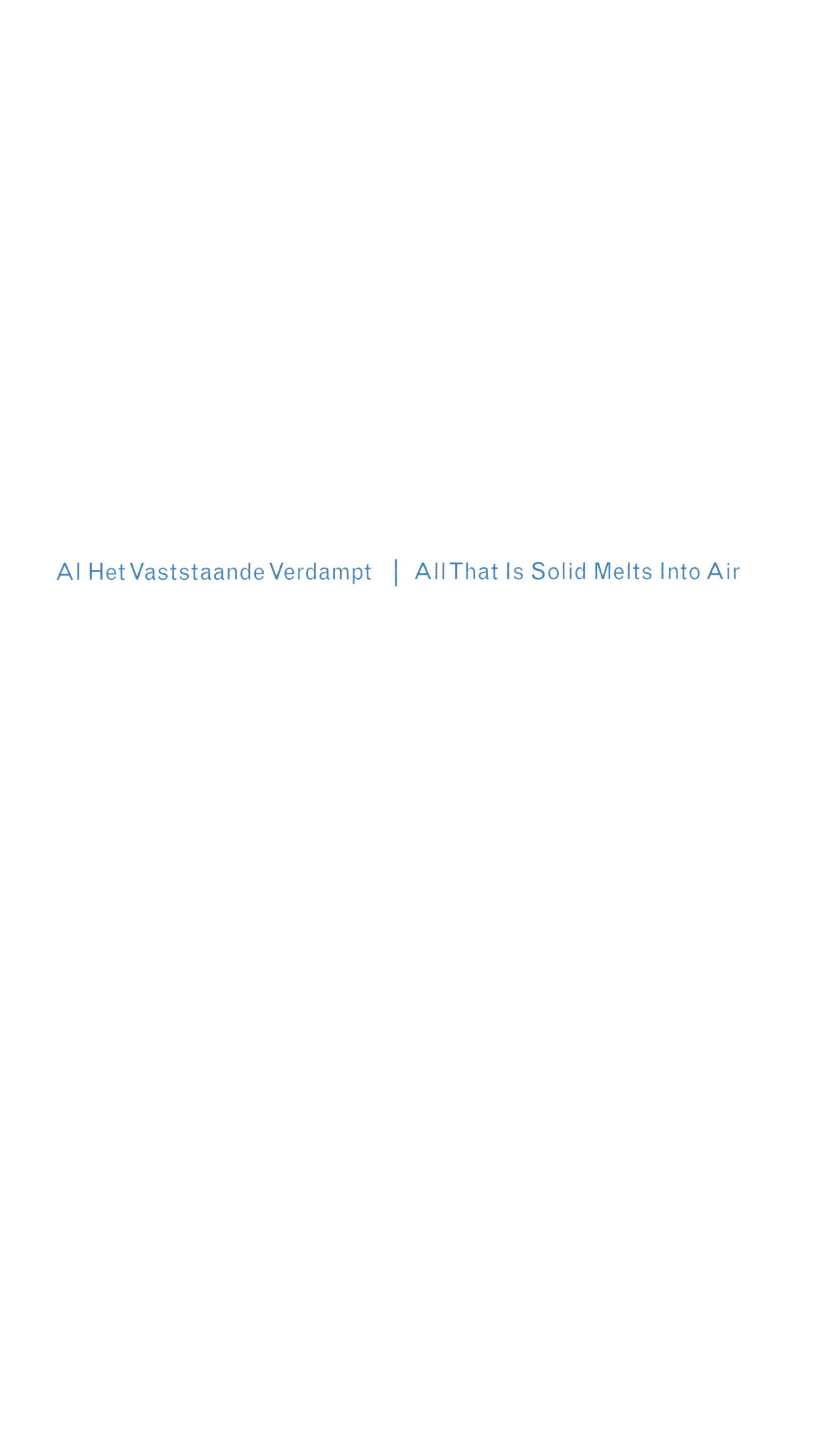
Al Het Vaststaande Verdampt | All That Is Solid Melts Into Air

Al Het Vaststaande Verdampt

Vijf Reflecties over Materialistische Spiritualiteit in de Hedendaagse Kunst

All That Is Solid Melts Into Air

Five Reflections on Materialist Spirituality in Contemporary Art

Voorwoord

Toen we ruim twee jaar geleden bij Bart De Baere om deskundig advies vroegen voor de ontwikkeling van een groot hedendaags kunstproject binnen het culturele evenement *Stadsvisioenen*, vonden we meteen enthousiast gehoor. De directeur van het Museum voor Hedendaagse Kunst in Antwerpen was zo gecharmeerd door het opzet dat hij besloot zelf de uitdaging aan te gaan en met zijn volledige team in de lente van 2009 van Antwerpen naar Mechelen te verhuizen. Het MuHKA strijkt er neer in en rond de Mechelse cultuursite aan de Melaan en bouwt samen met de stedelijke partners van het cultuurcentrum en de academie een visionaire tentoonstelling uit met kunstwerken van actuele kunstenaars uit binnen- en buitenland.

De tentoonstelling vormt een belangrijke pijler van het ambitieuze culturele stadsproject dat Mechelen om de drie jaar wil organiseren. Stadsbewoners worden verwend met een waaier van hartverwarmende activiteiten en bezoekers ontdekken een feestelijke en artistieke stad die haar historische rijkdom en bonte verscheidenheid uitnodigend tentoonspreidt. Kwaliteit en maatschappelijke inzet zijn daarbij essentiële ingrediënten.

Voor die driejaarlijkse culturele hoogdagen laten we ons graag inspireren door authentieke, al dan niet historische, Mechelse componenten. Dit jaar vonden we inspiratie bij de 450ste verjaardag van het aartsbisdom Mechelen. Naar aanleiding van die kerkelijke verjaardag willen we de stad bevragen. Stilstaan om te peilen naar wat ook in die cruciale 16de eeuw aan de orde was, en wat des te meer aan de orde is als mensen worstelen met levensbeschouwing en religie. Een tijdloze, universele vraag naar zingeving, naar het overstijgen van het hier en nu, het *hic et nunc*, een vraag ook naar dromen en toekomstbeelden. Een cultureel topevenement als uitnodiging om de nieuwe stedelijke samenleving in al haar vormen te verbeelden. Visioenen van een stad. *Stadsvisioenen.*

Het programma van *Stadsvisioenen* wordt gedragen door twee internationale projecten. De eigenzinnige cultuurhistorische tentoonstelling *De Hemel in Tegenlicht* is daar één van. Ze gaat in op het historische gegeven een aartsbisschoppelijke stad te zijn en op de betekenis daarvan voor de zoekende stads- en dorpsbewoner in de ruime geografische context van de kerkprovincie.

Het is belangrijk de geschiedenis van onze stad voortdurend te actualiseren. Toch krijgt die historische reflectie alleen maar voldoende relevantie als ze haar plaats vindt in een dynamische toekomstvisie. En wie anders dan beeldende kunstenaars kunnen die visionaire taak op zich nemen? Alleen kunst slaagt erin om de beperkingen van de materialistische wereld te overstijgen en ons een blik te gunnen op de ideële werkelijkheid van verwachtingen, dromen en fantasieën. Daarom is de manifeste aanwezigheid van eigentijdse kunstuitingen noodzakelijk. En die complementaire aanvulling vinden we in het project van het MuHKA.

De vijfdelige tentoonstelling van hedendaagse kunst die zich op de cultuursite afspeelt, richt zich volledig op de spirituele component die de kerkelijke verjaardag met zich meebrengt. Ze brengt binnen- en buitenlandse kunstenaars bijeen rond het ogenschijnlijk paradoxale thema van een 'materialistische spiritualiteit'. De klemtoon ligt daarbij op de fundamentele spanning tussen het materiële 'zijn' van de kunst en de spiritualiteit die de kunst in en door dat materiële mogelijk maakt. Het geheel kreeg de titel *All That Is Solid Melts Into Air*, een citaat uit het *Communistisch Manifest*. Er wordt met name gezocht naar wat er overblijft nadat 'al het vaststaande verdampt' is. En over het blijvende verlangen naar iets 'anders' en iets 'meer', het herontdekken van de 'betovering' zoals de makers van deze tentoonstelling het in hun inleiding aangeven.

Het initiatief is vernieuwend voor onze stad en neemt in zijn project de eigen dynamische actuele kunstorganisaties, de Garage, BKSM en Galerij Transit, met zich mee. Deze laatste zette samen met het MuHKA een artistiek voortraject op het getouw om de stad alvast voor te bereiden op wat komen zou. De voorliggende publicatie vormt een blijvende getuigenis van een boeiend en verrijkend samenwerkingstraject dat resulteert in een unieke kunsttentoonstelling.

Als burgemeester wil ik het MuHKA en zijn directeur danken voor de betrokkenheid waarmee ze van bij het begin het culturele traject hebben opgevolgd. De inzet van expertise, mensen en middelen van dit toonaangevende Vlaamse museum met internationale uitstraling geeft het stedelijk cultuurevenement niet alleen allure, maar ook stevige wortels voor een duurzame ontwikkeling. Bovendien ben ik ervan overtuigd dat de tentoonstelling *All That Is Solid Melts Into Air* aan Mechelen inspiratie zal leveren voor een verdere groei naar een open, ontvankelijke en gastvrije ruimte. Niet alleen als een krachtig visioen voor de stad, maar ook als een betoverende belevenis voor al haar bezoekers.

BART SOMERS
Burgemeester van Mechelen

Foreword

Over two years ago, Bart De Baere responded enthusiastically when we sought his expert advice on setting up a major contemporary art project within the *City Visions*. The director of the Antwerp Museum of Modern Art (MuHKA) was so charmed by the proposal that he decided to tackle the challenge and move his complete team from Antwerp to Mechelen in the spring of 2009. MuHKA will alight in and around the cultural site on Melaan in Mechelen, where it will develop a visionary exhibition with the cultural centre's municipal partners and the academy, exhibiting art by contemporary artists from home and abroad.

The exhibition is an important mainstay of an ambitious city project that is part of a long-term plan to shine a festive, cultural spotlight on Mechelen every three years. City residents are treated to a range of heart-warming activities, while visitors are invited to explore a festive and artistic city that has spread out its historical wealth and colourful diversity for their enjoyment. Quality and social commitment are essential ingredients in the exhibition.

We are pleased to draw inspiration for this triennial cultural feast from historical and other elements typical of Mechelen. This year we drew our inspiration from the 450th anniversary of the establishment of the Roman Catholic Archdiocese of Mechelen. This ecclesial commemoration offers us an excellent opportunity to hold the city up to examination, to pause to assess what it was that was so important in that crucial sixteenth century, and what it is that becomes all the more important in those times when people wrestle with world-views and religion. The timeless, universal thirst for meaning, the need to surpass the everyday, the hic et nunc, is also a thirst for dreams and hopes for the future. This cultural event is an invitation to depict the new municipal society in all its aspects. It presents one city's *City Visions*.

The *City Visions* programme rests on two international projects. One of them is a fractious exhibition of cultural history called *Backlit Heaven*. It addresses the historical fact that Mechelen is a Roman Catholic archiepiscopal seat, and what this means for searching local citizens in the broad geographical context of the church province.

While it is important to keep the history of our city up-to-date, this historical reflection can only maintain sufficient relevance when it is placed within a dynamic view of the future. Surely the visual artists are best suited to undertake the visionary task of 'seer'? Art alone transcends the restrictions of the material world to grant us a peek at the idealised reality of expectations, dreams and fantasies. That is why we need the manifest presence of modern artefacts. We find this complement in MuHKA's project.

The quinary exhibition of contemporary art being held on the cultural site fully concentrates on the spiritual component that the ecclesial commemoration evokes. Artists from home and abroad converge to focus on the apparently paradoxical theme of *materialist spirituality*. The emphasis lies on the fundamental dissonance between the material 'being' of art and the spirituality that permits art to live in and through the material. The exhibition received the title *All That Is Solid Melts Into Air*, which is taken from an apposite expression in the *Communist Manifesto*. It is marked by the search for what remains when all that is solid has melted, and by the residual desire for something 'else' and something 'more', a re-discovery of 'enchantment', as those who set up this exhibition express in their introduction.

The project has been tailored to our city, incorporating our own dynamic, contemporary art organisations: Garage, the Stroombeek-Mechelen Visual Arts Centre (BKSM) and the Transit Gallery. The Transit Gallery joined MuHKA in setting up an artistic project to give the city a foretaste of what is to come. The publication you have in hand is a permanent memento of the invigorating and enriching cooperation that led to a unique art exhibition.

As mayor, I would like to express my thanks to MuHKA and its director for the dedication with which they have followed up on this cultural project from its inception. The commitment of expertise, people and resources by this leading Flemish contemporary art museum of international repute not only lends allure to the municipal cultural event, it also lays the foundation for long-term development. Moreover, I am convinced that *All That Is Solid Melts Into Air* will be an additional inspiration for Mechelen to become an open, receptive and hospitable city, and will provide it with a forceful vision and an enchanting experience for all its visitors.

BART SOMERS
Mayor of Mechelen

Ten geleide

De uitnodiging van de stad Mechelen aan mezelf en het Museum van Hedendaagse Kunst te Antwerpen om een tentoonstelling te maken voor het project *Stadvisioenen*, was voor ons een uitgelezen kans. We vinden het belangrijk – zelfs essentieel – om na een periode van beheer, beleid en professionalisme maatschappelijk opnieuw de focus te leggen waar hij volgens ons hoort, bij de vraag wat ons allen samen en elk op zich voortdrijft. In onze beleidsnota van enkele jaren geleden spraken we daartoe over metaforen; het MuHKA wil beelden zoeken waarmee we onze positie en ambities kunnen verhelderen.

Dit hebben we trachten te doen in deze publicatie en in het grootschalige tentoonstellingsproject *All That Is Solid Melts Into Air* dat het MuHKA speciaal voor *Stadsvisioenen* ontwikkelde en waarbinnen deze publicatie kadert. Onder deze globale titel, die aan een beroemde passage uit het *Communistisch Manifest* van Marx en Engels werd ontleend, tekende het vijfkoppige presentatieteam van het MuHKA een sequens uit van vijf afzonderlijke tentoonstellingen, met de respectieve titels *Niet Niets*, *Het Werk*, *De Maakbare Mens*, *Het Ding* en *The Search of the Spirit*. De vijf tentoonstellingen, die in de afzonderlijke hoofdstukken van dit boek worden weerspiegeld, werpen elk op hun manier een 'verhelderend', essayistisch licht op de centrale vraagstelling van het presentatieproject als geheel – die van de paradox van wat we doorheen het hele project een *materialistische spiritualiteit* hebben genoemd. Waar ergens bevindt zich de hedendaagse kunst binnen het spectrum van rivaliserende claims op een 'nieuwe spiritualiteit' in onze samenleving, en wat voor een spiritualiteit kan de hedendaagse kunst puren uit de naakte feiten van haar zowel materiële als materialistische grondslagen? Algemener: is er een vorm van spiritualiteit denkbaar die strikt immanent blijft, waarin de materiële omstandigheden van ons leven niet worden losgelaten? En welke rol kan de hedendaagse kunst hierbij spelen, of speelt ze reeds binnen onze 'postseculiere maatschappij'?

Deze vraagstelling wordt in dit boek diepgaander belicht in het inleidende essay van de hand van Dieter Roelstraete en mezelf. Daarna volgen vijf hoofdstukken, de discursieve neerslag van de verschillende tentoonstellingsprojecten die door de MuHKA-curatoren werden samengesteld; elk hoofdstuk bestaat uit een beschouwend essay, een 'historische' tekst die als referentie functioneert, een beeldessay met werk van de deelnemende kunstenaars, en korte biografische schetsen van deze verschillende kunstenaars.

Meer dan een loutere tentoonstellingscatalogus of handleiding bij een presentatieproject is dit boek een autonome entiteit die, zoals de ondertitel belooft, 'vijf reflecties over materialistische spiritualiteit in de hedendaagse kunst' bevat – ingeleid door een reflectie over dit reflecteren, over de noodzaak en wenselijkheid ervan. Met dit boek geeft het MuHKA zo verder gestalte aan het voortdurende denkproces van zijn zowel kritische als empathische omgang met de hedendaagse beeldcultuur, en de hedendaagse kunst in het bijzonder – geeft het vorm aan een opvatting van kunst als een uitdrukking van en reflectie op een *materialistische spiritualiteit*.

De titel van het hele project, *All That Is Solid Melts Into Air*, werd poëtisch vertaald door de symbolistische dichter Herman Gorter als 'al het vaststaande verdampt'. Dit blijkt een profetische zin te zijn geweest, verder strekkend dan de auteurs zelf wellicht dachten. Ook het marxisme is inmiddels opgegaan in dunne lucht, en hetzelfde lijkt dezer dagen te gebeuren met zijn tegenstander van oudsher, het kapitalisme. Ooit betekende de 'verdamping' van een streng hiërarchisch, 'vaststaand' wereldbeeld een revolutionaire bevrijding voor de kunst. Via de kunst konden na de revolutie van de moderniteit de resten, sporen en indrukken van een andersoortige ('nieuwe') sacraliteit worden gezocht in het alledaagse en profane. Wat betekent het precies wanneer het museum als de kerk van vandaag wordt bestempeld? 'Al het vaststaande verdampt' als metafoor duidt niet op de maalstroom van de moderni-

teit, zoals de Amerikaanse denker Marshall Berman dit deed, maar kijkt om zich heen en vraagt zich af wat onze toekomstige ruimte kan zijn nadat de verdamping voltrokken is.

BART DE BAERE
Directeur van het MuHKA

Preface

The invitation that the city of Mechelen sent to me and to Antwerp's Museum of Modern Art (MuHKA) to design an exhibition for the *City Visions* project, offered a fantastic opportunity. In our view, it is essential – after a period marked by paperwork, policy and professionalism – to refocus our attention on what spurs our community and each of its members. A policy paper we drafted a few years ago spoke of finding metaphors; Antwerp's Museum of Modern Art wants to seek images that can illustrate our position and ambitions.

The book you are holding and the large-scale exhibition project entitled *All That Is Solid Melts Into Air*, of which it is a part, and which MuHKA developed specially for *City Visions*, are attempts to achieve this objective. Under this overarching title borrowed from a famous passage from Marx and Engels' *Communist Manifesto*, MuHKA's five-member presentation team mapped out a sequence of five separate exhibitions entitled *Not Nothing*, *The Work*, *The Man-Made*, *The Thing* and *The Search for the Spirit*. Each of the five exhibitions, described in a separate chapter of this book, sheds elucidating, essayistic light on the presentation project's principal question which, throughout the project, we have consistently termed *materialist spirituality*. Where is contemporary art's place within the spectrum of rival claims to a 'new spirituality' in our society and what kind of spirituality can contemporary art distil from the naked facts of its material and materialist foundation? Put more simply: is it possible to imagine a type of strictly immanent spirituality that does not relinquish life's material condition? And what role could modern art play in this, or does it already have a role in our 'post-secular society'?

This book elucidates this ambitious blanket issue in the introductory essay by Dieter Roelstraete and me. The subsequent five chapters contain the discursive outcome of the various exhibition projects that the MuHKA curators compiled; each chapter consists of a deliberative essay, a 'historical' text that serves as reference, a visual essay with work by the participating artists and brief biographical notes on these artists.

This book is more than a mere exhibition catalogue or manual accompanying a presentation project. It is an autonomous entity that contains, as the subtitle promises, 'five meditations on materialist spirituality in contemporary art' – introduced by a reflection on this reflection, on its necessity and desirability. With this book, MuHKA continues to shape continuing thought on this critical and empathic interaction with contemporary visual culture and contemporary art; it moulds a view of art as an expression of and reflection on *materialist spirituality*.

The Dutch version of *All That Is Solid Melts Into Air*, was poetically translated by the symbolist poet Herman Gorter as 'al het vaststaande verdampt'. This proved to be a prophetic phrase that extended further than the authors originally intended since Marxism, too, has disappeared into thin air, and today the same seems to be happening to its long-standing sparring partner, capitalism. There was a time when the 'melting' of a stringently hierarchical, 'hard-and-fast' worldview would have meant a revolutionary liberation for art. After modernity's revolution, art could seek the remainders, traces and impressions of a different type of (a 'new') sacrality in the everyday and profane.

What does it mean when the museum is labelled today's church? A*ll That Is Solid Melts Into Air* as a metaphor does not refer to the vortex of modernity, as the American thinker Marshall Berman believed. Rather, it looks at what is around it and wonders what our space will be like in the future when all the melting has ended.

BART DE BAERE
Director of MuHKA

Wanneer al het vaststaande verdampt

De voortdurende omwenteling van de productie, de onafgebroken schok
aan alle maatschappelijke toestanden, de eeuwige onzekerheid en beweging
onderscheidt de bourgeoisperiode van alle andere. Alle vaste, ingeroeste
verhoudingen met hun gevolg van eerwaardige voorstellingen en zienswijzen
worden opgelost, alle nieuwgevormde verouderen, voordat zij zich kunnen verstenen.
Al het feodale en al het vaststaande verdampt, al het heilige wordt ontwijd,
en de mensen zijn eindelijk gedwongen hun plaats in het leven, hun wederzijdse
betrekkingen met nuchtere ogen te aanzien.

Karl Marx & Friedrich Engels, *Het Communistisch Manifest,*
vertaald door Herman Gorter

Het is inmiddels meer dan twee jaar geleden dat het curatorenteam van het museum voor hedendaagse kunst in Antwerpen werd uitgenodigd om een bijdrage te leveren aan het grootschalige stadsproject *Stadsvisioenen*, en meer dan een jaar geleden dat die bijdrage, in een bevlogen polemische bui, *All That Is Solid Melts Into Air* werd gedoopt – naar die beroemde passage uit het Communistisch Manifest van Karl Marx en Friedrich Engels die door de grote Nederlandse dichter Herman Gorter met de woorden 'al het vaststaande verdampt' werd vertaald.

Gezien de klerikale context van het project *Stadsvisioenen* – de concrete aanleiding blijft immers, onontkenbaar, de viering van de vestiging, exact vierhonderdvijftig jaar geleden, van het Belgische aartsbisdom in Mechelen – en gezien de spirituele claims en ambities van ons eigen tentoonstellingsproject – een reeks van vijf tentoonstellingen die samen een licht willen werpen op het spirituele potentieel[1] van de hedendaagse kunstervaring – kan die keuze misschien controversieel, zelfs gewild provocatief lijken: is het *Communistisch Manifest*

(preciezer: *het Manifest van de Communistische Partij*) immers niet bij uitstek een document dat als geen ander heeft bijgedragen tot het historisch onomkeerbare proces van *onttovering* en *secularisering* dat die andere grote negentiende-eeuwse Duitse filosoof, Friedrich Nietzsche, tot de apocalyptische conclusie van de dood van God heeft verleid? Stond Marx' en Engels' manifest niet aan de wieg van een radicaal, dogmatisch materialisme waarin iedere vorm van religieuze ervaring, elke spirituele aanvechting en elk mystiek verlangen even bewust als genadeloos werden gereduceerd tot ideologisch zelfbedrog, tot de verwerpelijke machinaties van een illusoir, 'vals bewustzijn'? Hoe kan een tentoonstelling als de onze, die zich expliciet tot doel stelt het kunstwerk, het kunstenaarschap en de artistieke ervaring als de potentiële site van een *spirituele* belevenis te omschrijven, de in steen gehouwen mozaïsche tien geboden van het marxistische evangelie als uitgangspunt nemen zonder in een gemakzuchtig en dus oninteressant cynisme te vervallen? (Het hoeft geen verder betoog dat onze wereld meer dan ooit behoefte heeft aan de herovering van dergelijke sites, zoals door de massale opflakkering van religieuze passies overal ter wereld ten overvloede wordt bewezen – alsook door de industriële proporties van wat sinds enkele decennia *new age* heet.)

Het antwoord op deze vragen is eenvoudiger en minder retorisch dan het lijkt: door dit

---

1 — Het duizendvoudige gamma aan nuances dat religie, religiositeit – op zich al een fundamenteel onderscheid – spiritualiteit en transcendentie (om mystiek, godsdienst en geloof nog maar onvermeld te laten) van elkaar scheidt, kunnen we hier om voor de hand liggende redenen niet verder uitspitten. We hanteren in wat volgt doelbewust het inclusieve begrip 'spiritualiteit': de allusie op een *geestelijke* (spirituele) essentie is van des te groter belang wegens de hierin geïmpliceerde tegenstelling met een *materiële* essentie – zonder welke kunst als zodanig immers ondenkbaar is.

Communistisch Manifest niet alleen maar als een intussen deels gediscrediteerd politiek-historisch document (over de klassenstrijd, over het kapitalisme, over het socialistische utopia) te lezen, maar bovenal als een meeslepende analyse en bijna lyrische getuigenis – Marx' historische reputatie staat onveranderlijk een nuchtere appreciatie van zijn formidabele literaire talenten in de weg – van wat het betekent om deel te hebben aan het avontuur van de moderniteit, aan de ervaring van het 'modern zijn', het 'hier en nu leven', een ervaring die bovenal wordt getekend door het fatale, desoriënterende besef dat er niet langer scherpe grenzen kunnen worden getrokken tussen het sacrale en het profane, en tussen het goddelijke en het menselijke, dat alle waarden op hun kop (kunnen) worden gezet, en dat alle conventies, hiërarchieën en tradities onherroepelijk onderuit (kunnen) worden gehaald: kortom, dat 'al het vaststaande' tot onherroepelijk 'verdampen' is gedoemd.[2]

Het sacrale en/of het profane – het hoge woord is eruit, de heilige tweevuldigheid is eindelijk gevallen: centraal in *All That Is Solid Melts Into Air* troont het gedeelde vermoeden dat moderne en hedendaagse kunst – en laten we er maar van uitgaan dat de hedendaagse kunst nog steeds modern is (het tegenovergestelde, daarentegen, is natuurlijk niet noodzakelijk even waar) – 'iets' met deze dichotomie, deze spanning, deze dubbelzinnigheid te maken heeft. Wat dat 'iets' nu precies mag zijn (Oorzaak? Gevolg? Effect?) hopen we met deze tentoonstelling en dit begeleidende boek deels duidelijk te kunnen maken – indien nodig door enkel en alleen maar de vraag ernaar met hernieuwde rigueur en urgentie te stellen. De relatie van de kunst tot deze dialectische tweespalt van het sacrale ('heilige', spirituele) enerzijds en het profane ('wereldse', materiële) anderzijds kan natuurlijk op een bijzonder lange voorgeschiedenis bogen, en het is geenszins onze ambitie deze geschiedenis zelfs maar minimaal in kaart te brengen – dat hebben zovelen voor ons al zoveel beter gedaan.[3] In zekere zin zouden we immers kunnen stellen dat de geschiedenis van de kunst zélf (zeker in haar 'moderne', seculiere hoedanigheid) als

de historische ontwikkeling van deze tweespalt zou kunnen worden geïnterpreteerd, herschreven en herlezen. De genealogie van de kunst is nauw verstrengeld met de prehistorie van de religieuze ervaring (de allereerste 'kunstwerken' zijn steevast ook de oudste afgodsbeelden), en de historische strijd van haar ontvoogding en 'modernisering' – de vestiging van de autonome, moderne kunst-idee – is al even ondenkbaar zonder de bredere maatschappelijke tendens van onttovering en secularisering. Voor de Duitse filosoof Hegel, aan wie we het moderne concept van de geschiedenis als een progressief proces van ontwikkeling te danken hebben (en wiens monumentale invloed op het gedachtegoed van Marx en Engels welbekend is), verrees het wonder van de kunst niet zonder reden in het braakliggende niemandsland tussen traditionele religie en moderne (dat wil zeggen, *zijn*) filosofie: het geloof in de kunst is pas écht mogelijk *nadat* het traditionele geloof in een God zijn beste tijd heeft gehad – maar het blijft daarin volgens Hegel wel onverminderd om *geloof* gaan, en de cultus van de moderne kunst heeft de afgelopen anderhalve eeuw vaak genoeg welhaast kerkelijke dimensies aangenomen. Vandaar immers ook de hoogst problematische, symptomatische vergelijking van het museum, in onze hedendaagse ontheiligde, spiritueel op drift geslagen samenleving, met de kerk van weleer.[4]

---

2 — Door het Communistisch Manifest om precies deze redenen actueel en relevant te noemen, bekennen we ons automatisch ook tot een gedeeld geloof in de persistentie van de moderniteit – 'geloven' we nog steeds in een *moderne* wereld te leven. Om de bekende boutade van Bruno Latour te parafraseren – en op zijn kop te zetten bovendien: *nous n'avons jamais été postmodernes. All That Is Solid Melts Into Air* is overigens ook de titel van een boek van de Amerikaanse marxistische cultuurfilosoof Marshall Berman over 'the experience of modernity'; Berman publiceerde zijn boek in 1982, toen het postmodernisme zich langzaam maar zeker als nieuwe academische doxa begon te vestigen.

3 — Een exhaustief overzicht geven van relevante recente tentoonstellingen zou ons ook al te ver leiden, maar enkele veelzeggende titels die niet mogen ontbreken zijn *Traces du sacré* (Centre Pompidou, 2008); *The Soul (or, Much Trouble in the Transportation of Souls)*, een onderdeel, naast *Principle Hope*, van Manifesta 7, 2008; *God & Goods. Spirituality & Mass Confusion* (Villa Manin, 2008); *I Believe* (een onderdeel van de tweede biënnale van Moskou, 2007) en *Mystic Truths* (Auckland Art Gallery, 2007). De meest consistente en complete exploratie van het discursieve veld rond die problematiek vormde de centrale inzet van het dubbele onderzoeksproject *Concerning the Post-Secular* en *The Return of Religion and Other Myths* in BAK in Utrecht.

Om die dialectische tweespalt in nog andere termen te typeren: in tijden van hoog oplaaiende religieuze passies, wanneer de hele wereld eensgezind aan de wil Gods onderworpen lijkt, wordt uitgerekend de kunstenaar het snelst van ketterij verdacht, en resulteren de gespannen verhouding tussen individuele creativiteit en collectieve religiositeit even vaak als onverwacht in beschuldigingen van blasfemie – dat wil zeggen, precies dat proces van 'ontheiliging' dat met de dageraad van de moderniteit zelf samenvalt. In tijden van bodemloos materialisme en cynische goddeloosheid gaat van diezelfde wereld van de kunst dan weer omgekeerd een onmiskenbare, haast religieuze aantrekkingskracht uit, en lijkt het kunstwerk opeens een eenzaam godsbewijs in een dorre, onttoverde, door louter economisch denken gedirigeerde wereld.

Of we nu in een tijd van hoog oplaaiende religieuze passies dan wel in een tijd van bodemloos materialisme en cynische goddeloosheid leven, laten we momenteel in het midden – we leven in beide tijden *tegelijk* natuurlijk, en de verwarring die daar onvermijdelijk uit voortvloeit hangt nauw samen met het primordiale gevoel van ambiguïteit en onzekerheid, de 'verdamping' van 'al het vaststaande', dat de moderne conditie als dusdanig ingebakken lijkt – maar vast staat alleszins dat er vandaag met hernieuwde belangstelling naar het spirituele potentieel van de kunst wordt gekeken, en dat er, zeker onder jongere kunstenaars (én onder jongere museum- en tentoonstellingsbezoekers), een nieuwsoortige bereidheid is ontstaan om zich, gewapend met een sinds lang verloren gewaande vorm van onschuld, opnieuw op het gladde ijs van deze onherbergzame, verraderlijke wereld der spirituele ervaring te wagen. Welgemeend, diepzinnig spiritueel reveil of een loutere opflakkering van een oude, enigszins ironische culturele interesse voor spiritueel reveil als cultureel fenomeen? Een sluitend antwoord zullen we niet zo gauw kunnen vinden, en het behoort ook niet tot de ambitie van ons tentoonstellingsproject om zich in de vermoedelijke oorzaken van die herwaardering

van oude waarden ('new age') te verdiepen. Er zijn bovendien sowieso niet zozeer *ambities*, wel *aspiraties* – en precies het potentieel van de aspiraties die in de voornoemde kip-of-eivraag worden geïnsinueerd ('authentiek spiritueel reveil' of 'perverse interesse voor spiritueel reveil als cultureel fenomeen') interesseert ons: ze tonen aan dat de vraag naar en van het spirituele tenminste opnieuw gesteld kan worden – en dát op zich is inderdaad een verademing, in een wereld die we nu eens zonder al te veel overdrijven eenzijdig cynisch, goddeloos en materialistisch mogen noemen.

Net zoals zoveel dialectische koppelingen – de westerse verbeelding lijkt het zwart-witdenken nu eenmaal ingebakken: het is sterker dan haarzelf – heeft de (historisch gesproken vrij jonge) oppositie of juxtapositie van het sacrale en het profane als twee onderscheiden sferen van de menselijke ervaring of cultuur vandaag natuurlijk maar een beperkte werkelijkheidswaarde meer – en was het werkelijk ooit anders? Iedereen zal wellicht wel spontaan en slechts half bewust erkennen dat het rijk van het sacrale evenveel sporen van het profane bevat als omgekeerd: kerken, moskeeën en synagogen verrezen niet voor niets stuk voor stuk in de historische centra van onze steden, waar ze tot op vandaag (al is het vaak enkel nog om *toeristische* redenen, als blijk van een culturele interesse voor geloof in plaats van het geloven zélf) als centripetale sociale ankerpunten blijven functioneren: de provisoire huizen van God, Allah en Jahweh verankerden zich per definitie in de banale realiteit van het leven van alledag, tussen banken, cafés, kantoren, kruidenierszaken, scholen en woonhuizen. Overal prijken en resteren, onuitwisbaar, de sporen van het heilige, *les traces du sacré* – en nog het hardnekkigst van al precies daar waar ze misschien wel het minst worden verwacht, als bloemen in een braaklandschap en fonkelende kleinoden in een riool. 'God is in the details' zei de aartsmodernist Ludwig Mies van der Rohe ooit, en als architect verstond hij onder details hoogstwaarschijnlijk het volgende: een goedgeplaatste deurklink, de stoïcijnse harmonie van een enkele stalen balk, eindeloos herhaald in een naar het hemelsblauw reikende wolken-

---

4 — Laten we onszelf hier tot twee symbolische voorbeelden beperken – maar dan wel bijzonder efficiënte: *The Weather Project*, dat de Deens-IJslandse kunstenaar Olafur Eliasson in 2004 in de reusachtige turbinehal van de Tate Modern realiseerde, en het *Domfenster* dat Gerhard Richter in 2007 voor de kathedraal in Keulen ontwierp.

krabber, de vering van zijn vermaarde Barcelona-stoel. Precies in dit soort details (en in het enthousiasme dat ze zo makkelijk lijken op te wekken) openbaren zich de contouren van een mogelijke synthese die de traditionele, geïnstitutionaliseerde tegenstelling tussen sacraal en profaan ontstijgt, en precies dit hybride samenbrengsel (syn-thesis) zou als leidraad kunnen dienen voor het denken dat aan *All That Is Solid Melts Into Air* ten grondslag ligt – dat van een *materialistische spiritualiteit*. Een denken in actieve (en activerende) paradoxen, met andere woorden – en is de paradox of het oxymoron niet de denkvorm bij uitstek van het kunstwerk?

Maar wat begrijpen we nu juist onder deze 'materialistische spiritualiteit'? Misschien kunnen we deze ogenschijnlijke contradictio in terminis – en het naakte feit van onze gedeelde interesse ervoor, van het letterlijke belang dat we bij haar vraagstelling hebben – nog het makkelijkst van al toelichten door naar een ander (niet geheel gelukkig) begrip te verwijzen dat recent wel al vaker is gebruikt om onze huidige globale conditie te beschrijven: die van de 'postseculiere' samenleving. De notie van een postseculiere samenleving wijst zowel op een fundamentele voorwaarde – alleen geseculariseerde, dat wil zeggen ontheiligde *of* ontkerkelijkte samenlevingen kunnen postseculier zijn – als op een actuele crisis: enerzijds nemen voornoemde samenlevingen niet langer vrede met hun eng seculiere, 'materialistische' karakter, en anderzijds bevinden ze zich in een kwalitatief nieuwe fase, namelijk die van een verlangen naar iets 'meer', naar nieuwe transcendenties, nieuwe vormen van spiritualiteit en religieuze ervaring. De verleiding is groot deze constellatie van aspiraties, verlangens en verzuchtingen eenvoudigweg 'new age' te noemen, maar die ongelukkige noemer verdoezelt wel het feit dat in dit zogenaamde 'nieuwe tijdperk' heel wat van een veel 'ouder tijdperk' – een premodern *ancien régime* – ofwel onverminderd blijft voortbestaan en verder dijt (en er dus helemaal geen sprake lijkt van een nieuw tijdperk, hooguit een nieuwe fase van een oud tijdperk), ofwel wordt herlezen, geherwaardeerd, gereanimeerd (en het nieuwe tijdperk dus op een terugkeer naar het oude tijdperk lijkt, of op een cocoon-

end hervallen in de idylle van een nóg ouder). Dit verlangen naar een nieuw tijdperk, of naar een terugkeer naar een vroeger tijdperk, hangt nauw samen met de crisis van de westerse cultuur als het eindproduct van een onomkeerbaar proces van secularisering; enkele belangrijke mijlpalen in dit proces zijn de splitsing van kerk en staat waarmee de Europese samenleving het moderne tijdperk betrad (16de en 17de eeuw), de oproep van de Verlichting om ons uit de ketenen van de onwetendheid en de tradities van geloof en bijgeloof te bevrijden (18de eeuw), de door Friedrich Nietzsche uitgeroepen dood van God en de gelijktijdig daarmee aan populariteit en invloed winnende materialistische doctrines van Darwin, Freud, Marx en co. (19de eeuw), de opkomst en ondergang van totalitaire regimes in het midden van de 20ste eeuw, en het daaruit voortvloeiende statusverlies en de marginalisering van de kerken in de tweede helft van diezelfde eeuw.

In zekere zin zouden we de laatste grote ideologische krachtmeting van onze tijd, die tussen het westerse kapitalisme of de vrijemarkteconomie enerzijds en het op sovjetleest geschoeide marxisme-leninisme, nog kunnen omschrijven als de allerlaatste stuiptrekking van een 'begeesterd', dat wil zeggen door de tover van een Idee behekst wereldbeeld – het verschil tussen religie en ideologie kan om velerlei redenen een kwestie van loutere nuance en gradatie worden genoemd – vóór de nacht van de absolute onttovering (een ander woord voor 'secularisering'[5]) over de wereld valt; het debat over de postseculiere samenleving is pas helemaal op dreef geraakt sinds het einde van voornoemd bipolair wereldbeeld, waarin de tover van weleer enkel nog ideologisch, in termen van door zogeheten 'Grote Verhalen' gebezigde

---

5 — Het concept van de progressieve onttovering van de wereld danken we aan de invloedrijke Duitse socioloog Max Weber, die 'Entzauberung' aldus situeert in zijn *Wissenschaft als Beruf*: 'het fatum van ons tijdperk wordt gekarakteriseerd door rationalisering en intellectualisering, en bovenal door de "onttovering van de wereld".' Dat Weber hier bewust het begrip secularisering vermijdt, dat op dat moment (1918) nochtans wel al in omloop was gebracht, is veelzeggend: secularisering verwijst in eerste instantie naar de *rationele* transformatie van sociale processen en maatschappelijke patronen, terwijl onttovering veeleer op een subjectieve *ervaring* van deze (deels als irrationeel beleefde) transformatie lijkt te doelen – veeleer de *leefwereld* betreft dan de wereld *tout court*.

toverformules gedefinieerd werd, en het new age-fenomeen – compleet met zijn minder verkwikkelijke manifestaties, zoals het islamitisch fundamentalisme in het Oosten en het christelijk fundamentalisme in het Westen – is eveneens pas tot een globaal symptoom gaan uitgroeien sinds de val van de Sovjet-Unie en haar geperverteerde communisme. Met andere woorden: de vraag naar de postseculiere samenleving wordt pas echt in alle diepgang en ernst en grondigheid gesteld sinds de secularisering van de (westerse) wereld een onomkeerbaar en onontkoombaar feit lijkt te zijn geworden – een 'feit' dat twintig jaar geleden definitief werd bezegeld met de schijnbaar finale triomf van het meest materialistisch ingestelde, ideologisch minst complexe van beide rivaliserende 'verhalen'. Misschien is dit wel de ware betekenis van wat de (overschatte, maar daarom niet minder invloedrijke) ideoloog Francis Fukuyama nu alweer een tijd geleden 'het einde van de geschiedenis' noemde: het einde van die Grote Verhalen die, hoe armzalig en pervers ook, tenminste nog de ambitie leken te hebben hun aanhangers en acolieten ervan te overtuigen dat de seculiere samenleving niet louter samenvalt met haar materiële condities en wetenschappelijke principes – dat er, ondanks alles, toch nog steeds een 'meer', 'elders' of 'anders' (hiernamaals, transcendentie, *utopie*) bleef bestaan waarin alleen maar kon *geloofd* worden. Precies dit *geloven* lijkt sindsdien – de precieze historische cesuur kan natuurlijk onmogelijk

met aan exactheid grenzende zekerheid gedetecteerd worden, maar zo lang is het niet geleden, en het globaliseringsproces heeft er natuurlijk véél mee te maken – in onze westerse context onmogelijk te zijn geworden, en precies de volkomen gezonde menselijke behoefte aan geloof is sindsdien op systematische wijze gefrustreerd geworden – met de inmiddels bekende aberrante gevolgen vandien.[6]

De absoluut en totaal geseculariseerde wereld is in de afgelopen decennia gedegenereerd tot een karikatuur van afgestompt, deprimerend, enggeestig materialisme; de alleenheerschappij – iets heel anders dan het primaat! – van de vrije markt als enig geldige 'publieke' ruimte of maatstaf van publiek handelen; de onbetwistbare suprematie van het geld als enig geloofwaardig restant van de universalistische waarheidsclaims van de Verlichting; de categorische reductie van de wereld en alles wat er zich in bevindt (de mens, levende wezens, natuur en cultuur, het concept 'geloof' zelf, het netwerk van sociale en andersoortige relaties dat alle hiervoor vernoemde elementen aan elkaar bindt) tot zijn beschrijfbare, berekenbare en beheersbare materiële constituenten. Als dit inderdaad de seculiere samenleving moet voorstellen, dan hoeft het ook nauwelijks te verwonderen dat er met zoveel hartstocht en ongeduld naar een postseculiere samenleving wordt uitgekeken (en dat radicaal-religieuze en zichzelf ideologisch herbewapenende totalitaire samenlevingen met zoveel bijval kunnen gedijen). En precies hier, zowel in het nauwelijks gedifferentieerde postseculiere verlangen naar iets 'anders' en iets 'meer', een verlangen dat blijkbaar toch taaier is gebleken dan zelfs het meest cynische materialisme durfde te verwachten, als in de hardleerse terugkeer naar traditioneel religieuze structuren en structureringen, treedt – natuurlijk, onvermijdelijk – het fenomeen van *cultuur* in het algemeen op de voorgrond. Ten eerste is zowel religie als ideologie op zichzelf reeds een uiterst krachtige culturele vorm – een rol die (ten tweede) in dat beperkte gebied van de wereld dat zichzelf 'postseculier' noemt in toenemende mate (of minstens toch in symbolische zin) door kunst wordt waargenomen.

---

6 — We gaan hier gemakshalve wel voorbij aan het ironische feit dat ook het *geloof* in de onmogelijkheid van geloven eenvoudigweg een *geloofskwestie* is en blijft. Het populistische *master narrative* van het 'einde der Grote Verhalen' is op zijn beurt een uiterst efficiënt, met grote overtuigingskracht gezegend Groot Verhaal gebleken; ook het materialistische credo van een onbedwingbaar, onontkoombaar primaat van de vrijemarkteconomie is en blijft een credo – een geloofsartikel dat, hoe pervers ook, in een minimale assumptie van transcendente waar- en zekerheden verankerd blijft. Deze diepe ambiguïteit vindt in zekere zin ook uitdrukking in het problematische begrip van het postseculiere zelf: het signaleert een voortdurende afhankelijkheid van het seculaire regime, en continueert onvermijdelijk ook de invloed van het proces van secularisering doorheen de zogeheten postseculiere samenleving.
Ten slotte moet hier ook nog worden opgemerkt hoezeer het debat omtrent secularisering, het postseculiere en een hernieuwde belangstelling voor de geloofskwestie een relatief gesproken 'regionale' aangelegenheid blijft met beperkte relevantie voor bepaalde segmenten van de 'westerse' wereld: aan grote delen van de planeet zijn deze zorgen eenvoudigweg niet besteed.

Het is geen toeval dat het debat omtrent de postseculiere samenleving zo nauw samenhangt met
het debat rond de multiculturele samenleving,
of rond de interculturele dialoog: het is immers
de vrij recente ervaring van de nu eens conflic-
tueuze, dan weer harmonieuze (maar altijd,
en per definitie, verrijkende) interactie tussen
culturen, tussen 'onze' cultuur (de seculiere of
geseculariseerde) en 'andere' culturen (die 'nog
niet' geseculariseerd zijn, of secularisering eenvoudigweg weerstaan) die er ons meer dan wat
anders ook heeft toe aangezet vragen te stellen
bij het (on)heil van secularisering als logische
conclusie van de universalistische waarheidsclaims van de Verlichting. En in het vraagstuk
van de multiculturele samenleving en de interculturele dialoog ligt de klemtoon ons inziens
niet zozeer op het aspect 'multi-' of het begrip
'dialoog', maar op het concept 'cultuur'. De
postseculiere samenleving is een poging tot
overbrugging van – of op zijn minst een aanzet
tot omgaan met – zowel onverzoenbare als
onverzoenbaar geachte verschillen. Het is
een maatschappij waarin de culturele vragen
opnieuw naar het voorplan zijn gemanoeu-
vreerd, in zekere zin misschien zelfs de *enige*
vragen zijn – zoals bijvoorbeeld zou kunnen
worden afgeleid uit de hoog oplaaiende passies
die de afgelopen jaren zijn ontketend door
culturele polemieken. De politieke rel rond
de Mohammedcartoons in Denemarken en
de reductie van geopolitieke vraagstukken tot
een *clash of civilizations* in de nasleep van de
aanslagen van 11 september 2001 zijn wat
dat betreft onversneden uitdagingen aan het
adres van de klassieke marxistische visie op de
geschiedenis als een loutere kwestie van een-
dimensionaal eenrichtingsverkeer tussen
infrastructuur (economie) en suprastructuur
(cultuur): natúúrlijk draait het in al deze con-
flicten misschien in eerste instantie om olie
– maar is die niet slechts spreekwoordelijke
olie op het vuur van veel dieper liggende
spanningen die fundamenteel cultureel van
aard zijn?
Deze complexe vraagstukken hebben slechts indi-
rect invloed op de veel bescheidener vragen
die wij onszelf in het huidige boek- en tentoonstellingsproject willen stellen; waar hun invloed zich wél direct laat gelden is in onze

overtuiging dat de culturele sfeer zoals gezegd
inderdaad een absoluut centrale, cruciale rol
speelt in de definitie van de postseculiere
samenleving; in de hoopvolle wens van dit
project om onze ontmoedigend schizofrene
wereld opnieuw als samenhangend geheel te
denken; en in de vaststelling dat, tenminste
toch in ons 'onttoverde' deel van die wereld,
kunst opnieuw een emblematische, exemplari-
sche plaats heeft ingenomen. Want de ruimtes
van de kunst zijn vandaag inderdaad juist
zo belangrijk (en ongekend populair zelfs [7])
omdat ze zo open, ontvankelijk en gastvrij
zijn voor de menselijke zoektocht naar meerwaarde – omdat zij eenzame eilanden van 'betovering' lijken in onze huidige monoculturele,
door het marktdenken en zijn dienstmaagden
(economie, materialisme, harde wetenschap)
gedomineerde samenlevingen. Doorheen haar
hele recente geschiedenis is de kunst een vrij-
haven voor spiritualiteit en spirituele verlangens geweest – de allereerste 'abstracte', en dus
in zeker zin ook allereerste 'modernistische'
kunstenaar (en daarom alleen al een van de
eerste werkelijk 'moderne'), Vassily Kandinsky,
publiceerde in 1911 al een traktaat met als titel
Over het spirituele in de kunst – en in de hedendaagse verwarring van het postseculiere tijdperk, waar deze verlangens slechts een beperkt
aantal aantrekkelijke opties resten, bekleedt ze
daarom wellicht een belangrijkere plaats dan
ooit tevoren. Vandaar dus, om een lang verhaal
naar zijn tijdelijke conclusie te sturen, ons
'geloof' in de relevantie en relatieve geldigheid
van een kunstvisie die de paradoxale kwaliteit
van een *materialistische spiritualiteit* heeft –
spiritualiteit is in deze duidelijk het substantief.
En 'materialistisch' het daarom niet minder
belangrijke adjectief: wat begrijpen we onder
dat begrip, voorbij, naast en behalve de hierboven reeds geschilderde karikatuur van een

---

7 — Over de populariteit van bepaalde moderne kunstinstellin-
gen en hedendaagse kunstevenementen (Tate Modern, het
Louvre, de in zeil gehulde Reichstag van Christo en Jeanne-
Claude, het hiervoor reeds vermelde *Weather Project* van
Olafur Eliasson) is al heel wat geschreven, maar heel
wat minder, merkwaardig genoeg, over de dieper liggende
redenen, oorzaken of condities van hun populariteit. Het lijkt
geen twijfel te lijden dat de menselijke behoefte aan een
collectieve beleving van immateriële waarden hier een grote
rol in speelt – vandaar, opnieuw, de hiervoor al aangehaalde,
problematische vergelijking van kerk en museum, gebeds-
ruimte en kunstruimte.

kwaadaardig, cynisch materialisme? In eerste instantie: dat in deze kunstvisie de *materialisering* als de site van de spirituele ervaring centraal staat. Kunst is niet zozeer een kwestie van 'materie' of materialen (disciplines, gebruiken, technieken), maar bovenal een zaak (ervaring, proces) van materialisering. Dit inzicht kan uiteindelijk zelfs worden verbreed tot een beter, bewust begrip van cultuur in al haar algemeenheid; het is pas de erkenning van de materialistische basis van alle cultuur die de beleving van deze cultuur als een spirituele ervaring mogelijk maakt. De basis van een dergelijke visie op kunst en cultuur (en op mens, wereld en maatschappij in het algemeen) is altijd materialistisch van inslag, omdat ze de materiële feitelijkheid van kunst en cultuur, van mens, wereld en maatschappij onmogelijk kan of wil negeren of denigreren – de *materialiteit* van de wereld is zowel een feit als a priori gegeven, en precies uit de enthousiaste aanvaarding van dat feit vloeit de mogelijkheid van een spirituele identificatie met de wereld voort. 'Nicht wie die Welt ist, sondern dass sie ist, das ist das Mystische', zoals Ludwig Wittgenstein het ooit met karakteristieke bondigheid stelde in de *Tractatus Logico-Philosophicus*, een door en door ethisch (en esthetisch!) boek waarin hij elke zweem van transcendentie uit de filosofie trachtte te weren. Voor die radicale identificatie met de wereld van de materie – en tot deze wereld behoort dus ook, uiteraard, het kunstwerk, dat, hoe immaterieel ook, steevast terug moet vallen op de basale materiële condities van onze perceptie van het kunstwerk – als de basisvoorwaarde voor alle potentialiteit die het leven, hier en nu, in zich draagt, bestaat er nog een ander begrip: *immanentie*. Een van oorsprong theologisch begrip dat op het bestaan van een goddelijke kracht wijst die met de wereld samenvalt of zich *in* de wereld bevindt, er toe behoort, de grenzen van deze wereld, waarvan we moeten aannemen dat het de enige is, met andere woorden niet overschrijdt ('transcendeert'); in de 20ste-eeuwse filosofie associëren we 'immanentie' in de eerste plaats met het denken van Gilles Deleuze en Giorgio Agamben – allebei denkers die een uiterst belangrijke bijdrage hebben geleverd aan de herwaardering en herijking van de categorieën van het spirituele verlangen in de hedendaagse filosofische context, en de kunst in het bijzonder hierin een belangrijke rol hebben toegedicht.

De filosofie van de immanentie staat ten slotte ook voor een inclusief, *reconstructief* denken – een filosofie van de opening, van de potentie en de mogelijkheid, inclusief de mogelijkheid van een 'her-betovering': het zijn stuk voor stuk positieve variaties (net als het kunstwerk zelf, zouden we eraan toe kunnen voegen) op de negatieve definitie van het begrip 'postseculiere samenleving'.

Dat is dus de creatieve, productieve paradox van onze 'materialistische spiritualiteit', waarvoor de kunst, en het kunstwerk in het bijzonder, zo emblematisch model kan staan: een erkenning van de onwrikbare grenzen en beperkingen die een materialistische opvatting van de wereld onvermijdelijk met zich meebrengt, en de *celebratie* van die grenzen en beperkingen als de uiterst vruchtbare randvoorwaarden voor de herovering – en dus ook *herbetovering* – van de wereld als de enige 'begeesterde' werkelijkheid die we hebben, en in een spirituele zin ook met elkaar delen. In dit proces van zowel herovering als herbetovering speelt de kunst een steeds belangrijkere rol – zo, tenminste, hopen we deels aan te kunnen tonen in *All That Is Solid Melts Into Air*.

Het project *All That Is Solid Melts Into Air* is het resultaat van een onderlinge dialoog tussen de vijf curatoren van het MuHKA (en hun gezamenlijke dialoog met hun Mechelse partners); een project dat in vijf tentoonstellingen uiteenvalt. Vijf hoofdstukken die samen één boek vormen – de verleiding is natuurlijk groot om meteen het allegorische beeld van de Pentateuch voor de geest te halen… of toch maar liever een pentagram?

Net zoals de vijf tentoonstellingen in en rondom de site van het Cultureel Centrum in Mechelen op zichzelf kunnen worden bezocht en ervaren (als autonome essays kunnen worden 'gelezen') maar tegelijk toch, ontegensprekelijk, één integraal geheel vormen, zo houdt de lezer nu ook één enkel boek in handen – met vijf onderscheiden hoofdstukken. En centraal staat één alles overkoepelend (maar niet overheersend) thema, dat vanuit verschillende gezichtspunten kan worden beschouwd – soms heel rechtstreeks, in het verblindend directe daglicht van een thematisch helder opgezet en nauwlettend beargumenteerd, haast illustratief 'essay', dan weer veel lyrischer, elliptischer, weerbarstiger, in de associatieve gedachtestroom van een speculatief 'gedicht'. Deze vijf hoofdstukken kunnen alle min of meer worden teruggebracht en teruggedacht tot één enkel (en wel eenlettergrepig) woord: het niets, het werk, de mens, het ding, de geest. Dat zijn niet zozeer de titels van de onderscheiden tentoonstellingen, en ook niet noodzakelijk hun thema's, concepten of organisatorische principes, maar grosso modo de namen van bepaalde fundamentele, onherleidbare dimensies van voornoemde materialistisch-spirituele ervaring die ze elk voor zich aankaarten of toelichten. [Het lijkt onvermijdelijk dat 'licht' – verlichting, toelichting, verklaring, opheldering, verduistering – zo'n belangrijke rol speelt in de retoriek van verdamping en verdunning die *All That Is Solid Melts Into Air* kenmerkt: de tentoonstelling maakt deel uit van een project dat *Stadsvisioenen* heet en tegenover nog een andere tentoonstelling met als titel *De hemel in tegenlicht* wordt opgesteld…]

Het inaugurale hoofdstuk behoort toe aan Edwin Carels, wiens tentoonstelling in de industriële ruimte van De Garage als een soort *portal* fungeert voor het tentoonstellingstraject dat zich vanuit de door hem beheerde ruimtes ontrolt. *Niet Niets*, zo heet Carels' tentoonstelling, waarin de curator inzoomt op de implicaties van het slot aan Marx' fameuze zin: 'De mensen zijn eindelijk gedwongen hun plaats in het leven, hun wederzijdse betrekkingen met nuchtere ogen te aanzien.' Wat is evenwel een nuchtere blik? Als niet alleen de waarde van goederen steeds fantasmagorischer wordt, maar in onze overgemediatiseerde maatschappij ook de perceptie zélf volkomen onzeker wordt, als alles even virtueel lijkt, is het noodzaak om persoonlijke beleving en specifieke positionering opnieuw te kalibreren – de eigen blik te problematiseren. Samen met het Britse duo AL and AL ontwikkelde Carels een tentoonstelling waarin de dialectiek niet aan de hand van these en antithese verloopt, maar

aan de hand van imperfecte symmetrieën, van verschillen in de gelijkvormigheid. Dit fenomenologische onderzoek naar de nulgraad van de waarneming, de 'stereografische' analyse van het beeld tot in zijn meest elementaire componenten, leidt tot een kristallisering van het efemere, van wat de kunsthistorica Barbara Maria Stafford *echo objects* noemt: kunst die ons in staat stelt onze innerlijke ruimte waar te nemen.

In de centraal gelegen ruimtes van het Cultureel Centrum vinden de tentoonstellingen van Liliane Dewachter, Bart De Baere en Dieter Roelstraete plaats, die respectievelijk *De maakbare mens*, *Het Werk* en *Het Ding* als titel hebben. *De maakbare mens* vond onderdak in de meest toepasselijke (maar daarom ook meest verraderlijke) ruimte, de tot tentoonstellingsplek getransformeerde oude Minderbroederskerk; hier presenteert Liliane Dewachter haar multimediale artistieke reflectie omtrent de oudtestamentische (maar duidelijk brandend actuele) parabel van de maakbare mens – en/of de grenzen aan de maakbaarheid van die mens. In Dewachters tentoonstelling staat onvermijdelijk het kunstenaarslichaam centraal, als onderwerp en strijdtoneel van een artistiek verlangen naar *Selbstplastik*: op de zesde dag mag een zekere God, althans volgens een zekere traditie, dan nog de Mens hebben geschapen, sinds de dageraad van het moderne levensgevoel weten we dat het eigenlijk de mens is die zichzelf schept, concipieert, construeert, creëert, ontwikkelt, perfectioneert – en de kunstenaar speelt hierin uiteraard een symbolische voortrekkersrol. Dit lichaam is meteen ook de 'plek' in de traditie van het westerse denken waar kunst en wetenschap reeds lang langs elkaar heen schuren: de geschiedenis van deze wrijving is er een van rivaliserende interpretaties van wat het nu juist betekent 'iets', 'iemand', 'zichzelf' te 'maken', uit te vinden.

Terwijl de andere tentoonstellingen sterk architecturaal gedefinieerd zijn (één project, één ruimte), ontvouwt Bart De Baere zijn beschouwing over *Het Werk* in semipublieke, hybride ruimtes: van de kathedraal (beschouwd in de breedte van al haar functies) tot de inmiddels gesloten jongerensterrenwacht in de oksels van het dak van het Scheppersinstituut, met centraal de academie en de rondgang rond het binnenplein. Binnen deze bij uitstek maatschappelijke ruimtes wordt kunst als een *performatief* gegeven benaderd. De Baere baseert deze werkwoordelijkheid op de visie van de Duits-Joodse filosofe Hannah Arendt, waarin het 'werk', opgevat als het scheppen van een wereld *voor* en *door* mensen, diametraal tegenover het marxistische concept van de 'arbeid' (dat het levensproces reduceert tot een eindeloze, nihilistische kringloop van productie en consumptie) wordt gesteld. Arendt hecht binnen het kader van het 'werk' een bijzonder belang aan kunst en filosofie: ze noemt kunst een 'transfiguratie van het denken', en filosofie een 'denken zonder doel buiten zichzelf'. Ze ruimt hiermee plaats in voor een contemplatieve dimensie binnen het kader van het maatschappelijk handelen en ontmoeten, en maakt zo mee een visie op kunst mogelijk die men nederig kan noemen – omdat noch de kunstenaar, noch het product erin de toon aangeven – maar tegelijk de grote politiek-maatschappelijke vragen niet schuwt.

In de 'klassieke' tentoonstellingsruimtes van wat tot het eind van de jaren 1990 CC Spinoy heette, ten slotte, kan de presentatie *Het Ding* worden bezichtigd. In deze door Dieter Roelstraete samengestelde tentoonstelling staat, onvermijdelijk, het object (niet de kunstenaar, niet de praktijk) centraal – het artistieke 'ding' als enigmatische présence, als ondoordringbaar magisch object (fetisj, reliek, talisman – of koopwaar) dat symbool kan staan voor het raadsel van de kunst als geheel: in het kunstwerk als ding beschouwen we de fysieke concentratie van een materialistisch wereldbeeld aan de ene kant en (het probleem van) een spiritueel verlangen aan de andere kant.

Het slotakkoord van *All That Is Solid Melts Into Air* weerklinkt in een heel ander soort ruimte, duidelijk onderscheiden van het cluster tentoonstellingen in/op de Mechelse cultuursite: het door Grant Watson samengestelde luik *The Search for the Spirit* vond een onderkomen in de monumentale theaterzaal van het Scheppersinstituut, een kwintessentiële katholieke jongensschool die onmiskenbaar de archaïsche sfeer van de sinds lang vervlogen 20ste eeuw uitademt. Watson ontleende de titel van zijn presentatie aan het gelijknamige project van het Canadese kunstenaarscollectief General Idea uit het midden van de jaren 1970, een soort parodie op de traditionele missverkiezing waarin de winnaar, 'Miss General Idea', symbool stond voor de *spirit of art* – het ware object van hun zoektocht naar de magische *esprit* van de kunst. In *The Search for the Spirit* staat inderdaad de alledaagse magie van de kunst centraal – datgene wat ons in staat stelt zowel onszelf als de ons omringende leefwereld keer op keer te transformeren.

Transformatie is letterlijk en figuurlijk het toverwoord doorheen *All That Is Solid Melts Into Air*: de transformatie van materie tot geest (en omgekeerd); de magische transformatie van een levenloos object tot een voorwerp van verlangen en, bovenal, 'waarde'; de transformatie van woorden tot daden en vice versa; de transformatie van al wat vaststaat tot datgene dat verdampt en weer terug (van 'iets' tot 'niets'); de transformatie (betovering, onttovering, herbetovering) van de publieke ruimte tot een leefbare wereld, die zowel het sacrale als het profane onderdak kan bieden.

DIETER ROELSTRAETE
in samenwerking met Edwin Carels, Bart De Baere,
Liliane Dewachter en Grant Watson,
Antwerpen, najaar 2008.

When all that is solid melts into air

Constant revolutionising of production, uninterrupted disturbance of all social conditions, everlasting uncertainty and agitation distinguish the bourgeois epoch from all earlier ones. All fixed, fast frozen relations, with their train of ancient and venerable prejudices and opinions, are swept away, all new-formed ones become antiquated before they can ossify. All that is solid melts into air, all that is holy is profaned, and man is at last compelled to face with sober senses his real condition of life and his relations with his kind.

Karl Marx & Friedrich Engels, *The Communist Manifesto*, translated by Samuel Moore[1]

Just over two years ago, the team of curators at the Antwerp Museum of Modern Art was invited to contribute to the ambitious *City Visions* project. Just over one year ago its contribution, in a moment of inspiration was christened *All That Is Solid Melts Into Air* – a phrase borrowed from a famous passage in Karl Marx' and Friedrich Engels' *Communist Manifesto*.

Given *City Visions'* clerical context – the immediate occasion is undeniably *still* the celebration of the four hundred and fiftieth anniversary of the founding of the Belgian archdiocese in Mechelen (Malines) – and given the spiritual claims and ambitions of our own exhibition project – a series of five exhibitions that together, illuminate the spiritual (but not necessarily *religious*[2]) potential of the modern experience of art – this choice may perhaps seem controversial, even intentionally provocative: is the *Communist Manifesto* (or the *Manifesto of the Communist Party*, to be more precise) not the document that has done the most to contribute to the historically irreversible process of *disenchantment* and *secularisation*, which enticed another great nineteenth-century German philosopher, Friedrich Nietzsche, toward the apocalyptic conclusion that God was dead? Was Marx and Engels' manifesto not the breeding ground of a radical, dogmatic materialism in which every type of religious experience, every spiritual inclination and every mystical desire was consciously and mercilessly reduced to ideological chimera, to the reprehensible machinations of an illusionary, 'false consciousness'? How can an exhibition like ours, with its explicit goal of describing art, the artist's profession and artistic experience as potential site of a *spiritual* experience (and it goes without saying that our world now as never before needs to recover such sites, as the widespread reawakening of religious passions around the world evinces, as do the industrial proportions of what, for some decades, has been called *New Age*), take as its starting point the, perhaps even now anachronistic, graven ten commandments of the Marxist gospel, without reverting to lackadaisical and hence lacklustre cynicism?

The answer to these questions is simpler and less rhetorical than it appears. The *Communist Manifesto* need not be read solely as a now partially discredited political and historical document (on the class struggle, on capitalism, on social utopia). It should be read, first, as an enthralling analysis and nearly lyrical witness – Marx' historical reputation unvaryingly impedes a cool appreciation of his formidable

---

1 — http://www.indepthinfo.com/communist-manifesto/manifest.txt

2 — For obvious reasons, we are unable to delve here into the thousand-fold gamma of nuances that distinguish religion, religiosity – and they differ fundamentally – spirituality and transcendence (not to speak of mysticism, creed and belief). We intentionally use the inclusive concept 'spirituality' in what follows. The allusion to a *spiritual* essence is of such great importance because of the implied contrast with a *material* essence – without which art would be unthinkable.

literary talents – to what it means to participate in the adventure of modernity, in the experience of 'being modern', 'living here and now', an experience marked above all by the fatal, disorienting awareness that no sharp lines can be drawn between the sacred and the profane, between the divine and the human, that all values are upended and that all conventions, hierarchies and traditions can be irrevocably brought down. In short, that 'all that is solid' is irrevocably doomed to 'melt into air'.[3]

The sacred and/or the profane – the truth is out, the holy duality has finally come on stage. In *All That Is Solid Melts Into Air*, the spotlight is on the shared suspicion that modern and contemporary art – and let us suppose that contemporary art is still modern (the converse, by contrast, is of course not necessarily as true) – have 'something' to do with this dichotomy, this tension, this ambiguity. We hope to show at least a bit of what that 'something' is (Cause? Corollary? Consequence?), in the course of both this book and the exhibition it accompanies – if need be, merely by rephrasing the question with renewed rigor and urgency. Art's relation to this dialectic rift between the sacred ('holy', spiritual) and the profane

('worldly', material) obviously has an exceptionally long history; it is by no means our ambition to even attempt to chart this history – a task that so may others have already done so much better than we could.[4] In one sense, we could posit that the history of art could itself (certainly in its 'modern', secular guise) be interpreted, rewritten and reread as the historical response to this rift. The genealogy of art is tightly interwoven with the prehistory of religious experience (the most ancient idols are invariably cited as the very first 'works of art'); the historical struggle for its emancipation and 'modernisation' – the establishment of the autonomous idea of modern art – is equally unthinkable without the broader social tendency toward disenchantment and secularisation. For the German philosopher Hegel, the originator of the modern concept of history as progressive development (and whose monumental influence on Marx and Engels is well known), there was a reason why the wonder of art arose in the empty no man's land between traditional religion and modern (i.e. *his*) philosophy. Faith in art is only truly possible *after* traditional faith in a God is over its peak – but, according to Hegel, we are nevertheless still dealing with *faith*; the cult of modern art over the past 150 years has often enough taken on nearly ecclesial dimensions. Hence, the highly arguable, symptomatic comparison of the museum in our modern, secular, spiritually aimless society, to the church of times past.[5]

Another way of describing the dialectic rift is to say that in times of resurging religious passions, when the whole world seems to be unanimously subjected to God's will, the artist is the first to be accused of heresy; the tense relation between individual creativity and collective religiosity often and unexpectedly results in accusations of blasphemy – i.e. the process of 'desacralisation' that coincides with the dawn of modernity. In times of boundless materialism and cynical godlessness, that same world of art emits a reverse, unmistakably almost religious attraction; a work of art suddenly appears as a forlorn exhibit supporting the existence of God in a barren, disenchanted world governed by purely economic reasoning.

---

3 — By calling the *Communist Manifesto* up-to-date and relevant precisely for these reasons, we automatically acknowledge our adherence to the shared belief in modernity's persistence – our 'belief' that we still live in a *modern* world. To paraphrase Bruno Latour and turn his statement upside-down, *nous n'avons jamais été postmodernes* [we never have been postmodern]. *All That Is Solid Melts Into Air* is also the title of a famous book by the American Marxist philosopher of culture, Marshall Berman, in which he wrote about 'the experience of modernity'. Berman published his book in 1982, when postmodernism slowly but surely became the new academic presumption.

4 — Although an exhaustive survey of recent exhibitions bearing on this would lead us too far, we must mention *Traces du sacré* (Centre Pompidou, 2008), *The Soul* (or, *Much Trouble in the Transportation of Souls*), an element (besides *Principle Hope*) of Manifesta 7, 2008, *God & Goods. Spirituality and Mass Confusion* (Villa Manin, 2008), *I Believe* (part of the second Moscow Biennial, 2007) and *Mystic Truths* (Auckland Art Gallery, 2007). The most consistent and complete exploration of the discursive field around this issue was the main thrust of the double research project *Concerning the Post-Secular* and *The Return of Religion and Other Myths* at BAK in Utrecht.

5 — Here, again, we can mention only two symbolic – but very efficient – examples: *The Weather Project* that the Danish-Icelandic artist Olafur Eliasson created in 2004 in Tate Modern's gigantic Turbine Hall, and *Domfenster* that Gerhard Richter designed in 2007 for the cathedral in Cologne.

If we put aside for a moment the question of whether we now live in a time of resurging religious passions or of boundless materialism and cynical godlessness – for of course we live in both *at the same time* and the confusion that this inevitably produces is closely linked with the primordial sense of ambiguity and uncertainty, the 'melting into air' of 'all that is solid', that seems indigenous to the modern condition – it is in any case certain that the spiritual potential of art is being regarded with renewed interest and that, young artists in particular (as well as younger museum and exhibition visitors), show a new willingness to venture forth, armed with an innocence long thought mislaid, onto the slippery ice of this inhospitable, treacherous world of spiritual experience. Is this a well-intentioned, thoughtful spiritual resurgence or merely the glint of an old, somewhat ironic cultural interest in spiritual revival as cultural phenomenon? We shall not be able to come up with an inarguable answer to this all that quickly; our exhibition project should not be so ambitious as to aim to delve the presumed origins of the renewed interest in old values ('new age'). Moreover, it does not really have *ambitions* as much as it has *aspirations* – we are mainly interested in the aspirations of the abovementioned chicken-or-egg question ('authentic spiritual resurgence' or 'perverse interest in spiritual revival as cultural phenomenon'). They show at least that questions are once again being raised about, and addressed to, the spiritual – and that alone is indeed a relief in a world that we could describe, without exaggerating, as being asymmetrically cynical, godless and materialist.

As with so many dialectical pairs – black/white thinking is apparently overpoweringly ingrained in Western imagination – the contrast or juxtaposition of the sacred and profane as two distinct spheres of the human experience of contemporary culture relates – but little, of course – to today's reality. And was there ever any different reality? Everyone will probably spontaneously and only half-consciously recognise that the realm of the sacred contains as many traces of the profane as the profane does of the sacred. There is a reason why churches, mosques and synagogues all arose in the historic centres of our cities where, even today they continue to operate as a centripetal social anchor – albeit frequently only as *tourist* attractions – as sign of a cultural interest in faith rather than as an expression of faith. The temporary houses of God, Allah and Yahweh are by definition anchored in banal reality of everyday life amid banks, cafes, office buildings, groceries, schools and homes. Indelible traces of the holy, *les traces du sacré*, figure and are left everywhere, most stubbornly of all where they are least expected: as flowers in a wilderness and glimmering gems in a sewer. Arch-modernist Ludwig Mies van der Rohe once said that 'God is in the details'; as an architect, his idea of detail was probably a well-placed doorknob, the stoic harmony of a single steel beam, endlessly repeated in a skyscraper stretching into the heavens, the spring of his acclaimed 'Barcelona chair'. The contours of a possible synthesis that surpasses the merely ideal contrast between sacred and profane are revealed in this type of detail (and the enthusiasm that it seems to arouse so easily). When brought together (syn-thesis), a hybrid of elements, i.e. *materialist spirituality*, could serve as a guiding principle for the idea underlying *All That Is Solid Melts Into Air*. In other words, it is thinking in active (and activating) paradoxes; and is paradox or oxymoron not the mode of thought best suited to a work of art?

But what exactly does 'materialist spirituality' mean? Perhaps we could most easily explain this apparent contradiction – and the bare fact of our shared interest in it, of our literal stake in phrasing it – by referring to another pair of concepts often used in recent times to describe our present global condition: that of 'postsecular' society. The idea of a post-secular society draws attention to a fundamental condition – only secularised, desacralised or temporal society can be post-secular – and to a current crisis: such societies are no longer satisfied with their secular character; they have entered a new phase that desires something 'more', new types of transcendence, spirituality and religious experience. There is a great temptation to label this constellation of aspirations, longings and yearnings 'New Age', but this unfortunate denominator disguises that a considerable portion of the 'old era' shelters or expands in this 'new era' (so there is actually no new era at all, at most a new phase of an old era), or else it is reread, reassessed, reanimated (and then the new era appears to return to the old era). This desire for a new era or a return to an earlier era is closely connected to the crisis in Western culture that is an outcome of an irreversible secularisation process. A few important milestones along this path are the separation of church and state with which European society entered the modern era (16th and 17th centuries); the Enlightenment's call to shed the shackles of ignorance and the traditions of faith and superstition (18th century); Friedrich Nietzsche's announcement of God's death and the simultaneously increasing popularity and influence of materialist doctrines promulgated by Darwin, Freud, Marx (19th century); the rise and fall of totalitarian regimes in the mid-20th century, and the resulting loss of status and marginalisation of the churches in the second half of that century.

In one sense, we could describe the last great ideological clash of our era, that between Western capitalism or free-market economy and Soviet-style Marxism-Leninism, as the very last paroxysm of a spirited world, bewitched by the enchantment of an Idea – for many reasons, the difference between religion and ideology can be called a mere nicety or gradation – before the curtain of absolute disenchantment or demystification (another term for secularisation[6]) fell on the world. The debate on post-secular society has only hit its stride since the end of the aforesaid bipolar world view and likewise, the 'New Age' phenomenon – complete with its less refreshing, aberrant manifestations, such as Islamic fundamentalism in the East and Christian fundamentalism in the West – only grew into a global symptom after the fall of the Soviet Union and its warped communism. In other words: the question of a post-secular society has only been raised profoundly, gravely and rigorously since the (Western) world became irreversibly and inescapably secularised – a fact that twenty years ago was definitively wrapped up with the apparent final triumph of the most materialistically oriented, the least ideologically complex of the two rival 'narratives'. And this may well be the true meaning of what the (overestimated, yet nonetheless influential) ideologue Francis Fukuyama some time ago called 'the end of history': the end of what is called the great narratives which, however beggarly and perverse, at least appeared to want to convince their adherents and acolytes that secular society did not simply coincide with its material conditions and scientific principles – that, despite all, there was still a 'more', or 'different' (hereafter, transcendence, *utopia*) in which could only be *believed*. Ever since, this *believing* seems to be impossible. (Of course it is not possible to pinpoint the exact historical rupture with certainty, but it was not so long ago. Needless to say, globalisation has had a lot to do with it.) And likewise, ever since, the perfectly healthy human need to believe, has been systematically thwarted with the now familiar aberrant consequences.

The totally secularised world has degenerated in recent decades into a caricature of the most obtuse, depressing, narrow-minded materialism; at least, to the extent that we can speak at all of (or there is room for) faith in something other than monocracy – which is entirely different from primacy! – of the free market as the solely valid 'public' space or criterion for public action; the indisputable supremacy of money as the only credible residue of the Enlightenment's universalist claims to truth; the categorical reduction of the world and all that it contains (people, living beings, nature and culture, the very concept 'faith', the network of social and other relations that hold together all the aforesaid elements) to its quantifiable, calculable and controllable material constituents.

---

6 — We are indebted to the German sociologist Max Weber for the concept of the progressive disenchantment of the world. He has this to say about 'Entzauberung' in his *Wissenschaft als Beruf*: 'the fate of our times is characterised by rationalisation and intellectualisation and, above all, by the "disenchantment of the world".' That Weber intentionally avoids the concept 'secularisation', even though it was in circulation at the time (1918), speaks volumes. In the first place, secularisation draws attention to the transformation of social processes and social patterns, while disenchantment seems to refer to a more subjective *experience* of this transformation, to refer more to the *experiential world* rather than the world *tout court*.

If this is, indeed, an accurate representation of secular society, then it is hardly surprising that the search for a post-secular society has been going on for so long. Right here, in this desire for something 'else' and something 'more' (a desire that has apparently proven more tenacious than even the most cynical materialism dared to expect), culture in general and art in particular – inevitably, of course – steps into the foreground. First, religion and ideology are both extremely powerful forms of culture; second, art – in the restricted part of the world that calls itself post-secular – is increasingly (or at least symbolically) taking note of this role.

It is hardly accidental that the debate on post-secular society is so closely linked to the debate on multicultural society, or the debate on intercultural dialogue. It is, after all, the fairly recent experience of, at one moment conflicting, and the next moment harmonious (but always, by definition, enriching) interaction between cultures, between 'our' (secular or secularised) culture and 'other' cultures (that are 'not yet' secularised or that simply resist secularisation) that has prompted us, more than anything else, to question the benefit (or detriment) of secularisation as a logical conclusion to the Enlightenment's universalist claims to truth. We believe that the emphasis in the question of multicultural society and intercultural dialogue lies not so much in the 'multi' or 'dialogue' aspect as in the concept 'culture'. In post-secular society, cultural issues once again move to the foreground, and become, in a sense, the *only* questions – as could be deduced from the heightened passions that *cultural* controversies have released in recent years. The political disturbances around the Mohammed cartoons in Denmark and the reduction of geopolitical issues to a 'clash of civilisations' in the aftermath of the attacks on 11 September 2001 are, in that regard, unadulterated challenges to the classical Marxist view of history as purely a question of one-dimensional, one-way traffic between infrastructure (economy) and superstructure (culture). Clearly, oil may be the first concern in all these conflicts, but is it not just the proverbial fuel for the fire of much deeper lying tensions of a fundamentally cultural nature?

These are, of course all extremely complex issues that only indirectly affect the much more modest questions that we wish to pose in this book and the associated exhibition project. However, they do make themselves directly felt in our conviction that, as we noted, the cultural sphere does play an absolutely crucial role in defining post-secular society – and art, in its turn, holds an emblematic place in this cultural sphere. Space for art has become so important today (even unprecedentedly popular[7]) because it is so open, receptive and hospitable to the human search for more value – because it seems to be lonely islands of 'enchantment' in our present monocultural society under the thumb of market-dominated thinking and its handmaids (economy, materialism, the hard sciences). Throughout its entire recent history, art has been a free port for spirituality and spiritual desires – the very first 'abstract' and hence in one way the very first *modern* artist, Wassily Kandinsky, published a treatise in 1911 entitled *Concerning the Spiritual in Art* – and art has probably never held as important a place as it does now in the post-secular era's modern confusion, where these desires are left with only few attractive options. So, to offer a tentative conclusion to a long story, that is the source of our 'faith' in the relevance and relative validity of a view of art that has the paradoxical quality of a *materialist spirituality* – spirituality is in this sense clearly substantive. 'Materialist' is an equally important adjective. What do we mean by this concept, beyond, besides and except for the earlier depicted caricature of a malicious, cynical materialism? First of all, in this view of art, the *material* holds pride of place as the seat of spiritual experience. Art is not so much a matter or question of 'matter' or materials (customs, disciplines, techniques) as it is a matter (experience, process) of materialisation. This insight can lead to a better, clearer

---

7 — A lot has already been written on the popularity of certain modern art institutes and modern art events (Tate Modern, the Louvre, Christo and Jeanne-Claude's wrapped Reichstag, the Olafur Eliasson's above-mentioned *Weather Project*), but much less, strikingly enough, about the more profound reasons, causes or preconditions for their popularity. There seems no doubt that the human need for a collective experience of immaterial values plays a major role here, that once again, explains the above-mentioned arguable comparison of church and museum, places of worship and places of art.

and more conscious understanding of culture in general; it is only when the materialist basis of all culture has been recognised, that culture can be encountered as a spiritual experience. The basis for this view of art and culture (and of people, the world, and of all society) has always had a materialist bias because it can and will not ignore or denigrate the material facticity of art and culture, of people, world and society – the *materiality* of the world is both fact and a priori given. The potential for spiritual identification with the world results from the enthusiastic acceptance of this fact. As Ludwig Wittgenstein noted with typical concision in his *Tractatus Logico-Philosophicus*, a thoroughly ethical (and aesthetical!) book in which he tried to exclude every trace of transcendence, 'Nicht wie die Welt ist, sondern dass sie ist, das ist das Mystische' ['The mystical is not how the world is, but that it is.'] There is another concept to designate the radical identification with the material world – and, obviously, this world also includes works of art that, however immaterial, invariably fall back on the basic material conditions of our perception of the work of art – as a basic condition for all the potential that life contains here and now: *immanence*. It is an originally theological concept that refers to the existence of a divine power that coincides with the world or is situated *in* the world, belongs to it, and does not exceed (transcend) the boundaries of this world, which we assume is the only one. Twentieth-century philosophy associates 'immanence' first of all with the thinking of Gilles Deleuze and Giorgio Agamben, both of whom made extremely important contributions to the revalorisation and recalibration of the categories of spiritual desire in the contemporary philosophical context; in this regard, they have been allocated an important role, especially in art.

Finally, the philosophy of immanence also represents inclusive, *reconstructive* thinking – a philosophy of opening, of potential and opportunity, including the opportunity of 're-enchantment' or 're-mystification': these are all positive variations (like the work of art, we could add) on the negative definition of the concept 'post-secular society'.

This is the creative, productive paradox of our 'materialist spirituality', for which art, and especially works of art, can be so emblematic a model: a recognition of the immovable boundaries and restraints that inevitably attend the materialist view of the world, and the *celebration* of these boundaries and restraints as extremely fruitful preconditions for reconquering – and thus *re-enchanting* or *re-mystifying* – the world as the only 'spirited' reality that we have, and that we can share with one another in a spiritual sense. Art plays an increasingly important role in this process of reconquest and re-enchantment – that is what we at least hope to demonstrate in *All That Is Solid Melts Into Air*.

This exhibition is the product of a dialogue among the five curators at the Antwerp Museum of Modern Art (endearingly known as MuHKA), and their combined dialogue with their partners in Mechelen. The exhibition is subdivided into five smaller parts, and the five chapters together form one book – there is, of course, a great temptation to call to mind the allegorical image of the Pentateuch. Or perhaps rather a pentagram?

Just as the five exhibitions in and around the site of the Cultural Centre in Mechelen, can be viewed and experienced individually (one could say 'read' as autonomous essays) but at the same time, indisputably, as a single unified whole – likewise the reader now holds one book, with five distinct chapters. Pride of place is given to one all-encompassing (but not dominant) theme that can be viewed from various perspectives – at one moment very directly, in blinding direct daylight of a sharply thematic organisation and meticulously argued, nearly illustrative 'essay', at another more lyrically, elliptically, obdurately, in the associative thought pattern of a speculative 'poem'. Each of these five chapters can be more or less reduced to, and rethought, in one single (antiphonally bisyllabic and monosyllabic) word: nothing, work, person, thing, spirit. These are not really titles of the individual exhibitions, nor are they necessarily their themes, concepts or organisational principles, but by and large, they are the names of certain fundamental, irreducible dimensions of the above-mentioned materialist-spiritual experience that they each broach or illuminate. [It seems inevitable that 'light' – lighting, illumination, explanation, clarification, obfuscation – will play an important role in the rhetoric of evanescing and dilution that flows around *All That Is Solid Melts Into Air*, an exhibition paired in the *City Visions* project with another called *Backlit Heaven*]

Edwin Carels provided the inaugural chapter. His exhibition serves as a *portal* opening the way for the others that flow forth from the framework he supervises. Carels' exhibition *Not Nothing* zooms in on the implications of the end of Marx' famous statement, 'man is at last compelled to face with sober senses his real condition of life and his relations with his kind.' But what are sober senses? If, on top of the value of goods becoming increasingly phantasmagorical, perception itself becomes uncertain in an overly mediatised society where everything seems virtual, then we have to recalibrate our personal experience and specific positioning and question our own view. Working with the British partners AL and AL, Carels developed an exhibition where the dialectic is between imperfect symmetries, differences within similarities, rather than between thesis and antithesis. This phenomenological study of baseline perception, the 'stereographic' analysis of even the image's most elementary components lead to crystallisation of the ephemeral, of what art historian Barbara Maria Stafford called 'echo objects': art that leads us to observe our own inner space.

The heart of the cultural centre houses the exhibitions designed by Liliane Dewachter (*The Man-Made*), Bart De Baere (*The Work*) and Dieter Roelstraete (*The Thing*). *The Man-Made* is located in the most suitable (yet also the most deceptive) space, an exhibition hall that had once been the church of the Friars Minor; here Liliane Dewachter presents her multimedia artistic reflection on the Old Testament (but clearly highly topical) parable of the made man – and/or the limits of human perfectibility. The artist's body holds pride of place in Dewachter's exhibition. It is the subject and arena of an artistic desire for *Selbstplastik*:

According to tradition, God created man on the sixth day; since its dawn, the modern way of thinking assumes that man designs, constructs, creates, develops, perfects himself. Clearly the artist plays a symbolically pioneering role in this. This is also the 'place' in traditional Western thinking where art and science have long grated: the history of this friction is rife with rival interpretations of what it means to 'make' or invent 'something', 'someone', 'oneself'.

While architecture sharply defines the other exhibitions (one project to one space), Bart De Baere unfolds his reflection on *The Work* in semi-public hybrid spaces: from the cathedral (viewed in the expanse of all its functions) to the now closed young people's observatory high up in the roof of the Scheppersinstituut, with its centrally located academy and circuit walk around the inner court. Within these eminently social spaces art is approached as a *performative* given. De Baere bases this reality on the vision of the German-Jewish philosopher Hannah Arendt, for whom work – seen as the creation of the world *for* and *by* people – is diametrically opposed to the Marxist concept of labour (that reduces living to an endless nihilistic loop of production and consumption). Arendt gives a prominent place to art and philosophy within the scope of work. She calls art a 'transfiguration of thought', and philosophy a 'thinking without external objective'. In doing so, she makes room for a contemplative dimension within the framework of social activity and encounter, and sets the stage for a view of art that can be called humble – because neither the artist nor the product set the tone – without side-stepping the great political and social issues.

Finally, *The Thing* is on display in the classical exhibition halls of what up to the end of the 1990s had been known as the Spinoy Cultural Centre. In this exhibition, Dieter Roelstraete focuses inevitably on the object (not the artist, nor on the practice). The artistic thing as enigmatic presence, as impenetrable, magic object (fetish, relic, talisman – or merchandise) can serve as symbol for the conundrum that all art is: in regarding the art object as thing, we observe the physical concentration of a materialist worldview juxtaposed to spiritual longing.

The final chords of *All That Is Solid Melts Into Air* resound in a totally different space, clearly set apart from the cluster of exhibitions in/around Mechelen's cultural site: the segment compiled by Grant Watson entitled *The Search for the Spirit* found shelter in the Scheppersinstituut's monumental auditorium, a prime architectural example of a twentieth-century Catholic school for boys. Watson borrowed the title of his presentation from the similarly named project by the Canadian artist collective General Idea which dated from the mid-1970s. It was a parody of traditional beauty pageants in which the winner, crowned 'Miss General Idea', symbolised 'the spirit of art' – the true object of their search into the magic *esprit* of art. *The Search for the Spirit* does, indeed, focus on the everyday magic of art – which enables us repeatedly to transform ourselves and the world around us.

Literally and figuratively, *Transformation* is the magic word stretching throughout *All That Is Solid Melts Into Air*: the transformation of material to spirit (and back); the magic transformation of a lifeless object into an object of desire and, above all, 'value'; the transformation of words into deeds and vice versa; the transformation of all that is solid into what melts (from 'something' to 'nothing') and back; the transformation (enchantment, disenchantment, re-enchantment) of the public space into an inhabitable world that can offer shelter to the sacred and the profane.

DIETER ROELSTRAETE
in collaboration with Edwin Carels, Bart De Baere,
Liliane Dewachter and Grant Watson,
Antwerp, Autumn 2008.

Niet Niets

Curator: EDWIN CARELS

Not Nothing

Kunstenaars | Artists:

AL and AL
Persijn Broersen
& Margit Lukács
Annie Cattrell
Charles Darwin
Edith Dekyndt
Jacobus Joannes de Raedt
Douglas Gordon
Anish Kapoor
Yves Klein

Lea Lagasse
Jürg Lehni & Alex Rich
Gordon Matta-Clark
Jonathan Monk
Joseph Plateau
Quay Brothers
Dominique Somers
Sherridan Stymest
Günther Uecker
Arnold Floris van Langren

Mine de rien

EDWIN CARELS

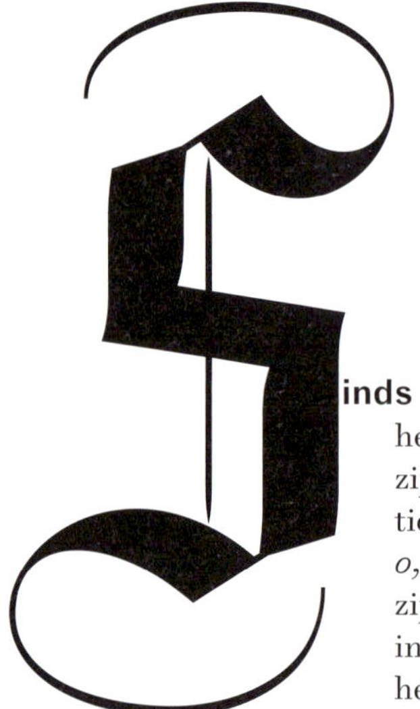

Sinds Malevitsj in 1915 het suprematisme tot zijn uiterste consequentie doortrok en op de *0,10*-tentoonstelling zijn zwarte vierkant introduceerde, zijn er heel wat kunstenaars gevolgd die vanuit telkens weer andere invalshoeken onze blik zo intens mogelijk op zo weinig mogelijk hebben gericht. In hetzelfde jaar lanceerde Marcel Duchamp het begrip 'readymade' en ontwikkelde hij de notie van non-retinale kunst, een oproep om de solide schoonheid van de kunst te laten verdampen. In de loop van de 20ste eeuw wisselden stijlbewegingen als Zero, minimalisme en conceptkunst elkaar voortdurend af. Het maximum halen uit het absolute minimum werd de hoogste ambitie in diverse vormen van de moderne kunst. Of zoals John Cage het uitdrukte: 'I have nothing to say and I'm saying it.'

Densité + Zéro, A Brief History of Invisible Art, Dark Matter, This is not a Void, The Big Nothing, Nichts/Nothing: aan het begin van

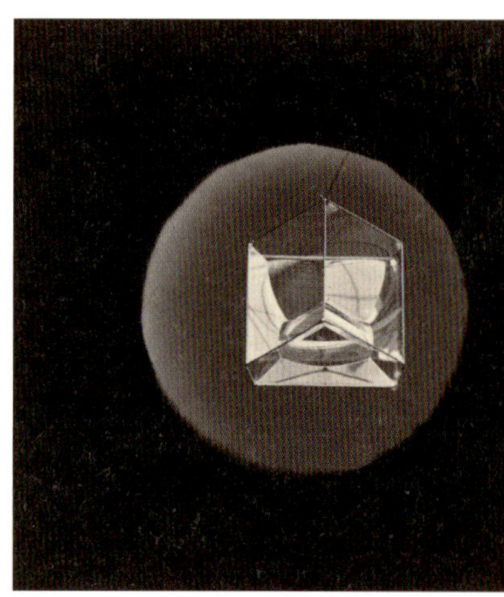

de 21ste eeuw duikt het 'amor vacui' eerder op als een gecultiveerde tendens onder tentoonstellingsmakers en individuele kunstenaars, dan dat er van een consequente stijlbeweging sprake is.[2] In de catalogus van *Nichts/Nothing* schuift de kunsthistorica Mieke Bal volgende deelverklaringen naar voren: een tentoonstelling als deze problematiseert de dominantie van een enkel zintuig, doorgaans de blik. Er steekt mogelijk ook een visueel vermoeidheidssyndroom de kop op: we hebben onderhand alles al wel een keer eerder gezien. Door het publiek geen visuele beelden te 'gunnen' kan een kunstenaar of curator tenslotte ook ideologisch verzet plegen tegen het fetisjiseren van verkoopbare kunstobjecten. En daar kunnen we nog aan toevoegen: misschien anticipeerde de kunstwereld wel op dat gevoel voor imminente dreiging, het vermoeden dat een zeepbel gaat barsten, dat een implosie wel imminent moet zijn, of het nu de dot.com-crash, het Ground Zero-trauma van 09/11 of de recente financiële crisis betreft.

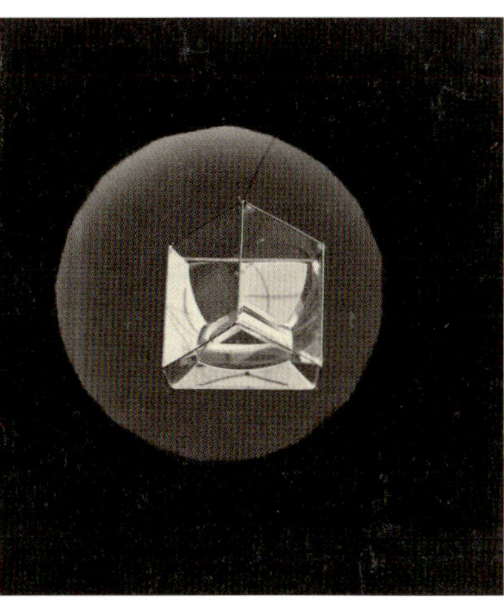

Zelf reageert Mieke Bal op de vernieuwde aandacht voor al die gethematiseerde afwezigheid het liefst met wat Kaja Silverman heeft bepleit als een 'productieve blik'.[3] Inderdaad, of het nu de 'leegte' of het 'niets' is dat wordt gepresenteerd, sinds Malevitsj wordt de bal telkens weer nadrukkelijk in het kamp van de kijker gelegd. De receptie is een belangrijke component van het kunstwerk zelf geworden. Kunst kijken wordt kunst ervaren. De leegte is immers niet alleen een conceptuele, maar ook een fenomenologische uitdaging. Zelfs in een volkomen geluidsdichte,

anechoïsche kamer hoort John Cage nog altijd zijn eigen bloedstroom en zenuwstelsel.[4] Want net zo goed als puur conceptuele kunst nooit honderd procent zuiver is (er is altijd een materieel spoor), is waarnemen ook nooit een puur cerebrale activiteit: het hele lichaam participeert. De tentoonstelling *Niet Niets* thematiseert precies het kijkende subject, en claimt niet zozeer een zoveelste esthetisch-programmatorische radicalisering, maar wil juist relativeren en vooral relateren: de ervaring van mentale leegte is net zo goed een fysieke belevenis. Het lichaam blijft onvermijdelijk een belangrijke parameter.

Tegelijk proberen technologische ontwikkelingen dat lichaam zo overbodig mogelijk te maken. Het kijkende subject dreigt zelf een fantoom, een holle constructie te worden. We leven in een postfotografisch tijdperk, een elektronisch universum waarin beelden wel excessief aanwezig zijn, maar niet langer een rechtstreekse link met de realiteit vertonen. De doorgedreven digitalisering brengt onvermijdelijk een paradigmatische verschuiving met zich mee. Het beeld bezit niet langer de status van een analoge weergave. De computer heeft geen 'oog' en produceert dan ook niet automatisch het traditionele perspectief. De vertrouwde afstand tot het beeld verdwijnt. De monoculaire blik wordt tegelijk ingeruild voor een driedimensionale, steeds nadrukkelijker immersieve beleving. In de tentoonstelling *Niet Niets* verloopt de dialectiek niet aan de hand van theses en antitheses, maar van imperfecte symmetrieën, verschillen in de gelijkvormigheid. Dit fenomenologische onderzoek naar de nulgraad van de waarneming, de 'stereografische' analyse van het beeld tot in zijn meest elementaire componenten,

moet leiden tot een kristallisering van het efemere, van wat de kunsthistorica Barbara Maria Stafford *echo objects* noemt: kunst die ons ertoe brengt onze innerlijke ruimte waar te nemen, dankzij de cognitieve impact van beelden.

In dit recente boek schrijft ze: 'Kunst stelt ons in staat om de ruimte in ons lichaam te observeren. Het verleent een gezicht aan het geheime leven van ons bewustzijn. De geschiedenis van beelden kan anderzijds ook gebaat zijn bij onderzoeksresultaten vanuit de neuroanatomie, de cognitieve wetenschap, de evolutionaire psychologie, alsook de cognitieve antropologie en de cognitieve archeologie, om de vraag te beantwoorden hoe onze visuele waarneming doordrenkt raakt van emotie. Hoe wordt onze onbewuste interne ruimtelijke kaart bewust gemaakt in de vorm van een actualisering of presentatie: dat wil zeggen, als een concreet beeld of een niet-persoonlijke plek waarmee we verbonden zijn?'[5] De tentoonstelling *Niet Niets* informeert de bezoeker door middel van kunstwerken en artefacten, historische referenties en wetenschappelijke instrumenten, biologische gegevens en automatische machines. Aan de bezoeker om zich daartussen te bewegen en zichzelf terug te vinden op het snijvlak van media en technologie, kunst en beeldcultuur.

Niet Niets zoomt met name in op de implicaties van het slot aan Marx' fameuze zin. Wat is evenwel een nuchtere blik? Als niet alleen de waarde van goederen steeds fantasmagorischer wordt, maar in een overgemediatiseerde maatschappij ook de perceptie zelf volkomen onzeker wordt, als alles even virtueel lijkt, wordt het noodzaak om de persoonlijke beleving en specifieke positionering opnieuw te kalibreren, de eigen blik te problematiseren. Ook Marx had het dus al over optische illusies als resultante van zijn kritische analyse van de economische uitbouw van het productieproces. Hij typeerde het efemere karakter van de zogenaamde 'meerwaarde' met een term die hij ontleende aan wat in die tijd gold als de meest overrompelende visuele attractie: de fantasmagorie. De kunstwetenschapper Oliver Grau schrijft over deze naar 18de-eeuwse maatstaven erg geavanceerde show op basis van bewegende toverlantaarns: 'Zoals met "illusionisme" of "immersie" geldt ook voor de fantasmagorie dat het geen eenduidige term is. Halverwege de 19de eeuw was fantasmagorie ook een politiek sleutelbegrip geworden.'[6]

Volgens Barbara Maria Stafford functioneerde deze geavanceerde toverlantaarn als een 'ontologisch' instrument. 'De fantascoop, het toestel waarmee het fantasmagorische spektakel werd opgevoerd, nam de functie van het geheugen over en maakte het afwezige weer aanwezig.'[7] Ook de Belgische professor Joseph Plateau (1801–1883, dus eerder geboren, maar in hetzelfde jaar gestorven als Marx) had de ambitie om bewegende beelden tevoorschijn te toveren. In elk filmgeschiedenisboek staat hij vermeld als de wetenschapper die in 1832 het basisprincipe van de filmische illusie op punt stelde. Plateau definieerde namelijk wat er voor het menselijke oog nodig was om de analyse van een beweging weer te synthetiseren. Het principe was een trompe-l'oeileffect dat al eeuwen bekend was, maar dat nog nooit zo systematisch werd gemeten, omschreven en gedemonstreerd. Nog voor de fotografie de camera (obscura) herbevestigde als kennismodel, vond Plateau dus het geanimeerde beeld uit, en demonstreerde hij dit aan de hand van zijn zogenaamde fenakistiscoop of 'geestenkijker'.[8] Plateau zelf gaf zijn stukje *physique amusante* oorspronkelijk de naam 'fantascoop' mee, en nam daarvoor dus de term over van het type toverlantaarn waarmee fantasmagorieën werden gerealiseerd. Zijn draaiend schijfje werd meteen een populair stuk speelgoed toen het in Londen werd gecommercialiseerd. Een jaar later bracht William Horner met nog meer succes de zoötroop op de markt, waardoor meerdere kijkers tegelijk konden genieten van de geanimeerde actie.

Solide, stilstaande beelden worden in beweging gebracht, tekeningen verschijnen en verdwijnen in een fractie van een seconde. Ze verdampen meteen al bij waarneming. Hoewel ruim zestig jaar vóór de eerste vertoningen, lijkt het wel een omschrijving van het filmeffect. Met zijn spektakels sprak de Belg Etienne-Gaspard Robertson, pionier van de fantasmagorie, niet alleen tot de verbeelding van collega-wetenschappers en culturele filosofen, maar vooral ook tot die van het grote publiek. Onder het mom van een wetenschappelijke demonstratie deed Robertson met zijn verborgen projectie van achter een semitransparant doek wat een eeuw later de film ook zou doen, en met name dan het fameuze *L'arrivée du train*-filmpje van de Lumières: hij deed zijn publiek fysiek achteruitdeinzen voor een spookverschijning, een efemeer, fantomatisch beeld dat recht op de zaal kwam afgestormd.[9] 'De fantasmagorie opende voor de eerste maal de virtuele diepte van de beeldruimte als een sfeer waarin dynamische veranderingen mogelijk zijn. En dit dankzij het gebruik van een scherm' stelt Grau, die de introductie van het begrip 'scherm' situeert omstreeks 1810.[10]

Dat de populaire audiovisuele media niet alleen een dankbare metafoor leverden, maar ook gehanteerd werden als concrete referentie en constructieve component in het denken over culturele waarden, illustreert de Benjamin-specialiste Esther Leslie in haar boek

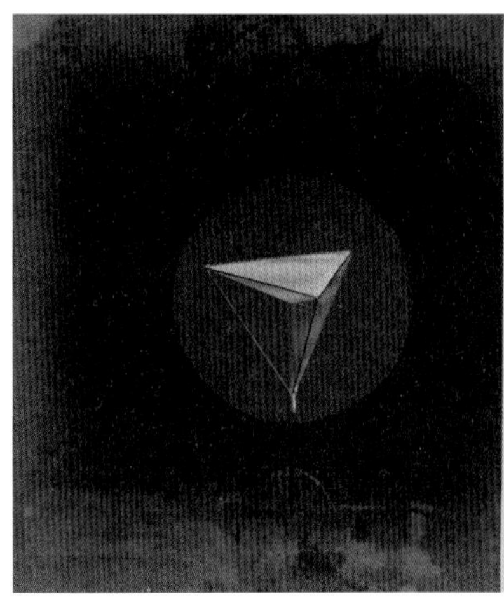

Hollywood Flatlands, over animatie, kritische theorie en de avant-garde: 'De theoretici en kunstenaars van het modernisme waren gefascineerd door cartoons. En zij die cartoons het meest ernstig namen, waren politieke revolutionairen. […] Siegfried Kracauer, Theodor Adorno en Walter Benjamin namen plaats tussen de tekenfilmfans en ontwikkelden hun ideeën over representatie, utopie en sociale revolutie in relatie tot de productie van Disney en de Fleischers.'[11]

Ook Sergej Eisenstein zag in de zich ontwikkelende animatiefilm een sterk tegengif voor een dwangmatig op productie gerichte maatschappij.[12] 'Disney is fantastisch als slaapliedje voor de lijdenden en de behoeftigen, de verdrukten en de berooiden. Voor hen die geketend worden door werkuren en gereguleerde rustpauzes, door een mathematische precisie in tijdsgebruik, wier leven door cent en dollar tot grafieken wordt gereduceerd. [...] Maar de revolte is lyrisch, de revolte is een dagdroom. Onvruchtbaar en zonder gevolg.' Hoewel de directe

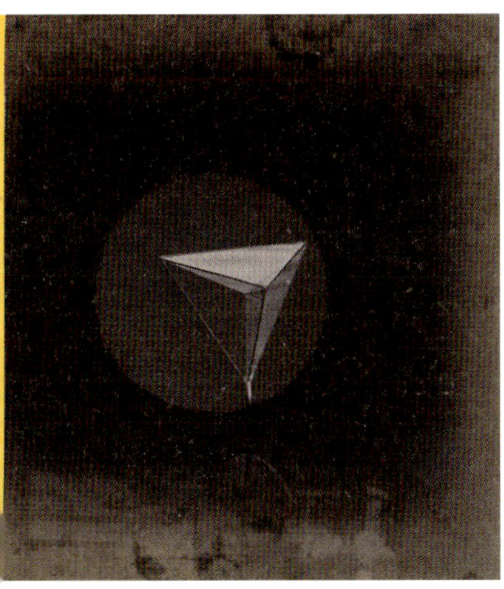

impact van de kleurrijke, anarchistische beeldentaal van de tekenfilm dus puur escapistisch is, bieden cartoons toch een bevrijdende boodschap. De vroege, balorige Mickey Mouse als welkom tegengif voor de opgefokte economische ratrace, de drie biggetjes als opsteker tegenover de gecultiveerde angst. Het enthousiasme voor cartoons was dus niet louter een kwestie van bewondering voor de vormtechnische innovatie. De tekenfilm was het platform waar onderzoek naar de vlakke beeldtaal en illusie en abstractie het meest doelbewust werd verricht, aldus

Leslie. Maar tegelijk was het ook een laboratorium voor nieuwe, alternatieve tijdsregimes: 'De tijd van het kapitaal is er een van cijfermatige berekening. Revolutionaire tijd is de poging om met die berekende, kwantificeerbare tijd te breken – niet om naar een natuurlijke (productie)tijd terug te keren, of naar arbeidstijd als maatstaf, maar om iets anders te produceren: een tijd die vol is, vervuld, hanteerbaar, subjectief.'[13] Ook Malevitsj pleitte er in 1918 al voor om 'een nieuw tijdsritme te installeren', met een eigen vormtaal en tijdsbesef.[14] Met de Bauhauskunstenaar Hans Richter, die zelf een filmcarrière was begonnen met zuiver abstracte animaties, besprak Malevitsj in 1927 zelfs concreet het storyboard voor een suprematistische film, waarvoor zelfs uitgeknipte zwarte cirkels en rechthoekige vormen zijn bewaard.[15]

Animatie noopte niet alleen van meet af aan tot onderzoek naar een alternatieve tijdservaring (in de animatiefilm wordt tijd immers niet gereproduceerd, maar *ex nihilo* geproduceerd), maar onvermijdelijk wordt ook het ruimtelijke karakter van elk filmbeeld erdoor geproblematiseerd. Ook de antefilmische ruimte is geen vanzelfsprekend gegeven, en moet telkens artificieel tot stand worden gebracht. Niets is vanzelfsprekend, alles moet van nul af aan ontworpen worden.

Culturele codes of de impact van natuurwetten spelen daarbij een heel andere rol dan bij analoge filmopnames. De sprong van animatie naar computergrafische audiovisuele kunst is dan ook bijzonder klein.

Het Museum voor de Geschiedenis van de Wetenschappen in Gent bewaart een tachtigtal draadfiguren, die Joseph Plateau gebruikte voor experimenten betreffende oppervlaktespanning met dunne vliezen. Als men deze intrigerende, mathematisch ogende figuren onderdompelt in *liquide glycérique* (zeepsop), vormen zich dunne vliezen tussen de draden en ontstaan soms uitzonderlijk mooie oppervlakken.

De wetmatigheid daarvan werd in 1861 onderzocht door Plateau.[17] En door zijn medewerkers, die nauwgezet de instructies van de in 1843 blind geworden professor uitvoerden. Ruim een halve eeuw voordat Marcel Duchamp op de readymade *Handmade Stereopticon Slide* (1918) een stereofoto van een open zee door middel van een mathematische tekening van een 'post-retinaal' commentaar voorzag, liet Plateau al een uitvoerige reeks stereofoto's van zeepvliezen in gelijkaardige geometrische configuraties realiseren. Met behulp van een stereokijker verkreeg men zo een driedimensionale suggestie van die fascinerende, efemere constructies.

Net zoals de geanimeerde bewegingskunst decennia ouder is dan de film, zo is ook het principe van stereografisch kijken ouder dan de fotografie. Alle sleutelfiguren in de ontstaansgeschiedenis van de cinema (Etienne-Jules Marey, Eadweard Muybridge, de gebroeders Lumière) experimenteerden zowel met de reproductie van beweging als met driedimensionale effecten. Door de lichte afwijking te berekenen tussen wat het linker- en rechteroog te zien krijgt, kan het spontane dieptezicht ook kunstmatig worden opgeroepen. De Griekse wiskundige Euclides was al vertrouwd met het fenomeen van de binoculaire blik, maar het duurde tot 1832 (het jaar waarin Plateau zijn fenakistiscoop presenteerde) voor de veelzijdige uitvinder Sir Charles Wheatstone met een stereoscopisch instrument voor de dag kwam. Dus ruim vijf jaar voordat met de daguerreotypie en de calotypie de eerste fotografische procedés op punt begonnen te staan, ontwierp Wheatstone al op zuiver grafische wijze een virtueel universum. Eens toegepast op de fotografie werd het optisch exploreren van stereografische beelden een echte rage. Etymologisch betekent 'stereo' in het Grieks zoveel als 'solide'.[18] De illusie van soliditeit als massaproduct: de stereokijker werd het meest succesvolle in een snel opeenvolgende rij van optische vermakelijkheden.

Barbara Maria Stafford schrijft over deze uitgebreide traditie van gepopulariseerde kijktoestellen (met verder ook formats als het diorama, de *vue d'optique* enz.) dat daardoor de dualistische scheidingslijn werd uitgewist die Plato zag tussen de 'noumenale' en de 'fenomenale' werelden: 'De grot als schijnbaar ongekaderde, grenzeloze donkere ruimte is de oorspronkelijke site voor al deze optische technologieën, die niet alleen de verschillende functies van het oog en de onderscheiden handelingen van het brein imiteren, maar die ook verantwoordelijk zijn voor ons modern gevoel voor innerlijkheid als een fantasmatische diashow in het "theater van het bewustzijn".'[19]

Ook Jonathan Crary lette in zijn *Techniques of the Observer* eerder op veranderingen in het kijkende subject dan in de heersende kunst, om vast te stellen dat fundamentele verschuivingen in perceptie niet aan het eind

van de 19de eeuw begonnen, met de bloei van de fotografie en de modernistische schilderkunst, maar al omstreeks 1820, met de doorbraak van allerhande optisch speelgoed. Zoals de camera obscura de dominante plaats innam als optisch paradigma in de 17de en 18de eeuw, zo werd een toestel als de stereoscoop dat in de 19de eeuw. 'Dergelijke optische instrumenten zijn betekenisvolle kruispunten waar filosofische, wetenschappelijke en esthetische discussies overlappen met mechanische technieken, institutionele regels en socio-economische krachten.'[20]

In dit hele proces neemt Joseph Plateau een bijzondere plaats in. Hij is als positivist rigoureuzer dan de meeste van zijn collega's, en tegelijk is hij ook verbeeldingsrijker als designer. Zowat synchroon met Plateau kwamen ook de Tsjech Purkinje en de Duitser Simon Stampfer met soortgelijke optische illusies, die uiteindelijk als fenakistiscoop gemeengoed werden. Alleen beperkten deze laatsten zich tot abstract-geometrische patronen of eenvoudige repetitieve handelingen ter illustratie, terwijl Plateau schijven met groteske of ronduit griezelige motieven maakte.[21] Purkinje onderzocht ook op welke manier er zonder kijken toch beelden op het netvlies kunnen ontstaan door bijvoorbeeld met de vingers op gesloten oogleden te drukken. Joseph Plateau wordt zelf doorgaans met gesloten oogleden afgebeeld, een verwijzing naar zijn notoire blindheid. Volgens de legende zou die te wijten zijn aan zijn onderzoek naar het retinale nabeeld, waarbij Plateau herhaaldelijk zo lang mogelijk in de zon staarde, om dan de nawerking ervan op zijn netvlies te bestuderen. Parallel verrichtte hij ook onderzoek naar het fenomeen van irradiatie: hoe in onze waarneming kleuren elkaar beïnvloeden en 'fantoom-

kleuren' produceren.[22] In werkelijkheid sloeg de blindheid pas vele jaren later toe, door een totaal ongerelateerde ziekte.[23]

Hoewel Plateau dus noodgedwongen blind bleef voor de esthetische schoonheid en ze louter als mathematische denkmodellen kon (laten) onderzoeken, gaat er van deze beelden onmiskenbaar een sterke, bijna dwingende fascinatie uit. Ze hebben die kristallijne kwaliteit die Stafford zo centraal stelt in haar onderzoek naar perceptie:

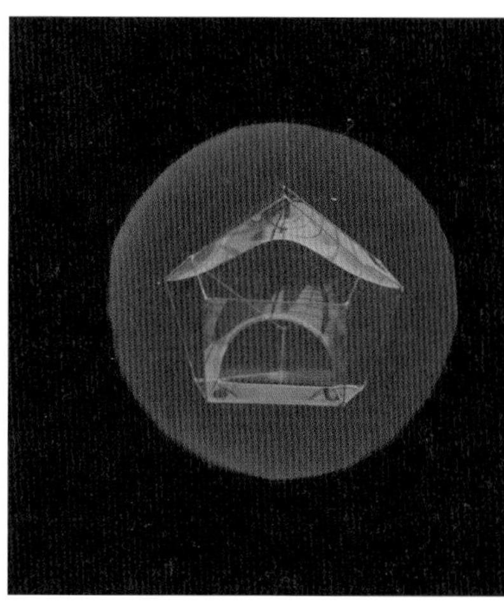

'Hallucinatie ontstaat in het scherpstellen van de aandacht [...] wanneer onze perceptuele processen hun dwangmatige relatie tot de buitenwereld lossen, en onbewuste aandachtsverbonden activiteiten het overnemen.'[24] In de biologie zijn mathematica en psychedelica niet noodzakelijk elkaars tegengestelde. Ook Plateaus intrigerende draadmodellen met hun oplichtende vliezen, de bijproducten van zijn wiskundig onderzoek naar oppervlaktespanning, zijn in meerdere opzichten fantoombeelden. Maar misschien heeft Plateau deze beelden in zekere zin toch kunnen waarnemen, want volgens Barbara Maria Stafford zijn dergelijke kristalachtige patronen het typische resultaat van hallucinaties, 'koortsige fantomen zonder eigen realiteit', en volgen de caleidoscopische patronen eigenlijk 'als een schaduw' de structuur van de visuele cortex.[25]

Eerst is er niets, dan een diep niets, dan is er een blauwe diepte.
Yves Klein [26]

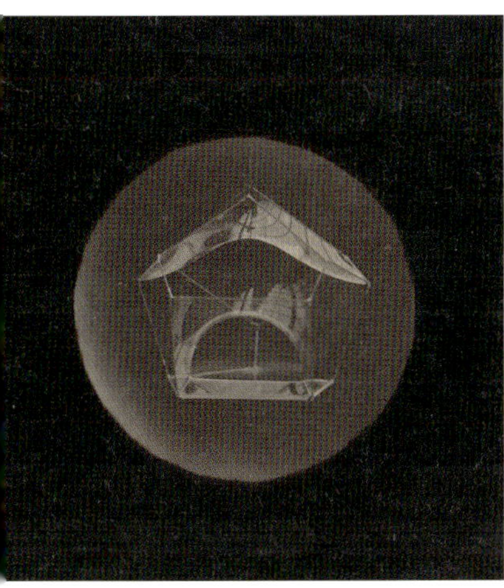

De stereografische Plateau-beelden die aan de basis liggen van de expositie *Niet Niets*, dienden ook als vertrekpunt voor een dialoog met AL and AL, een Brits kunstenaarsduo dat 'opgroeide op een speciaal dieet van special-effectsfilms'[27] en dat de centrale ruimte van de expositie voor zijn rekening neemt.

AL and AL startten hun samenwerking in 1997 na hun toevallige kennismaking toen ze op hetzelfde moment het buitenhuisje van Derek Jarman in Dungeness bezochten. Ze gingen samenwonen in een zelf ingerichte *blue-key*-studio, en creëerden na het afstuderen tussen 2000 en 2006 diverse virtuele universums, die tegelijk een documentatie vormen van hun eigen leven als een performatief proces. Voor AL and AL is de notie van performance in een *blue-key*-omgeving vooral een metafoor voor de interactie tussen de mens en een technologisch vacuüm. Tegelijk karakteriseren ze hun films vaak als zipfiles, vormelijk erg gebald, maar inhoudelijk bijzonder rijk aan informatie om te ontsluiten.

'De films van AL and AL dompelen de kijker onder in virtuele werelden met duizelingwekkende dimensies, waar alle grenzen wegvallen, als in een droom. Alle fysicawetten worden omgegooid: de zwaartekracht overheerst niet meer en lichamen worden gewichtloos; al het vaststaande verdampt; licht stroomt als een waterval door het blikveld, maar de objecten werpen geen consistente schaduwen; de tijd deelt zich op, keert terug, spoelt verder, verdubbelt, terwijl personages verschijnen, verdwijnen, zich vernietigen en zich herstellen.'[28] Al hun vroege werken, die op basis van een reeks bizarre scenario's evolueerden van uiterst minimaal tot digitale barok, verdwenen in het niets toen in 2007 hun computers met alle originele data werden gestolen. Wat hen er niet van weerhoudt computergrafiek (CGI) te waarderen als de belangrijkste formele inventie sinds de camera: 'Het is een esthetische revolutie. We beleven een soort van visuele renaissance en toch zijn er maar weinig kunstenaars die ermee werken. [...] De geschiedenis van de kunst is vooral een zaak die zich situeert in de voorhoede van de beeldproductie.'[29]

De *blue-key*-studio is voor hen de meest recente manifestatie van het blauwe vacuüm. Volgens AL and AL kan je in de geschiedenis van de kunst naar het *Laatste Oordeel* van Michelangelo kijken, of naar het graf van Toetanchamon, en naar het gebruik van het blauwe gesteente lapis lazuli. 'Beuys geloofde dat zijn vilt hem het leven heeft gered, en wij ervaren ons blauwe vilt als een soort van obscure zuster daarvan. In zeker opzicht hebben wij het leven ingeruild voor een simulatie. We voelen dat al onze *blue screen performances* [H1] zich in een ruimte zonder tijd of plaats voltrekken.'[30] Voor AL and AL en Derek Jarmans *Blue* (1993) was de Franse kunstenaar Yves Klein de eerste ambassadeur van een immateriële blauwe sfeer, die claimde de hoogste vorm van kunst te zijn.

Er bestaat geen eenduidig beeld van 'de ruimte'. AL and AL creëren vanuit het niets telkens weer nieuwe technologische universums, als elektronische mozaïeken. En nu de commerciële animatie-industrie vrijwel collectief overstapt op 3D-cinema, grijpen ook AL and AL voor hun nieuwste werk *We want to run in our Mountains* terug naar het anaglief systeem, een klassieke vorm van stereokijken door een rood-en-blauw brilletje. Complementaire kleuren ingezet als *echo objects* om een zuiver mentale ruimte te verkennen. Digitale geluiden en beelden zijn geen indexicale weergave van de fenomenale wereld, maar eerder de resultante van een gefragmenteerd informatieproces. In hun scriptie *Hyperstatic Union*, waarmee ze in 2001 gezamenlijk afstudeerden, schreven AL and AL: 'We worden steeds sterker aangezogen tot het oppervlak van het scherm; onze blik is als het ware boven op het beeld te zien – alle theatrale conventies zijn verdwenen. Dat we zo makkelijk ten prooi vallen aan de comateuze verbeelding van het scherm, is te wijten aan het feit dat het scherm ons een voortdurende leegte aanbiedt om in te vullen.'[31]

Een expositie waarin de dialectiek aan de hand van imperfecte symmetrieën en subtiele verschillen verloopt, is de logische plek voor een computergrafisch stereowerk, dat immers is opgebouwd uit twee beeldlagen van mathematisch precies van elkaar afwijkende polygonen, een constellatie van primitieve vormen die samen een simulatie vormen. In hun tekst *Hyperstatic Union* luidt het als volgt: 'Het besef over mijn rol als projector van de projectie van de ander begint door te dringen, en ik word aangezogen door een liminale identificatie met het beeld en de ruimte, om dan juist met het verschil te worden geconfronteerd. Een verschil dat te situeren valt in de ruimte van mijn-zelf *(sic)*. Dit is de energie van het verdubbelen, waarvan een tastbare gesimuleerde belichaming op zich staat, een getuige van mij, die getuigt over mij, die getuige is van een ander, die getuigt.'[32] AL and AL vormen zowel conceptueel als heel concreet een duo, een koppel, elkaars spiegelbeeld. Voor *Niet Niets* spelen AL and AL nog een extra dubbele rol: niet alleen creëerden ze als enige kunstenaars in de tentoonstelling nieuw werk voor de gelegenheid, maar ze fungeerden ook als co-curators voor de verdere selectie en samenstelling.

Barbara Maria Stafford beschouwt de schedel als een grot, een schuiloord en tegelijk de uitkijkpost voor verhelderende visioenen. Ze schrijft in haar boek *Echo Objects*: 'Mimesis erkent de aanstekelijke effecten van mimicry, en het feit dat empathie begint met een wederzijds kijken en een onwillekeurig dupliceren van het gedrag van een ander.'[34]

Niet Niets is een hybride en tegelijk nadrukkelijk formalistische tentoonstelling, die gericht is op een onderzoek naar de existentiële ervaring van perceptie. AL and AL dichten ook de computer een vorm van autisme toe, een *going blank* waarin zich juist geen leegte, geen niets-doen manifesteert, maar wel een noodzakelijk oponthoud om een overdaad aan informatie te verwerken. Hun videoloop *To Be Rendered* toont precies zo'n reactie van een computer die overladen wordt met opdrachten. De kunstenaars zien in deze delicate evenwichtsoefening tussen crashen en instant verwerking een equivalent voor het denkproces als dusdanig: 'een idee dat in fracties uit de duisternis tevoorschijn komt, dat in iets dient omgezet te worden, niet niets. *Niet Niets*!'[35] Hun niets is geen zuiver ruimtelijk maar een virtueel niets, waarvan de tijd-ruimtetechnologie van de telecommunicatie het alfa en omega is. Wat AL and AL met individuele pixels doen, doen ze ook met hele beeldvelden: de aarzeling accentueren tussen verschijnen en verdwijnen. In hun iconografie verwijzen ze terug naar de protocinematografische bewegingsstudies van Muybridge en tegelijk duiden ze op een mogelijke toekomst van al hun inspanningen: het oplossen van het data-lichaam in digitale, kinetische punten die verloren gaan in de ruimte.

Maar het kan ook tot een synthese komen, een synergie van de fantoomachtige, alomtegenwoordige technologische ruimte met het fysiek reële, wat AL and AL een 'hyperstatische unie' noemen. Daarmee bedoelen ze een metamorfose van het christelijke theologische concept van de hypostatische unie, dat wordt gebruikt om de persoon van Christus in zijn 'essentie' te duiden, een vereniging van het goddelijke en het menselijke.

Met hun 'hyperstatische unie' suggereren AL and AL een drievoudige natuur: deels menselijk, deels digitaal-technologisch en nog een ambigue derde soort, die we dienen te begrijpen als een afwezigheid die ontstaat uit een vermenging van de andere twee. 'De hyperstatische unie is dat oneindig kleine deeltje tijd of ruimte waar een synergie van "essenties" zich voordoet, door de acties van een mens in een technologisch universum, in het blauwe niets, in zichzelf.'[36] Met iets minder gevoel

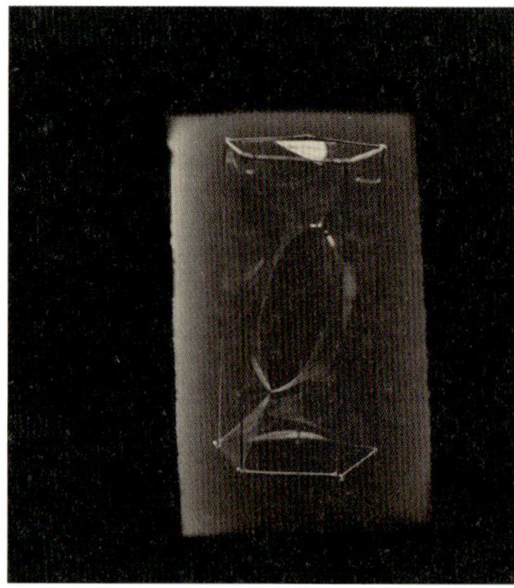

voor mystiek drukt mediatheoreticus Sean Cubitt het als volgt uit in zijn boek *The Cinema Effect*: 'De mathematische nul van de cinema uit het tijdperk van het digitale beeld is immers niet een nul van leegte en inactiviteit, maar integendeel het totaal van alle activiteit.'[37]

Niet Niets is een tentoonstelling waarin lichamelijke participatie en visuele oriëntatie een belangrijke rol spelen. Langs fenomenologische weg, het fysieke parcours, worden existentiële vragen opgeroepen over identiteit en idealisme, perceptie en visie, mimesis en mimicry.

Een van de eerste items die AL and AL suggereerden voor de tentoonstelling, was een koppel opgezette duiven uit de werkkamer van Charles Darwin, die van kijken en vergelijken, van het zoeken naar subtiele alternaties in identiteit zijn roeping maakte. De wetenschapper die met zijn grondslagen van de evolutieleer onwillekeurig ook de dood van God provoceerde, baseerde zijn vergelijkende onderzoek aanvankelijk op tamme duivensoorten.[38] Terwijl Charles Wheatstone de wederzijdse betrekkingen becijferde tussen onze beide ogen, en Joseph Plateau de menselijke fysiologie onderzocht met als doel seriële beelden in elkaar te laten overvloeien, bestudeerde Charles Darwin nagenoeg tezelfdertijd het langzame, maar permanente *morphing*-proces zoals dat zich in de natuur voltrekt. Met nuchtere ogen registreerden deze wetenschappers de subtielste verschillen en standaardiseerden ze zowel mechanische als biologische processen. Maar de interactie – of 'wederzijdse betrekkingen' – tussen materie en bewustzijn, het nuchtere oog en de blik, de hersenen en hun gedachten blijft alsnog een mysterie. De pioniers van de rationele maatschappij, zij die het 'heilige hebben ontwijd', animeren nog steeds het debat over kijken en ervaren, lichaam en geest, gedachte en droom.

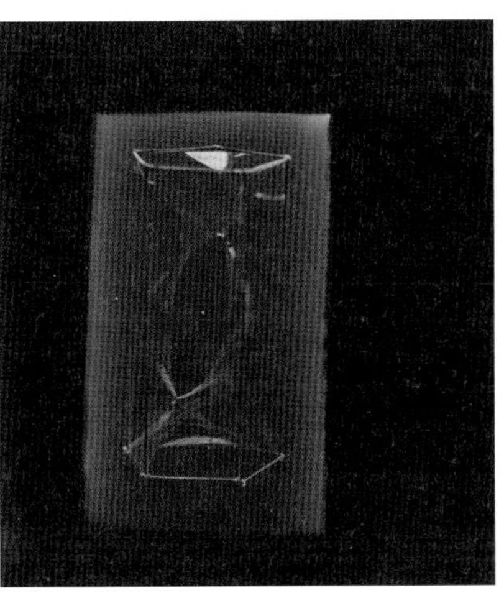

1 — Matt Groening, 'The Simpsons: Good Night', voor het eerst uit-gezonden op 19 april 1987. Tegelijk de allereerste televisieverschijning van *The Simpsons*.

2 — *Densité + Zéro* (ENSAB, Parijs, 2004), *Dark Matter* (White Cube Londen, 2006), *Black Paintings* (Haus der Kunst, München, 2006), *Nichts/Nothing* (Schirn Kunsthalle Frankfurt, 2006), *Zero* (Kunst Palast Düsseldorf, 2006), *A Brief History of Invisible Art* (CCA Wattis Institute, San Franciso, 2007), *This is Not a Void* (Galerie Luisa Strina, Sao Paolo, 2008).

3 — Mieke Bal: 'Invisible Art, Hypervisibility, and the Aesthetics of Everyday Life' in Martina Weinhart and Max Hollein (eds.), *Nichts /Nothing*, 81-104. Schirn Kunsthalle Frankfurt, Frankfurt, 2006.

4 — Cage bezocht de anechoïsche kamer van Harvard University in 1948, wat de inspiratie leverde voor zijn stiltepartituur *4'33"*. Zie o.m. http://www.wikinfo.org/index.php/John_Cage

5 — Barbara Maria Stafford, *Echo Objects – The Cognitive Work of Images*, University Of Chicago Press, 2007, p. 105.

6 — Oliver Grau, 'Remember the Phantasmagoria! Illusion Politics of the Eighteenth Century and its Multimedial Afterlife' in Oliver Grau (ed.), *MediaArtHistories*, MIT Press 2007, p. 145.

7 — Barbara Maria Stafford, ibid., p. 129.

8 — Van het Grieks 'phenax' = 'misleidend' en 'skopeo' = 'ik kijk naar'. Zie Laurent Mannoni, *The Great Art of Light and Shadow – archeology of the cinema*, Exeter: University of Exeter Press 2000, p. 201.

9 — Zie Edwin Carels, 'Résurrection à la Carte, een essay over de historische fantasmagorie' in Eric Kluitenberg (ed.), *Book of Imaginary Media – excavating the dream of the ultimate communication medium*, Amsterdam: De Balie, Rotterdam: Nai Publishers, 2006.

10 — Oliver Grau, ibid., p. 145 en voetnoot op p. 159. Voetnoot: 'According to the Oxford English Dictionary, the word "screen" appeared for the first time around 1810, in connection with the phantasmagoria.'

11 — Esther Leslie, *Hollywood Flatlands: Animation, Critical Theory, and the Avant-Garde*, Verso, oktober 2002, p. V.

12 — Sergej Eisenstein, *Eisenstein on Disney*, India: Seagull Books Pvt.Ltd, 1993, p. 3.

13 — Esther Leslie, ibid., p. 43.

14 — Esther Leslie, ibid.

15 — Zie het Online Archive of California, een inventaris van de Arnold Eagle-papers en films die betrekking hebben op Hans Richter. http://content.cdlib.org/view?docId=tf5b69n761&chunk.id=seriesvi&brand=oac.

16 — Barbara Maria Stafford, ibid., p. 120.

17 — Maurice Dorikens, *Joseph Plateau 1801-1883, leven tussen kunst en wetenschap*, Gent: Provincie Oost-Vlaanderen, 2001, p. 107 e.v.

18 — Ray Zone, *Stereoscopic Cinema and the origins of 3D-film 1838-1952*, University Press of Kentucky, 2007, p. 5.

19 — Barbara Maria Stafford, ibid., p. 123.

20 — Jonathan Crary, *Techniques of the Observer on Vision and Modernity in the Nineteenth Century*, MIT Press, 1992, p. 5. 'I pose the camera obscura as paradigmatic of the dominant status of the observer in the seven-teenth and eighteenth centuries, while for the nineteenth century I discuss a number of optical instruments, in particular the stereoscope, as a means of detailing the observer's transformed status. The optical devices in question, most significantly, are points of intersection where philosophical, scientific, and aesthetic discourses overlap with mecha-nical techniques, institutional requirements, and socioeconomic forces.'

21 — Maurice Dorikens, ibid., p. 70-72.

22 — De kleurtheorieën van Plateau vonden later hun toepassing in de experimentele films van onder anderen Paul Sharits. Zie Edwin Carels, 'Shadow is the Queen of Colour' in Yann Beauvais (ed.), *Paul Sharits*, Dijon: Edition Presses du Réel, 2008.

23 — Maurice Dorikens, op. cit., p. 69.

24 — Barbara Maria Stafford, op. cit., p. 109.

25 — Barbara Maria Stafford, ibid., p. 106.

26 — Zie Yves Klein, *Vers l'Immatériel*, Parijs: Editions Dilecta, 2006, p. 52. Klein gebruikte dit citaat uit Gaston Bachelards *L'air et les songes* in 1959 in Antwerpen voor zijn bijdrage aan een groepstentoonstelling in het Hessenhuis, waaraan verder ook Bury, Tinguely, Roth, Breer, Mack, Munari, Spoerri, Piene, en Soto deelnamen. In ruil voor het louter uitspreken van deze zin vroeg Klein een kilo zuiver goud.

27 — 'Invisible Superbeings': 'AL and AL in conversation with Grant Morrison' in AL and AL, *Eternal Youth,* Liverpool: FACT, 2008, p. 113.

28 — Marina Warner, 'AL and AL' in *Eternal Youth,* ibid., p. 14.

29 — 'Invisible Superbeings', ibid., p. 121.

30 — AL and AL, interview in *The animate! Book: rethinking animation*, Benjamin Cook en Gary Thomas (eds.), Londen: Lux Publishing, 2006, p. 36.

31 — In de scriptie *Hyperstatic Union*, waarmee ze in 2001 gezamenlijk afstudeerden.

32 — AL and AL, *Hyperstatic Union,* onuitgegeven scriptie, Central Saint Martins School of Art, Londen, 2001.

33 — Barbara Maria Stafford, op. cit., p. 213.

34 — Barbara Maria Stafford, ibid., p. 211.

35 — AL and AL, e-mailcorrespondentie met de auteur: 'An idea emerging fragmented out of the darkness, to be rendered into something, not nothing. NIET NIETS!'

36 — AL and AL, *Hyperstatic Union,* ibid. 'Hyperstatic Union is that infinitely small time or space where a synergy of "essences" occurs between the human per-forming inside technology, inside the blue void, inside themselves.'
Verder definiëren ze het begrip *Hyperstatic Union* als volgt:
a. Acteur (persoon) in een niet-ruimte van de Chroma key Blauw reageert op niets anders dan zijn vooraf geïnstrueerde, vooraf bedachte verbeelding.
b. De realiteit van de ruimte is gesimuleerd in een context met menselijke activiteit.
c. Virtuele karakters worden in een context van ruimte en mensen geplaatst.
d. Het Echte, het Virtuele en het Afwezige convergeren in een waarneembare synergie.

37 — Sean Cubitt, *The Cinema Effect*, MIT Press, 2004, p. 34. Zie ook de vertaling van een grotere passage uit zijn boek, elders op de pagina's volgend op dit essay.

38 — De duif is ook het embleem voor het hele *Stadsvisioenen*-project, waar deze expositie deel van uitmaakt. In de voorbereidende gesprekken wezen AL and AL niet alleen op de duiven als Darwins initiële onderzoeksdieren, maar ook op het taalkundige onderscheid tussen *pigeon* en *dove*, waarbij in de christelijke iconografie enkel de *dove* figureert. Voor het *Stadsvisioenen*-project worden kennelijk enkel *pigeons* gemobiliseerd.

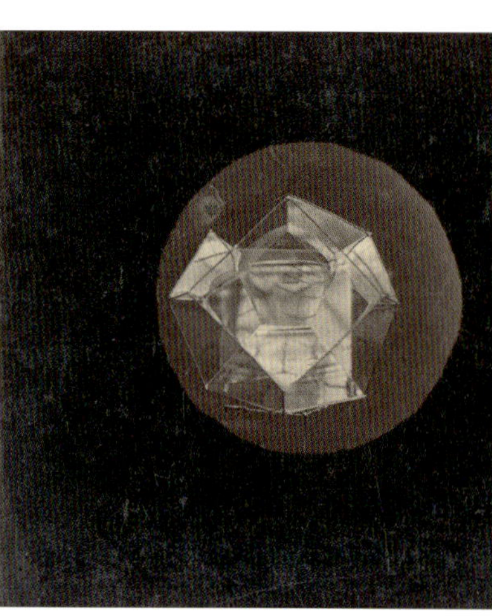

Sean Cubitt,
The Cinema Effect,
excerpt

Nul is eerder een relatie dan een kwantiteit. Zo kunnen we '4' wel als een 'essentieel viertal' identificeren. Nul daarentegen is niet zomaar wat het is – tenslotte staat het voor 'niets'. Enerzijds kan nul als een adjectief gebruikt worden, namelijk bij begrippen die niet met een voorbeeld te illustreren zijn. Zo kan je bijvoorbeeld zeggen 'er zijn geen feeën in de tuin', want feeën 'kunnen niet met een voorbeeld geïllustreerd worden'. Anderzijds, als je nul

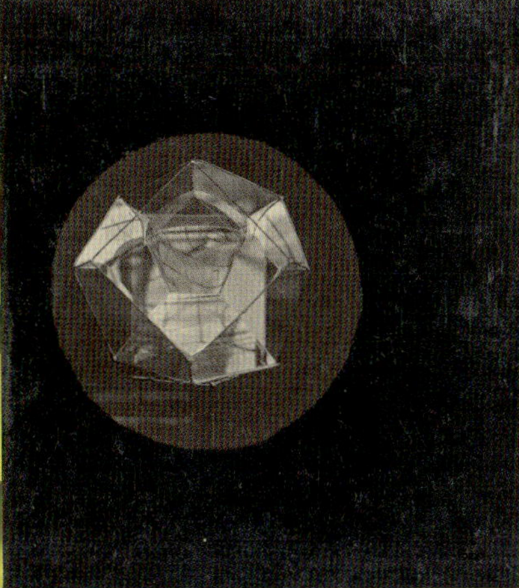

als zelfstandig naamwoord beschouwt, slaagt het er zélf niet in 'met een voorbeeld geïllustreerd te worden'. Aangezien niets onder het concept van 'niet identiek aan zichzelf' valt, definieer ik nul als volgt: 0 is het nummer dat tot het concept 'niet identiek aan zichzelf' toebehoort. Het concept van non-identiteit leidt ons tot de inherente kwaliteit van nul, namelijk die van het 'interne verschil'. Nul is eerder een relatie dan dat het (n)iets is, want het is altijd al een relatie van non-identiteit tot zichzelf. Vanwege deze instabiliteit, kunnen we stellen dat nul eerder 'handelt', dan dat het 'is'. Het handelt in relatie tot de hoofdtelwoorden (1, 2, 3,...)

omdat het 'de andere is ten opzichte van hún identiteit'. Zo heeft er niets voorrang bij het ontstaan van cinema: nul is de non-identiteit waaruit het beeld voortkomt, het verschil dat omringt, steunt en beweging activeert, de instabiliteit van het stilstaande filmbeeld tussen wat het was en wat het zal worden.

Nul duidt de oorsprong in de gecoördineerde ruimte aan, namelijk het punt waarop de assen van de grafiek elkaar snijden. In de regel in het centrum geplaatst om zowel negatieve als positieve waarden toe te staan, fungeert het nulpunt als relatie tussen plus en min, bestaand en onbestaand. Als oorsprong bestaat nul zowel niet als dat het niet 'niet bestaat': het staat in de bevoorrechte positie het verschil te maken. In het raster van gedigitaliseerde beelden bevindt de oorsprong zich in de linkerbovenhoek van het scherm, zodat elke stip op het computerscherm zijn adres afleidt uit dat specifieke punt, de pixel met als positie (0,0). Elke pixel wordt voorgesteld door middel van de afstand waarmee het van dit punt verwijderd is, het verschil met het non-identieke, de volheid van dat schijnbaar lege adres (0,0). Als oorspronkelijk verschil is de afwezige pixel (0,0) in z'n oorsprong zowel essentieel als onbestaande. De instabiliteit die hieruit voortvloeit is de eeuwige bron van beweging. Sinds de eerste helft van de veertiende eeuw is nul ook steeds de som geweest van de balans in de dubbele boekhouding. Zoals in de verhouding tussen schuld en krediet, is nul het punt van evenwicht tussen positief en negatief (dit bracht Micawber zijn geluk). Het duidt dus eerder op een evenwichtige staat van inkomen en uitgaven, dan wel op een afwezigheid van geld. Dezelfde nul ligt trouwens aan de basis van de eerste wet

van de thermodynamica, de wet van conservatie van energie. In een stabiel systeem wordt de energie namelijk noch gecreëerd noch vernietigd, en na verloop van tijd, wat er ook gebeurt, blijft de optelsom van alle energiewinst en energieverlies altijd de nul van behouden energie. Het is essentieel deze nul te onderscheiden van de 'negatieve theologieën' van de 'absolute afwezigheid' van het twintigste-eeuwse secularisme waarin 'het goede en het kwade niet langer de antropomorfe verschijning van het ultiem perfecte wezen dragen, maar de gestalte van de ultieme Leegte aannemen in het aanschijn waarvan onze aspiraties gedoemd zijn te mislukken.' De mathematische nul van de cinema uit het tijdperk van het digitale beeld is immers niet een nul van leegte en inactiviteit, maar integendeel de totaalsom van alle activiteit. Op deze manier complementeert de finale nul de nul van de oorsprong. Door de finale nul van het dynamische equilibrium te combineren met de nul die voor de oorsprong van de gecoördineerde ruimte staat, breidt nul zich uit doorheen zowel evenwichtssystemen als cartesiaanse ruimte. Zodoende is nul de grond van zuivere relationaliteit waarop activiteit plaatsvindt. Zonder oorsprong in nul, geen tekening in de gecoördineerde ruimte; zonder schommelingen weg van en naar nul, geen dynamische geldstroom om filmproducties op te starten. [...]

De nultijd op de filmstrip die de tijd in cinema weergeeft, werd op zijn beurt gevormd door een constitutieve inval van mensen: wat ons scheidt van goddelijkheid is dat het goddelijke onafhankelijk is, daar waar wij incompleet en afhankelijk zijn. Hoewel er in het Engels wordt gezegd 'one says', benadrukt 'no one says' beter dit interne verschil, dit onstabiele gebrek

aan totaliteit en evenwicht dat het onszelf onmogelijk maakt enkel met zichzelf thuis te zijn en ons tot een sociaal wezen maakt. Precies in dit opzicht is cinema in zijn kinderschoenen door en door menselijk. Er is geen stilstaand filmframe. In de vroegste films van Lumière is elk beeld een onstabiele non-identiteit op zoek naar een evenwicht te midden van de maatschappij van beelden die het voorafgaat en die het opvolgt. Eerder dan nieuw leven in de fotografie te blazen, maakt cinema een einde aan het enkelvoudige beeld waaruit het zelf bestaat, of met de woorden van Coleridge: de reden waarom het zo is en niet anders. Het bewegend beeld is altijd anders. Zijn radicale instabiliteit is zowel een kwaliteit van een technologie die zijn zelfstandigheid aan de mens te danken heeft (namelijk zijn bovenmenselijke snelheid van perceptie) als een subjectiviteit die zijn zelfstandigheid door identiteit bereikt heeft. Hoewel, in de decennia volgend op zijn uitvinding, stevende de cinema af op overheersing en het sluiten van communicatieve netwerken, regeert het relationele principe – relaties van technologie tot beeld, beeld tot beeld, onderwerp tot onderwerp, beeld tot onderwerp, onderwerp tot technologie – de gehele toekomst van de cinema.

Sean Cubitt,
The Cinema Effect, Cambridge, Mass.: The MIT Press, 2004.
Citaten afkomstig van de pagina's 33 tot en met 35.

Sean Cubitt,
The Cinema Effect,
excerpt

Zero is not a quantity so much as a relation. We can attempt to identify '4' as an essential four-ness. But zero is not what it is – after all, it is null. On the one hand, zero can be used adjectively: 'The number of 0 is therefore identified with the extension of all concepts which fail to be exemplified.' For instance, you could say 'there are no fairies at the bottom of the garden,' because fairies 'fail to be exemplified.' On the other hand, as a noun, zero, itself, 'fails to be exemplified': Since nothing falls under the concept of 'not identical with itself', I define nought as follows: 0 is the number which belongs to the concept 'not identical with itself'. The concept of non-identity reveals zero's quality of internal difference. Zero is a relation rather than a (no) thing because it is always already a relation of non-identity with itself. Zero acts, rather than is, because of this instability. And it acts in relation to the cardinal numbers (1, 2, 3, ...) because it is the other to their identity. Nothing comes first in the beginnings of cinema: zero is the non-identity out of which the image arises, the difference that surrounds, supports, and activates apparent motion, the instability of the unmoving still image, between what it was and what it will become. Zero serves to denote origin in coordinate space, the point at which the axes of graphs intersect. Traditionally placed at the centre to allow for negative as well as positive values, zero is the relation between plus and minus, existence and nonexistence. As origin, zero neither exists nor does not exist: it is the privileged marker of difference. In the raster grid of bitmapped images, origin stands in the top left corner of the screen, so that every point on a computer display derives its address from that point, the pixel whose position is written (0,0). Each pixel is symbolized by its distance from zero, its difference from the nonidentical, the fullness of that apparently empty address (0,0). As original difference, the absent pixel (0,0) of origin is both essential and nonexistent. Its resultant instability is the perpetual source of movement. Zero has also been the bottom line, the sum of balanced books since the invention of the double-entry bookkeeping in the first half of the fourteenth century. As the relation between debt and credit, Micawber's happiness, zero is the point of equilibrium between positive and negative. Rather than a simple absence of money, it denotes an even standing of income and expenditures. This is the same zero as that which informs the first law of thermo-dynamics, the law of the conservation of energy. In a stable system, energy is neither created nor destroyed, and over time, whatever activities take place, the sum of all gains and losses is always the zero of conserved energy. It is vital to distinguish this zero from the 'negative theologies' of absolute absence that characterize a twentieth century secularism for which 'The awesome and the gruesome no longer wear the anthropomorphic guise of the most perfect being, but take on that of a Void in whose regard our aspirations are doomed to defeat.' The mathematical zero of cinema read from the age of the digital images is not a zero of emptiness and inactivity but its opposite: the sum of all activities. In this way a zero of completion complements the zero of origin. Combining the final conservative zero of dynamic equilibrium with the zero origin of coordinate space, zero extends throughout both equilibrium systems and Cartesian space. So zero is the ground of pure relationality on which activity takes place. Without the origin at zero, no drawing in coordinate space; without the divagations away from and toward zero, no play of cash flow to induce film production. [...]
The zero time of the frame line that shapes the time of cinema, is in turn shaped by a constitutive quirk of human beings: what separates us from divinity is that the divine is self-sufficient, where we are incomplete. Although we are used to saying 'One says', perhaps more correctly we should say 'No one says', to recognize this internal differentiation, this unstable lack of totality and equilibrium that makes it impossible to be at home with oneself alone, and makes us social. Cinema in its infant moments is profoundly human in just this sense. There is no still frame. In the Lumières' earliest films, every image is an unstable non-identity seeking equilibrium among the society of images that precede and follow it. Rather than breathing the puff of life into still photography, cinema ends the discipline of the single image that contains in itself, in Coleridge's phrase, the reason why it is so, and not otherwise. The moving image is always otherwise. Its radical instability is both a quality of a technology achieving its autonomy from the human (its superhuman speed of perception) and a subjectivity attaining its autonomy from identity. Even though the cinema was turned toward domination and the closure of communicative networks in the decades following its invention, the relational principle – relations of technology to image, image to image, subject to subject, image to subject, subject to technology – governs all of cinema's futures.

Sean Cubitt,
The Cinema Effect, Cambridge, Mass.: The MIT Press, 2004.
Quotes taken from pages 33 to 35.

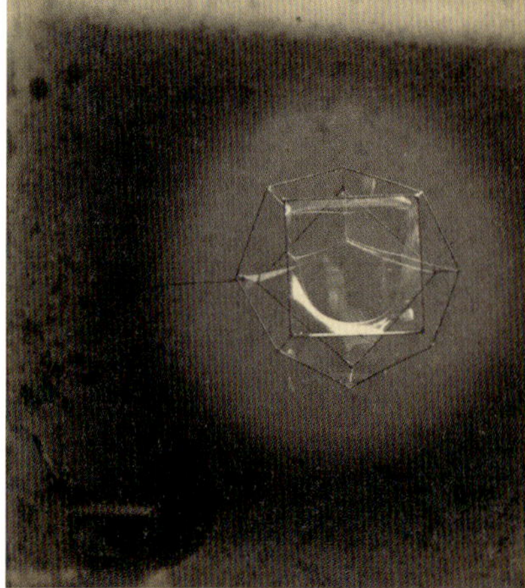

Mine de rien

EDWIN CARELS

Ever since Malevich pushed Suprematism to its limits in 1915 and introduced his black square at the *0.10* exhibition, many artists have followed. Each one, starting from a different perspective, has drawn our attention as intensely as possible to as little as possible. Marcel Duchamp launched the concept 'ready-made' in the same year and developed the notion of non-retinal art, an appeal to allow the solid beauty of art to evaporate. Stylistic movements such as Zero, Minimalism, and concept art, have alternated throughout the 20th century. Maximising the minimum became the ultimate goal in various types of modern art. Or as John Cage put it: 'I have nothing to say and I'm saying it.'

Densité + Zéro, A Brief History of Invisible Art, Dark Matter, This is not a Void, The Big Nothing, Nichts/Nothing: at the start of the 21st century *amor vacui* surfaced among exhibition directors and individual artists, resulting in a cultivated tendency rather than a consistent stylistic movement.[2]

In the catalogue entitled *Nichts/Nothing*, art historian Mieke Bal offered the following as a partial explanation: Such exhibitions critically question the dominance of a single sense, usually sight. A visual fatigue syndrome may also be on the rise: by now we have already seen all there is to see. Finally, by not 'providing' the public with any visual images to see, the artist or curator can also take a stand against turning sellable art objects into a fetish. To this we could add: perhaps the art world anticipated the sense of immanent threat, the suspicion that a bubble was about to burst and that an implosion had to be on the way, be it the dot.com crash, the 9/11 trauma at ground zero or the recent financial crisis.

Mieke Bal prefers to respond to the renewed attention for all this thematised absence with what Kaja Silverman has defended as a 'productive glance'.[3] Indeed, regardless of whether it is 'emptiness' or 'nothing', that has been presented ever since Malevich, the ball has always been pointedly placed in the viewer's court. Reception has become an important component of the work of art.

Images throughout the essay: stereographic photographs of thin films, **Joseph Plateau**, second half 19th century

Looking at art has become part of art. Emptiness is a phenomenological and not just a conceptual challenge. Even in a totally sound-proofed, anechoic chamber, John Cage still heard his own pulse and nervous system.[4] For, just as purely conceptual art is never one hundred percent pure (there is always a material vestige), observation is never a purely cerebral activity: the whole body takes part. The *Not Nothing* exhibition thematises the observing subject. Rather than to claim yet another radical aesthetic programme, it seeks to de-emphasise and to relate: the experience of mental emptiness is as much a physical experience as anything else. Unavoidably, the body remains an important parameter.

At the same time, technological developments do all they can to make the body superfluous. The observer risks becoming a phantom, a hollow construction. We live in a post-photographic era, an electronic universe in which an excess of images are present without having any direct link to reality. The pervasive digitisation inevitably entails a paradigmatic shift. An image no longer has the status of an analogue representation. A computer has no 'eye' and as such it does not automatically produce the traditional perspective. The customary distance from the image has disappeared. The monocular view is exchanged for a three-dimensional, ever more emphatically immersive experience. In the *Not Nothing* exhibition, the dialectic is not one of theses and antitheses, but of imperfect symmetries, differences in uniformity. This phenomenological study of baseline perception, a 'stereographic' analysis to the image's most elementary components, must lead to crystallisation of the ephemeral, of what art historian Barbara Maria Stafford called 'echo objects': art that leads us

to observe our inner space, via the cognitive impact of images. In her recent book, *Echo Objects*, Stafford wrote: 'Art enables us to observe the space inside our bodies. It gives a face to the secret life of consciousness. The history of images, in turn, can be fruitfully informed by research coming from neuro-anatomy, cognitive science, evolutionary psychology, as well as cognitive anthropology and cognitive archaeology to ask how visual perception becomes endowed with emotion. How does our unconscious internal spatial map become conscious as an actualization or presentation: that is, as a concrete image or extra-personal place to which we are attached?'[5] The *Not Nothing* exhibition uses art works and artefacts, historical references and scientific instruments, biological data and automatic machines to inform the visitor. The visitor is left to move among all this and to look into himself at the juncture of media and technology, art and visual culture.

Not Nothing zooms in on the implications of the end of Marx' famous sentence. What are 'sober senses'? If, on top of the value of goods becoming increasingly phantasmagorical, perception itself becomes uncertain in an overly mediatised society where everything seems virtual, we have to recalibrate our personal experience, question our viewpoints and ways of looking. Marx had already discussed optical illusions as an outcome of his critical analysis of the economic enlargement of the production

process. He typified the ephemeral character of purported 'added value' with a term that he borrowed from what at that time was thought to be the most overwhelming visual attraction: the phantasmagoria. The art theoretician Oliver Grau wrote the following about this show, which was very advanced by 18th century standards, and used moving magic lanterns: 'As with "illusionism" or "immersion", however, phantasmagoria is by no means a simple term. Toward the mid-nineteenth

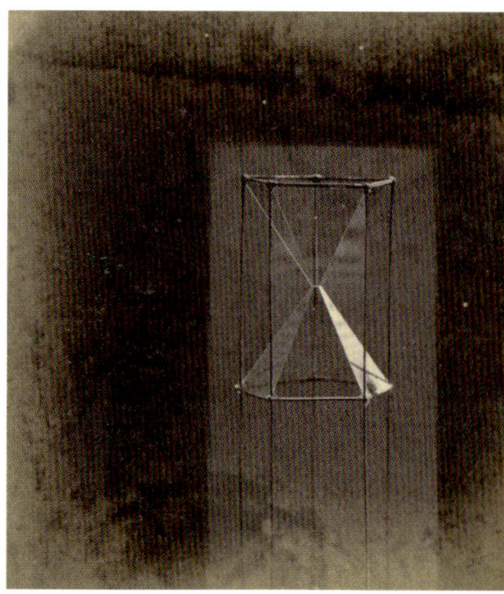

century, phantasmagoria had also become a key political concept.'[6] According to Barbara Maria Stafford, 'the augmented magic lantern functioned as an ontological instrument. As a cognitive device, the fantascope performed the work of memory, making the absent present.'[7] Belgian professor Joseph Plateau (1801-1883, and thus born several years before, but died in the same year as Marx) wanted to conjure up moving pictures. Every book on the history of film mentions him as the scientist who defined the basic principle for creating the illusion of motion, which eventually led to the development of cinema. Plateau described what the human eye needed in order to synthesise the analysis of a movement. The principle was a *trompe l'oeil* effect that had been known for centuries but which had never been measured this systematically. Even before photography confirmed that the camera (obscura) was a cognitive model, Plateau had discovered the animated picture and demonstrated this using what he called his 'phenakistiscope' or 'spirit viewer'.[8]

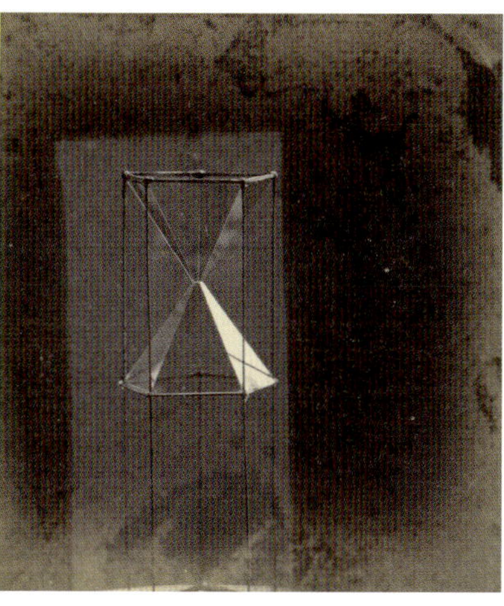

Plateau originally called his *physique amusante* a 'fantascope', borrowing the term from the magic lantern used to create phantasmagoria. His turning disk immediately became a popular toy when marketed in London. A year later, William Horner put a zoetrope on the market with even more success; it allowed more than one viewer to enjoy the animated action at the same time. Solid, stationary images are made to move; drawings appear and disappear in a fraction of a second. They evaporate as soon as they are seen. Although all this happened sixty

years before the first screening, it does seem to describe the film effect. The Belgian Etienne-Gaspard Robertson was a pioneer of the phantasmagoria. His shows stimulated the imagination of the public at large and not just that of his fellow researchers and cultural philosophers. Under the guise of a scientific demonstration, Robertson worked behind a semi-transparent screen to accomplish with his hidden projection what the Lumière brothers' film *L'arrivée du train* would do a century later: he made his public physically recoil before the appearance of a ghost, an ephemeral, phantomatic image that rushed into the room.[9] 'The phantasmagoria opened up the virtual depth of the image space as a sphere of dynamic changes for the first time. This was all made possible by the use of a screen', notes Grau, who situated the introduction of the concept 'screen' around 1810.[10] Benjamin specialist Esther Leslie illustrates in her book *Hollywood Flatlands* on animation, critical theory and avant-garde, that popular audiovisual media were used as a practical reference and constructive component in thinking about cultural values, rather than just providing a welcome metaphor. She wrote, 'Modernist theorists and artists were fascinated by cartoons. And those who took cartoons most seriously were political revolutionaries [...] Siegfried Kracauer, Theodor Adorno and Walter Benjamin sat amongst cartoon audiences and developed their thoughts on representation, utopia and revolution in relation to Disney and Fleischer output.'[11] Sergej Eisenstein, too, saw in the then up-coming animated film a strong antidote for a relentlessly production-oriented society.[12] 'Disney is a marvellous lullaby for the suffering and unfortunate, the oppressed and

deprived. For those who are shackled by hours of work and regulated moments of rest, by a mathematical precision of time, whose lives are graphed by the cent and the dollar. [...] But the revolt is lyrical. The revolt is a daydream. Fruitless and lacking consequences.' Although the direct impact of the colourful, anarchistic image language of the animated film is pure escapism, cartoons still offer a liberating message. The early, unruly Mickey Mouse was a welcome antidote for the agitated, economic rat race; the three pigs were a real boost in the face of cultivated fear. The enthusiasm for cartoons was not purely a question of admiration of formal innovation.

The animated film was the platform for research into flat visual language and illusion, and abstraction was carried out most consciously, according to Leslie. But it was also a laboratory for new, alternative ways of looking at time. 'Capital's time is one of numerical calculation. Revolutionary time is the effort to break with calculated, quantifiable capitalist time – not in order to return to natural time (production time) or to labour time as measure, but to produce something else: a time that is full, fulfilled, malleable, subjective.'[13] Malevich argued as far back as 1918 that we should 'install the new rhythm of time' and that we should 'form our own time and forms'.[14] In 1927 Malevich even discussed a storyboard (its round and square, black cut-outs have been preserved) for a Suprematist film with Bauhaus artist Hans Richter, who had started a film career with purely abstract animations.[15]

From the start, animation not only inspired research into an alternative experience of time (in the animation film, time is not reproduced but created *ex nihilo*), it inevitably called into question the spatial character of each film image. Pre-filmic space is not a self-evident given – it must be recreated artificially over and over again. Nothing is given, everything needs to be designed from scratch. Cultural codes or the impact of natural laws play a very different role than in analogue film making. Hence the move from animation to computer-based graphic audiovisual art is very small.

The Museum for the History of Sciences in Ghent has preserved some 80 wire figures that Joseph Plateau used for experiments relating to surface tension of thin films. When these intriguing, mathematical figures are dipped into liquid glycerine (soapsuds), thin films are formed between their edges. This sometimes creates exceptionally beautiful surfaces.

In 1861, Plateau investigated the physical laws behind this.[17] He had help from colleagues who meticulously carried out his instructions; the professor had been blind since 1843. More than half a century later Marcel Duchamp provided 'postretinal' commentary for a stereo photo of the open sea by applying a mathematical drawing on the ready-made *Handmade Stereopticon Slide* (1918), Plateau prepared an extensive series of stereo photographs of soap films in similar geometric configurations. With the use of a stereoscopic viewer, these turned into three dimensional suggestions of fascinating, ephemeral constructions.

Just as the art of the animated movement art is decades older than film, the principle of stereographic viewing is older than photography. All key figures in the history of the development of the cinema (Etienne-Jules Marey, Eadweard Muybridge, the Lumière brothers) experimented with the reproduction of movement and with three-dimensional effects. Calculating the minor discrepancy between what the left and right eyes see, allows for the artificial production of the illusion of depth vision. The Greek mathematician Euclid was already familiar with the phenomenon of binocular vision, but it took until 1832 (the same year Plateau presented his phenakistiscope) before the versatile inventor Sir Charles Wheatstone invented a stereoscopic instrument. So, a good five years before the daguerreotype and calotype were used to make the first procedures for producing photographs operational, Wheatstone had already designed a purely graphical virtual universe. Once applied to photography, the optical exploration of stereographic images became a real rage. Etymologically, the Greek term 'stereo' means 'solid'.[18] Thus the illusion of solidity became a mass-produced article: the stereo viewer became the most successful in a rapidly expanding line of optical entertainments.

Barbara Maria Stafford wrote that this extensive tradition of popular optical toys (which came to include the diorama, the *vue d'optique* etc.) erased the dualistic separation that Plato saw between the 'noumena' and 'phenomena': 'The cavern as apparently unframed or borderless dark room is the originary site for all those optical technologies that not only mimic the different functions of the eye and the separate operations of the visual brain, but are responsible for constructing our modern sense of interiority as a phantasmic slide show in the "theatre of consciousness".' [19]

In his *Techniques of the Observer* Jonathan Crary also paid more attention to the evolution of the observing subject than to developments in the dominant art; as a result he noticed that the fundamental shifts in perception did not start at the end of

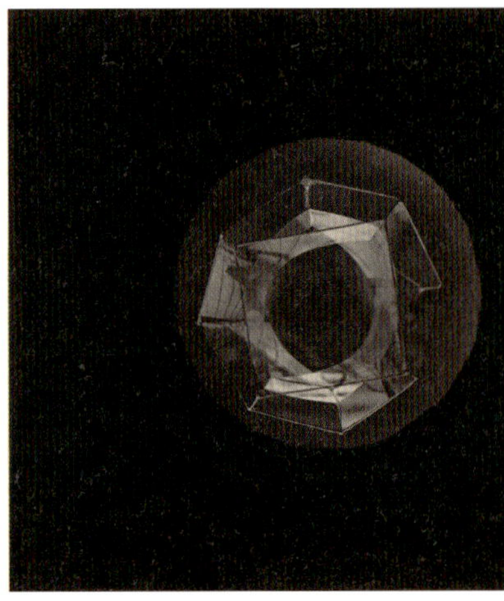

the 19th century with the thriving of photography and modernist painting but much earlier in 1820, with the breakthrough of all types of optical toys. Just as the camera obscura in the 17th and 18th centuries became the dominant optic paradigm, objects like the stereoscope took that position in the 19th century. 'The optical devices in question, most significantly, are points of intersection where philosophical, scientific, and aesthetic discourses overlap with mechanical techniques, institutional requirements, and socioeconomic forces.' [20]

Joseph Plateau holds a special position in this entire process. As positivist, he was more rigorous than most of his colleagues; yet at the same time, he was a more imaginative designer. Almost contemporaneous with Plateau, the Czech, Purkinje and the German, Simon Stampfer created similar optical illusions that ultimately all became commonly known as phenakistiscope. However, where the others limited themselves to using abstract geometric patterns or simple, repetitive actions as illus-

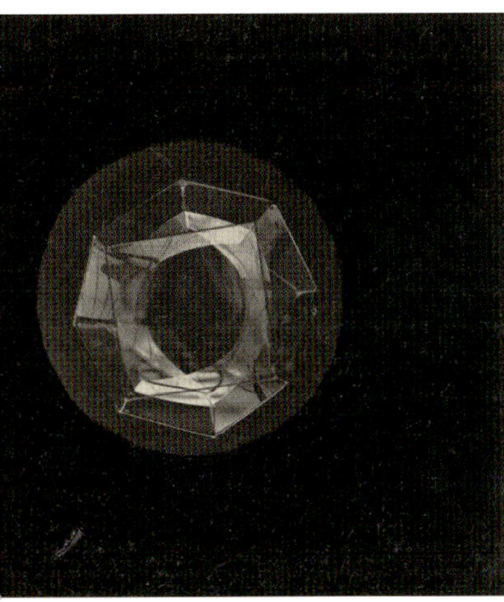

tration, Plateau continued to create disks with grotesque or straightforward horror themes.[21] Purkinje also studied how images could appear on the retina without looking, for instance, by pressing the fingers on the eyelids. Joseph Plateau is usually portrayed with closed eyes, a reference to his blindness. According to legend, this was caused by his study of the afterimage on the retina. Plateau repeatedly stared at the sun for as long as he could to study the after effects of this on the retina. Parallel to this, he also studied the irradiation of how colours affect one

another in our perception and how they create 'phantom colours'.[22] In reality, he only went blind many years later as the result of a totally unrelated illness.[23]

Although Plateau unavoidably remained blind and could only conceive their aesthetic beauty as purely mathematical constructs, these stereographic pictures indisputably make a strong, compelling impression. They have this crystalline quality that Stafford makes a crucial argument about in her study of perception: 'Hallucination arises in the focus of attention [...] when our perceptual processes lose their constraining relationship to the outside world, our unconscious attentional preoccupations take over.'[24] Mathematics and psychedelics are not necessarily each other's opposites in biology. Plateau's intriguing wire models with their fluorescent films, the by-products of his mathematical research into surface tension, are in many ways phantom images. But perhaps Plateau was able to perceive these images in some sense after all, because, according to Barbara Maria Stafford, such crystal-like patterns are the typical result of hallucinations 'feverish phantoms with no reality of their own'; their kaleidoscopic patterns actually follow the structure of the visual cortex 'like a shadow'.[25]

First there is nothing, then a deep nothing, then a blue depth.
Yves Klein [26]

Plateau's stereographic images, which provide the basis for the *Not Nothing* exhibition, served as the starting point for a dialogue with AL and AL, a pair of British artists 'brought up on a special diet of special effects films',[27] who take charge of the exposition's central area.
AL and AL started working together

in 1997 after their chance meeting while visiting Derek Jarman's country house in Dungeness. They set up house in a *blue key* studio that they furnished themselves. Between 2000 and 2006, after their graduation, they created various virtual universes that also made up a documentary of their own lives as performative process. For AL and AL, the notion of performance in a *blue key* environment is primarily a metaphor for the interaction between a person and a technological vacuum. At the same time, they often characterise their films as zip files, extremely compact, but rich in content that can be tapped.
'AL and AL's films plunge the spectator into virtual worlds of dizzy dimensions, where the boundaries fall away, dream-like. All the laws of physics are altered: the gravitational field no longer holds sway and bodies become weightless; all that is solid melts into air; light cascades through the field of vision, but objects do not cast consistent shadows; time splits, rewinds, fast forwards, doubles, as characters appear, disappear, autodestruct and reassemble.'[28] All their early works, starting from a series of bizarre scenarios evolved from extremely minimalist to digital baroque, disappeared into thin air when their computers, with all the original data, were stolen in 2007. But this did not prevent them from considering computer-generated images as the most important formal invention since the camera. 'It is an aesthetic revolution. We are in a kind of visual renaissance, and yet few artists are working with it. [...] The history of art is actually about being at the frontier of image making.'[29]

For them, the *blue key* studio is the most recent manifestation of the blue vacuum. According to AL and AL, you can look at Michelangelo's *Last Judgment* or Tutankhamen's grave and the use of lapis lazuli in the history of art. 'Beuys believed that his felt saved his life and we feel that our blue felt is a kind of dark sister of that. In some ways, we've substituted life for a simulation. We feel that all blue screen performances are in this space without time or place.'[30] For AL and AL and Derek Jarman's *Blue* (1993), the French artist Yves Klein was the first ambassador of an immaterial blue sphere that claimed to be the highest form of art.

There is no clear image of 'space'. AL and AL repeatedly create new technological universes ex nihilo as electronic mosaics. Now that commercial animation industry has as good as moved en masse to 3-D cinema, AL and AL have reverted to the anaglyph system, a classical type of stereo viewing through red and blue glasses for their newest work *We Want to Run in our Mountains*. Complementary colours are used as 'echo objects' to explore a purely mental space. Digital sounds and images are no indexical reflection of the phenomenal world, but rather the result of a fragmented information process. In their joint dissertation *Hyperstatic Union* (2001), AL and AL wrote: 'We draw ever closer to the surface of the screen; our gaze is, as it were, shown across the image. We no longer have the spectators distance from the stage – all theatrical conventions are gone. That we fall so easily into the screen's coma of the imagination is due to the fact that the screen presents a perpetual void that we are invited to fill…'[31]

An exposition in which the dialectic runs via imperfect symmetries and subtle differences is the logical place for CGI stereo work built from two

mathematically precise image layers of two unidentical polygons, a constellation of primitive shapes that, taken together, form a simulation. In their *Hyperstatic Union* they put it this way: 'I begin to realise my role as projector of the projection of the other, drawing myself into a liminal identification with the image and space, only to come back at me with its difference. A difference inside the space of my-self (*sic*). This is the energy of doubling – of which a palpable simulated embodiment is standing apart, witnessing me, witnessing myself, witnessing the other, witnessing.'[32] AL and AL are conceptually and practically a pair, a couple, one another's mirror image. In *Not Nothing* AL and AL play an extra double role: Not only were they the only artists to create new work for the exhibition, they also served as co-curators for the further selection and composition.

Barbara Maria Stafford considers the skull a cave, a place of sanctuary and at the same time a vantage point for insightful visions. In *Echo Objects* she writes: 'Mimesis recognizes the contagious effects of mimicry, and the fact that empathy begins with reciprocal seeing and involuntary duplicating of another person's behaviour.'[34]

Not Nothing is a hybrid and at the same time a formalistic exhibition aimed at investigating the existential experience of perception. AL and AL ascribe a type of autism to the computer, a 'going back' that is not a manifestation of emptiness or non-activity, but a pause needed to process the abundance of information. Their video loop *To be Rendered* depicts exactly

this response of a computer overburdened with tasks. The artists see an equivalent to the thinking process in this delicate balancing act between crashing and instant processing: 'an idea emerging fragmented out of the darkness, to be rendered into something, not nothing. *Not Nothing*!'[35] Their nothing is not a pure spatial nothing, but a virtual nothing in which telecommunication's timespace technology is the alpha and omega. AL and AL do the same with entire image fields as they do with

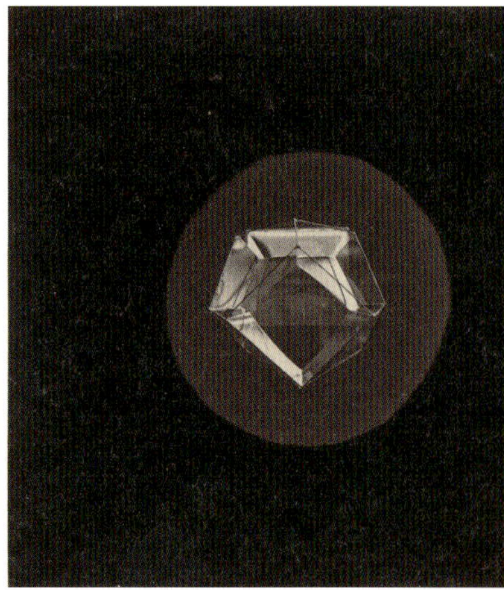

individual pixels: they accentuate the hesitancy between difference and disappearance. In their iconography they refer back to Muybridge's proto-cinematographic studies of movement while also drawing attention toward one possible future for all their efforts: dissolving the databody in digital, kinetic points that become lost in space.

But it can also lead to a synthesis, a synergy of phantom-like, ubiquitous technological space with the physically real, which AL and AL call a 'hyperstatic union'. By this they mean a metamorphosis of the

Christian theological concept of hypostatic union that is used to refer to the person of Christ in His essence, a union of the divine and the human. AL and AL's use of 'hyperstatic union' suggests a three-fold nature: partly human, partly digital technology and an ambiguous third element that we are to understand as some type of absence that arises from a mixture of the other two. 'Hyperstatic union is that infinitely small time or space where a synergy of "essences" occurs between the

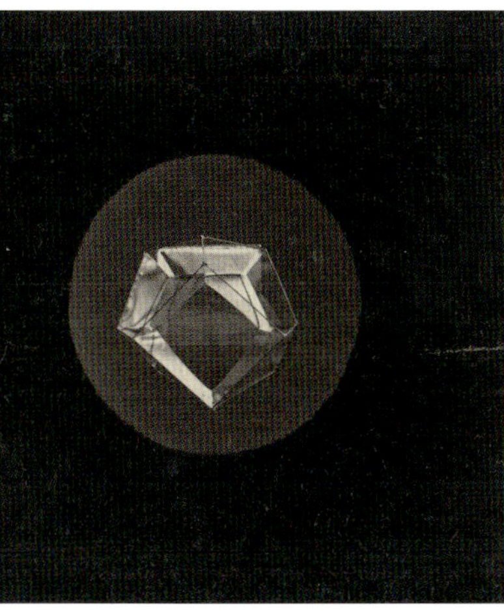

human performing inside technology, inside the blue void, inside themselves.'[36] With less sense for the mystical, media theoretician Sean Cubitt puts it this way in his book *The Cinema Effect*: 'The mathematical zero of cinema read from the age of the digital images is not a zero of emptiness and inactivity but its opposite: the sum of all activities.'[37] *Not Nothing* is an exhibition in which physical participation and visual orientation play an important role. Along the phenomenological path – the physical route – existential questions on identity and idealism,

perception and vision, mimesis and mimicry are elicited. One of the first items that AL and AL suggested for the exhibition was a pair of stuffed pigeons from Charles Darwin's study, since Darwin had turned to looking and comparing, and searching for subtle alternations of identity into his vocation. This scientist, whose principles of evolution inadvertently provoked the death of God, initially based his comparative research on tame pigeons.[38] Whereas Charles Wheatstone calculated the reciprocal relations between our two eyes, and Joseph Plateau studied human physiology with the intention of allowing serial images to flow together, Charles Darwin, almost at the same time, studied the slow, but permanent morphing process taking place in nature. These sober-minded scientists registered the most subtle differences and standardised mechanical and biological processes, but the interaction – or 'reciprocal relations' – between matter and consciousness, between the sober eye and the glance, between the brain and its thinking, still remains a mystery. These pioneers of rational society, those who 'demystified the sacred', still animate the debate on viewing and experiencing, body and mind, thought and dream.

1 — Matt Groening, 'Good Night', first broadcast on 19 April 1987. This was the very first TV broadcast of *The Simpsons*.

2 — *Densité + Zéro* (ENSAB, Paris, 2004), *Dark Matter*, (White Cube London, 2006), *Black Paintings* (Haus der Kunst, Muenchen, 2006), *Nichts/Nothing* (Schirn Kunsthalle Frankfurt, 2006), *Zero*, (Kunst Palast Dusseldorf, 2006), *A Brief History of Invisible Art* (CCA Wattis Institute, San Franciso, 2007), *This is Not a Void* (Galerie Luisa Strina, Sao Paolo, 2008).

3 — Mieke Bal, 'Invisible Art, Hypervisibility, and the Aesthetics of Everyday Life' in Martina Weinhart and Max Hollein (eds.), *Nichts / Nothing*, 81–104. Schirn Kunsthalle Frankfurt, Frankfurt, 2006.

4 — Cage's visit to Harvard University's anechoic chamber in 1948 provided the inspiration for his silent composition *4'33"*. See also http://www.wikinfo.org/index.php/John_Cage

5 — Barbara Maria Stafford, *Echo Objects – The Cognitive Work of Images*, University Of Chicago Press, 2007, p. 105.

6 — Oliver Grau, 'Remember the Phantasmagoria! Illusion Politics of the Eighteenth Century and its Multimedial Afterlife' in Oliver Grau (ed.), *MediaArtHistories*, MIT Press 2007, p. 145.

7 — Barbara Maria Stafford, ibid., p. 129.

8 — '...from the Greek *phenax*, "deceptive", and *skope*, "I look at".' See: Laurent Mannoni, *The Great Art of Light and Shadow – Archeology of the Cinema*, Exeter: University of Exeter Press, 2000, p. 201.

9 — See: Edwin Carels, 'Résurrection à la Carte, an essay on historical phantasmagoria' in Eric Kluitenberg (ed.), *Book of Imaginary Media – Excavating the Dream of the Ultimate Communication Medium*, Amsterdam: De Balie, Rotterdam: Nai Publishers, 2006.

10 — Oliver Grau, ibid., p. 145 and the footnote on p. 159. Footnote: 'According to the Oxford English Dictionary, the word "screen" appeared for the first time around 1810, in connection with the phantasmagoria.'

11 — Esther Leslie, *Hollywood Flatlands: Animation, Critical Theory, and the Avant-Garde*, Verso, October 2002, p. V.

12 — Sergej Eisenstein, *Eisenstein on Disney*, India: Seagull Books Pvt. Ltd, 1993, p. 3.

13 — Esther Leslie, ibid., p. 43.

14 — Esther Leslie, ibid.

15 — See the Online Archive of California, inventory of the Arnold Eagle Papers and Films related to Hans Richter. http://content.cdlib.org/view?docId=tf5b69n761&chunk.id=seriesvi&brand=oac

16 — Barbara Maria Stafford, ibid., p. 120.

17 — Maurice Dorikens, *Joseph Plateau 1801-1883, leven tussen kunst en wetenschap*, Ghent: Province of East Flanders, 2001, p. 107ff.

18 — Ray Zone, *Stereoscopic Cinema and the Origins of 3-D Film 1838-1952*, University Press of Kentucky, 2007, p. 5.

19 — Barbara Maria Stafford, ibid., p. 123.

20 — Jonathan Crary, *Techniques of the Observer on Vision and Modernity in the Nineteenth Century*, MIT Press, 1992, p. 5: 'I pose the camera obscura as paradigmatic of the dominant status of the observer in the seventeenth and eighteenth centuries, while for the nineteenth century I discuss a number of optical instruments, in particular the stereoscope, as a means of detailing the observer's transformed status. The optical devices in question are, most significantly, points of intersection where philosophical, scientific, and aesthetic discourses overlap with mechanical techniques, institutional requirements, and socioeconomic forces.'

21 — Maurice Dorikens, ibid., p. 70-72.

22 — Plateau's theories of colour were later used in Paul Sharits' experimental films. See: Edwin Carels, 'Shadow is the Queen of Colour' in Yann Beauvais (ed.), *Paul Sharits,* Dijon: Edition Presses du Réel, 2008.

23 — Maurice Dorikens, op. cit., p. 69.

24 — Barbara Maria Stafford, op. cit., p. 109.

25 — Barbara Maria Stafford, ibid., p. 106.

26 — See: 'D'abord il n'y a rien, ensuite il y a un rien profond, puis une profondeur bleue.' Yves Klein, *Vers l'Immatériel*, Paris: Editions Dilecta, 2006, p. 52. Klein used this quotation from Gaston Bachelard's *L'air et les songes* in 1959 in Antwerp for his contribution to a group exhibition in Hessenhuis. Other participants were Bury, Tinguely, Roth, Breer, Mack, Munari, Spoerri, Piene, and Soto. In exchange for merely speaking this sentence, Klein requested one kilo of pure gold.

27 — 'Invisible Superbeings': 'AL and AL in Conversation with Grant Morrison' in AL and AL, *Eternal Youth,* FACT, Liverpool, 2008, p. 113.

28 — Marina Warner, 'AL and AL' in *Eternal Youth,* ibid., p. 14.

29 — 'Invisible Superbeings', ibid., p. 121.

30 — AL and AL, interview in *The Animate! Book: Rethinking Animation*, Benjamin Cook en Gary Thomas (eds.), London: Lux Publishing, 2006, p. 36.

31 — From their joint final dissertation, *Hyperstatic Union* (2001).

32 — AL and AL, *Hyperstatic Union,* unpublished dissertation, Central Saint Martins School of Art, London, 2001.

33 — Barbara Maria Stafford, op. cit., p. 213.

34 — Barbara Maria Stafford, ibid., p. 211.

35 — AL and AL, e-mail correspondence with the author: 'an idea emerging fragmented out of the darkness, to be rendered into something, not nothing. NIET NIETS!'

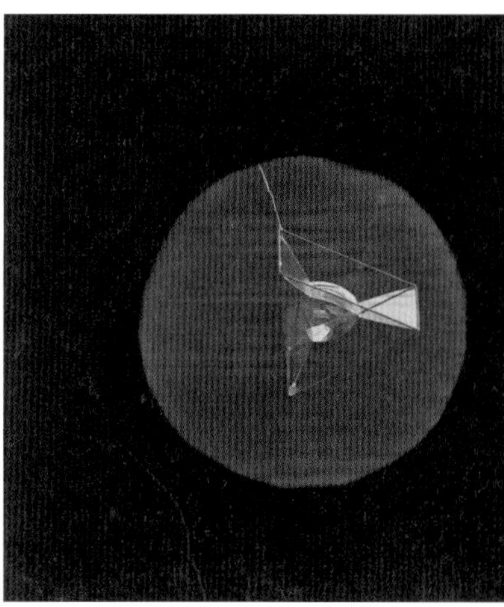

36 — AL and AL, *Hyperstatic Union,* ibid. 'Hyperstatic Union is that infinitely small time or space where a synergy of "essences" occurs between the human performing inside technology, inside the blue void, inside themselves.'
Further on, they define the concept 'hyperstatic union' as follows:
a. Actor (person) in non-space of Blue Chroma key reacts to nothing but his pre-instructed, pre-empted imagination.
b. Reality of space is simulated into context with human activity.
c. Virtual characters are placed into context of space and people.
d. Real, Virtual and Absence converge in a detectable synergy.

37 — Sean Cubitt, *The Cinema Effect*, MIT Press, 2004, p. 34. See also a larger passage from his book in the pages following this essay.

38 — The pigeon is also the emblem for the entire *City Visions* project, of which this exposition is a part. During the preliminary meetings, AL and AL not only referred to the pigeons as Darwin's initial research animals, but also to the linguistic difference between 'pigeon' and 'dove', noting that only the latter figures in Christian iconography. Apparently only the 'pigeons' were mobilised for *City Visions*.

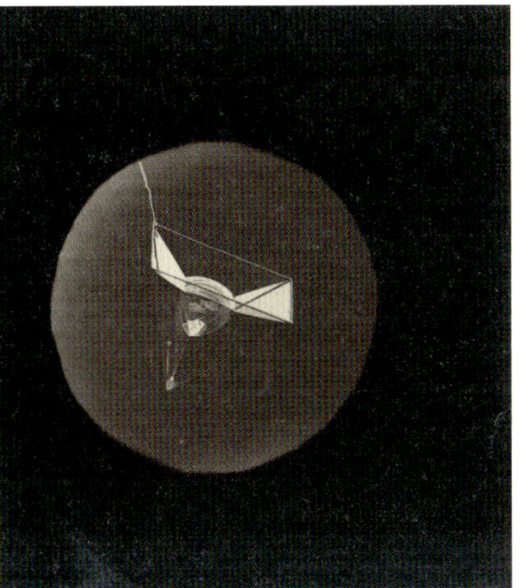 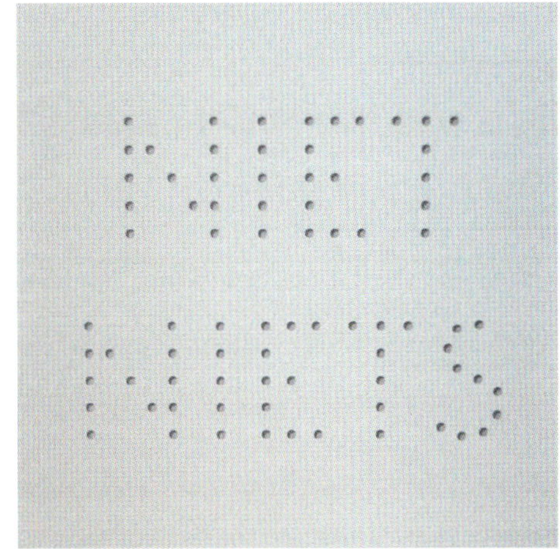

Alex Rich & Jürg Lehni *Niet Niets* affiche geprint met *Empty Words* installatie, 2008 | *Niet Niets* poster printed on the *Empty Words* installation, 2008

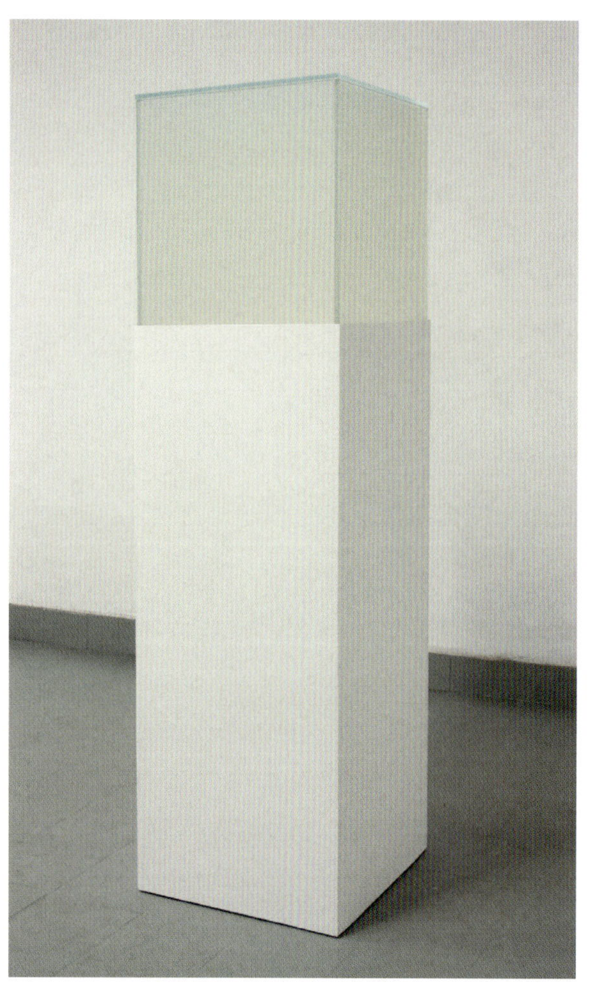

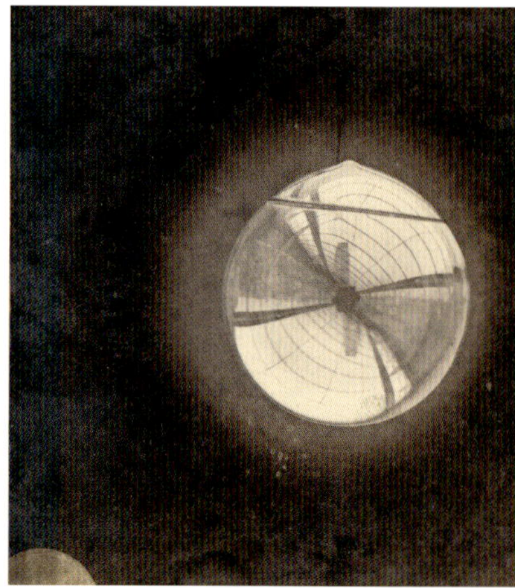

Lea Lagasse *Me Me Me (You)...*, 2007

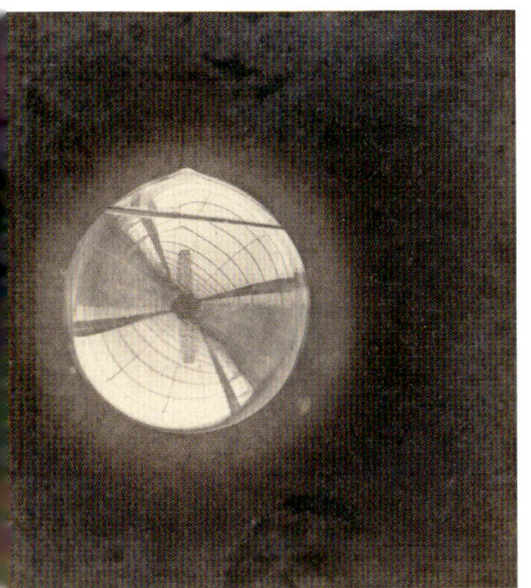

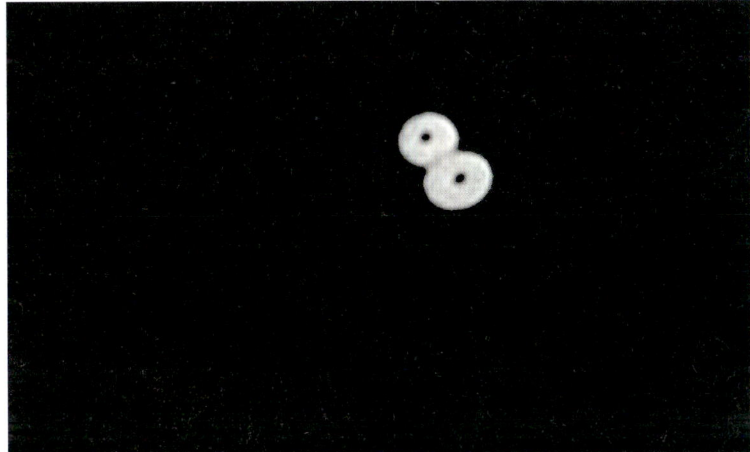

Matt Groening still uit *Good Night* (eerste televisieverschijning van *The Simpsons*), 19 april 1987 |
still from *Good Night* (first TV broadcast of *The Simpsons*), April 19th, 1987

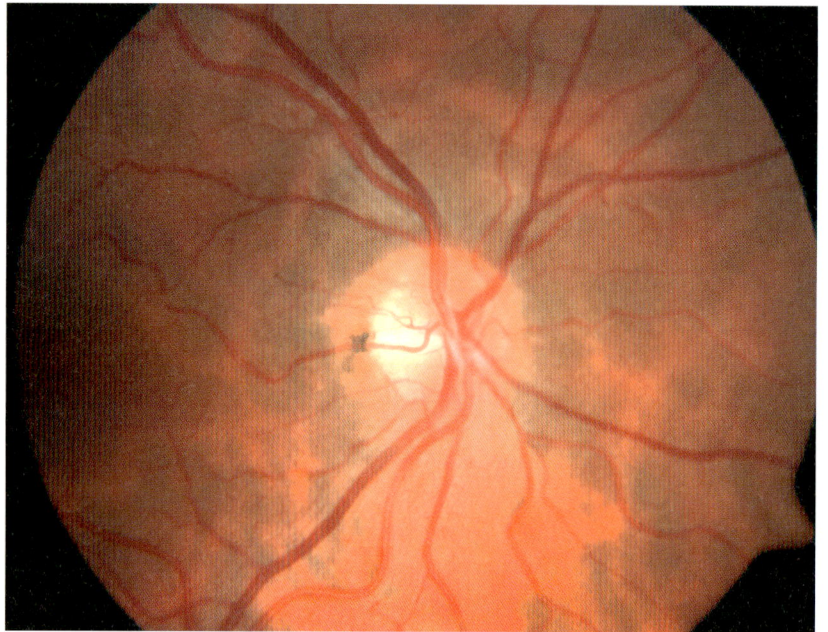

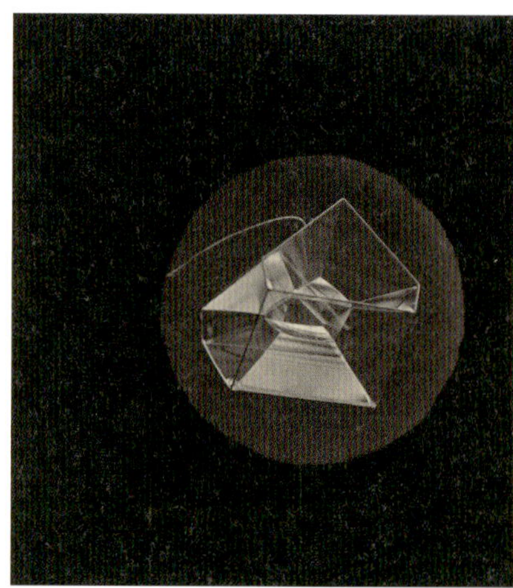

Dominique Somers *Blind Spot Left*, 2007

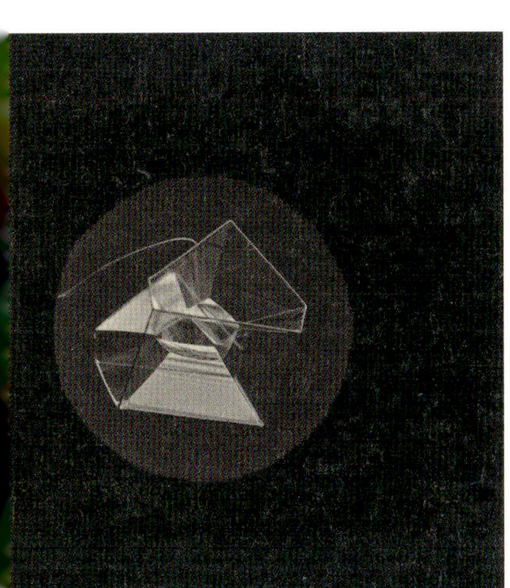

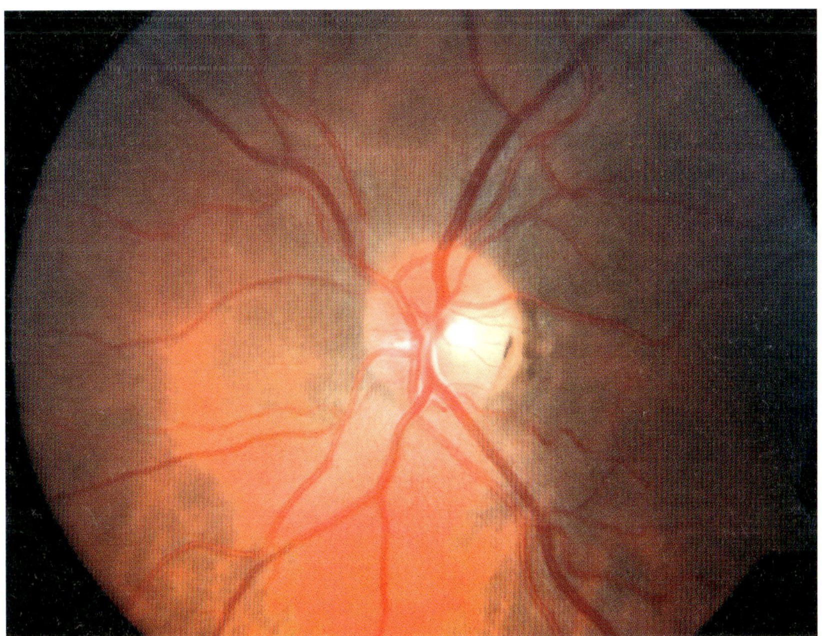

Dominique Somers *Blind Spot Right*, 2007

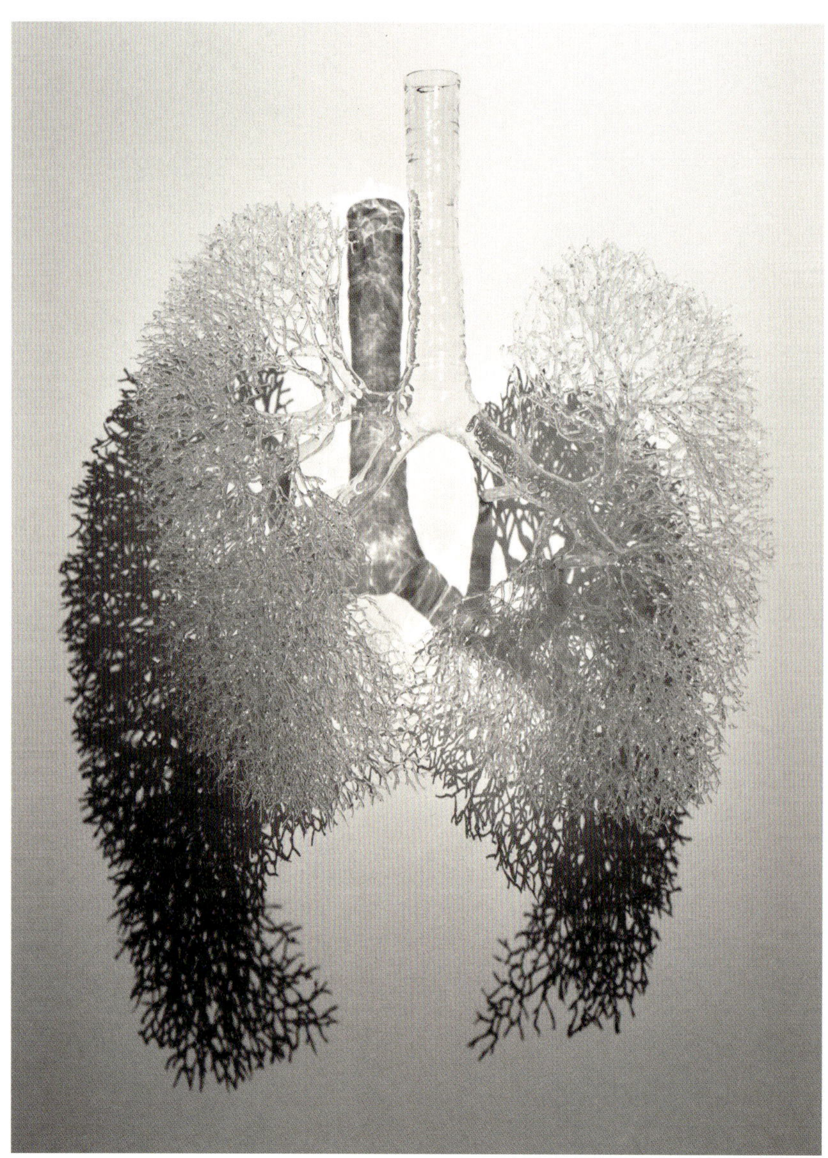

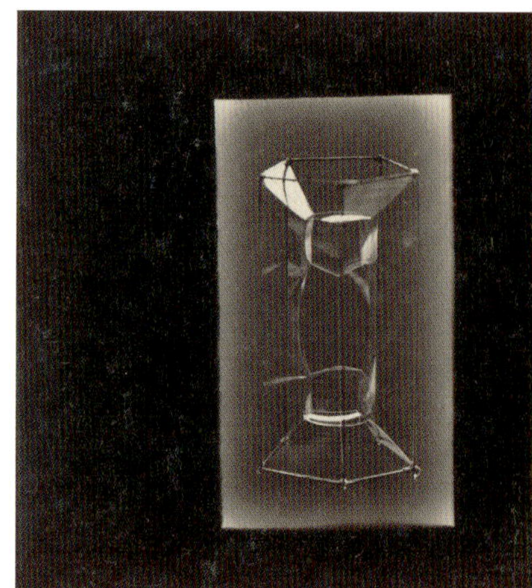

Annie Catrell *Capacity*, 2000

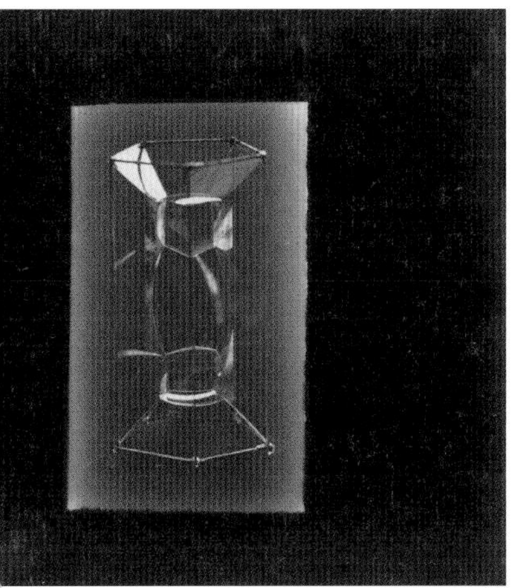

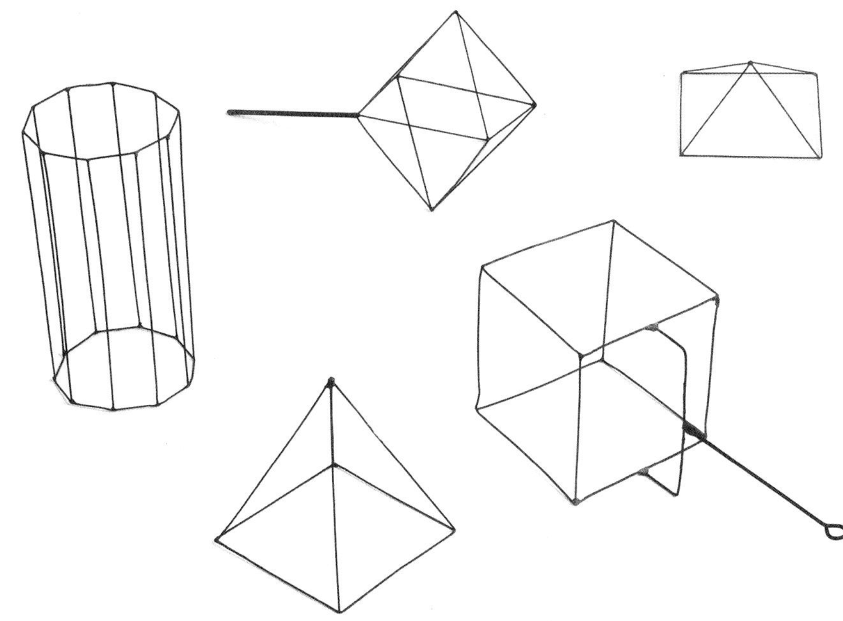

Joseph Plateau draadmodellen voor natuurkundig onderzoek, tweede helft 19de eeuw | wire models for physical research, second half 19th century

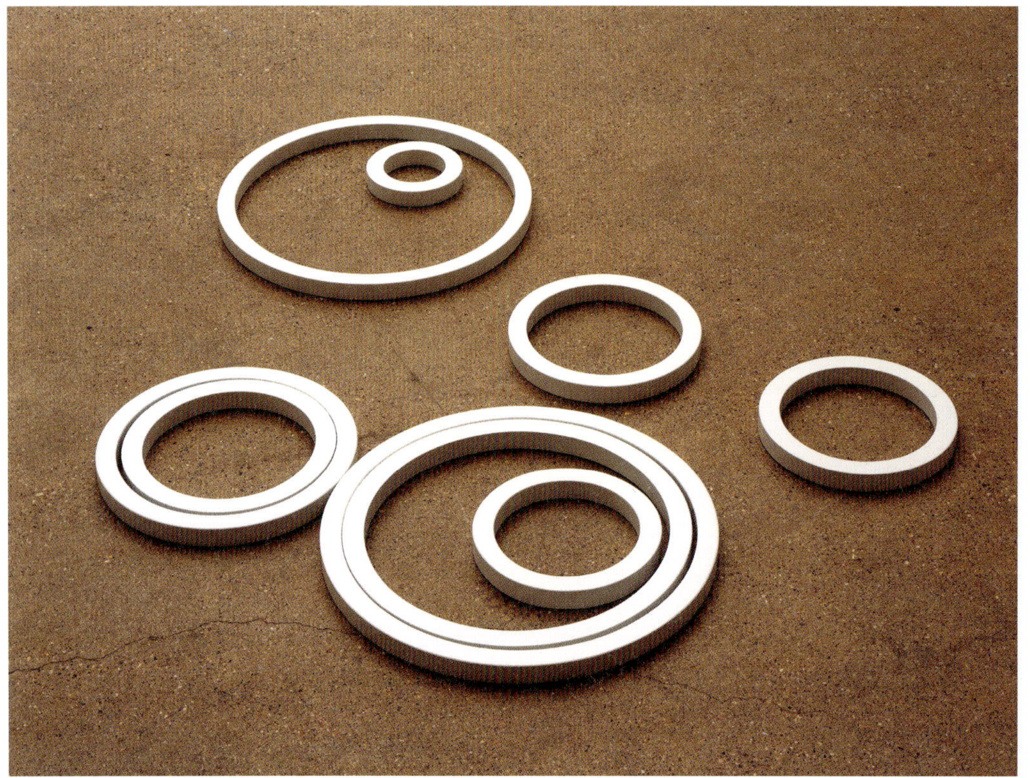

Jonathan Monk *Nine measurements in White*, 2005

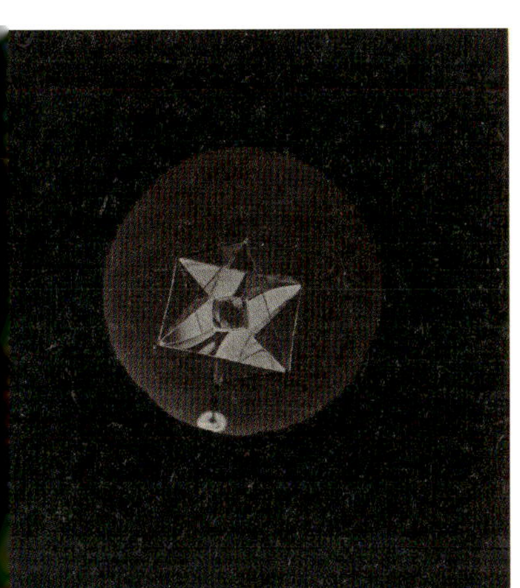
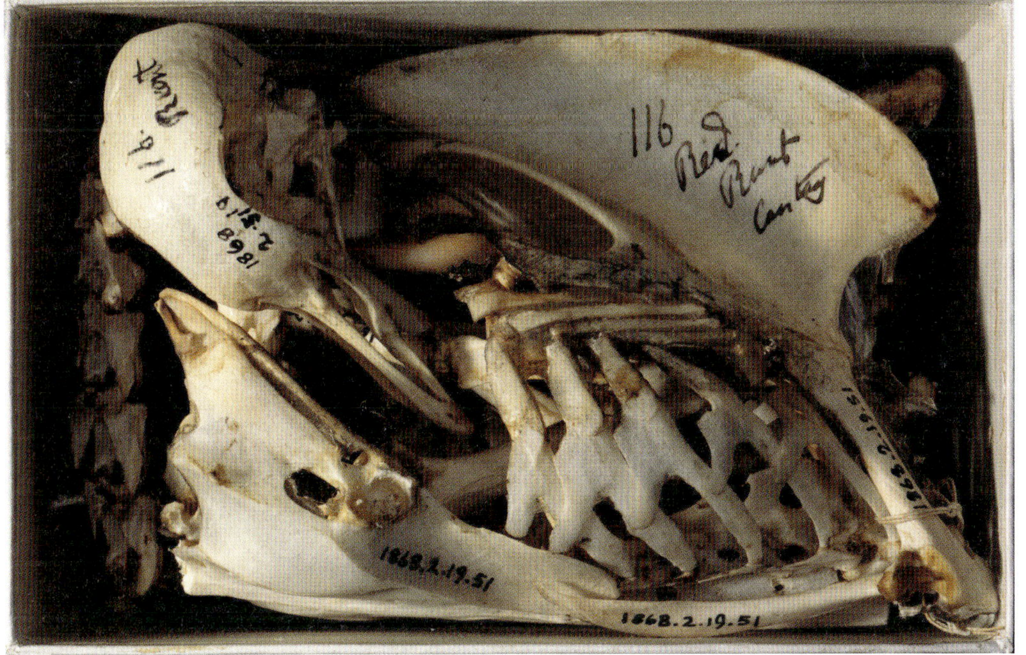

Charles Darwin duivenskelet onderzocht en gelabeld door Darwin, midden 19de eeuw |
pigeon skeleton examined and labelled by Charles Darwin, mid 19th century

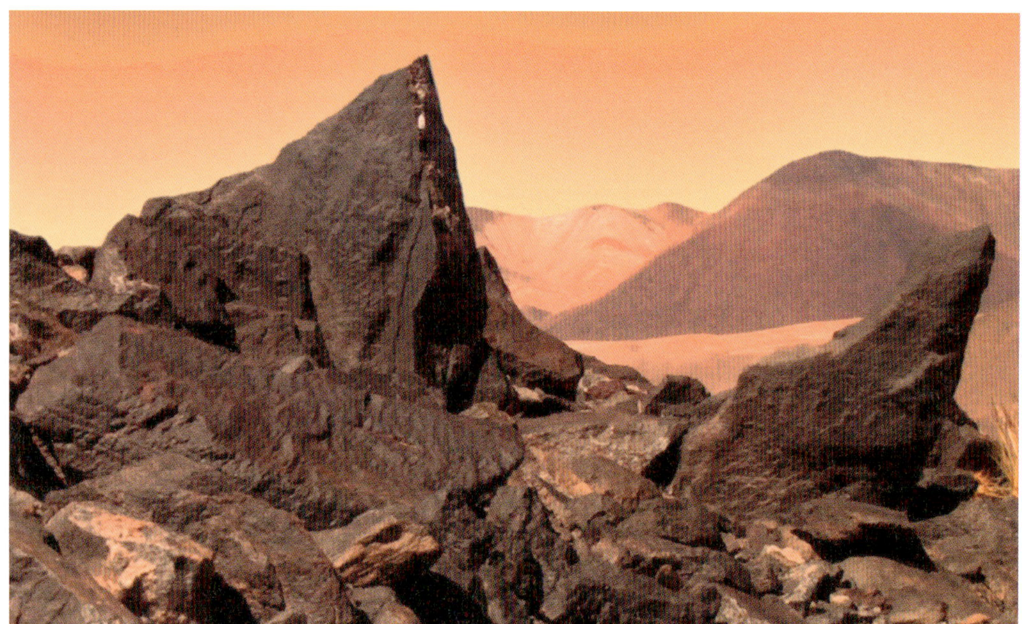

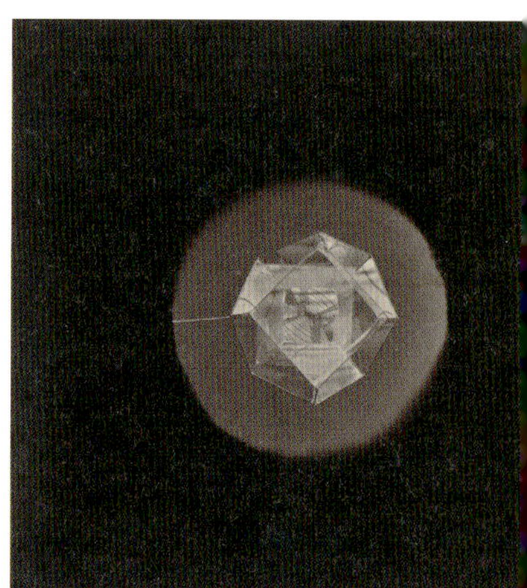

Persijn Broersen & Margit Lukács *Manifest Destiny*, 2009

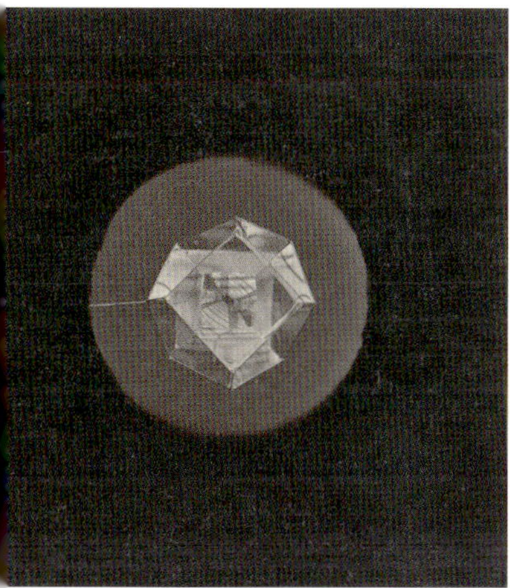

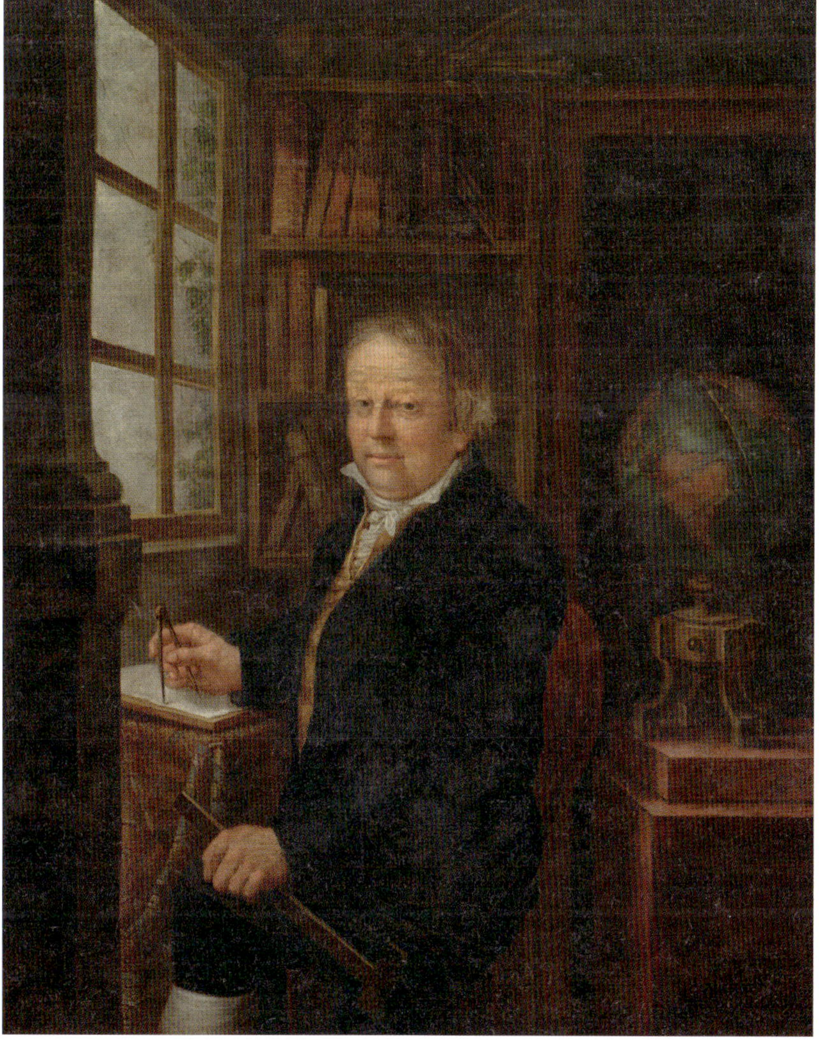

Jacobus Johannes De Raedt *Portret ten halve lijve van Pierre François De Noter* uit Erfgoedcollectie Mechelen, rond 1800 |
Portret ten halve lijve van Pierre François De Noter in the collection of Erfgoedcel Mechelen, around 1800

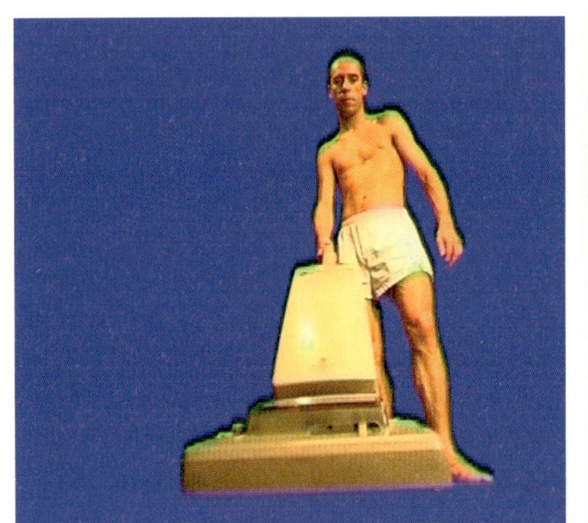 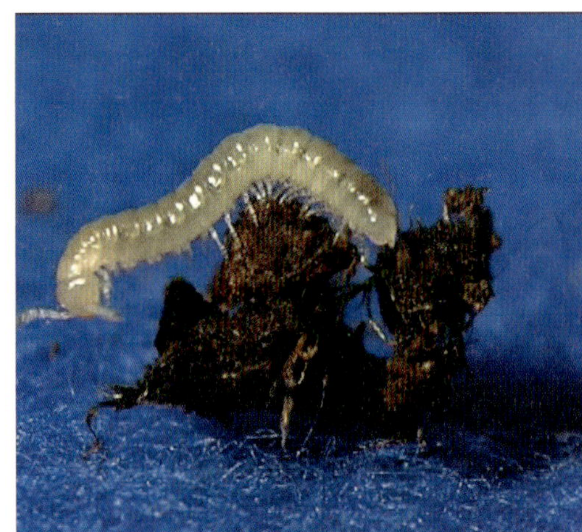 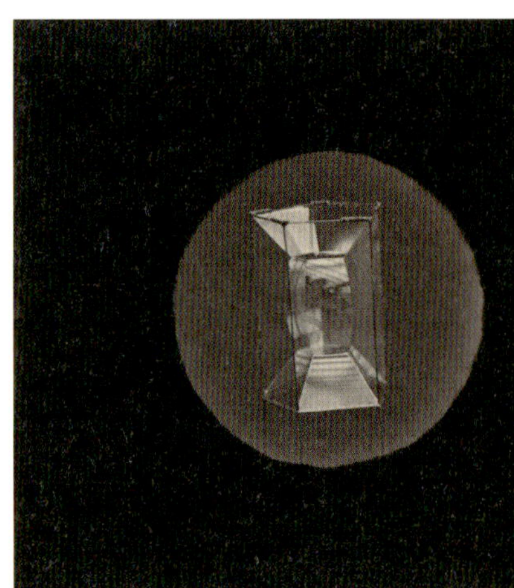

AL and AL *Dead Skin* (still), 2000 | **AL and AL** *I don't want to leave my Island* (still), 2001

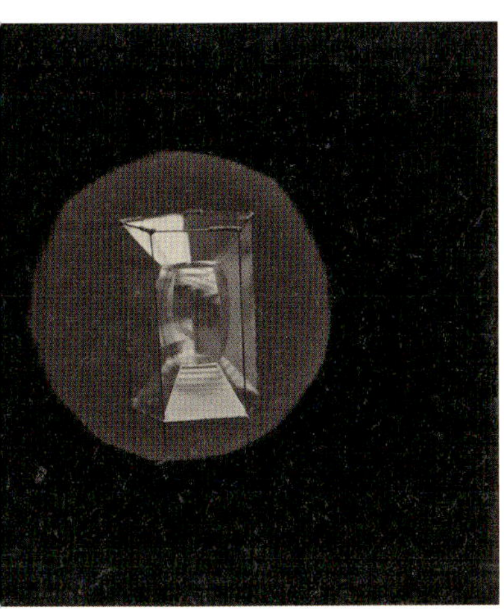 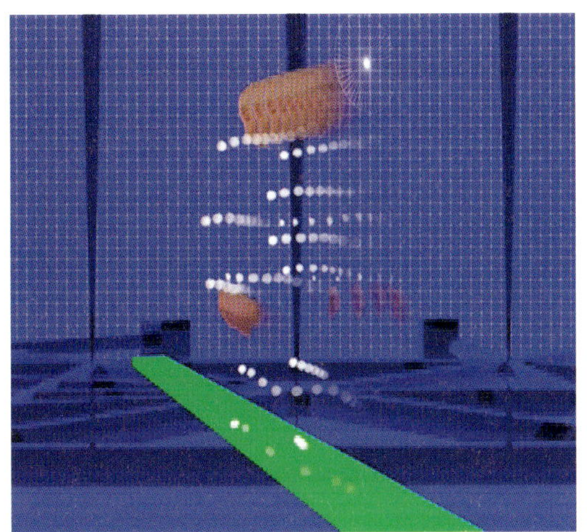 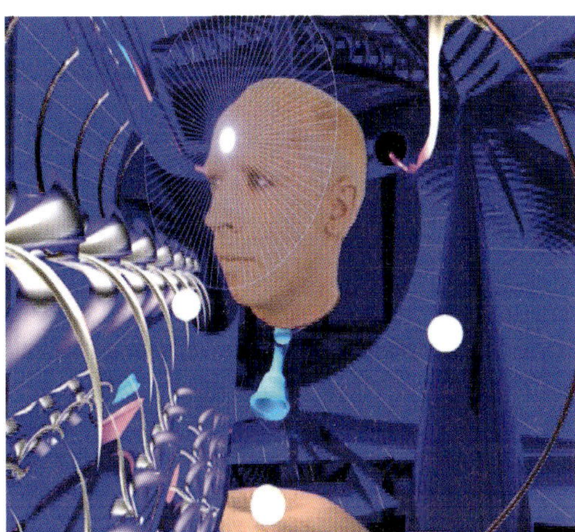

AL and AL *Precast* (stills), 2004

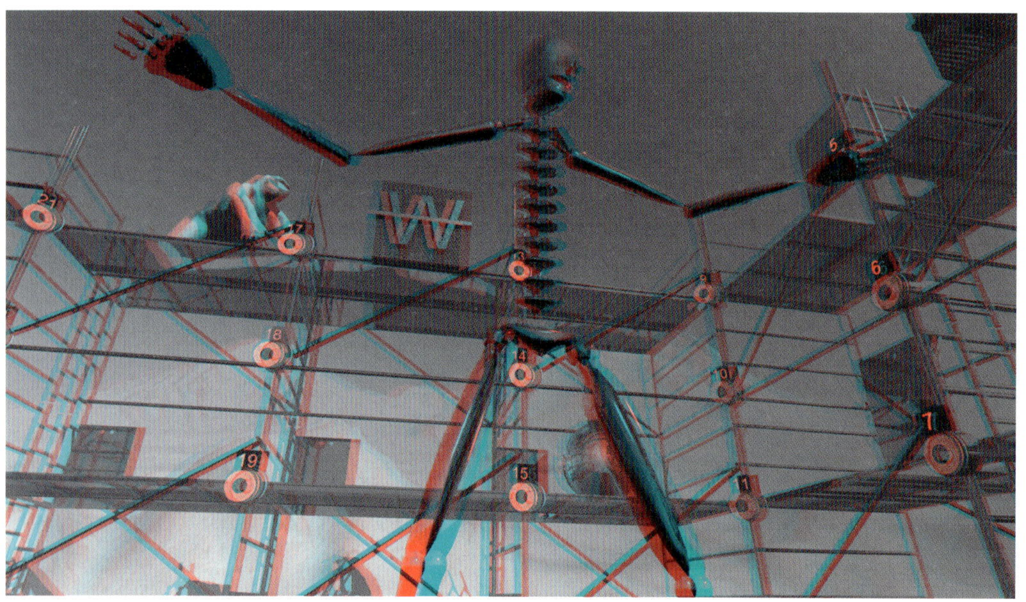

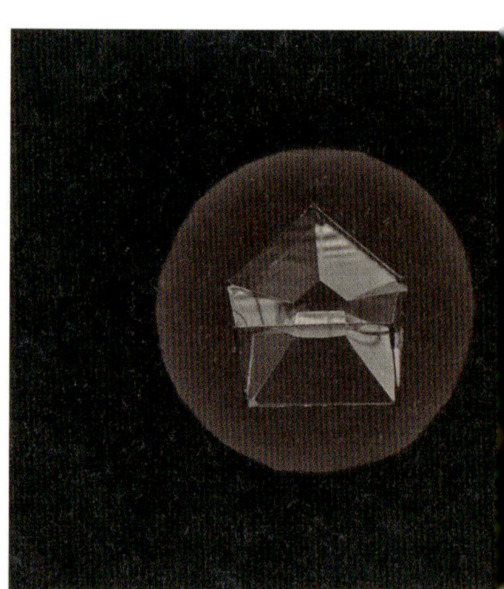

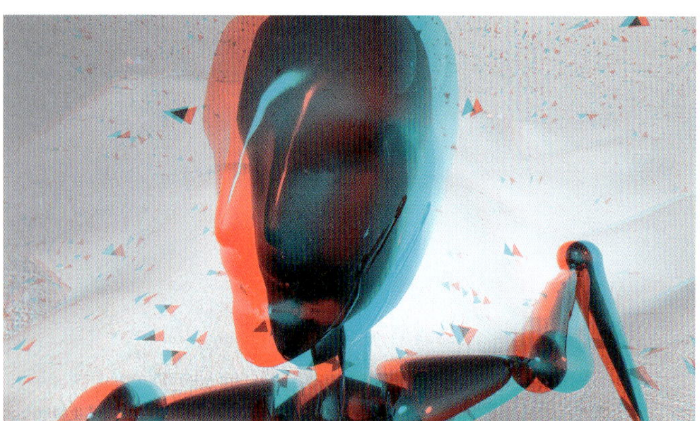

AL and AL *We want to run in our mountains* (still), 2009

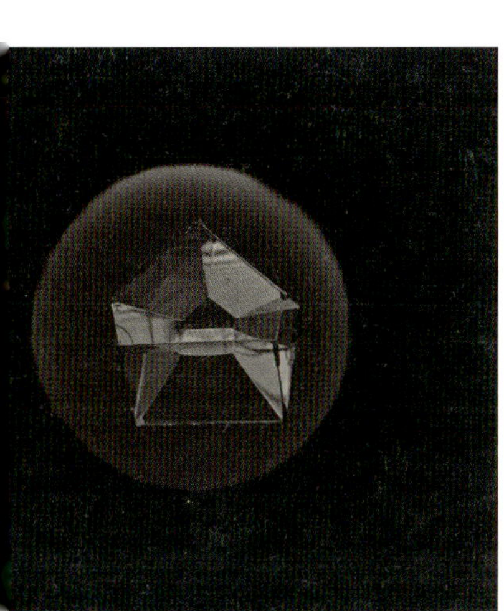

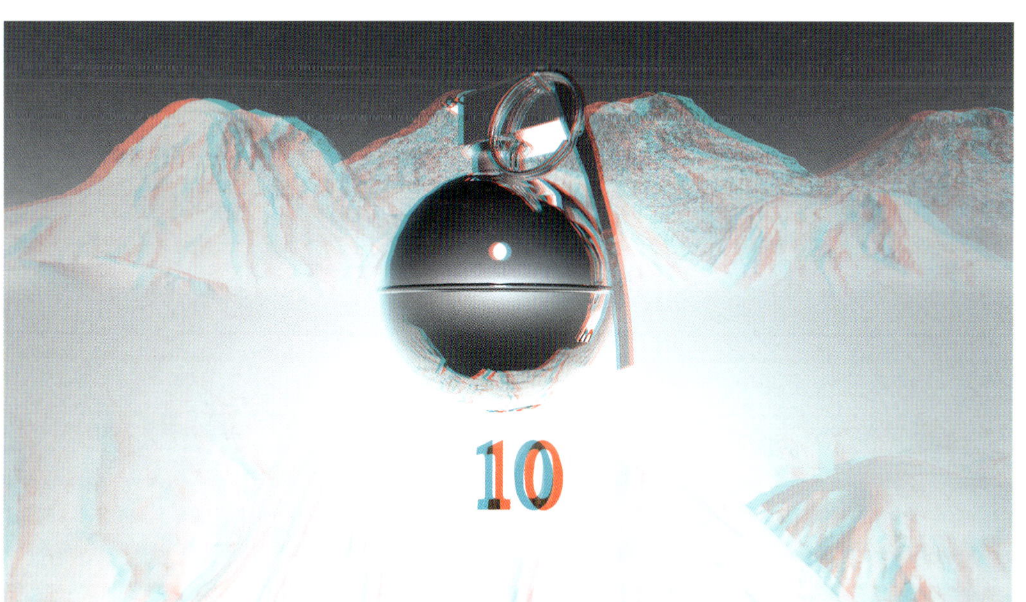
10

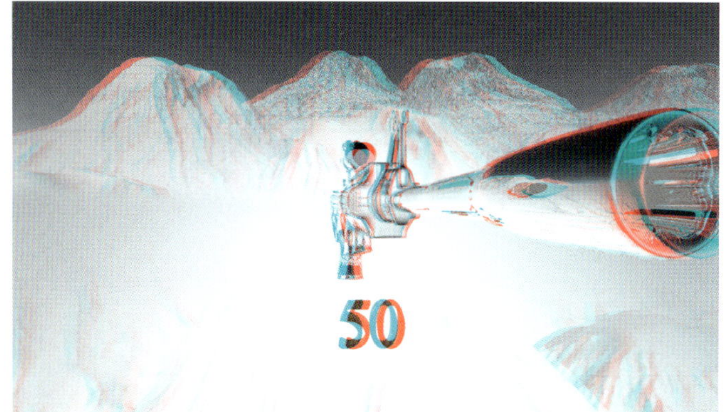
50

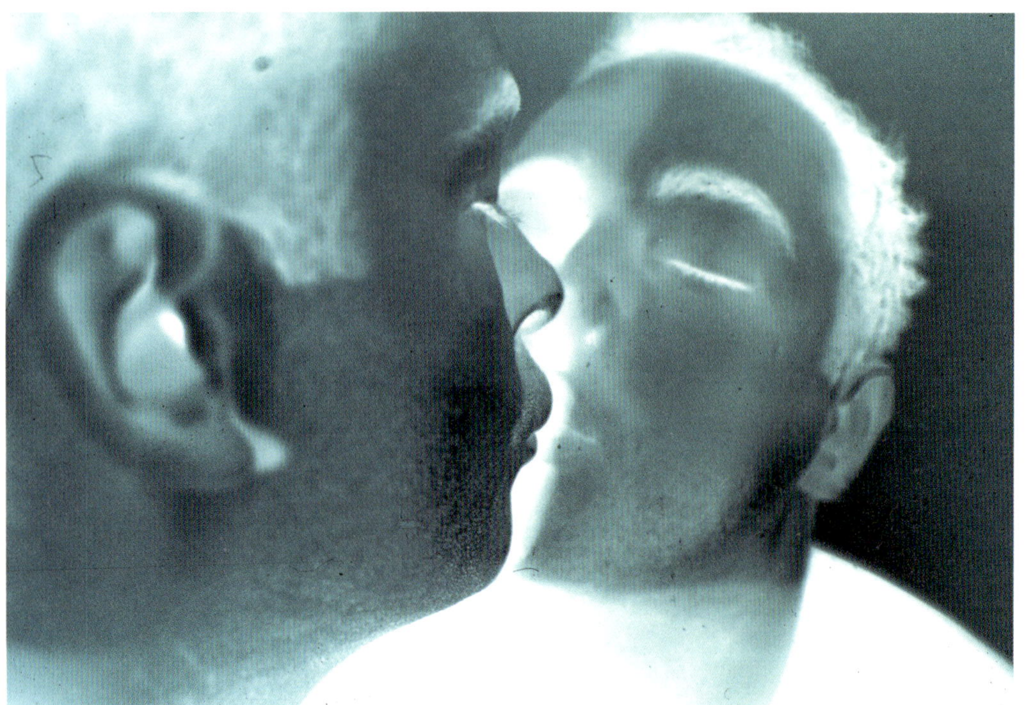

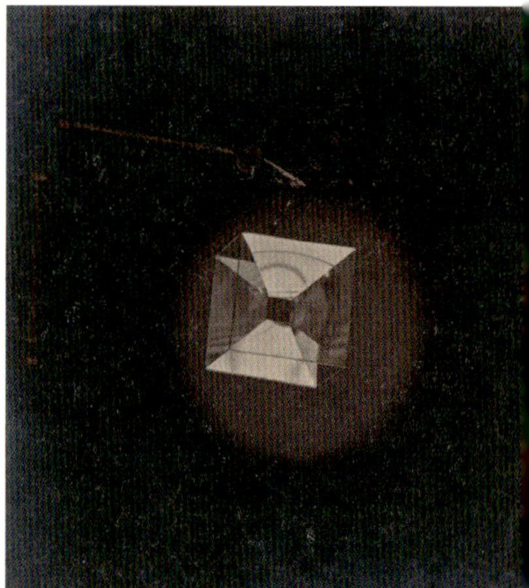

Douglas Gordon *Self Portrait, Kissing with Scopolamine*, 1994

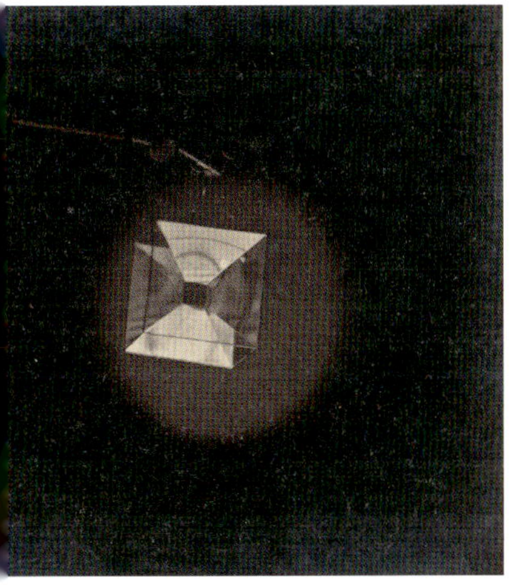

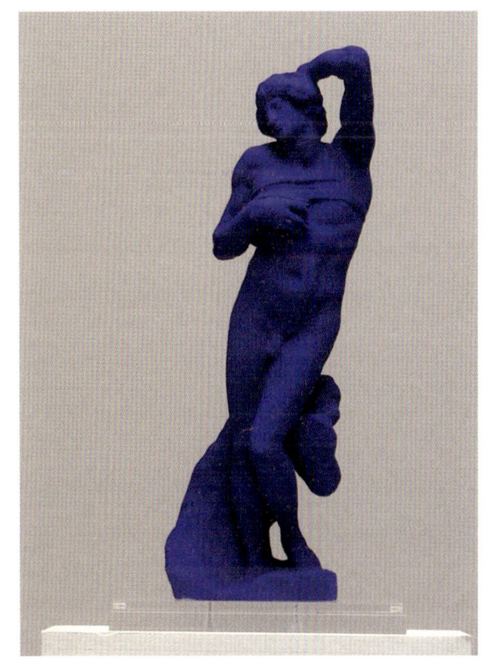

Yves Klein *L'Esclave*, 1962

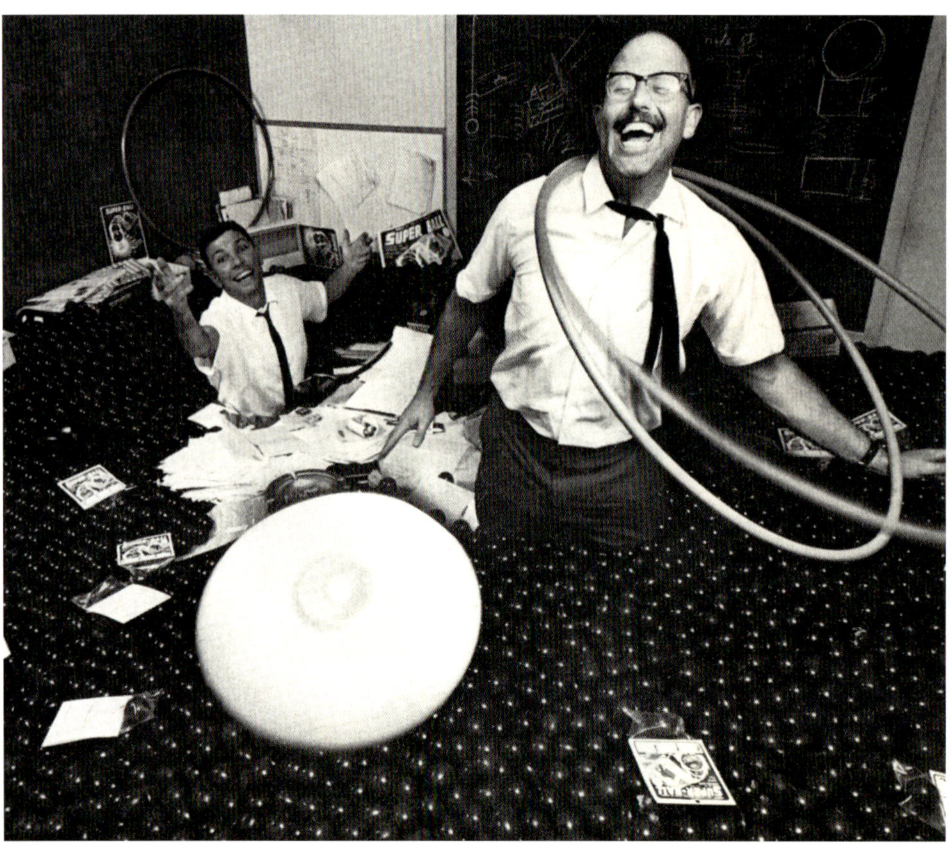

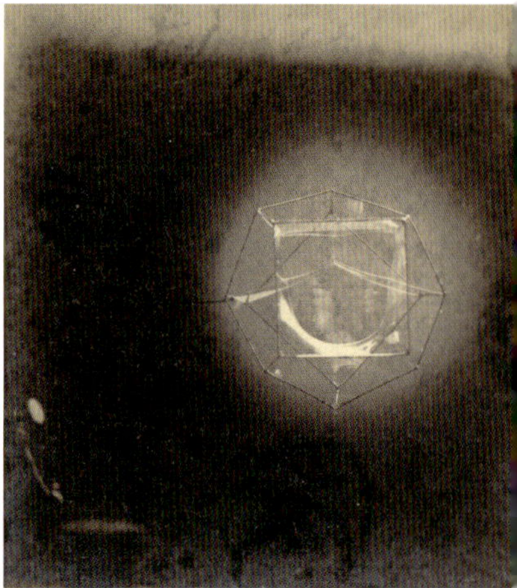

Richard Knerr (1925-2008), uitvinder van de hoelahoop en frisbee | inventor of the hulahoop and the frisbee

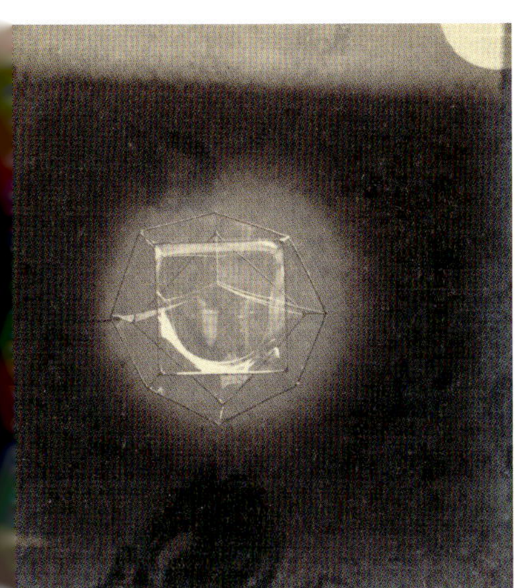

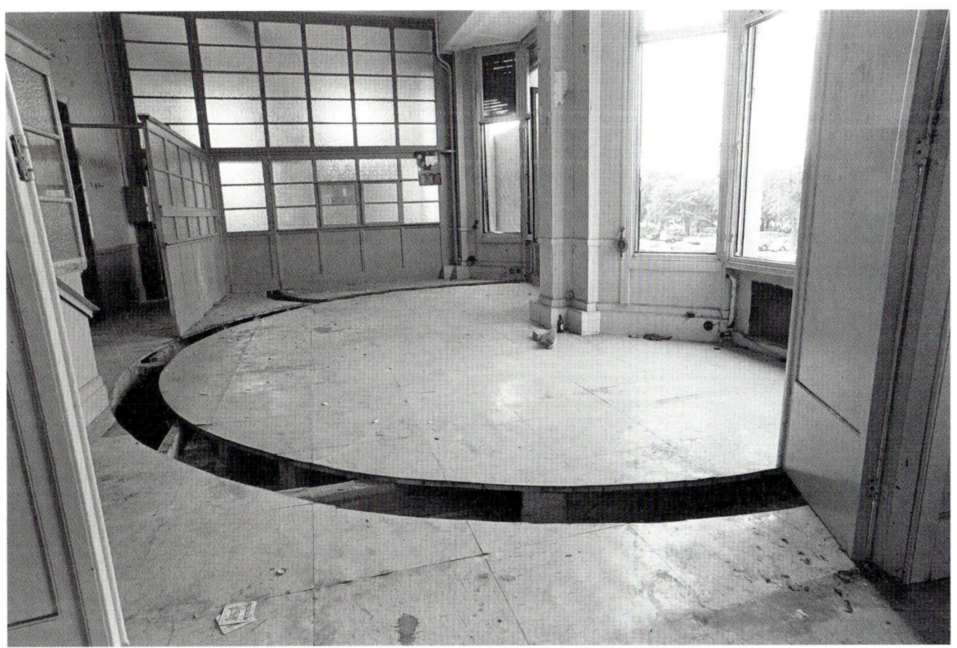

Gordon Matta Clark locatie-opname uit *Office Baroque*, 1977-1978 | location shot from *Office Baroque*, 1977-1978

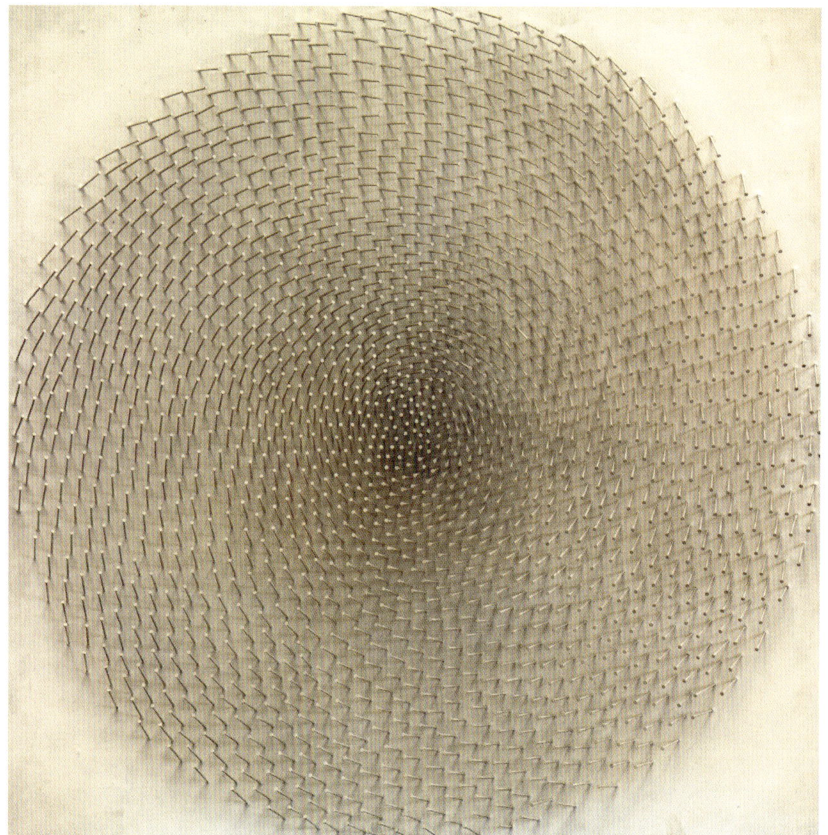

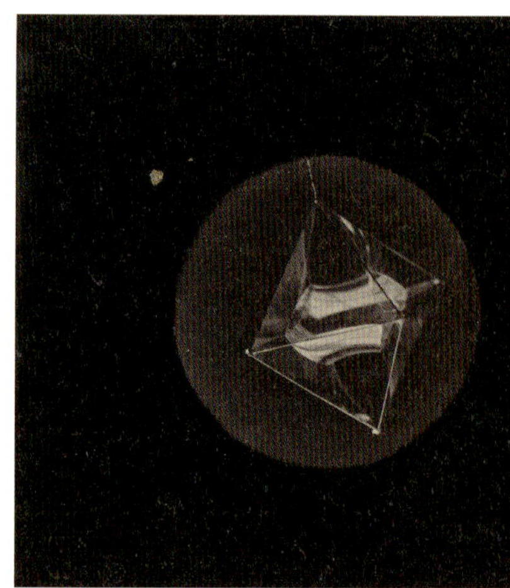

Günther Uecker *Nagelobjekt*, 1979

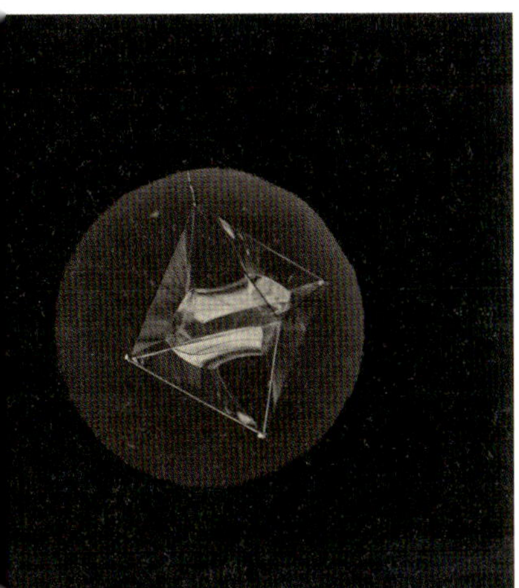

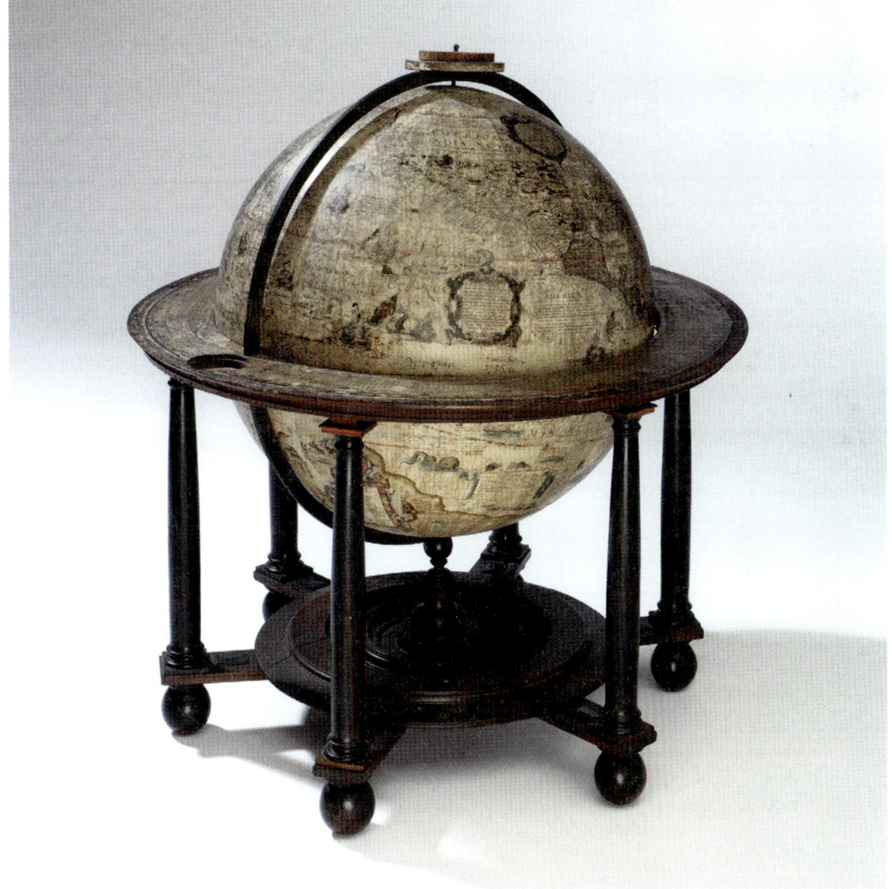

Arnold Floris van Langren *17de eeuwse wereldbol* uit Erfgoedcollectie Mechelen |
17th century world globe in the collection of Erfgoedcel Mechelen

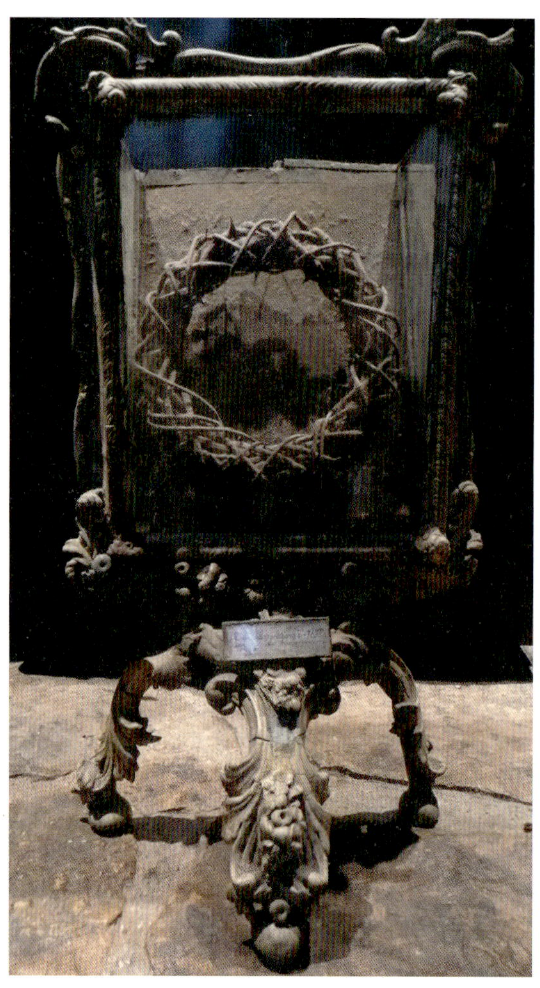

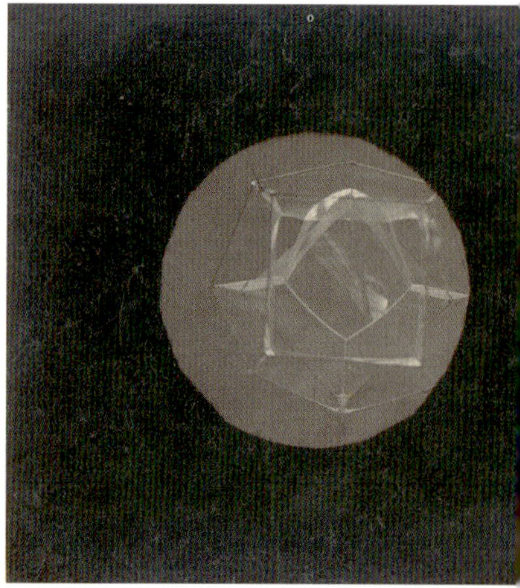

Quay Brothers *Beatification Zero*

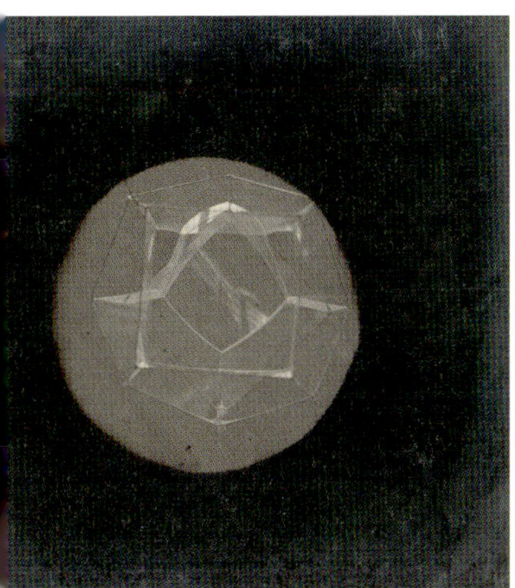

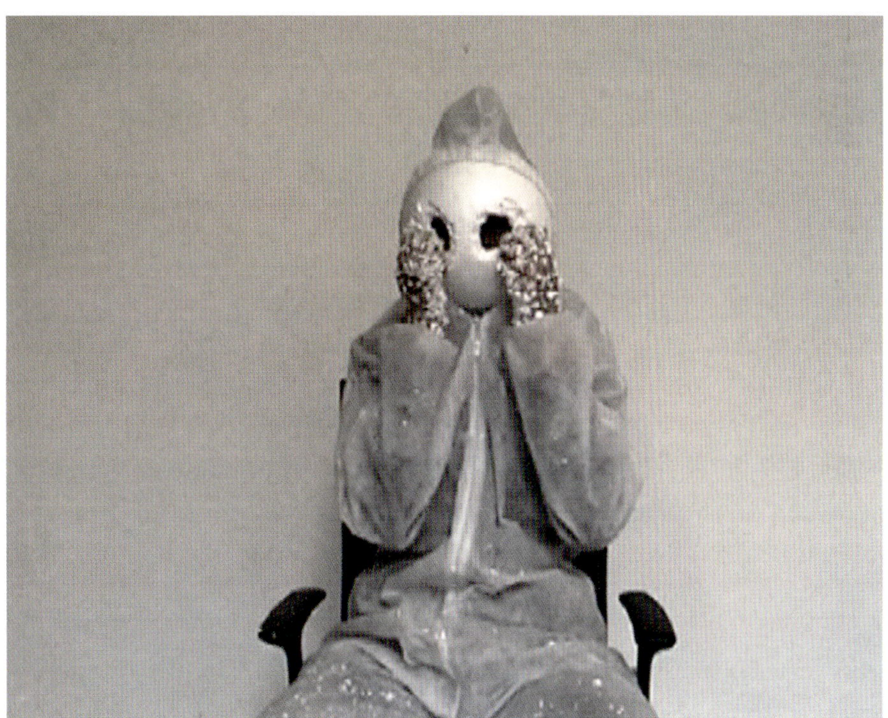

Sherridan Stymest *Starting from Scratch*, 2003

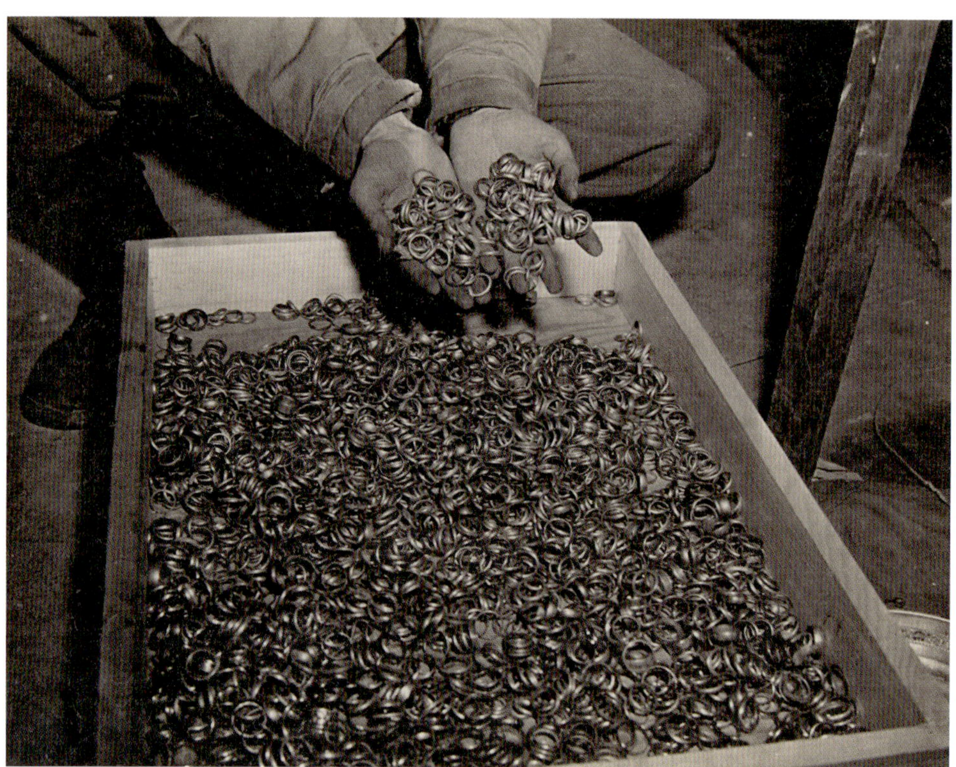

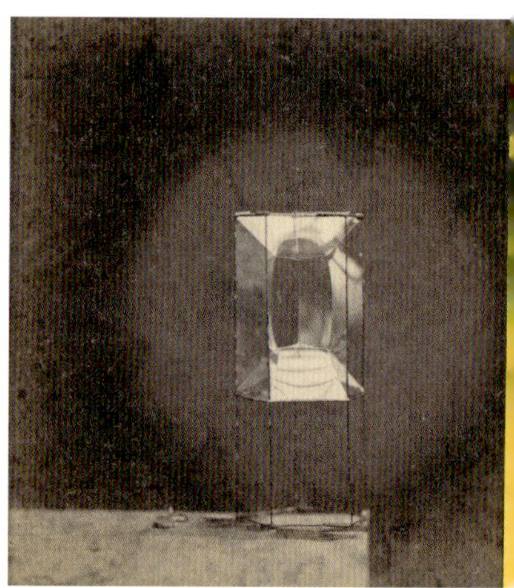

Anonieme foto gevonden te Buchenwald, 1944 | Anonymous photograph found in Buchenwald, 1944

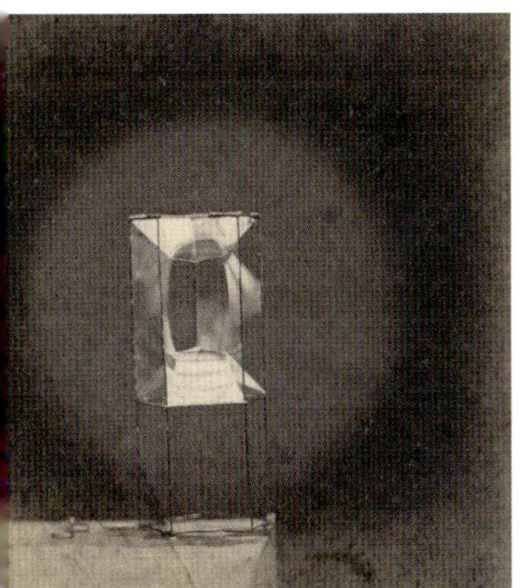
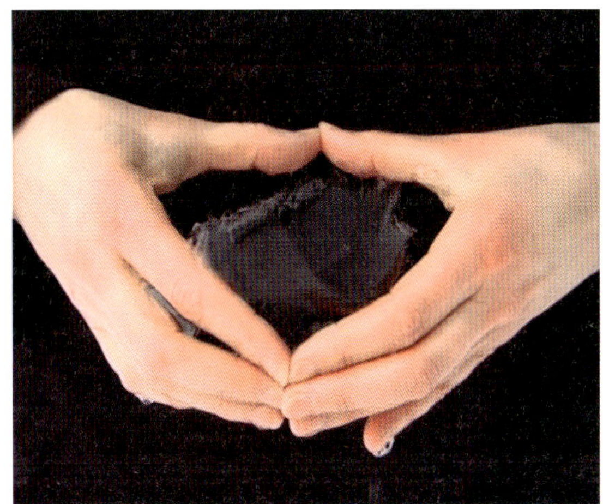

Edith Dekyndt *Provisory Objects 02* (still), 2000

Edwin Carels (1964) is verbonden als onderzoeker en docent aan het KASK/Hogeschool voor de Kunsten in Gent. Voor het International Film Festival Rotterdam is hij sinds 1997 werkzaam als programmator en curator. Verder publiceert Carels zowel over media-archeologie, beeldende kunst als film en werkt hij als free-lance curator voor ondermeer het MuHKA.

Het Britse kunstenaarsduo **AL and AL** (°1971, VK) ontmoette elkaar per toeval tijdens een bezoek aan het buitenhuisje van Derek Jarman in 1997. Nadat ze in 2001 samen een diploma 'Fine Art' in Central Saint Martins School of Art behaalden, richtten ze een blue screen performance studio op in Londen. Vertrekkende van deze blauwe ruimte hebben AL and AL reeds een groot aantal digitale video-werken gecreëerd. Hierbij maken ze gebruik van computergegene-reerde omgevingen om hun studio-performances van gesimuleerde contexten te voorzien. Ze stelden reeds internationaal tentoon in galerijen, participeerden aan film-festivals en realiseerden site-specifieke installaties. 'De films van AL and AL dompelen de toe-schouwer onder in een virtueel universum van duizelingwekkende dimensies, grenzen vallen er weg als in een droom. De wetten van de fysica worden uitgedaagd; het vaststaande verdampt; de tijd splitst, spoelt terug en voort, ver-dubbelt, personages verschijnen, verdwijnen, doen zichzelf uiteen-vallen en ook weer samenkomen.' (Marina Warner)

Persijn Broersen (°1974, Delft) en **Margit Lukács** (°1973, Amsterdam) werken samen sinds 2002 en zijn momenteel residenten aan de Rijksacademie in Amsterdam. Ze hebben recent tentoongesteld in het Stedelijk Museum te Amsterdam en in het Kunst-museum Magdeburg. Ze zijn geïn-teresseerd in de manier waarop mensen een wereld om zich heen construeren. Ze hanteren ver-schillende media zoals film, video, tekeningen en installatie, waarmee ze refereren aan de structuren waaruit onze maatschappij be-staat. Hun aandacht gaat in het bijzonder naar de rol van de media en naar de manier waarop deze verschillende inzichten over de wereld weergeven. In hun video-werk mixen beide kunstenaars eigen beeldmateriaal met *found footage* van zowel televisienieuws als digitale animatiefragmenten. Deze worden dan allemaal samen verwerkt met als doel een alternatief realiteitsniveau te bekomen. De utopische en dys-topische fantasielandschappen proberen bloot te leggen hoe verschillende verhalen, gepresen-teerd door de massamedia en de populaire cultuur, werelden construeren voor de mensen die ze absorberen.

Annie Cattrell (°1962, Glasgow) bezit een Master in 'Fine Art' en 'Glass' en is momenteel vooral actief in Londen. Ze behoort tot het 'AHRC Art, Science and Techno-logy Research Fellowship' en geeft les in tal van scholen. Ze is enorm geboeid door de mogelijke fusie tussen wetenschap en kunst en haalt haar inspiratie uit de neuro-logie, anatomie en meteorologie. Zo maakt Cattrell in haar kunst-werken artistiek gebruik van tal van wetenschappelijke visualisa-tietechnieken, wat bijvoorbeeld leidt tot visualisaties van brein-activiteit en tot het verbeelden van de regionen die de verschil-

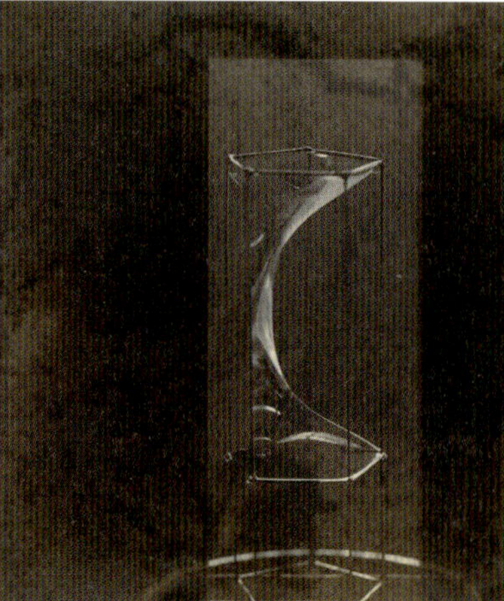

Kunstenaarsbiografieën | Artists' biographies

Edwin Carels (1964) is attached to the Royal Academy of Fine Arts in Antwerp (KASK) and the Academy for the Arts in Ghent as researcher and lecturer. He has compiled and curated the Rotterdam International Film Festival since 1997. Carels also publishes on media archaeology, visual art and film; in addition he works as freelance curator for the Antwerp Museum of Modern Art (MuHKA).

The artist pair **AL and AL** (°1971, UK) met by chance during a visit to Derek Jarman's garden cottage in 1997. In 2001, after both obtaining a degree in Fine Arts from Central Saint Martins School of Art, they set up a blue screen performance studio in London. From this blue space, AL and AL have already pro-grammed and produced a body of digital video work which uses com-puter-generated environments to provide simulated contexts for their studio performances. They have exhibited internationally in gal-leries, site-specific installations, film festivals and on tele-vision. 'AL and AL investigate the shaping forces of fantasy and reality: they both create dream worlds and stand back in their art to draw attention to their power over us, plunging the spectator into a virtual world of dizzy dimensions. The laws of physics are being challenged; all that is solid melts into air; time splits, rewinds and fasts forwards, characters appear and disappear, make themselves desintegrate and integrate again.' (Marina Warner)

Persijn Broersen (°1974, Delft) and **Margit Lukács** (°1973, Amsterdam) have been working together since 2002 and are currently residents at the Royal Academy in Amsterdam. They have been exhibited recently in the Amsterdam Municipal Museum and the Magdeburg Art Museum. They are interested in how people construct the world that surrounds them. They use different media such as film, video, drawings and installation to refer to the struc-tural building blocks of our society. They consider the media's role, and how it accentuates their various views of the world, as par-ticularly important. The two artists' video work is a mixture of their own visual material and footage from television news and digital anima-tion fragments. All these combine to produce an alternative reality level. The utopian and dystopian fantasy landscapes attempt to divulge how the different narra-tives presented in the mass media and popular culture construct worlds for people to absorb.

Annie Cattrell (°1962, Glasgow) obtained a master's degree in 'Fine Arts' and 'Glass', and currently works mainly in London. She belongs to the 'AHRC Art, Science and Technology Research Fellow-ship' and teaches in several schools. She is captivated by the possible fusion of science and art and draws her inspiration from neurology, anatomy and meteorol-ogy. Cattrell makes artistic use of scientific visualisation techniques in her art works. One result is visu-alisation of brain activity and the representation of the regions of the brain that seeing, hearing and other senses draw upon. Cattrell works with a variety of mate-rials and skills, but is particularly drawn to glass. She uses various techniques to show the boundaries of what can be done, physically and conceptually, with glass. In allow-

lende zintuigen als zien en horen in de hersenen aanspreken. Cattrell werkt met een verscheidenheid van materialen en vaardigheden, maar wordt vooral aangetrokken tot het werken met glas. Zij toont aan de hand van verschillende technieken de grenzen van wat er met glas kan bereikt worden, zowel fysisch als conceptueel. Door zo het onzichtbare zichtbaar en het vluchtige vast te maken, laat de kunstenares ons aanvoelen wat in ons en rond ons is.

Charles Darwin (°1809, Shrewsbury–†1882, Downe) was een Engels natuuronderzoeker, bioloog en geoloog. Zijn vader, een succesvol arts, stuurde hem naar de universiteit van Edinburgh om medicijnen

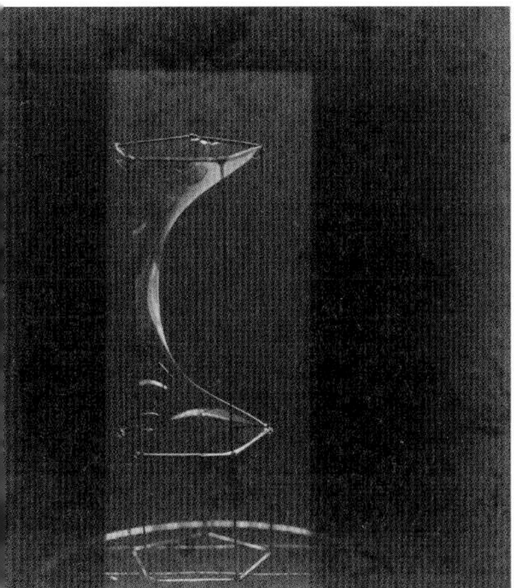

ing the invisible and fleeting to be seen in this way, the artist lets us feel what is in and around us.

Charles Darwin (°1809, Shrewsbury–†1882, Downe) was an English natural scientist, biologist and geologist. His father was a successful doctor who sent him to the University of Edinburgh to study medicine. After that, Darwin studied theology at Cambridge University. In 1831, he had an opportunity to undertake a year-long journey by ship. During this he gathered fossils and stones from around the world and discovered numerous, previously unknown, species of plants and animals. These discoveries established his name as a natural scientist. Darwin's visit to the Galápagos Islands greatly influenced his thinking. He discovered that each

te studeren. Daarna volgde hij ook nog theologie aan de universiteit van Cambridge. In 1831 begon hij aan een bootreis die enkele jaren zou duren. Op die reis verzamelde hij fossielen en gesteenten van over de hele wereld en ontdekte hij talrijke nieuwe planten- en diersoorten, waarmee hij zijn naam als natuuronderzoeker vestigde. Vooral zijn bezoek aan de Galápagos-eilanden heeft zijn denkbeelden sterk beïnvloed. Hij ontdekte dat op ieder eiland soorten voorkwamen die nergens anders leefden. Darwin formuleerde de hypothese dat alle organismen zich hebben ontwikkeld uit één oervorm. Dit brengt ons bij zijn meest geroemde en beruchte studie: de evolutietheorie, waarin gesteld wordt dat de evolutie van soorten aangedreven wordt door natuurlijke selectie, zoals beschreven in zijn *Origin of Species*.

Edith Dekyndt (°1960, Ieper) werkt als beeldend kunstenaar in Doornik en had reeds belangrijke solotentoonstellingen in Brussel, Berlijn en New York. Uit haar werk, dat zijn neerslag vindt in film, installaties en sculptuurachtige objecten,

island contained species that were not to be found anywhere else. Darwin hypothesised that all organisms developed from one primitive form. This led him to his most famous and notorious study, the Theory of Evolution, which posits that natural selection drives the evolution of species, as he described in his *Origin of Species*.

Edith Dekyndt (°1960, Ieper/Ypres) works as a visual artist in Doornik/Tournai and has recently had important solo exhibitions in Brussels, Berlin and New York. Her work, embodied in film, installations and sculpture-like objects, expresses an overwhelming fascination with all fields of science and their effect on our personal lives. Since 2000, Dekyndt has collected her work under the 'label' *Universal Research of Subjectivity.* Her work goes in search of the universal, but overlooked phenomena that surround us. That is why she records brief gestures and labile materials (e.g. by freezing water) and then almost metaphysically

spreekt een sterke fascinatie voor wetenschap en de effecten ervan op ons persoonlijke bestaan. Sinds 2000 bundelt ze haar oeuvre onder het 'label' *Universal Research of Subjectivity*. Dekyndt zoekt in haar werk naar universele fenomenen die ons omringen, maar tevens door iedereen over het hoofd gezien worden. Zo legt ze kortstondige gebaren en onstandvastige materialen vast (zoals bijvoorbeeld water bevriezen), die ze in hun pure abstractie bijna metafysisch in beeld brengt. Deze zoektocht naar het nauwelijks zichtbare is conceptueel en theoretisch onderbouwd, maar haar opzet is eerder poëtisch dan wel een objectieve registratie. Dekyndt tracht een diepgaande receptie van kunst teweeg te brengen en focust zich hierbij niet louter op visuele, tastbare of mondelinge sensaties.

Jacobus Joannes de Raedt (°1757, Mechelen–†1838, Mechelen) was leerling in de schilderkunst van Willem Herreyns, de eerste directeur van de Academie voor Beeldende Kunsten van Mechelen. Op zijn beurt werd ook De Raedt leraar aan deze academie.

puts the spotlight on their pure abstraction. She substantiates conceptually and theoretically the search for the scarcely visible; but her goal is closer to being poetic than it is to being an objective recording. Dekyndt endeavours to bring about a profound reception of art; she does not focus solely on visual, tangible or oral sensations.

Jacobus Joannes de Raedt (°1757, Mechelen/Malines–†1838, Mechelen/Malines) studied under Willem Herreyns, the first director of the Academy for Visual Arts in Mechelen/Malines. De Raedt, in his turn, later taught at this academy.

The media artist **Douglas Gordon** (°1966, Glasgow) uses video, photography and performances to focus on the recognition and recognisability of specific film manoeuvres. By manipulating images from our popular visual culture, giving them new contexts and repeating them, Gordon incorporates the viewer's memory and

De mediakunstenaar **Douglas Gordon** (°1966, Glasgow) focust zich via video, fotografie en performances op de herkenning en herkenbaarheid van specifieke filmhandelingen. Door dergelijke beelden uit onze populaire beeldcultuur te manipuleren, te herkaderen en te herhalen speelt hij in op het geheugen en de verwachtingen van de toeschouwer. Zijn werk lokt zowel een gevoel van herkenning als van vervreemding uit en dwingt onszelf te confronteren met het pijnlijke vertrouwde en dat wat moedwillig vergeten wordt. Zijn werk daagt meermaals de traditionele wetten van het medium video uit door met tijdelementen te spelen. Zo kneedt hij niet enkel het medium, maar de tijd op zich. Zoals bijvoorbeeld in een van zijn bekendste werken, *24 Hour Psycho* (1993), waarin hij de film *Psycho* van Alfred Hitchcock vertraagt zodat hij precies 24 uur duurt.

Anish Kapoor (°1954, Bombay) is een Engels beeldhouwer van Indiase origine, wiens kleur- en vormentaal doet denken aan hindoeïstische rituelen en symbolen. Zijn werk verbeeldt het verlangen

expectations. His work elicits a sense of recognition and one of alienation, forcing viewers to confront the painfully familiar and the deliberately forgotten. His work repeatedly defies the traditional laws of video as medium by playing with time elements. As a result, he fashions time itself and not just the medium. *24 Hour Psycho* (1993), one of his best-known works, is a fine example; he slows down Alfred Hitchcock's film *Psycho* to the point where it fills exactly 24 hours.

Anish Kapoor (°1954, Bombay/Mumbai) is an English sculptor of Indian origin, whose language of colour and shape calls to mind Hindu rituals and symbols. His work represents the desire to see contradictory principles such as spirit and matter, absence and presence, female and male, merge. He has frequently used various shades of pigment powder as medium; this symbolises divine presence and dematerialises, as it were, the worldly shapes of the

naar een samensmelting van tegengestelde principes als geest en materie, absentie en presentie, vrouwelijk en mannelijk. Hij maakt geregeld gebruik van het medium pigmentpoeder in verschillende kleuren; het symboliseert goddelijke aanwezigheid en dematerialiseert als het ware de aardse vormen van de sculptuur die het bedekt. Het pigment in Kapoors werk verwijst ook naar de westerse kunst, met name naar het werk van Yves Klein en Barnett Newman, die net als hij met kleur het transcendente willen bereiken. Zo buitenwaarts gericht en kleurrijk als het vroege werk is, zo naar binnen gericht en donker is dat van na 1985. Een leegte beheerst Kapoors volgende werken, zoals bijvoorbeeld in *Descent Into Limbo* (1992), een drie meter diep gat, de binnenkant van een bol, in de aardbodem, donkerblauw geschilderd. Deze leegte oogt hier als gesublimeerde materie.

De Franse monochromist **Yves Klein** (°1928, Nice–†1962, Parijs) kan beschouwd worden als de vaderfiguur van de Zero-beweging. Zijn monochrome panelen zijn het resultaat van een onvermoeibare zoektocht naar het zichtbaar maken van de spirituele en materiële aspecten van een kleur. Zo kent iedereen zijn diepe, matte, lichtgevende ultramarijnblauw. Na Mondriaan en Malevitsj zocht Klein met deze absolute kleur op zijn beurt de uiterste grenzen van de schilderkunst weer op. Klein werd in zijn pogingen om het pure immateriële in de schilderkunst weer te geven sterk beïnvloed door het zenboeddhisme. Hiermee werd deze kunstenaar/mysticus/visionair/showman zowel bejubeld als genie als uitgejouwd als oplichter. Het belang van zijn zoeken valt echter niet te ontkennen: zijn invloed duurde tot ver na zijn vroegtijdige dood voort. Kleins vertrekpunt dat het idee belangrijker is dan de wijze waarop het in praktijk werd gebracht, doet zich zelfs tot op de dag van vandaag overal in onze conceptuele kunst gelden.

Lea Lagasse (°1979, Frankrijk) behaalde in 2002 in Parijs haar diploma kunstgeschiedenis en studeerde ook aan de Ecole Nationale Supérieure des Beaux-Arts de Paris; inmiddels is ze als tweedejaars kandidaat-laureaat in het HISK te Gent beland.
'Mijn werk draait rond het principe van de ontmanteling van fragmenten uit de realiteit zodat ze disfunctioneel worden. Dit resulteert in een aantal verschillende aandachtsgebieden. Ik gebruik uitdrukkingsvormen zoals 3D-animaties van technische architecturale projecten, maar ook boeken en terugkerende videofragmenten. Via deze weg probeer ik het voorkomen van het normale te reproduceren, wat tijdelijk tot een moment van misperceptie kan leiden. Het is mijn bedoeling om een afstand te "creëren" tussen de kijker en het kunstwerk en hierbij een kritische herbeoordeling van zijn/haar percepties te stimuleren, dikwijls op een speelse en geheimzinnige manier.'

Jürg Lehni (°1978, Lüzern) en **Alex Rich** (°1975, Caerphilly, Wales) zijn twee grafische vormgevers die, op de grens van technologie en *graphic design*, de nieuwe mogelijkheden van digitale technologie ten volle benutten.

Net als kunstenaars creëren beide designers met wat ze hebben, maar in plaats van traditionele materialen gebruiken ze de technologie als hun canvas. Ze delen een multidisciplinaire aanpak en hun fascinatie voor de rol van technologie in design vertaalt zich in de gezamenlijke creatie van nieuwe tools en machines. Zo ontdekten ze bijvoorbeeld reeds nieuwe manieren van schrijven en tekenen voor *A Recent History of Writing and Drawing*, hun eerste tentoonstelling samen. Naast dit gezamenlijk project zijn Lehni en Rich voornamelijk zelfstandig actief in de designwereld. Beide designers hebben reeds afzonderlijk tentoongesteld in tal van vooraanstaande galerijen en museums.

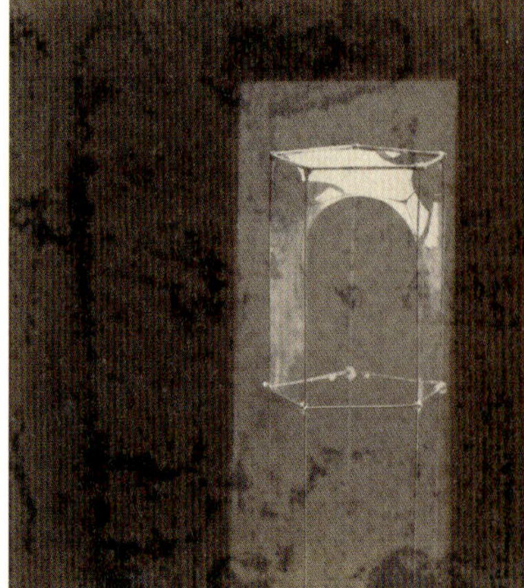

---

sculptures it covers. The pigment in Kapoor's work also refers to the work of Western artists such as Yves Klein and Barnett Newman, who like him, use colour to reach the transcendent.
Kapoor's work after 1985 is as dark and introverted as his early work was extroverted and colourful. His next works are marked by emptiness, as we note in *Descent Into Limbo* (1992), the inside of a three-metre deep, spherical hole in the ground, painted dark blue. This emptiness resembles sublimated matter.

The French monochromist **Yves Klein** (°1928, Nice–†1962, Paris) can be considered the father figure of the Zero movement. His monochrome panels are the outcome of an indefatigable endeavour to visualise the spiritual and material aspects of a colour. Everyone is familiar with his deep, mat, luminous, ultramarine blue. In the footsteps of Mondrian and Malevich, Klein used absolute colour to test the outermost boundaries of art. Zen Buddhism has heavily influenced Klein's attempts to represent the purely immaterial in painting. That earned this artist/mystic/visionary/showman cheers for his genius as well as jeers for being a fraud. However, the importance of his search cannot be denied: his influence continued until long after his premature death. Klein's notion that the idea is more important than the way it is put into practice is still felt everywhere today in our conceptual art.

Lea Lagasse (°1979, France) obtained her diploma in art history in Paris in 2002 and also studied at the École Nationale Supérieure des Beaux-Arts de Paris. She is now a second-year candidate laureate at the Higher Institute for Fine Arts (HISK) in Ghent.
'My work revolves around the principle of dismantling fragments of reality so that they become dysfunctional. This results in several different spheres of interest. I use 3-D animations of technical, architectural projects, but also books and repetitive video fragments as expressive medium. In this way I attempt to reproduce the occurrence of the normal, which can lead to a temporary moment of misperception. It is my intention to *create* distance between the viewer and the work of art and so to stimulate a critical reassessment of his/her perceptions, often in a playful and secretive manner.'

Jürg Lehni (°1978, Luzern) and **Alex Rich** (°1975, Caerphilly, Wales) are two graphic designers who are taking full advantage of the new opportunities that digital technology offers at the crossroads of technology and *graphic design*. Like artists, the two designers create with what they have at hand, but they use technology instead of traditional canvas. They share a multidisciplinary approach and their fascination with the role of technology in design is transformed into the joint creation of new tools and machines. For instance, they discovered a new way to write and draw for their first joint exhibition, *A Recent History of Writing and Drawing*. In addition to this joint project, Lehni and Rich work independently in the world of design. The two designers have already exhibited in numerous prominent galleries and museums.

Gordon Matta-Clark (°1943, New York–†1978, New York) originally trained as an architect. He became famous for his radical and risky invasion of abandoned buildings in which he cut geometric shapes from the floor and walls. In his early work, Matta-Clark was preoccupied with transformation. One of the first *cut-pieces* is *Splitting* (1974), in which he sawed vertically through a wooden house. In subsequent years the shape of the cut-outs became more complex. All these operations were docu-

Gordon Matta-Clark (°1943, New York–†1978, New York) werd oorspronkelijk als architect opgeleid. Hij werd bekend door zijn radicale en riskante ingrepen in verlaten gebouwen, waarbij hij geometrische vormen uit vloer en muren zaagde. In zijn vroege werk houdt Matta-Clark zich bezig met transformatieprocessen. Een van de eerste *cut-pieces* is *Splitting* (1974), waarbij hij een houten huis verticaal doormidden zaagt. In de jaren daarna worden de uitsneden complexer van vorm. Al deze operaties worden gedocumenteerd door middel van foto's, video en film. Matta-Clark ageert in veel projecten tegen traditionele architectuuropvattingen: het door hem vaak gehanteerde concept *anarchitecture* stelt de 'negatieve ruimte'

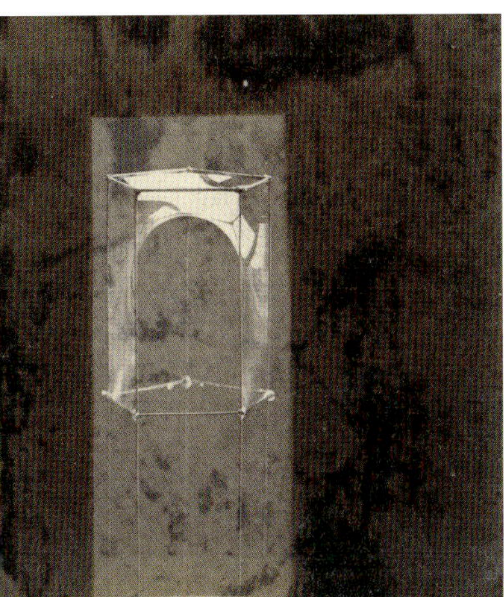

voorop en is gericht op leegte, gaten en restruimten. De *cuttings* of *extractions* zijn pogingen om de functionele, sociale en ideologische uitgangspunten van de architectuur te onthullen. De *cut buildings* zijn inmiddels allemaal gesloopt.

Het werk van de in Berlijn wonende kunstenaar **Jonathan Monk** (°1969, Leicester) omvat een veelheid aan verschillende media zoals installatie, fotografie, film, sculptuur en performance. Zijn ironische aanpak heeft iets weg van het conceptualisme van de jaren 1960 en 1970, maar dan zonder de utopische idealen en intellectuele strategieën. Monks conceptuele aanpak gaat meer uit naar alledaagse situaties. Hij is geïnteresseerd in de banaliteit en de persoonlijke manipulatie van het gewone, de ervaring van het kijken, geschiedenis, familie, structuur/interpretatie, semiotiek, ruimte en tijd. Terwijl veel van zijn werk heel speels overkomt en een zweem van nostalgie naar de late jaren 1960 verraadt, daagt het tegelijkertijd het idee van zuiverheid in de moderne kunst uit, demystifi-

ceert het het creatieve proces en stelt het alternatieve modellen voor van hoe kunst en de rol van de kunstenaar erin kan geïnterpreteerd worden.

Joseph Plateau (°1801, Brussel–†1883, Gent) werd op veertienjarige leeftijd als wees onder het hoederecht van zijn oom geplaatst. Als student ging zijn interesse voornamelijk uit naar de natuurwetenschappen. Plateau koos dan ook resoluut voor deze richting toen hij drie maanden na zijn kandidaatsproef in de rechten het kandidaatsdiploma in de fysische en wiskundige wetenschappen behaalde. In 1835 werd hij hoogleraar in de natuurkunde te Gent. Plateaus levenslange onderzoek spitste zich voornamelijk toe op de inwerking van kleuren op het netvlies (duur, intensiteit en kleur), de meetkundige samenstelling van bewegende krommen, de waarneming van de vervorming van bewegende figuren, en de reconstructie van vervormde figuren. Op basis van zijn ontdekking van de gezichtstraagheid of lichtnawerking construeerde Plateau in 1831 ook zijn befaamde fenakistiscoop.

Hiermee legde hij mede de basis voor de cinematografie en de filmindustrie. Hoewel Plateau in 1843 blind werd, is zijn onvoorwaardelijke inzet voor de ontwikkeling van de wetenschap nooit opgehouden.

Stephen en Timothy Quay (°1947 Verenigde Staten), beter gekend als de **Quay Brothers**, zijn een identieke tweeling. Hun oeuvre bestaat uit twee lange speelfilms (*Institute Benjamenta* en *The Piano Turner of Earthquakes*) en een paar dozijn kortfilms. Hiermee behoren de gebroeders Quay tot de meest gerespecteerde (en geïmiteerde) filmmakers wat betreft de stop-motion animatiecinema. Naast filmmakers zijn ze ook grafische ontwerpers en voor de opera en danswereld creëren ze excentrieke decors. Veel van hun films verbeelden spookachtige poppen in een droomwereld die tegelijkertijd donker en poëtisch is. Gesproken dialoog komt er niet aan de pas of slechts in de vorm van een onsamenhangende wartaal. De Quay Brothers verwoorden hun visie als volgt: 'Wat ons interesseert, is wat er gebeurt in de schaduw, in de

mented in photos and on video and film. In many of his projects, Matta-Clark protested against traditional architectural notions: his oft-used concept *anarchitecture* puts 'negative space' in the spotlight, focusing on emptiness, holes and residual space. The *cuttings* or *extractions* are attempts to unveil architecture's basic functional, social and ideological principles. The cut buildings have since then all been demolished.

Work by **Jonathan Monk** (°1969, Leicester, now living in Berlin), comprises a plethora of different media such as installation, photography, film, sculpture and performance. His ironical approach is reminiscent of 1960s and 1970s Conceptualism, without its utopian ideals and intellectual strategies. Monk's conceptual

approach tends to reach out more to everyday situations. He is interested in the banality and personal manipulation of the normal, the experience of looking, of history, family, structure/interpretation, of semiotics, space and time. While much of his work appears whimsical and betrays an undertone of nostalgia for the late 1960s, it also challenges the notion of purity in modern art, demystifies the creative process and suggests alternative models of how art and the role of the artist can be interpreted within it.

Joseph Plateau (°1801, Brussels–†1883, Ghent) was orphaned at age 14 and placed under his uncle's guardianship. In his student days, he was primarily interested in natural sciences. Plateau resolutely chose this field when he fulfilled the requirements for a bachelor's degree in physical and mathematical sciences within three months of obtaining a bachelor's degree in law. In 1835, he became a professor of natural sciences in Ghent.

Plateau's life-long research focused mainly on the effect of colours on the retina (duration, intensity and colour), the geometric composition of moving arches, the observation of the distortion of moving figures and the reconstruction of distorted figures. Using his discovery of persistence of vision or persistence of luminous impressions, Plateau constructed his famous *phenakistiscope* (or optical illusion) in 1831. In doing so, he laid the foundation for cinematography and the film industry. Despite going blind in 1843, Plateau never ceased his unconditional engagement in the development of science.

Stephen and Timothy Quay (°1947 USA), are identical twin brothers better known as the **Quay Brothers**. They have made two feature-length films (*Institute Benjamenta* and *The Piano Turner of Earthquakes*) and a couple dozen short movies. This has established the Quay Brothers as among the most respected (and imitated)

film-makers in the field of stop-motion animated cinema. Besides animation, their work also includes graphic design and creating eccentric decors for opera and theatre. Most of their films feature unearthly dolls, often partially disassembled, in a dark and poetic atmosphere. Their films have no meaningful spoken dialogue, only incoherent gibberish. The Quay Brothers formulate their vision as follows: "What happens in the shadow, in the grey regions, is what really interests us – all that is elusive and fugitive, all that can be said in those beautiful half tones, or in whispers, in deep shade.

Dominique Somers (°1969, Belgium) studied photography at the Royal Academy of Fine Arts in Antwerp (KASKA) and the Higher Institute of Fine Arts (HISK) in Ghent. In addition to her artistic activities, Somers works as curator and collection manager in the Antwerp Photo Museum. She teaches courses on the history of photography and regularly writes articles

grijze regionen – kortom, alles wat ondefinieerbaar en obscuur is, alles wat verteld kan worden binnen deze mooie vage kleurtonen, in fluisteringen, in diepe duisternis.

Dominique Somers (°1969, België) studeerde fotografie aan het KASKA in Antwerpen en HISK in Gent. Naast haar artistieke activiteiten werkt ze als curator en collectiebeheerder in het FotoMuseum in Antwerpen. Ze doceert fotografiegeschiedenis en schrijft regelmatig fotografiegerelateerde artikels in verschillende magazines. Het beeldend werk van Dominique Somers omvat een brede reflectie omtrent de grenzen van beeldende tactieken om dingen en verschijnselen te duiden en vorm te geven. Op een uiterst laconieke toon legt Somers in zeer sober werk – gaande van tekeningen, video's, foto's, objecten en installaties tot teksten – de discrepantie bloot tussen de werkelijkheid en de reproductie van die realiteit. Heel wat van haar werken of statements nemen een loopje met het fotografisch dispositief. Via kleine handelingen en minimale ingrepen zoals tekenen, fluiten, monteren, retoucheren, verzamelen, knippen en plakken zoekt ze naar de hapering in het beeld om net datgene aan te raken wat aan onze blik ontsnapt en de blinde vlek in het waarnemen aanduidt.

Sherridan Stymest (°1968, Londen) stelt sinds 2001 in Londen tentoon en is daarnaast ook actief als tentoonstellingsmaker. Stymest combineert videoperformances met gevonden en geconstrueerde objecten. Haar kinetische sculpturen en werk rond zwaartekracht komen op het eerste gezicht soms over als louter pseudowetenschappelijke dwaasheid, maar na een grondiger lezing wordt duidelijk dat er een spel gespeeld wordt met de begrippen 'open' en 'gesloten'. Er wordt gepeild naar betekenis en interpretatie in relatie tot de kijker en het object. Haar eigen lichaam staat centraal en wordt zowel als medium als als onderwerp gehanteerd. Ze lijkt hierdoor te willen peilen naar het lichaam als economische noodzaak en naar de interne en externe krachten die in ieder van ons schuilen.

Günther Uecker (°1930, Wendorf) behoorde samen met Otto Piene en Heinz Mack tot de Zero-beweging. Uecker werkte in 1957 voor het eerst met spijkerreliëfs en een paar jaar later met draaiende schijven en lichtkasten. De spijker, aanvankelijk gebruikt door Uecker als alledaags voorwerp, werd het voornaamste medium van zijn kunst, zijn handschrift. De spijker als drager van een idee: Uecker creeerde er een gestructureerd spel mee van licht en schaduw, zwart en wit, waardoor hij een totaal nieuwe manier van 'schilderen' liet zien. 'Mijn werken ontvangen hun realiteit door het licht. Hun intensiteit is door het inwerkende licht wisselvallig en door het standpunt van de toeschouwer veranderlijk. Ze dagen uit tot activiteit en worden daardoor levendig' (Günther Uecker, 1961). De kleur an sich, die overheerst bij Yves Klein, wordt door Uecker vooral gevierd als een uitstraling van licht.

De 17de-eeuwse wereldbol in de tentoonstelling is van de hand van **Arnold Floris van Langren** (°1571–†1644). Van Langren werd geboren in Amsterdam, maar week om godsdienstige redenen uit naar het katholieke Zuiden. In 1611 trouwde hij in de kerk van Sint-Pieter en Sint-Paul in Mechelen. Van de door hem gemaakte globes zijn er nog een twintigtal bekend. Van Langren baseerde zich hiervoor op kaarten uit de 16de eeuw, onder andere van de Antwerpse cartograaf Mercator.

(samengesteld door Liene Aerts)

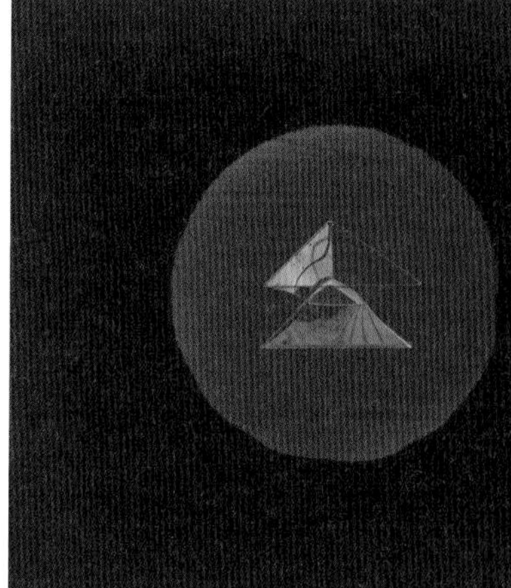

on subjects related to photography for various magazines.
Somers' visual work comprises a broad reflection on the limits of visual tactics for designating and shaping things and phenomena. She laconically exposes the discrepancy between reality and its reproduction, and does so in very austere work ranging from drawings, videos, photos, objects and installations to texts. Many of her works and statements poke fun at the photographic framework. With minor actions and minimum operations such as drawing, mounting, retouching, collecting, cutting and pasting, she tries to detect the glitch in the image, to touch just that part that escapes our notice and the blind spot to which it points.

Sherridan Stymest (°1968, London) has been exhibiting in London since 2001; she also works as exhibition director. Her work combines video performance with found and constructed objects. Her works with gravity and kinetic sculpture can often appear pseudo-scientific folly but, on closer inspection, they play with the notion of openness and closure, meaning and interpretation in relation to the viewer and the object. When using her body as subject and medium, her works take on the body as an economic urgency that seems to point to internal and external forces.

Günther Uecker (°1930, Wendorf), Otto Piene and Heinz Mack all belonged to the Zero movement. Uecker first used nails in his art in 1956; a few years later he turned to light structures and realms of oscillation. Uecker initially used the nail as an everyday object, and in his later art it became his main medium and his signature. The nail became the symbol for an idea, and Uecker combined it with light and shadow, black and white, to show a totally new way of 'painting'. 'My works derive their reality from light. Light makes their intensity volatile; it changes with the viewing point. They provoke activity and thus become alive' (Günther Uecker, 1961). Uecker celebrates the pure colour that dominates Yves Klein's work as an emanation of light.

Arnold Floris van Langren (°1571–†1644) constructed the 17th century globe on display in the exhibition. Van Langren was born in Amsterdam, but moved to the Catholic south for religious reasons. He married in the parish of St. Peter and St. Paul in Mechelen / Malines in 1611. The whereabouts of twenty of his globes are known today.
Van Langren used 16th century maps, including some by Antwerp cartographer Mercator.

(compiled by Liene Aerts)

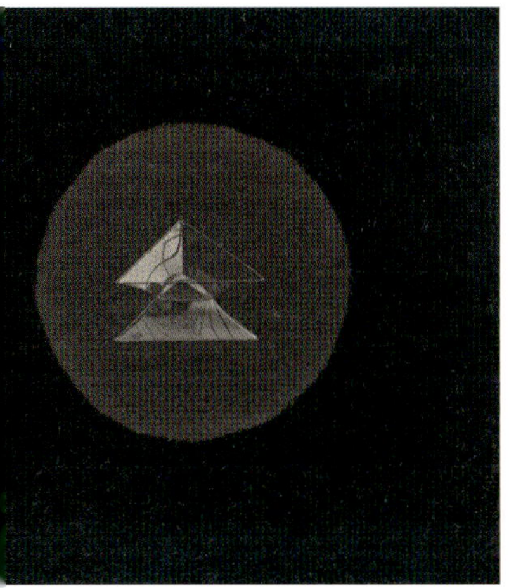

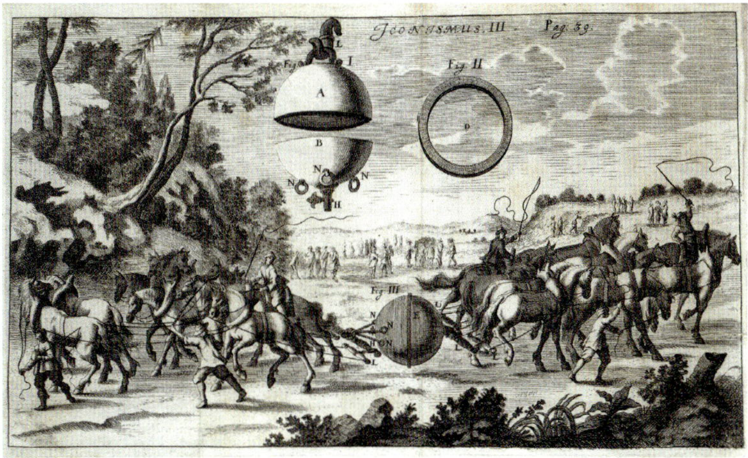

Professor Caspar Schott gravure met Maagdenburgse Bollen (illustratie uit *Technik Curiosa*), 1663 | sketch of Magdeburg Hemispheres (illustration in *Technik Curiosa*), 1663

Het Werk

In de ruimte tussen de kathedraal en het astronomisch observatorium van het Scheppersinstituut

met werk van

Marcel Broodthaers

Thierry De Cordier

Raoul De Keyser

Isa Genzken

Mangelos

Curator: BART DE BAERE

en deelname door

Nina Canell
& Robin Watkins

Joseph Delappe

Q. Lê Dinh
& Ha Truc Phu Nam

en Tuan Andrew Nguyen

Jimmie Durham

NS Harsha

Hiwa K.

Valentine Kempynck

Suchan Kinoshita
& Marcel Hiller

Vladimir Kokolia

Ivan Kožarić

Christophe Terlinden

Moniek Toebosch

Joëlle Tuerlinckx

Johannes Vogl

Suchan Kinoshita neemt ook deel aan Song Lines, met Orla Barry, Hassan Darsi, Els Dietvorst, Marjolijn Dijkman, Christoph Fink en Johanna Kirsch

Suchan Kinoshita nodigt Marcel Hiller uit

de interventies van Christophe Terlinden zijn deel van het project 'Transvisions', opgezet door BKSM in Grimbergen en Mechelen, met tevens Mario Airo vanuit Strombeek

het project van Valentine Kempynck wordt in Mechelen geproduceerd door kunstencentrum nOna in samenwerking met 'De Garage'. Volgend jaar wordt op andere daken verder gebouwd in Mechelen, ook in de stad Dordrecht (in samen werking met OMSK) en op ieder dak waar het thuishoort

de deelname van Hiwa K. werd mogelijk dankzij Wyspa Institute of Art in Gdansk

de sculptuur van Gandhi voorgesteld door Joseph Delappe is gerealiseerd in samenwerking met de Stedelijke Academie Mechelen

de Engelenzender van Moniek Toebosch is geactualiseerd dankzij de medewerking van onder meer de Stichting Kunst in de Openbare Ruimte en Rudy Luyters

het Aurora Borealis project van Nina Canell en Robin Watkins vindt plaats dankzij de steun van Arts Council of Ireland en de gastvrijheid van Bettles Lodge & Air, Alaska

The Work

In the area between the cathedral and
the Scheppersinstituut's astronomy observatory

with work by

Marcel Broodthaers

Thierry De Cordier

Raoul De Keyser

Isa Genzken

Mangelos

Curator: BART DE BAERE

and with participation of

Nina Canell
& Robin Watkins

Joseph Delappe

Q. Lê Dinh
& Ha Truc Phu Nam
and Tuan Andrew Nguyen

Jimmie Durham

NS Harsha

Hiwa K.

Valentine Kempynck

Suchan Kinoshita
& Marcel Hiller

Vladimir Kokolia

Ivan Kožarić

Christophe Terlinden

Moniek Toebosch

Joëlle Tuerlinckx

Johannes Vogl

Suchan Kinoshita also takes part in
Song Lines, with Orla Barry, Hassan Darsi,
Els Dietvorst, Marjolijn Dijkman,
Christoph Fink and Johanna Kirsch

Suchan Kinoshita invites Marcel Hiller

Christophe Terlinden's contributions are
part of the 'Transvisions' project organised
by BKSM in Grimbergen and Mechelen
with help from Mario Airo from Strombeek

nOna Art Centre will produce Valentine
Kempynck's project in Mechelen
in conjunction with the Garage.
Next year more building will be done
on other roofs in Mechelen as well as in
Dordrecht (in conjunction with OMSK)
and on every roof where it belongs

the participation of Hiwa K. was made possible
by Wyspa Institute of Art in Gdansk

the Municipal Academy of Mechelen
helped produce Joseph Delappe's sculpture
of Gandhi

Moniek Toebosch's angel transmitter
has been updated thanks to help
from the Dutch Art in Public Places
Foundation (SKOR) and Rudy Luyters

Nina Canell and Robin Watkins' Aurora
Borealis project is realised by courtesy
of the Arts Council of Ireland and the hospitality
of Bettles Lodge & Air, Alaska

Een seculier gebed

ROSI BRAIDOTTI

Voor mijn oom Romano,
die stierf op kerstdag 2008

Because I do not hope to turn again
Because I do not hope
Because I do not hope to turn
T. S. Eliot, *Ash Wednesday*

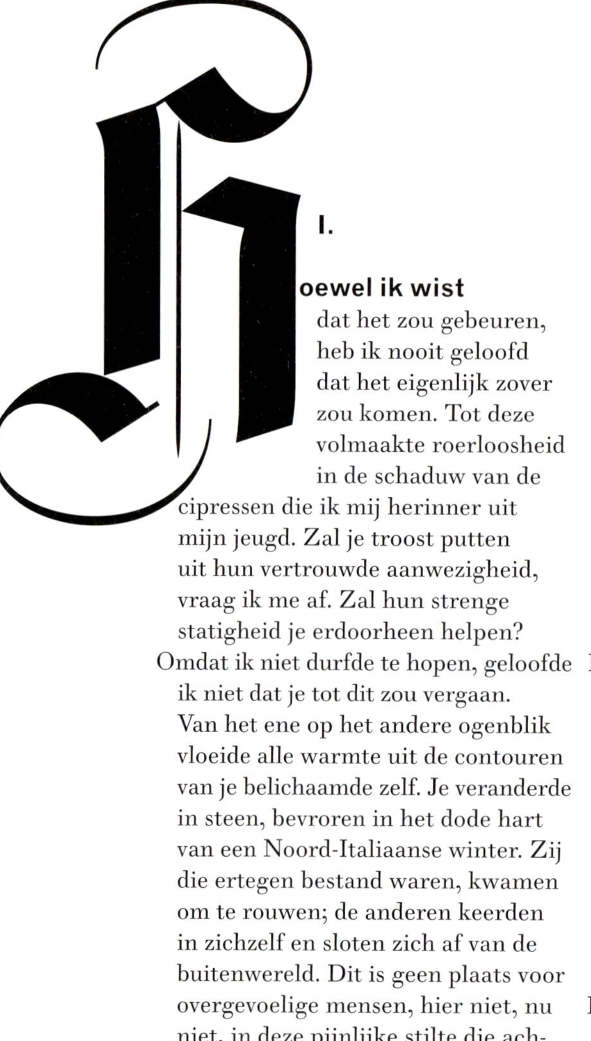

I.

oewel ik wist dat het zou gebeuren, heb ik nooit geloofd dat het eigenlijk zover zou komen. Tot deze volmaakte roerloosheid in de schaduw van de cipressen die ik mij herinner uit mijn jeugd. Zal je troost putten uit hun vertrouwde aanwezigheid, vraag ik me af. Zal hun strenge statigheid je erdoorheen helpen?

Omdat ik niet durfde te hopen, geloofde ik niet dat je tot dit zou vergaan. Van het ene op het andere ogenblik vloeide alle warmte uit de contouren van je belichaamde zelf. Je veranderde in steen, bevroren in het dode hart van een Noord-Italiaanse winter. Zij die ertegen bestand waren, kwamen om te rouwen; de anderen keerden in zichzelf en sloten zich af van de buitenwereld. Dit is geen plaats voor overgevoelige mensen, hier niet, nu niet, in deze pijnlijke stilte die achterbleef, nadat je was heengegaan.

Dit is mijn gebed voor jou, een bijzonder en stil verdedigingspleidooi voor jou, vanuit het desolate landschap, doorkruist door dromen, waarin ik nu alleen sta. Mijn gebed is seculier, hoewel je een man van God was.

Het is een radicaal in zichzelf besloten gebed. Wat kon dat anders zijn dan een uiterst geconcentreerde aandacht voor jou, voor je doorleefde existentie en alle affectieve en conceptuele krachten waar je voor stond? Niets kan ooit veranderen wat je geweest bent, en niets zal ooit de sporen kunnen uitwissen van alles wat je de wereld schonk. Je verwezenlijkingen zullen blijven bestaan: zelfs stof kan vuur vatten.

Een seculier gebed is voor een nomadische materialist een intensifiëring van de naar binnen en naar buiten gekeerde blik – een hernieuwde focus op geaccumuleerde existentie, op de vreugde en het lijden van een ander. Het is de uitdrukking van onze sokkel van duurzame verwantschap, maar ook een publieke erkenning van die verwantschap, van de band die we hadden.

Die band berustte op de vaststelling dat we het eigenlijk niet over alles eens waren en we een inspanning moesten doen om een gemeenschappelijk draagvlak te vinden, een plateau van consistente aanwezigheid dat dwars door de verschillen in ruimte en tijd sneed en een dialoog tussen ons mogelijk maakte.

Die band onderhouden en ervan genieten werd een levenslang project van affirmatie in gedeelde actie. Een gebed is een vluchtlijn, een uitgestoken hand die tegen lichtsnelheid een verbinding tot stand brengt doorheen de oneindige afstand van de hemelen. Als spraak zonder woorden is mijn gebed een versnelling die de tijd tot stilstand brengt. Als de kristallisering van een diepe affiniteit brengt dit seculier gebed een magische breking van dit hemellicht teweeg, zelfs tussen deze bevroren stenen, in de groeiende duisternis onder de cipressenbomen. Ze zullen luisteren, weet ik, in de schemering tussen het 'niet langer' en het 'nog niet'. Zoveel heb ik te zeggen en toch, nee, heb ik nooit gedacht dat het zover zou komen.

II.

'I meant to write about death' (Ik wilde over de dood schrijven) schrijft Virginia Woolf in haar dagboek (van 17 februari 1922), 'only life came breaking in as usual' (alleen het leven kwam binnendringen zoals gewoonlijk). Denken is ook een manier om de intensiteit van het leven te verhogen. Het brein construeert zijn eigen versnelling, versterkt de perceptie. Denken is als Dasein – met en voor andere entiteiten en krachten. Jij – een geoefend filosoof en een gewijd priester – nam je denken ernstig en bedreef het met nederigheid en zorg. Het resultaat was hetzelfde: intens denken breekt het schild van de eentonigheid en de voorspelbaarheid waarin we ons hullen om de dag door te komen. Filosofie-in-actie leert ons de maat kennen van wat mogelijk is, de smaak van de intensiteit en een feeling voor het virtuele: het doet je openstaan voor de productieve chaos van het leven.

Leven is een kosmische energie, tegelijk een lege chaos en een absolute snelheid of beweging. Het is onpersoonlijk en onmenselijk in de monsterlijke, dierlijke betekenis van het radicale anders-zijn: *zoè* met al zijn krachten. Nomadische filosofie houdt van *zoè* en is een lofzang erop. Ze wakkert de actieve krachten aan die je wapenen tegen alle negatieve tegenkrachten. *Zoè,* of het leven als absolute vitaliteit, staat echter niet boven de negativiteit en kan pijn doen. Het is altijd te veel voor de specifieke fractie van vleselijke existentie die enkelingen waarmaken. Het is een constante uitdaging voor ons om elke kans te grijpen, om de *amor fati* te beoefenen, om de golven van intensiteit te capteren, die eigen zijn aan het leven. Om op die golven te surfen en de grenzen en limieten bloot te leggen die we overschrijden. Vaak gaan we in dat proces eronderdoor, omdat we het niet langer aankunnen. Als filosofie ons iets leert, is het wel dat de loutere activiteit van het denken met een dergelijke intensiteit pijnlijk is, omdat het stress, psychische onrust en een zenuwachtige spanning veroorzaakt. Het snijdt ons ook op een halfslachtig-misantrope manier af van de anderen. Het is echter die versnelling of een verhoogde intensiteit van het intellectuele die op mensen van ons slag een fatale aantrekkingskracht uitoefent. Jij, mijn leermeester en mentor, toonde me hoe te durven, maar ook te volharden. Jij leerde mij de gouden regel: helderheid vergt een diep medeleven.

De dood is de ultieme transpositie, hoewel hij niet definitief is. *Zoè* zet zijn weg verder, meedogenloos. De dood is een conceptuele buitensporigheid: het onvoorstelbare, ondenkbare en onproductieve zwarte gat dat we met zijn allen vrezen, en tegelijk ook een creatieve synthese van stromen, energie en voortdurende wording. Omdat menselijke wezens sterfelijk zijn, wordt de dood, de vergankelijkheid van het leven, ingeschreven in onze kern: hij is de gebeurtenis die onze tijdlijnen een structuur geeft en onze tijdzones uittekent, in zoverre dat hij alomtegenwoordig is in onze psychische en somatische landschappen, als het gebeuren dat altijd al heeft plaatsgehad. De dood als een bepalende gebeurtenis ligt achter ons, heeft al plaatsgevonden als een virtueel potentieel dat alles construeert wat we zijn. De volle kracht van het besef dat alles wat leeft vergankelijk is, is het bepalende moment in ons bestaan. Het structureert onze subjectwording en de verwerving van ons moreel bewustzijn. Als sterfelijke wezens zijn we met zijn allen 'have beens': het schouwspel van onze dood staat cursief ingeschreven in het script van onze tijdelijkheid.

Wij denken aan de eeuwigheid, uit angst voor de leegte, in de wildernis van de ontmenselijkte mentale landschappen, met de schaduw van de dood die voor onze ogen bengelt. Het denken is echter ook een daad van affirmatie en hoop op de duurzaamheid en de standvastigheid van immanente relaties en tijdgebonden consistentie. De verlammende uitwerking van achterdocht en pijn overstijgen, er zich doorheen werken, was de hoeksteen van jouw ethiek. Die streefde geen beheersing na, maar de omzetting van negatieve in positieve passie. Dit was je belangrijkste ethische aanbeveling – je leerde me het actieve opnieuw in activisme om te zetten. De kwalitatieve sprong die nodig was om een positieve ethiek van duurzaamheid te induceren, is een creatief proces, een praxis, een activiteit. Als zodanig moet het simpelweg uitgevoerd worden. Jouw ordewoord en maxime

was eenvoudig: 'Doe het gewoon!'.
Een maxime is alleen maar een ander
woord voor een seculier gebed. Het
is een statement of de uitdrukking
van ons gedeeld verlangen, in de
betekenis van *potentia*. Het is ook
een uiting van vertrouwen in ons
vermogen om het verschil te maken
en als zodanig is het een uitdrukking
van generositeit en liefde voor de
wereld. Het is ook een pleidooi,
een open vraag, een zich openstellen
voor, een uitnodiging tot de kosmische dans. Het is een bevel, een
aanmaning om door te zetten, in
de betekenis van 'blijven duren'
in de tijd en 'lijden' in de ruimte,
maar het is ook een spirituele daad,
een liefdesverklaring.

Het is een politieke daad van opstan-
digheid tegen sociale normen en
verzet tegen de inertie van gewoon-
tes en ingeburgerde conventies. Nog
belangrijker is dat het een politieke
daad is als *autopoiesis* of affirmatieve
zelfcreatie, niet van een geatomi-
seerd zelf of van een afzonderlijk
individu, maar veeleer als een collectief nomadisch subject in een web
van relaties dat openstaat voor verschillende snelheden en intensiteit
van wording. 'Doe het!' is een uiting
waar doorzettingsvermogen en duurzaamheid elkaar kruisen om een
onpersoonlijke en collectieve soort
enkelvoudigheid voort te brengen;
de strenge toon perkt de sentimenta-
liteit in van de dominante visies van
de filosoof, evenals de overschatte
autoriteit van de meester wiens
dogmatisme en narcisme bronnen
van verering zijn geworden. In dit
opzicht is de ethische aanmaning om
actief in de wereld te staan – 'Doe
het gewoon!' – het tegendeel van de
mots d'ordre of de politieke slogan.
Er is hier geen ideologische zekerheid van een teleologisch uitgestip-
peld traject, alleen de nederigheid
om door te gaan met zijn taak, ook

al is de uiteindelijke bestemming
niet erg duidelijk. Het enige wat telt
is het vooruitgaan, de beweging.

III.

Ten minste – dat is wat je me leerde,
toen je me inwijdde in de filosofie,
die weldra de studierichting van mijn
keuze zou worden. Jouw favorieten
waren niet altijd de mijne: jij
zweerde bij Plato, Seneca, Marcus
Aurelius, Sint-Augustinus. Ik werd
aangetrokken door Spinoza,
Nietzsche en Freud – deze meesters
van het vermoeden waarop mijn
generatie verliefd werd. Jij, daarentegen, vond dat ze tekortschoten op
het vlak van de generositeit en de
kracht van de actie. Je volle aandacht
ging altijd uit naar mensen uit het
echte leven en je verwachtte van de
filosofie praktische tips om anderen
bij te staan en te dienen. Politiek
voor jou was een in alle richtingen
tegelijk uitwaaierende *poesis*. Asce-
tisch en genereus tegelijk, verzette
jij je tegen de cynische rede door
middel van medeleven en concrete
actie. *Vita contemplativa* was voor
jou niets anders dan een intensere
versie van *vita activa*. Als mens
onder de mensen was jouw gebed
de praktijk, ononderbroken en een
vlucht vooruit. Steeds bereid om te
helpen, maar terughoudend om te
oordelen, liet je het unieke van elke
mens zachtjes doorschijnen in zijn
eigen licht. Je was scherp voor het
wilde ongeduld dat mij en mijn
generatie vaak in zijn greep hield,
maar je leerde me ook nooit iemand
te vertrouwen die luid verkondigde
dat hij om het even wat zou doen
voor de liefde van God.
Op enkele belangrijke punten waren

we het echter eens: vitalisme en het
verlangen naar eeuwigheid, om er
maar twee te noemen. Ons vitalisme
– en dus ook onze spiritualiteit – was
respectievelijk van het presocratische
en postmoderne soort. We waren het
eens dat het leven verlangen is dat er
in essentie naar streeft om zichzelf
uit te drukken en vandaar ook om
zichzelf uit te wissen. Door zijn doel
te bereiken en daarna te verdwijnen
kan de wens om te sterven bijgevolg
gezien worden als een andere uit-
drukkingsvorm van het verlangen
om intens te leven. Het gevolg is
zelfs nog leuker: niet alleen is er niet
langer sprake van een dialectische
spanning tussen Eros en Thanatos,
maar zijn deze twee entiteiten ook
echt één levenskracht die naar zijn
eigen vervulling streeft. 'Leven', of
zoè, daar waren we het over eens,
streeft in essentie naar zelfbestendi-
ging en daarna, nadat het zijn doel
heeft bereikt, naar ontbinding.
Er kan daarom aangevoerd worden
dat het ook zoiets omvat als wat
we 'de dood' noemen. Waar wij als
menselijke wezens bijgevolg het
meest naar verlangen – en hier komt
het punt over de eeuwigheid – is niet
zozeer om zomaar te verdwijnen,
maar om te verdwijnen in de ruimte
van ons eigen leven en op onze eigen
manier. Het is alsof elk van ons
wenst te sterven op zijn eigen unieke
wijze. Ons diepste verlangen gaat
naar een zelf vormgegeven en zelf
gestileerde dood. We trachten bijgevolg te bereiken wat we uiteindelijk
proberen te vermijden. We zijn
existentiële zelfmoordenaars, niet
uit nihilisme, maar omdat het in
onze natuur ligt te sterven.

Natuurlijk is dit een paradox: terwijl
we op het bewuste niveau allemaal
vechten om te overleven, verlangen
we er op een dieper niveau van ons
onderbewuste naar om stil te liggen
en om de tijd over ons heen te laten

spoelen in de onbeweeglijkheid van het niet-leven. Zoals dit perfecte moment hier en nu, terwijl de cipressen hun schaduw werpen op de bevroren grond waar je nu vertoeft – het punt waarop het draaiwiel tot stilstand is gekomen. De autostilering van iemands dood is een daad van bevestiging; het betekent de cultivering van een manier van benaderen, van een 'stijl' van leven die progressief en voortdurend de modaliteiten en de scène voor het finale bedrijf vastlegt en daarbij niets aan het toeval overlaat. Terwijl het een soort verleiding beoogt op weg naar de onsterfelijkheid, is het ethische leven een leven als virtuele zelfmoord. En leven als virtuele zelfmoord is een leven als onophoudelijke creatie. Het leven dat zodanig wordt geleefd dat de cycli van inerte herhalingen die naar de banaliteit leiden worden doorbroken. Tenzij we onszelf misleiden met narcistische voorwendsels, moeten we volharding cultiveren, onsterfelijkheid in de tijd, d.w.z. de dood in ons leven binnenloodsen. Zacht en productief.

Bovendien kan het generatieve vermogen van dit 'leven' niet beperkt blijven tot het geïsoleerde, menselijke individu. Het overschrijdt veeleer transversaal alle grenzen in het nastreven van zijn doel, dat erin bestaat uitdrukking te geven aan zijn potentieel. Het verbindt ons transindividueel, over de generaties heen en ecofilosofisch. Net zoals het leven in mij niet het mijne is of zelfs niet individueel is, zo is de dood in mij evenmin van mij, behalve in een zeer welomschreven betekenis van de term. Het enige wat 'ik' in beide gevallen kan hopen is om mijn leven en mijn dood vorm te geven op een wijze, met een snelheid en in een vorm die al de intensiteit kan doorstaan, waartoe 'ik' in staat is. 'Ik' kan dit gebaar met auto-poeiesis (zelf-

creërend vermogen) stileren en op die manier uitdrukking geven aan haar essentie als het bepalende verlangen naar *endurance* (eeuwigheid in het leven). Ik noemde het *potentia*. Jij noemde het de spirituele ziel.

Waar wij, menselijke wezens, echt naar streven, is te verdwijnen door te versmelten met deze eeuwige stroom van wording. De voorwaarde hiervoor is het verlies, het verdwijnen en de ontwrichting van het geatomiseerde, individuele zelf. Het ideaal zou zijn om alleen herinneringen mee te nemen en alleen voetstappen achter te laten. Waar we het meest oprecht naar verlangen is het zelf op te geven, bij voorkeur in een extatische roes. Zo kiezen we onze eigen manier van verdwijnen, onze manier van sterven voor en als onszelf. Dit kan ook beschreven worden als het moment van de ascetische desintegratie van het subject; het moment van het opgaan in het web van niet-menselijke krachten die hem/haar omringen – de kosmos als totaliteit. Dit punt van vervluchtiging – noem het dood – was voor jou verbonden met de christelijke transcendentie. Voor mij had het veeleer te maken met radicale immanentie, met de totaliteit van het moment waarin we uiteindelijk volledig samenvallen met ons lichaam door uiteindelijk te worden wat we de hele tijd zullen geweest zijn: een virtueel lijk.

Voor jou verwees dat naar de wederopstanding van de doden in de schitterende vereniging met hun christelijke verlosser. Voor jou was de buitenkant van het menselijke het goddelijke, voor mij het dier en de technologische ander. Toch zetten we elk onze koers uit op parallelle vluchtlijnen. Voor mij zijn subjecten op het punt van hun vervluchtiging of ontbinding vleselijke entiteiten die zijn ondergedompeld in de volle

intensiteit en luminositeit van de wording. Hun licht is echter dat van fosforescerende wormen, niet het eeuwig stralende licht van een monotheïstische God. Het is de schitterende uitdrukking van de levenskracht die *zoè* is en niet de emanatie van een of andere goddelijke essentie. Radicale immanentie als een manier om het subject te denken en als een filosofische stijl, doorprikt de aanspraak op grandioze eeuwigheid die de christelijke religieuze waarden kenmerkt, waarin jij zo diep geloofde. Liefde is eeuwig, maar deze eeuwigheid berust op de materialistische ontbinding van het zelf, het individuele ego, als de noodzakelijke premisse. Dat was een minimale basis van consensus tussen ons.

Niettemin deelden we uiteindelijk een ethiek van vreugdevolle affirmatie en wording, als tegendeel van de economie van het verlies, de logica van het gebrek en de morele imperatief om te blijven hangen in een eeuwigdurende en onoplosbare staat van rouw. *Vita activa* was onze gemeenschappelijke passie. We wilden zowel het nihilisme als de tragische plechtstatigheid van de traditionele moraliteit overstijgen, om de dood te kunnen appreciëren als een affirmatie van de *potentia* van dat leven in mij dat per definitie mijn naam niet draagt: 'ik' bewoont het op basis van timesharing.

We waren allebei materialisten, jij aan de theïstische kant, ik aan de atheïstische kant, en we bleven spiegelbeelden van elkaar tot op het einde. Ik dank mijn seculier-zijn aan jouw gepassioneerde christelijke overtuigingen. Wij wisten allebei, zij het op een verschillende manier, dat we niet weten wat een belichaamd menselijk wezen kan doen of worden. We deelden de fundamentele passie voor de verwondering tegenover de complexiteit van levende wezens. We deelden ook het geloof in de menselijke vooruitgang: voor jou was ze de uitdrukking van onze goddelijke essentie, voor mij het respect voor de waardigheid van menselijke wezens. Zelfs tussen deze bevroren stenen wordt mijn hart warm bij de gedachte aan een dergelijke affirmatieve kracht – die schoonheid van de waarden, die levendigheid van de actie.

Het is tijd om heen te gaan. Het leven, deze geesteloze kracht, gaat verder, meedogenloos en wreed in zijn overvloedige energie, oneindig voortdurend. Hier is mijn refrein dan maar: vaarwel mijn dubbelganger, mijn lijk, mijn geliefkoosde ander, mijzelf – voor altijd tegelijk meer en minder dan één, in een eindeloos proces van anders-worden en versmelten met anderen. Het is nu tijd voor rust. Omdat ik wist dat ik niet beter wist, had ik het als een vanzelfsprekendheid aanvaard en de kunst van zelfstilering van de dood als een levensvorm gecultiveerd. Ik wachtte om te zien hoe jij het zou doen, hoe jij dat laatste bedrijf zou stileren, je finale verdwijntruc. Ik ben blij dat ik leefde om het verhaal te vertellen. Ik ben meer dan ooit trots om te zeggen: je deed het uitzonderlijk goed, zo goed dat het écht aanvoelde. Ik bleef achter in de met cipressen omzoomde dreef en verbaasde me over hoe perfect je heengaan was geweest op die zonnige kerstdag. En ik stond tussen de bevroren stenen, zoekend naar woorden voor dit afscheidsgebed te zeggen: sta niet toe dat we vergeten wat we in staat zijn te worden, 'teach us to care and not to care, teach us to sit still'.

(vertaling Frank Vandecaveye)

 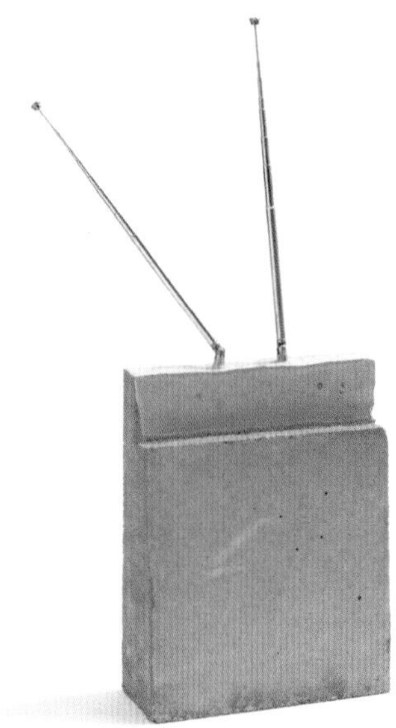

Isa Genzken *Weltempfänger (wereldontvanger | world receiver)*, 1990 | **Isa Genzken** *Weltempfänger (wereldontvanger | world receiver)*, 2000

Hannah Arendt,
Werken, excerpt

Het kunstwerk vindt zijn oorsprong in het menselijke denkvermogen, zoals ruilobjecten hun oorsprong vinden in de menselijke 'hang naar het drijven van ruilhandel', en gebruiksvoorwerpen in de menselijke vaardigheid in het gebruiken van dingen. Dit zijn begaafdheden van de mens, en niet louter eigenschappen van het menselijke dier, zoals gevoelens, noden en behoeften, waarmee ze echter wel verwant zijn en die er vaak inhoud aan geven. Met de wereld die de mens zich tot een woning op aarde bouwt, hebben zulke menselijke eigenschappen even weinig te maken als de overeenkomstige eigenschappen van andere diersoorten, en als daaruit een kunstmatig milieu voor het menselijke dier had moeten ontstaan, zou het een niet-wereld zijn geworden, een emanatie en geen schepping. Denken is verwant met voelen en transformeert de doffe, drukkende ongearticuleerdheid van het gevoel, zoals ruilhandel de naakte hebzucht van de begeerte transformeert, en gebruik het wanhopig knagen der behoeften – totdat ze alle, gevoelens, begeerten en behoeften, rijp zijn om te worden opgenomen in de wereld en te worden omgezet in dingen, te worden gereïficeerd. In elk van deze gevallen stijgt een menselijk vermogen, dat naar zijn aard open staat voor de wereld en communicatie, ver uit boven een alleen maar hartstochtelijke innerlijke kracht, die het uit de kerker van het zelf verlost en vrijmaakt van de wereld.

In het geval van kunstwerken is reïficatie meer dan louter transformatie; het is transfiguratie, een waarachtige metamorfose waarin de loop der natuur, die wil dat alle vuur vergaat tot as, schijnt te zijn omgedraaid en zelfs uit de as de vlammen weer kunnen oplaaien. Kunstwerken zijn dingen van de gedachte, maar ze zijn daarom niet minder dingen. Het denkproces als zodanig produceert en vervaardigt evenmin tastbare dingen (boeken, schilderijen, beeldhouwwerken of composities), als dat gebruik als zodanig huizen of meubelen produceert en vervaardigt. De reïficatie die plaatsvindt bij het neerschrijven van een verhaal of een gedicht, het schilderen van een portret, het boetseren van een beeld of het componeren van een melodie, houdt natuurlijk verband met de gedachte die eraan vooraf is gegaan. Maar wat werkelijk de gedachte tot een tastbare realiteit maakt en dingen van de gedachte schept, is hetzelfde vakmanschap dat, met het oerwerktuig van de menselijke hand, de andere duurzame dingen van het menselijke kunstproduct schept. Denken is niet hetzelfde als waarnemen. Denken, de oorsprong van alle kunstwerken, komt zonder transformatie of transfiguratie duidelijk tot uitdrukking in alle grote filosofieën, terwijl de waarnemingsprocessen, waarin wij kennis vergaren, hun voornaamste uitdrukking vinden in de wetenschappen. Waarneming is altijd gericht op een bepaald doel, dat uit praktische overwegingen, of uit pure nieuwsgierigheid kan worden nagestreefd; maar zodra dit doel is bereikt, heeft het waarnemingsproces een einde genomen. Denken daarentegen heeft noch een einde noch een doel buiten zichzelf, het werpt zelfs geen resultaten af; niet slechts de utilitaristische filosofie van *homo faber*, maar ook de mannen van de daad en de mannen der wetenschap die resultaten willen zien, zijn het nooit moe geworden erop te wijzen hoe volslagen 'nutteloos' denken is – even nutteloos als de kunstwerken waartoe het inspireert. En zelfs voor deze nutteloze voortbrengselen kan het denken de eer niet voor zich opeisen, want zomin deze voortbrengselen als de grote filosofische systemen kunnen strikt genomen de resultaten van het zuivere denken worden genoemd, daar het uitgerekend het proces van het zuivere denken is dat moet worden onderbroken en getransformeerd wanneer de kunstenaar of de schrijvende filosoof aan het werk gaat om zijn gedachten in concrete vorm te gieten. De activiteit van het denken gaat even meedogenloos en even ononderbroken als het leven zelf altijd maar door, en de vraag of denken wel enige zin heeft, stelt ons voor hetzelfde onoplosbare raadsel als de vraag naar de zin van het leven; denkprocessen zijn zo innig met het gehele menselijke bestaan verweven, dat hun begin en einde samenvallen met begin en einde van het mensenleven zelf.

Wil de wereld kunnen beantwoorden aan wat altijd zijn bestemming is geweest, een woning te zijn voor de mensen tijdens hun verblijf op aarde, dan moet het menselijke artefact het toneel zijn waarop kan worden gehandeld en gesproken, waarop zich activiteiten kunnen afspelen die niet slechts van geen enkel nut zijn voor de noodzakelijkheden van het dagelijkse leven, maar van een totaal ander karakter zijn dan de velerlei activiteiten van het vervaardigen, waardoor de wereld zelf wordt gecreëerd en alle dingen daarin worden geproduceerd. Wij hoeven hier niet te kiezen tussen Plato en Protagoras, of uit te maken of uit de mens dan wel een god de maat van alle dingen zou moeten zijn; wat voor ons vaststaat is dat noch de dwingende noodzaak van het biologische leven en van de arbeid, noch het utilitaire instrumentalisme van vervaardiging en gebruik die maatstaf kan zijn.

Hannah Arendt, *Vita Activa*, Amsterdam: Uitgeverij Boom, 1998.

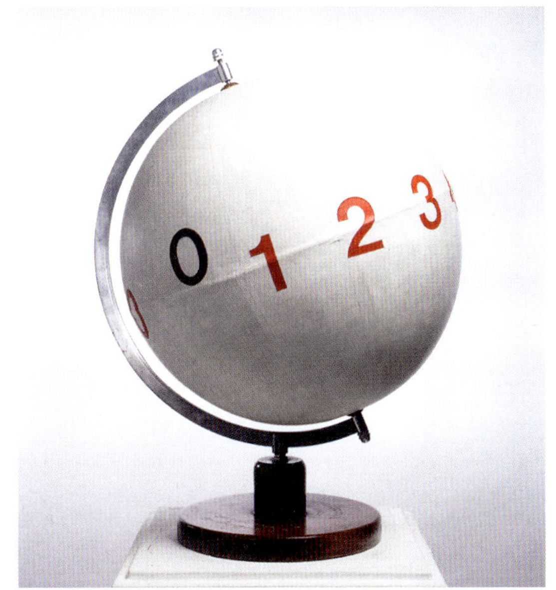

Mangelos *Nummerconcept Pythagoras*, c. 1977-1978

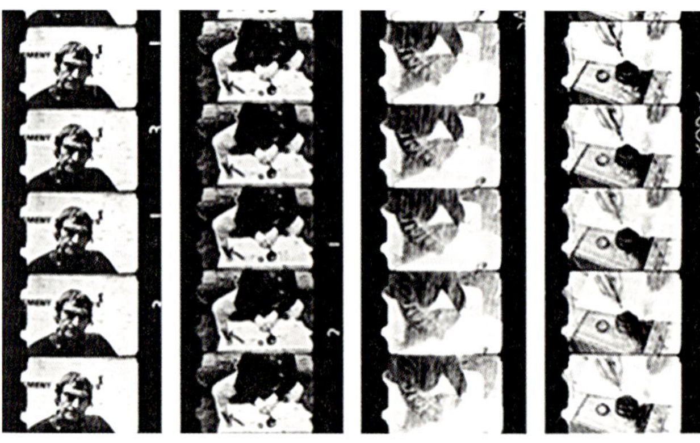

Hannah Arendt,
Work, excerpt

The immediate source of art work is the human capacity for thought, as man's 'propensity to truck and barter' is the source of exchanging objects, and as his ability to use is the source of using things. These are capacities of man, and not mere attributes of human animal – like feelings, wants, and needs, to which they are related and which often constitute their content. Such human properties are as unrelated to the world which man creates as his home on earth, as to the corresponding properties of other animal species, and if they were to constitute a man-made environment for the human animal, this would be a non-world, the product of emanation rather than of creation. Thought is related to feeling and transforms its mute and inarticulate despondency, as exchange transforms the naked greed of desire and usage transforms the desperate longing of needs – until they are all fit to enter the world and be transformed into things, to become reified. In each instance, a human capacity, which by its very nature is world-open and communicative, transcends and releases into the world a passionate intensity from its imprisonment within the self. In the case of art works, reification is more than mere transformation; it is transfiguration, a veritable metamorphosis in which it is as though the course of nature which wills that all fire burn to ashes is reverted and even dust can burst into flames. Works of art are thought things, but this does not prevent their *being* things. The thought process by itself, no more produces and fabricates tangible things, such as books, paintings, sculptures, or compositions, than usage by itself produces and fabricates houses and furniture. The reification that occurs in writing something down, painting an image, modelling a figure, or composing a melody, is of course related to the thought which preceded it. But what actually makes the thought a reality and fabricates things of thought is the same workmanship which, through the primordial instrument of human hands, builds the other durable things of the human artifice.

Thought and cognition are not the same. Thought, the source of art works, is manifest without transformation or transfiguration in all great philosophy, whereas the chief manifestation of the cognitive processes, by which we acquire and store up knowledge, is the sciences. Cognition always pursues a definite aim, which can be set by practical considerations as well as by 'idle curiosity'; but once this aim is reached, the cognitive process has come to an end. Thought, on the contrary, has neither an end nor an aim outside itself, and it does not even produce results; not only the utilitarian philosophy of *homo faber*, but also the men of action and the lovers of results in the sciences, have never tired of pointing out how entirely 'useless' thought is – as useless, indeed, as the works of art it inspires. And not even to these useless products can thought lay claim, for they, as well as the great philosophic system, can hardly be called the results of pure thinking, strictly speaking, since it is precisely the thought process which the artist or writing philosopher must interrupt and transform for the materializing reification of his work. The activity of thinking is as relentless and repetitive as life itself, and the question whether thought has any meaning at all constitutes the same unanswerable riddle as the question for the meaning of life; its processes permeate the whole of human existence so intimately that its beginning and end coincide with the beginning and end of human life itself.

In order to be what the world is always meant to be – a home for men during their life on earth – the human artifice must be a place fit for action and speech, for activities, not only entirely useless for the necessities of life, but of an entirely different nature from the manifold activities of fabrication by which the world itself and all things in it are produced. We need not choose here between Plato and Protagoras, or decide whether man or a god should be the measure of all things; what is certain is that the measure can be neither the driving necessity of biological life and labour nor the utilitarian instrumentalism of fabrication and usage.

Hannah Arendt, *The Human Condition*, Chicago: University of Chicago Press, 1958 (1998 edition). Quotes taken from pages 168 to 174.

Marcel Broodthaers *La Pluie (Projet pour un Texte)*, 1969

A secular prayer

ROSI BRAIDOTTI

For my uncle Romano,
who died on Christmas Day, 2008.

Because I do not hope to turn again
Because I do not hope
Because I do not hope to turn

T. S. Eliot, *Ash Wednesday*

I.

Although I knew, I never believed it would actually come to this. To this perfect stillness in the shade of the cypress trees I remember from my youth. Will you draw comfort from their familiar presence, I wonder? Will their austere solemnity see you through?

Because I did not dare to hope, I did not believe you would turn to this. From one moment to the next, all warmth exited the confines of your embodied self. You turned to stone, frozen in the dead heart of a Northern Italian winter. Those who could endure, came to mourn; the others just turned inwards and shut their sensorial systems down. This is no country for the faint-hearted, not here, not now, in the soul-wrenching stillness that lingered behind, after you were gone.

This is my prayer for you, a singular and silent plea for you, from the desolate dream-crossed landscape where I now stand alone. Mine is a secular prayer, though you were a man of God. It is just a radically immanent prayer. What else could that be, but an extreme amount of attention paid to you, to your lived existence and all the affective and conceptual forces you stood for? Nothing can ever alter what you have been, or erase the traces of all you enacted upon the world. Your deeds will endure: even dust can burst into flames.

A secular prayer, for a nomadic materialist, is an intensification of the inner and outer gaze – a renewed focus one applies to cumulated existence, the joys and sufferings of another. It expresses a threshold of sustainable kinship, but also a public acknowledgment of that kinship, of the bond that ties us together. Our connection rested on the fact that we did not agree on everything and needed to work at finding common ground, a plane of consistent presence that cut across the differences of space and time and made a dialogue between us possible. Sustaining and rejoicing in that bond turned into a life-long project of affirmation through joint action.

A prayer is a line of flight, an outstretched hand that connects us at the speed of light across the infinitesimal distance of the heavens. Speech without words, my prayer is an acceleration that makes time stand still.

The crystallization of a deep affinity, a secular prayer enacts a magical refraction of the sky-light even among these frozen stones, in the growing darkness under the cypress trees. They will listen, I know, in the twilight between the no longer and the not yet. So much to say and yet, no, I never thought it would come to this.

II.

'I meant to write about death', writes Virginia Woolf in her diary (of 17 February, 1922), 'only life came breaking in as usual.' Thinking is also a way of increasing the intensity of life. The brain engineers its own acceleration, a quickening of one's perception. Thinking is like being-there with and for other entities, forces. You – a trained philosopher and an ordained priest – took your thinking seriously and did it with humility and care. The result was the same: intense thinking cracks open the shield of tedium and predictability in which we wrap ourselves in order to get through the day. Philosophy-at-work gives us a measure of the possible, a taste for intensity, and a flair for the virtual: it throws us into the generative chaos of life.

Life is cosmic energy, simultaneously empty chaos and absolute speed or movement. It is impersonal and inhuman in the monstrous, animal sense of radical alterity: *zoè* in all its powers. Nomadic philosophy loves *zoè* and sings its praises by emphasizing active, empowering forces against all negative odds. However, *zoè*, or 'life' as absolute vitality, is not above negativity, and it can hurt. It is always too much for the specific slab of enfleshed existence that single subjects actualise. It is a constant challenge for us to raise to the occasion, to practice *amor fati,* to catch the wave of life's

intensities and ride it on, exposing the boundaries or limits as we transgress them. We often crack in the process and just cannot take it anymore. If philosophy teaches us anything, it is that the sheer activity of thinking about such intensity is painful because it causes strain, psychic unrest and nervous tension. It also disconnects us from others in a semi-misanthropic manner. However, acceleration or increased intensity of the intellectual, is what most humans of our kind are fatally attracted to. You, my teacher and mentor, showed me how to dare, but also to endure. You taught me the golden rule: brilliance requires great depths of compassion.

Death is the ultimate transposition, though it is not final. *Zoè* carries on, relentlessly. Death is a conceptual excess: the unrepresentable, unthinkable, the unproductive black hole that we all fear, as well as a creative synthesis of flows, energies and perpetual becoming. Because humans are mortal, death, or the transience of life, is written at our core: it is the event that structures our time-lines and frames our time-zones – in so far as it is ever-present in our psychic and somatic landscapes, as the event that has always already happened. Death as a constitutive event is behind us, it has already taken place as a virtual potential that constructs everything we are. The full blast of the awareness of the transitory nature of all that lives, is the defining moment in our existence. It structures our becoming-subjects and the process of acquiring moral awareness. Being mortal, we are all 'have beens': the spectacle of our death is written obliquely into the script of our temporality.

We think to infinity, against the horror of the void, in the wilderness of non-human mental landscapes, with the

shadow of death dangling in front of our eyes. Thought, however, is also a gesture of affirmation and hope for sustainability and endurance, of immanent relations and time-bound consistency. Moving beyond the paralysing effects of suspicion and pain, working across them was the key to your ethics. It did not aim at mastery, but at the transformation of negative into positive passions. This was your main ethical injunction – you taught me to put the 'active' back into activism. The qualitative leap necessary to induce a positive ethics of sustainability is a creative process, a praxis, an activity. As such it simply needs to be enacted. Your order-word or maxim was simple: 'Just do it!'.

A maxim is just another word for a secular prayer. It is a statement or expression of our shared desire in the sense of *potentia*. It is also an act of faith in our capacity to make a difference and as such, it is an expression of generosity and love of the world. It is also a plea, an open question, a reaching out, or an invitation to the cosmic dance. It is an imperative, an injunction to endure in the sense both of lasting in time and of suffering in space, but it is also a spiritual gesture, a declaration of love. It is a political act of defiance of social norms and resistance against the inertia of habits and settled conventions. More importantly, it is an act of politics as autopoiesis, or affirmative self-creation, not of an atomised self, or a separate individual, but rather as a collective, multi-relational nomadic subject open to different speeds and intensity of becoming. 'Do it!' is an utterance where endurance and sustainability intersect in producing an impersonal or collective mode of singularity; the stark tone cuts down the sentimentality of dominant visions of the philosopher, as well as the overstated authority of the master whose dogmatism and narcissism become sources of veneration. In this respect, the ethical injunction to 'just do it', to be active in the world, is the opposite of the *mots d'ordre* or the political slogan. There is no ideological assurance here of a teleologically ordained trajectory, just the humility to get on with the task, though the final destination may not be very clear. All that matters is the going, the movement.

III.

At least, that's what you taught me, when you introduced me to philosophy, soon to become my discipline of choice. Your favourites were not always mine: you lived by Plato, Seneca, Marcus Aurelius, Saint Augustine. I, however, tended to gravitate round Spinoza, Nietzsche and Freud – those masters of suspicion my generation fell in love with. You, on the other hand, found them wanting in generosity and power of action. Your full attention was always turned towards real-life people and you demanded of philosophy some practical help to assist and serve others. Politics for you was multi-directional *poesis*. Ascetic and generous at the same time, you defied cynical reason by compassion and concrete action. *Vita contemplativa* was always for you nothing more than an intensified version of *vita activa*. A people's person, praxis was your prayer, unbroken and flying onwards. Quick in supporting but reluctant to judge, you let the singularity of each and everyone shine gently of its own true light. You had

harsh things to say about the wild impatience that often inhabited me and my generation, but you also taught me never to trust anybody who loudly claimed to do anything for the love of God.

We did, however, agree on some key points: vitalism and the longing for eternity, to mention just two. Our vitalism – and hence our spirituality – was of the Pre-Socratic and post-modernist kind respectively. We agreed that as life is desire which essentially aims at expressing and hence extinguishing itself, by reaching its aim and then dissolving, the wish to die can consequently be seen as another way to express the desire to live intensely. The corollary is even more cheerful: not only is there no dialectical tension between Eros and Thanatos, but these two entities are really just one life-force that aims to reach its own fulfilment. 'Life', or *zoè*, we both agreed, aims essentially at self-perpetuation and then, after it has achieved its aim, at dissolution. It can be argued therefore that it also encompasses what we call 'death'. As a result – and here comes the point about eternity – what we humans most deeply aspire to is not so much to disappear, but rather to do so in the space of our own life and in our own way. It is as if each of us wishes to die only in our own fashion. Our innermost desire is for a self-fashioned, self-styled death. We thus pursue what we are ultimately trying to avoid: we are existential suicides, not from nihilism, but because it is our nature to die.

Of course, this is a paradox: while on a conscious level, all of us struggle for survival, on some deeper level of our unconscious, all we long for is to lie silently and let time wash over us in the stillness of non-life. Like this perfect moment here and now, with the cypress tress casting their shady

form on the frozen ground you now inhabit – at the still point of the turning wheel. Self-styling one's death is an act of affirmation; it means cultivating an approach, a 'style' of life that progressively and continuously fixes the modalities and the stage for the final act, leaving nothing unattended. Pursuing a sort of seduction into immortality, the ethical life is life as virtual suicide. Life as virtual suicide is life as constant creation, life lived so as to break the cycles of inert repetitions that usher in banality. Lest we delude ourselves with narcissistic pretences, we need to cultivate endurance, immortality within time, that is to say death in life. Gently and productively.

Moreover, the generative capacity of this life cannot be bound or confined to the single, human individual. It rather transversally trespasses all boundaries in the pursuit of its aim, which is the expression of its potency. It connects us trans-individually, trans-generationally and eco-philosophically. Just as the life in me is not mine or even individual, so the death in me is not mine, except in a very circumscribed sense of the term. In both cases all 'I' can hope for is to craft both my life and my death in a mode, at a speed and fashion which can sustain all the intensity that 'I' is capable of. 'I' can self-style this gesture autopoietically, thus expressing its essence as the constitutive desire to endure. I called it *potentia*; you called it the spiritual soul.

What we humans truly yearn for is to disappear by merging into this eternal flow of becoming, the precondition for which is the loss, disappearance and disruption of the atomised, individual self. The ideal would be to take only memories and to leave behind only footsteps. What we most truly desire is to surrender the self, preferably in the agony of ecstasy, thus choosing our own way of disappearing, our way of dying to and as our self. This can also be described as the moment of ascetic dissolution of the subject; the moment of its merging with the web of non-human forces that frame him/her – the cosmos as a whole. For you, this point of evanescence – call it death – was linked to Christian transcendence. For me, it had more to do with radical immanence, with the totality of the moment, in which we finally coincide completely with our body in becoming at last what we will have been all along: a virtual corpse.

For you, it pointed to the resurrection of the dead in the glorious embrace of their Christian saviour. For you, the outside of the human was the divine; for me, the animal or the technological other. Still, we were steering our respective courses on parallel lines of flight. For me, at the point of their evanescence or dissolution, subjects are enfleshed entities that are immersed in the full intensity and luminosity of becoming. Theirs, however, is the brightness of phosphorescent worms, not the light of the eternal rays of some monotheistic God. This is therefore the glorious expression of the life force that is *zoè*, and not the emanation of some divine essence. Radical immanence as a mode of thinking the subject, and as a philosophical style, deflates the pretence of grandiose eternity that marks the Christian religious values you so deeply believed in. Life is eternal, but this eternity postulates the materialist dissolution of the self, the individual ego, as the necessary premise. That was a minimum point of consensus between us.

We ended up nonetheless sharing an ethics of joyful affirmation and becoming, opposed to the economy of loss, the logic of lack and the moral imperative to dwell in never-ending and un-resolvable states of mourning. *Vita activa* was our shared passion. We wanted to move beyond both nihilism and the tragic solemnity of traditional morality, to grow to appreciate instead that death is an affirmation of the *potentia* of that life in me which, by definition, does not bear my name: 'I' just inhabits it, on a time-share basis.

We were both materialists, you on the theistic side, I on the atheist side, and we remained mirror images of each other to the end. I owe my secularity to your passionate Christian convictions. We both knew – albeit in different ways – that we simply do not know what an embodied human can do or become. We shared the fundamental passion of wonder at the complexity of living beings, and also shared faith in human progress: you as the expression of our divine essence, I out of respect for the dignity of humans. Even among these frozen stones my heart warms at the thought of such affirmative power, such loveliness of values and liveliness in action.

It is time to go. Life, this mindless force, carries on, relentless and ruthless in its over-flowing *energia*, enduring endlessly. Here then, is my refrain: farewell my body-double, my corpse, my cherished other, myself, forever both more and less than one, in an endless process of becoming other and merging with others. It is time to rest now. Because I knew that I didn't know any better, I had accepted it as evidence and cultivated the art of self-styling death as a life-form. I sat and watched and waited to see how you would do it, how you would style the last act, your final disappearing trick. I am glad I lived to tell the tale. I am so very proud to say: you did it exceptionally well, so well that it felt real. I was left wondering in the cypress-lined alley, how perfect your exit had been on a sunny Christmas day. And I stood among the frozen stones, trying to reach out for words to speak this parting prayer: suffer us not to forget what we are capable of becoming, 'teach us to care and not to care, teach us to sit still.'

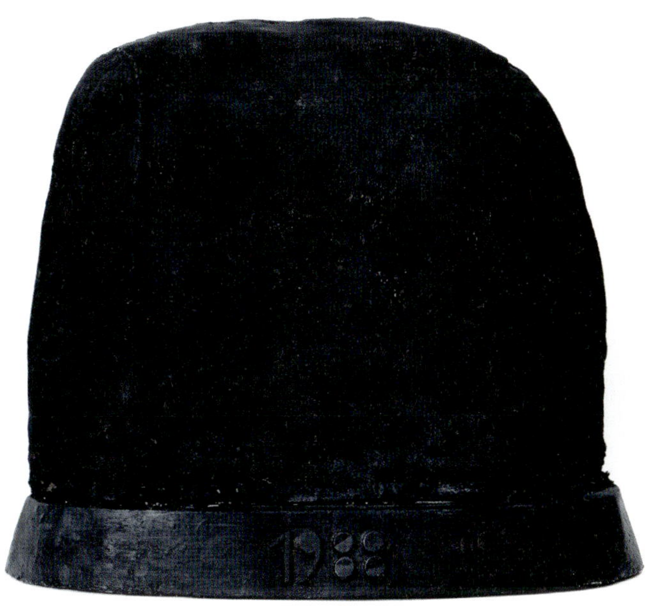

Raoul De Keyser *Centrum*, 1991 / **Thierry De Cordier** *hoofdbreker (casse-tête 88)*, 1988

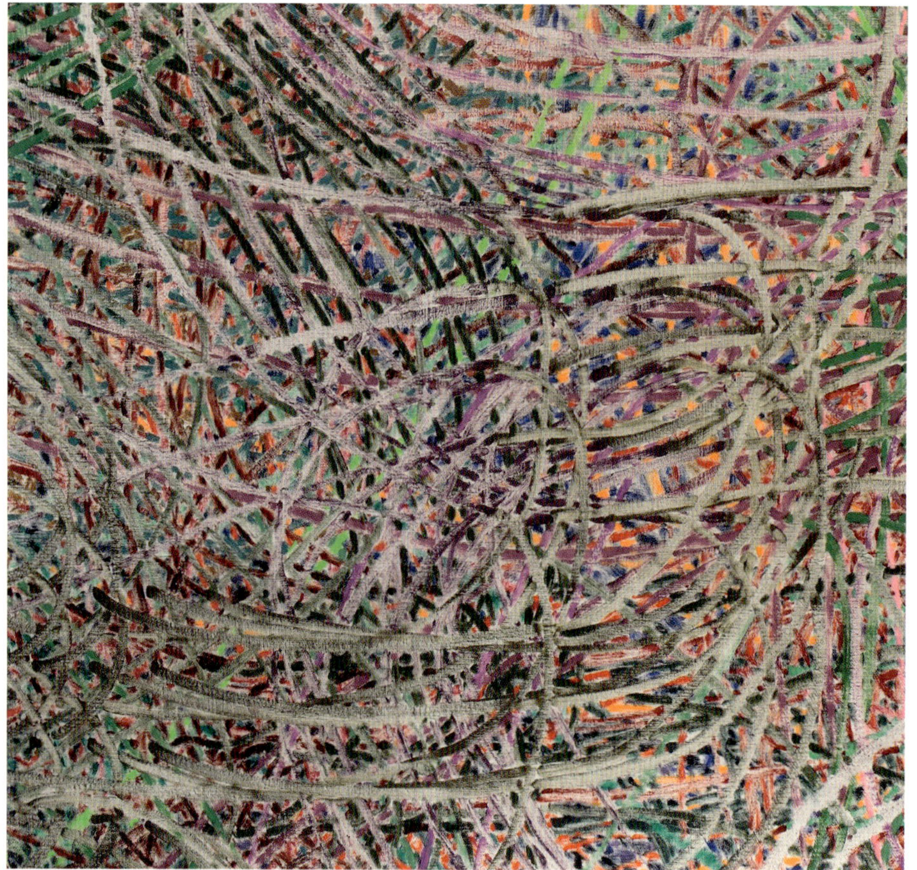

Dear Bart,
Thank you for the images!
Beautiful.

What I am painting now: something similar to the trajectories on the left (a detail from approx. 240 x 200 oil on canvas). Still, the trajectories are mostly a single line which walks through levels. Indeed, I have clung to this basic idea for, embarrassingly, twenty years. I am becoming a specialist on painting of thickness – could be wind, water, fog, fire, or touch within a body – just anything that allows a front-to-back direction (as opposite to mere left-right & top-bottom).
The pleasure comes from going there and back. Makes you feel you paint the -ject roots of objects.
Painting thickness questions the position and size of the observer. Or, whether there is any standpoint and measure at all. As a mental aid I emulate the concept of the 'The eye of God' – God supposedly can see only HERE (rather than from here to there). God does not have a horizon. Perhaps not even distance. His seeing might be making. Therefore I aspire to identify the observer with the trajectory.

———

De trajecten bestaan meestal uit een enkele lijn die door niveaus heen wandelt. Aan dit eenvoudige idee heb ik nu al vastgehouden voor de beschamend lange duur van twintig jaar. Ik ben een specialist geworden in het schilderen van dikte – dat zou wind kunnen zijn, water, mist, vuur of een aanraking in een lichaam – om het even wat dat een voorkant-naar-achterkant richting mogelijk maakt, (in tegenstelling tot enkel links-rechts en boven-onder).
Het plezier bestaat eruit daar naartoe te gaan en terug. Dat geeft je het gevoel de -ject wortel te schilderen van objecten. Dikte schilderen stelt vragen over de positie en grootte van de toeschouwer. Of eerder nog, over of er al dan niet zoiets als een standpunt en een maat bestaat. Bij wijze van mentaal hulpmiddel wedijver ik met het concept van 'de ogen van god', men denkt dat god kan zien, eerder – in plaats van van-hier-naar-daar – enkel hier. Zijn kijken zou een maken kunnen zijn. Daarom heb ik de betrachting de kijker te identificeren met het traject.

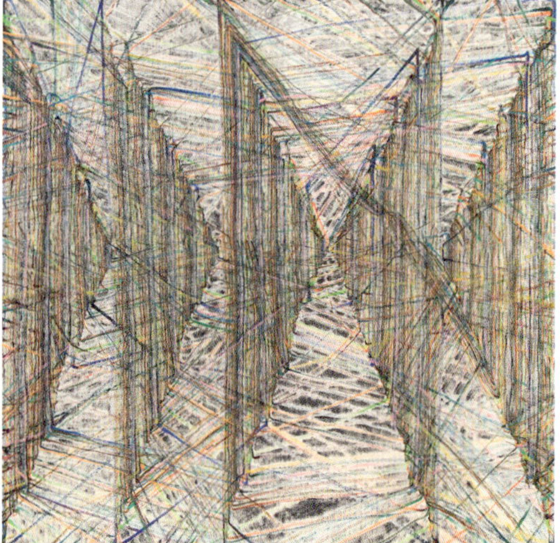

I have developed a "method" of burning images into my mind be means of monotonous and exhausting work, and then getting a sudden flash of the whole scene. Sometimes, instead, the image may come later in a more synthesised form. So most of my works are derived from mundane working in woods and fields. To have the images painted on the canvas, though, I have to sieve them through a kind of pattern.
The sieving the huge heaps of dirt for whole summer was at the same time screening the images.
All this is the most ordinary activity, yet there is some witchcraft involved (quite necessarily) – an ordinary witchcraft though.

———

Ik heb een 'methode' ontwikkeld om beelden in mijn geest te branden door monotoon en uitputtend werk, om dan een plotse flits te krijgen van de hele scène. Soms kan het beeld echter ook achteraf komen in een meer gesynthetiseerde vorm.
De meeste van mijn werken zijn afgeleid van alledaags werk in wouden en velden.
Om de beelden op een doek te schilderen, moet ik ze ziften door een soort van patroon.

Vladimir Kokolia Brieffragmenten | Fragments of a letter

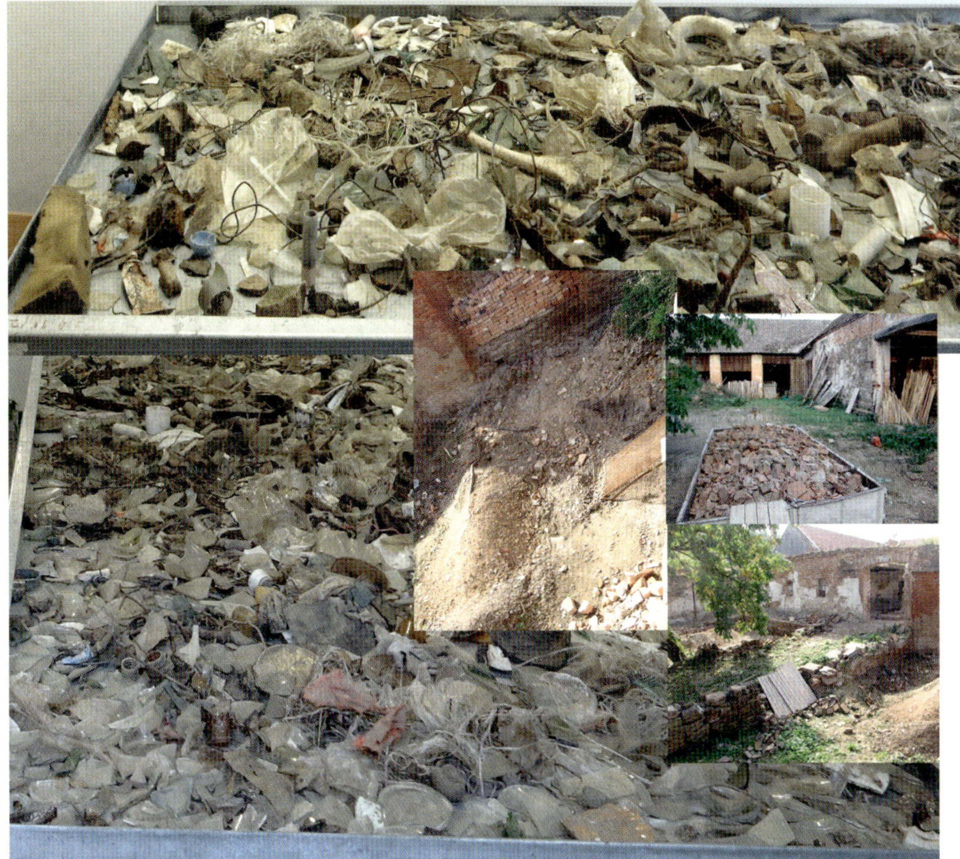

I spent the last few years mostly by making sorted heaps. In total, there would be hundreds of cubic meters of dirt which went though my hands. As I told you, I got obsessed with my approaching physical & mental deterioration. The silly sieving should help as a beneficial fitness exercise. Besides, there is also a moment of touch – so I got into touching stones over and over, making new heaps of 'hand sorted gravel'. Later I started touching even the junk – the bulk of which I delivered to the gallery. Pity, that it looks like art.

In addition, there are also heaps of compost, as the one on the photo of the garden. I keep about ten of them and I go much into their thickness. Composts could get really warm, like golems.
They produce special cultures and civilisations, they have their own cosmology, and they also have their Demiurge.

———

But now I am hopefully more towards "just painting". From our last conversation emerged the image of a worker who is perhaps just committed or tired – and as a result he has hardly any thoughts of his own humble state. Still he might be repairing a channel lid right at the main square.

———

Het ziften van grote hopen vuilnis gedurende een hele zomer, was tegelijkertijd het screenen van de beelden. Dit alles zijn de meest alledaagse handelingen, maar toch is er een soort hekserij mee gemoeid, een behoorlijk noodzake- lijke maar doodgewone hekserij. De voorbije paar jaar bracht ik door met het maken van gesorteerde hopen.
Alles bij elkaar gingen er honderden kubieke meters vuil door mijn handen.
Dat heeft ook te maken met mijn fysieke en geestelijke achteruitgang die eraan komt. Dat dwaze ziften zou kunnen helpen als een wel- dadige fitnessoefening. Daarnaast is er ook het moment van de aan- raking; ik begon steeds opnieuw dezelfde stenen aan te raken en nieuwe hopen van 'met de hand gesorteerd grind'. Later begon ik zelfs de rotzooi aan te raken, waarvan ik het gros bij de galerij bezorgde. Spijtig dat het er als kunst uitziet.

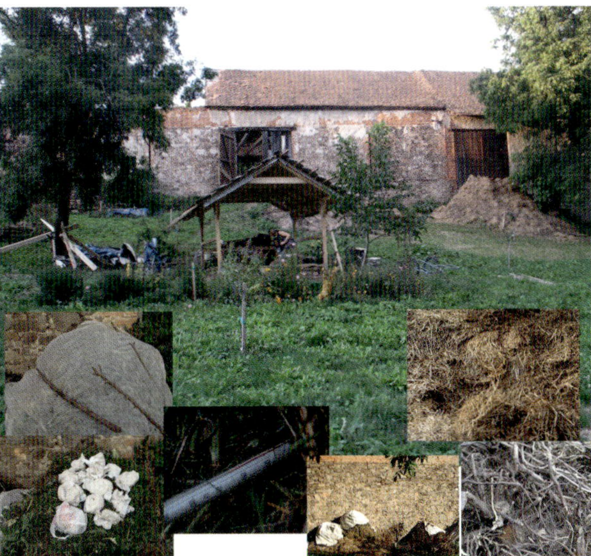

Verder zijn er ook composthopen, zoals degene op de foto van de tuin. Ik heb er ongeveer tien van en ga erg in op hun dikte.
Composthopen kunnen echt warm worden, als golems.
Ze produceren speciale culturen en beschavingen, ze hebben hun eigen kosmologie, hun eigen Demiurg.

In ons laatste gesprek dook het beeld op van de werker die misschien enkel geëngageerd is of vermoeid, en als gevolg daarvan zich amper vragen stelt over zijn eigen nederige staat. En toch zou hij een riooldeksel kunnen repareren op het voornaamste plein van de stad.

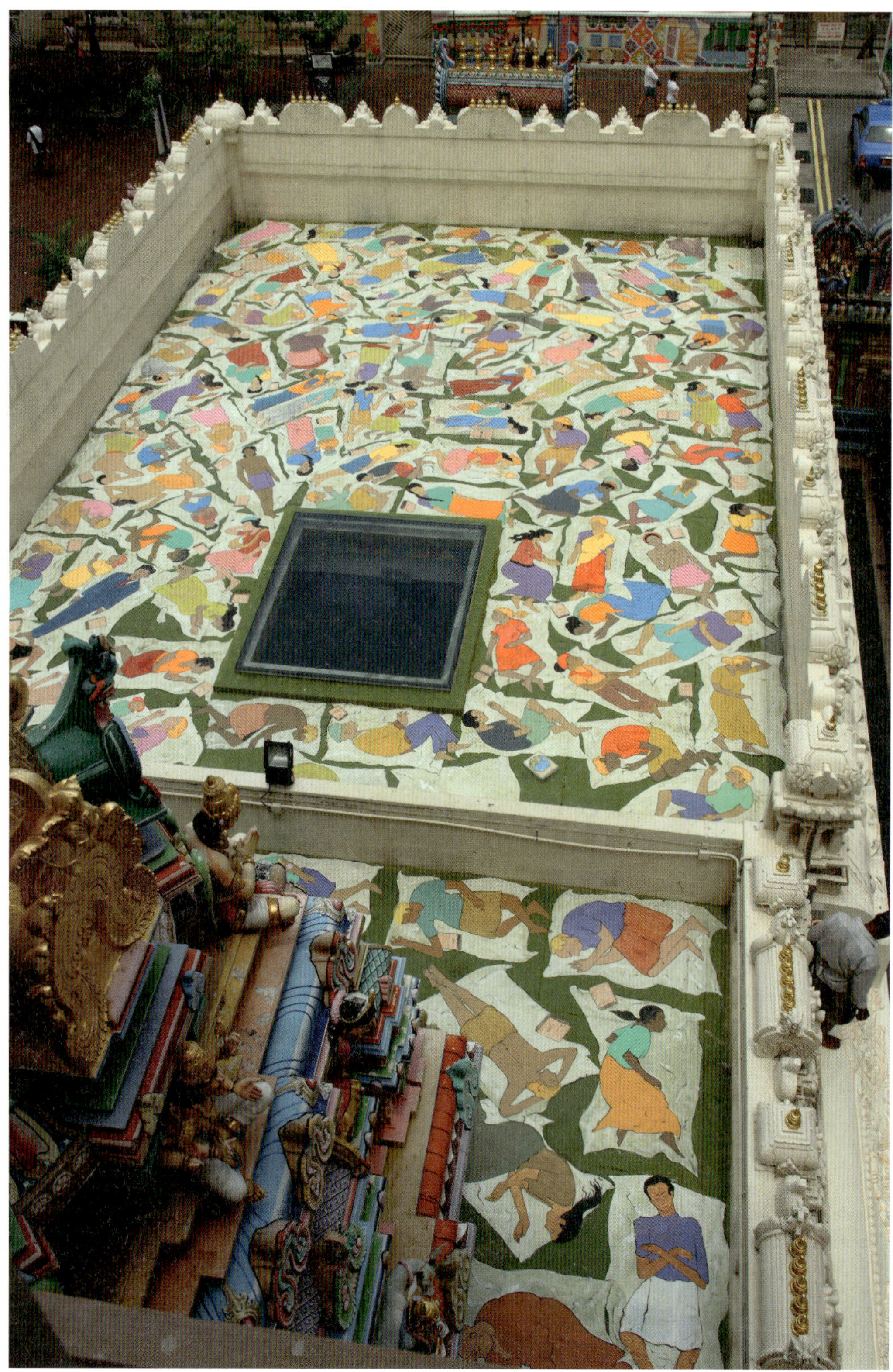

NS Harsha *Kosmische Wezen | Cosmic Orphans*, 2006

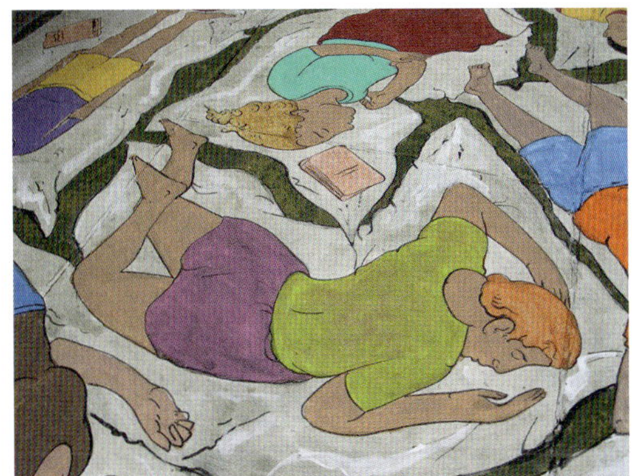
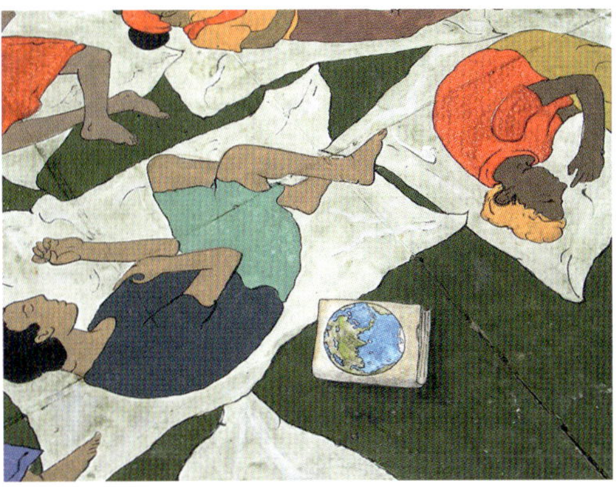
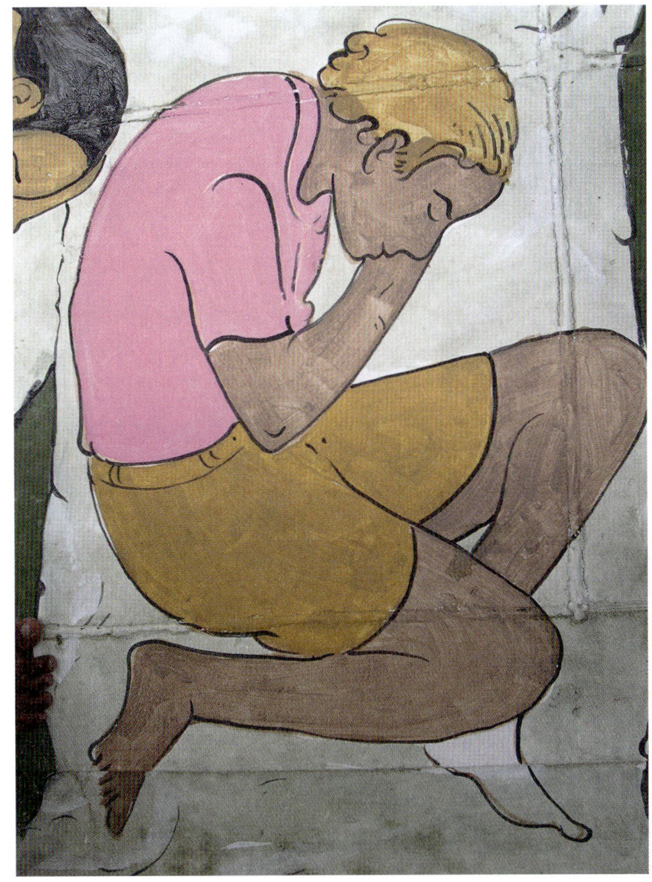

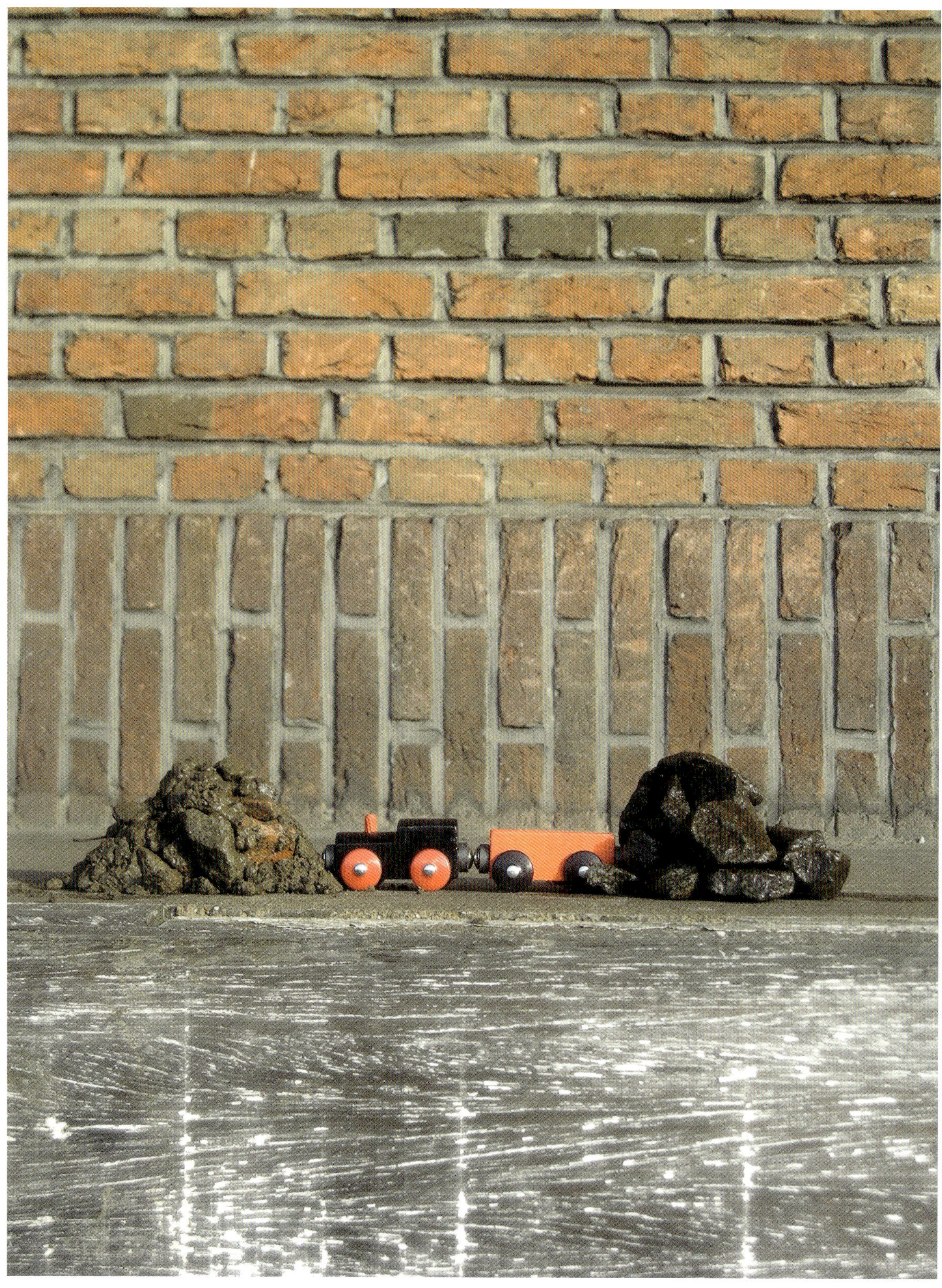

Jimmie Durham project Mechelen, 2008

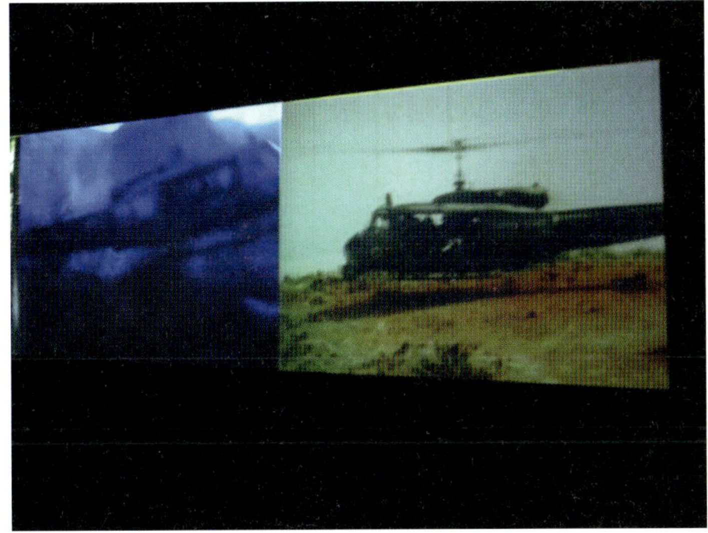
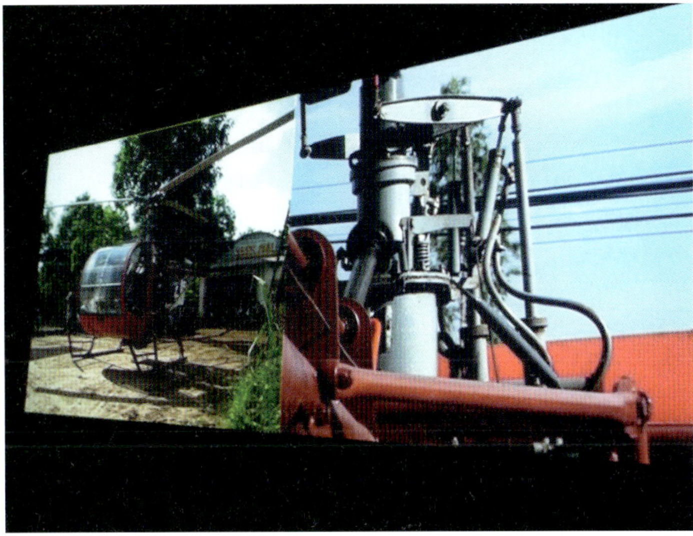

Q. Lê Dinh met | with **Hai Quoc Tran** en | and **Danh Van Le**, 2006

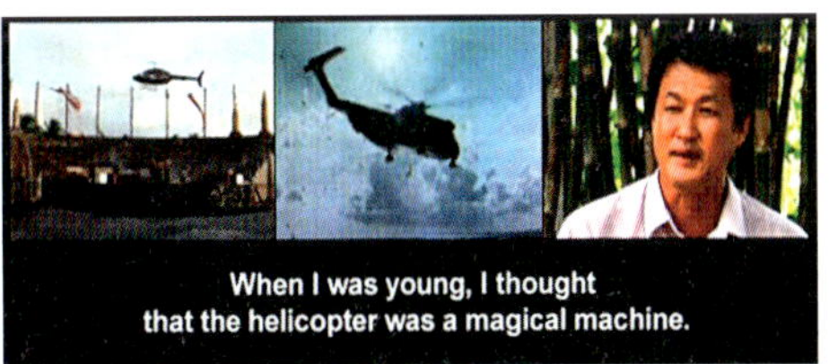

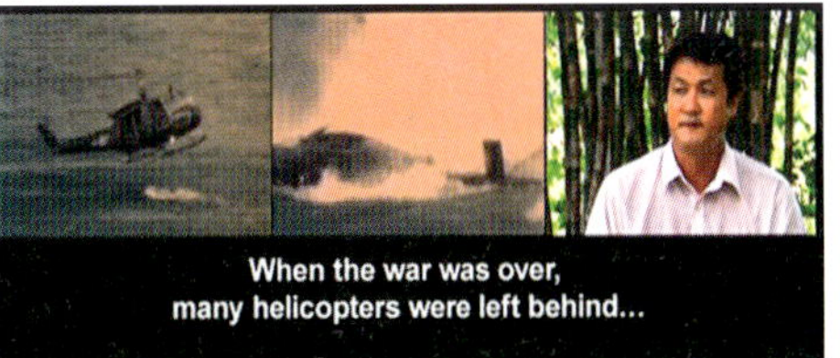

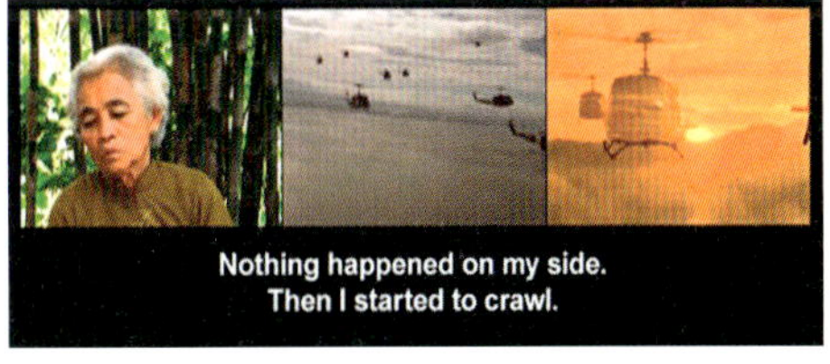

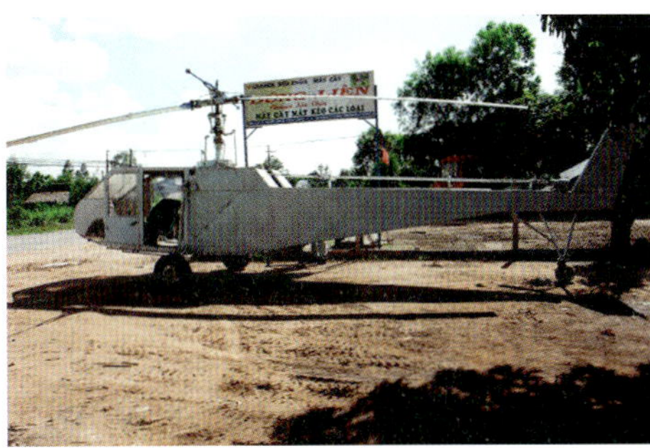

Q. Lê Dinh met | with **Hai Quoc Tran** en | and **Danh Van Le** *De landbouwers en de helikopters, zelfgemaakte helikopter op ware grootte | The farmers and the helicopters, true scale helicopter made by hand*, 2002-2008

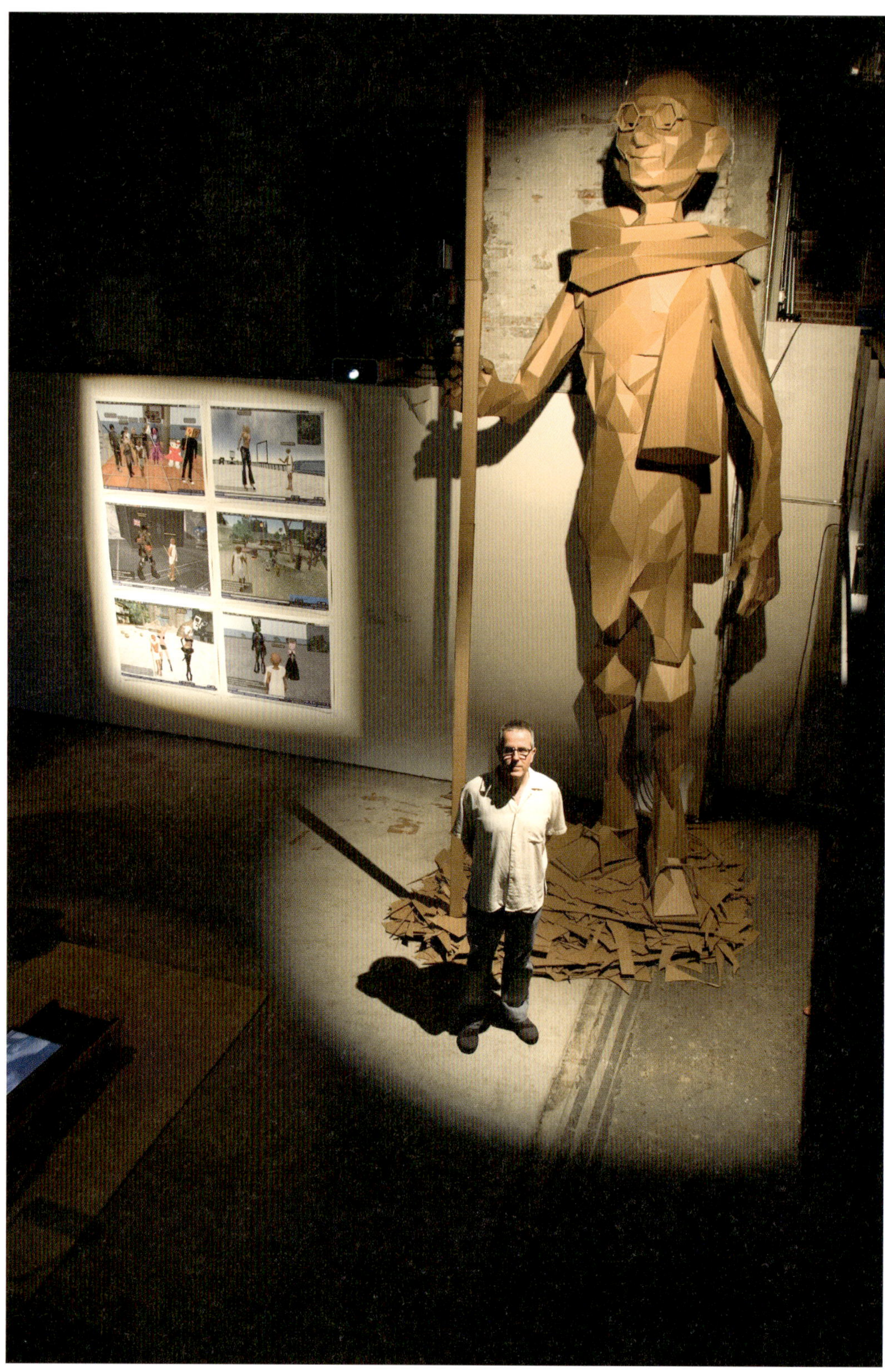

Joseph Delappe vijf meter hoge kartonnen replica van de avatar van de 're-enactment' van Gandhi's Zoutmars naar Dandi in Second Life | five-metre-tall cardboard replica of the avatar of the re-enactment of Gandhi's Salt March to Dandi in Second Life (http://www.instructables.com/id/Build-a-17-Tall-Cardboard-Papercraft-Gandhi; http://saltmarchsecondlife.wordpress.com)

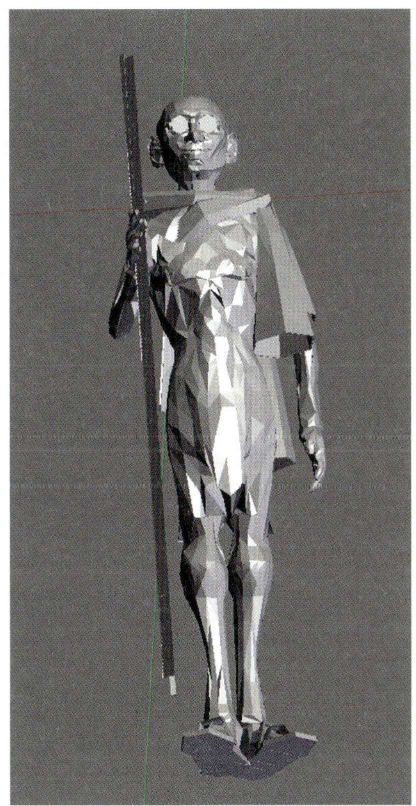

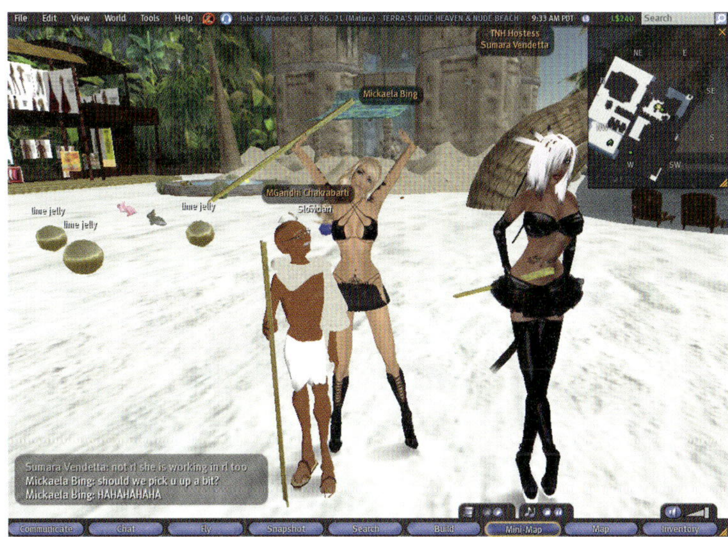
File Edit View World Tools Help
Isle of Wonders 187, 86, 71 (Mature) - TERRA'S NUDE HEAVEN & NUDE BEACH
9:33 AM PDT
L$240 Search
TNH Hostess
Sumara Vendetta
Mickaela Bing
MGandhi Chakrabarti
Slowbun
lime jelly
lime jelly
lime jelly
Sumara Vendetta: not rl she is working in rl too
Mickaela Bing: should we pick u up a bit?
Mickaela Bing: HAHAHAHAHA
Communicate   Chat   Fly   Snapshot   Search   Build   Mini-Map   Map   Inventory

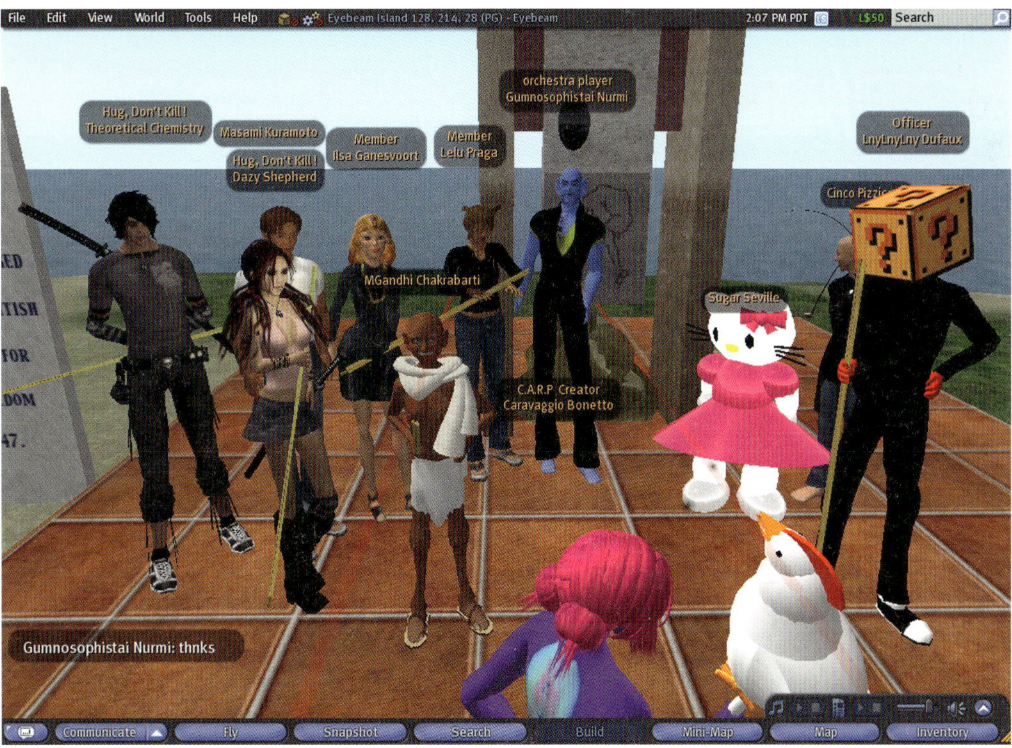
File Edit View World Tools Help
Eyebeam Island 128, 214, 28 (PG) - Eyebeam
2:07 PM PDT
L$50 Search
Hug, Don't Kill!
Theoretical Chemistry
Masami Kuramoto
Hug, Don't Kill !
Dazy Shepherd
Member
Ilsa Ganesvoort
Member
Lelu Praga
orchestra player
Gumnosophistai Nurmi
Officer
LnyLnyLny Dufaux
Cinco Pizzic
MGandhi Chakrabarti
Sugar Seville
C.A.R.P Creator
Caravaggio Bonetto
Gumnosophistai Nurmi: thnks
Communicate   Fly   Snapshot   Search   Build   Mini-Map   Map   Inventory

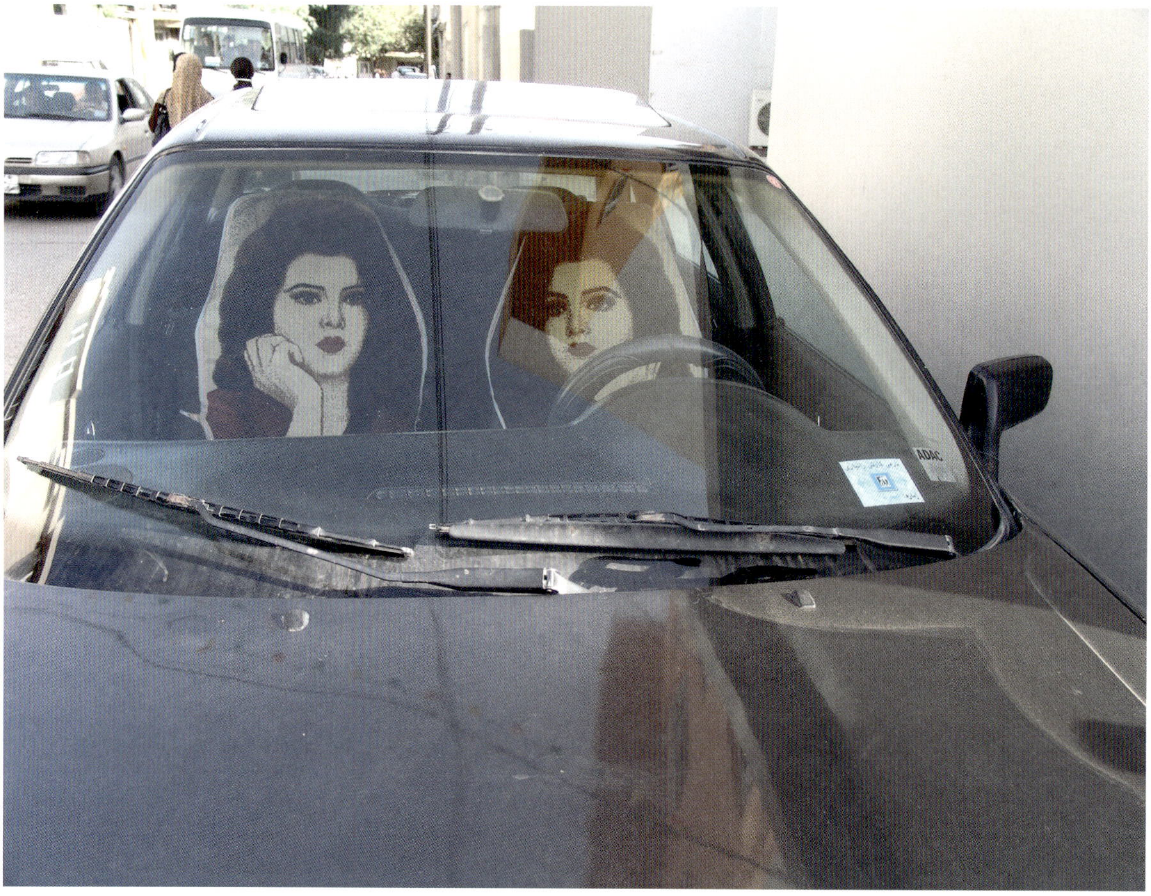

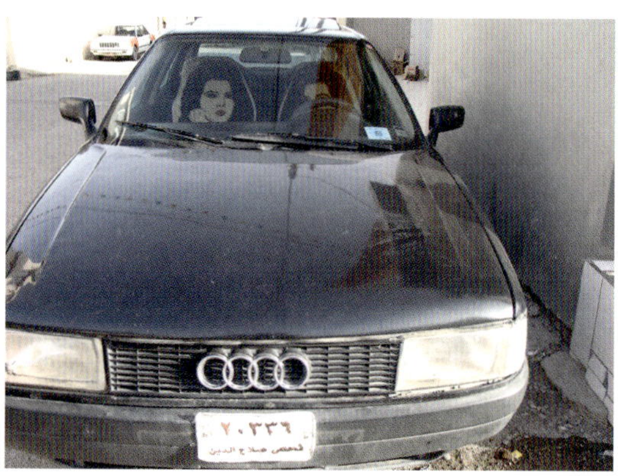

Hiwa K. straatbeeld met handgeweven afbeeldingen voor rugleuning | streetscape with handwoven images as backrest, 2007

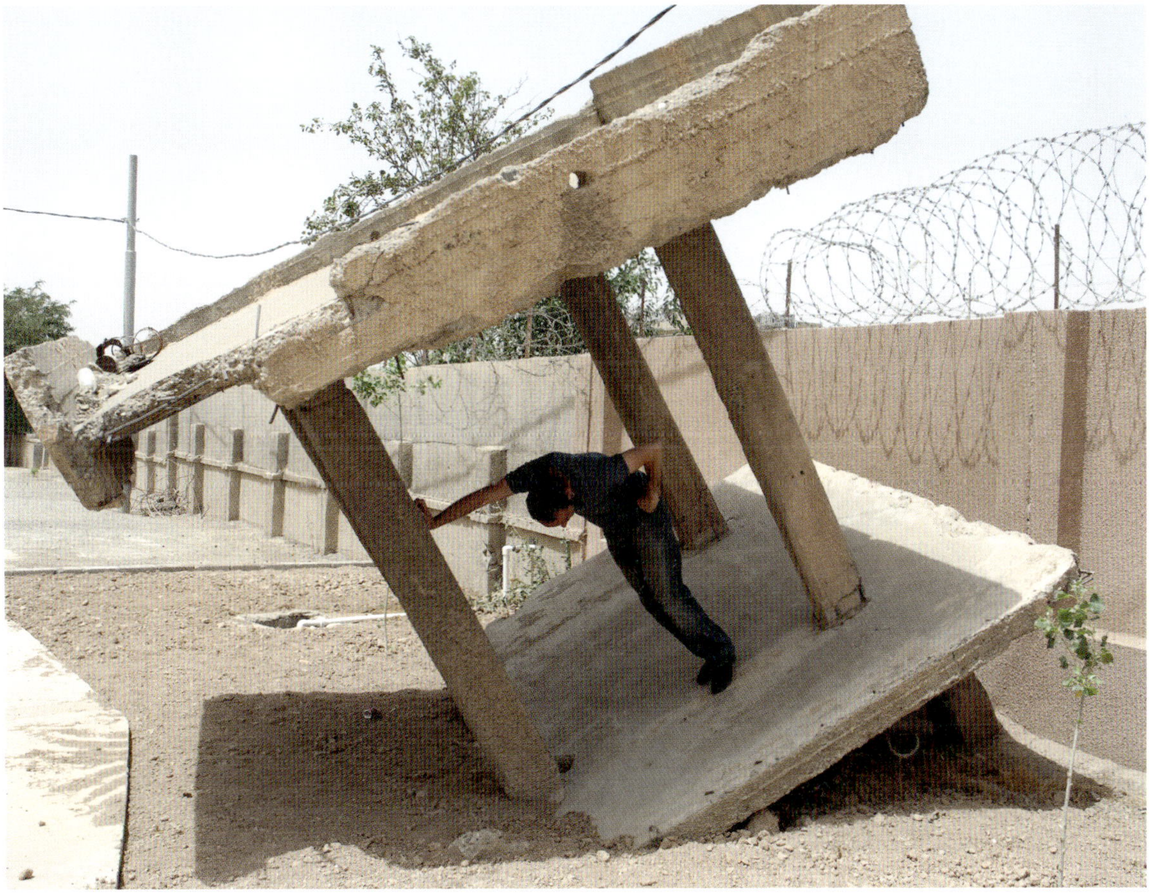

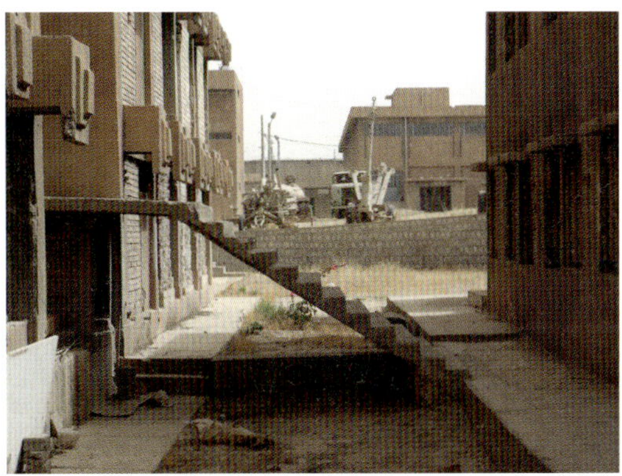

Hiwa K. *Maankalender | Moon Calendar*, 1997

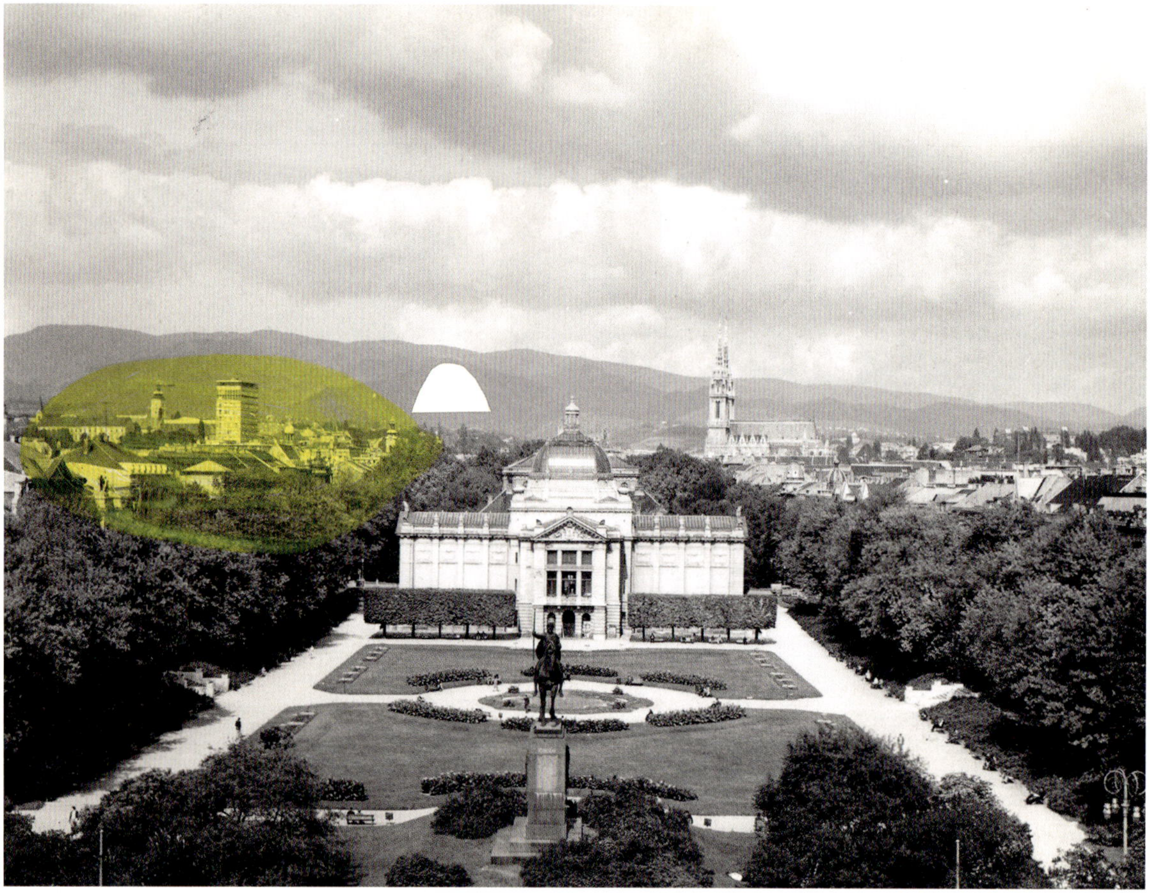

Ivan Kožarić *Ongewoon project (Een Snede van Sljeme)* | *An Unusual Project (A Slice of Sljeme)*, 1960, project om een deel
van de berg Sljeme in Zagreb te plaatsen en een deel van de stad in een ballon naar de vrijgekomen ruimte te brengen|
project to put a slice of Mt. Sljeme in the city of Zagreb and to move part of the city in a balloon into the vacant space in the mountain

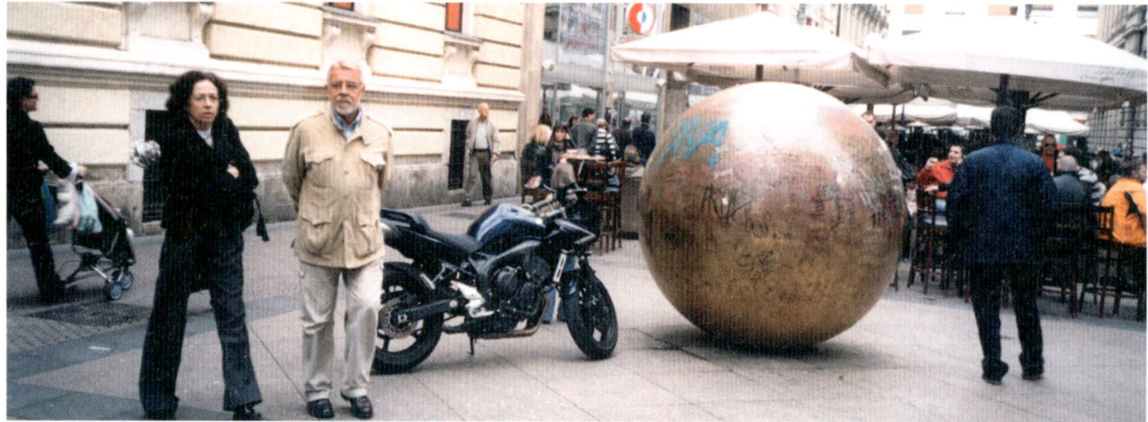

Ivan Kožarić *Grounded Sun*, 1971, werk in het straatbeeld in Zagreb, aanvankelijk bij het Kroatisch Nationaal Theater,
sinds 1994 in de Bogovicevastraat in het centrum van Zagreb | work in the streetscape of Zagreb, originally at the Croatian National
Theatre, since 1994 in Bogoviceva Street in the centre of Zagreb

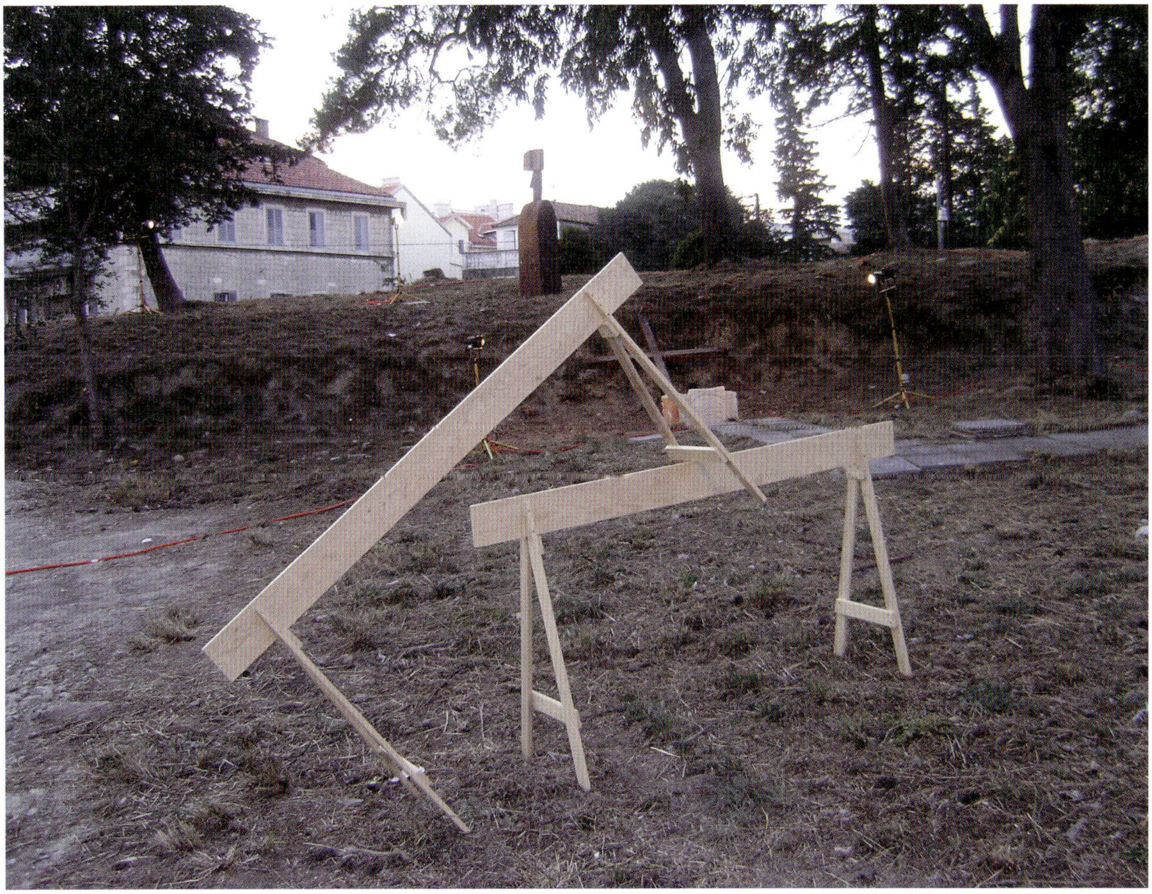

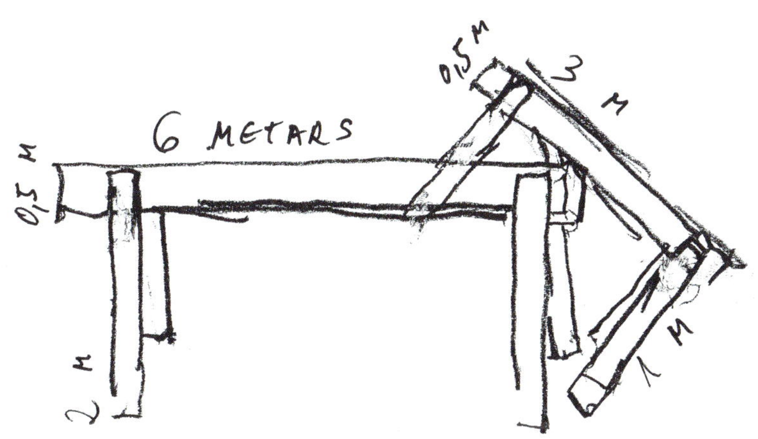

Ivan Kožarić Gevonden Sculptuur | Found Sculpture

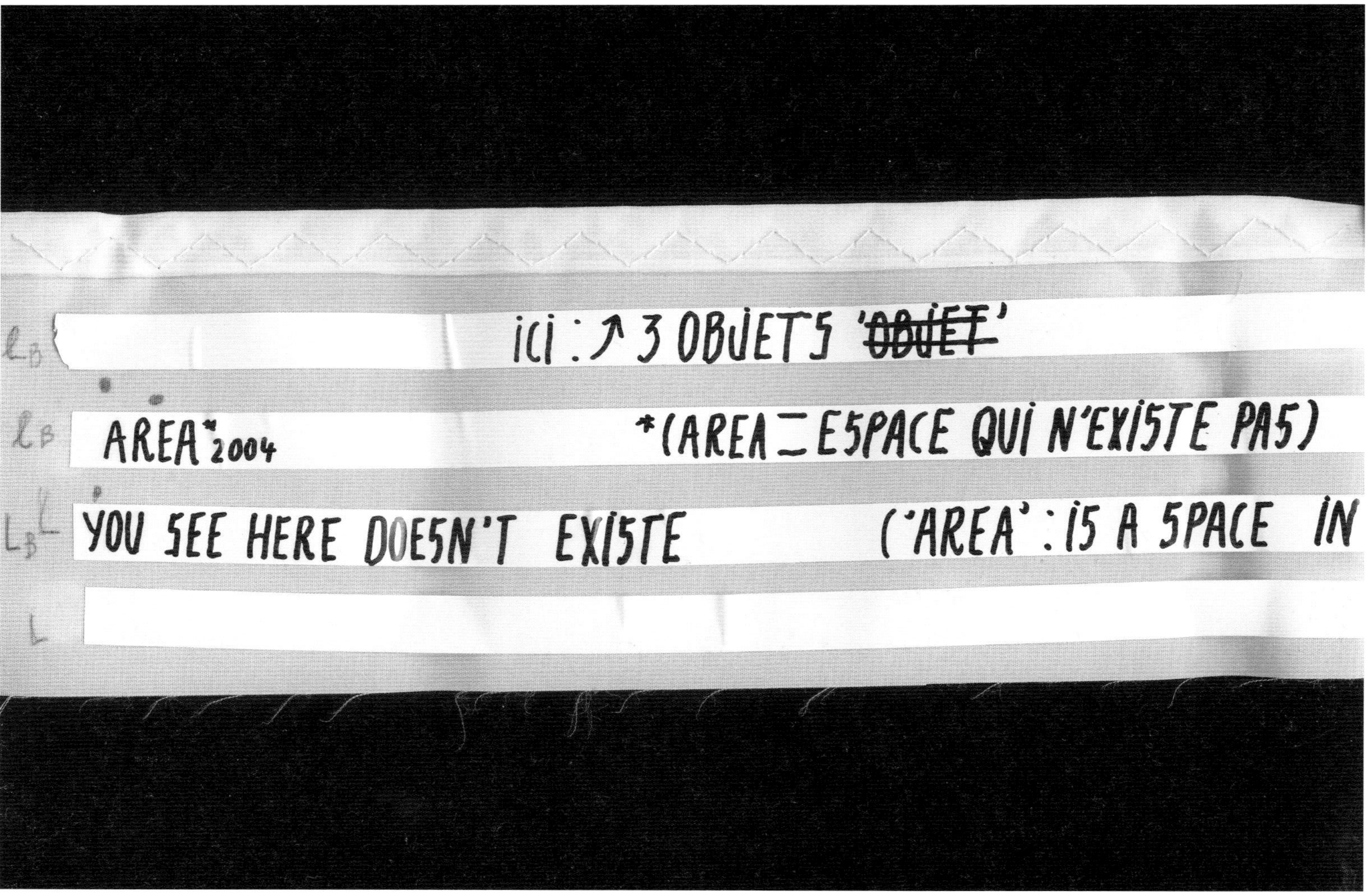

Joëlle Tuerlinckx

AREA – ERA: een ruimte – dubbel – die zelfgemaakt is en door zich – en enkel zichzelf – bepaald.
het werk is zijn titel. De titel is zijn gebruiksaanwijzing, de gebruiksaanwijzing is zijn compositie.
en de compositie is een kwestie van positie.

De titel wordt in verschillende talen geschreven en is in twee richtingen leesbaar, vanuit de binnenkant
en de buitenkant van de ruimte die hij bepaalt (in een soort van vierkante of ronde Moebiusring):

ERA MECHELEN 2008   ESPACE QUI N'EXISTE PAS   HERE YOU DON'T EXIST   HIER BESTAAT MEN NIET   ALLES WAT MEN HIER ZIET BESTAAT NIET   ALL THAT YOU MAKE HERE DOESN'T EXIST   ICI ON N' EXISTE PAS   AREA:

De realisatie van het project AREA-ERA MECHELEN 2008 zal plaatsvinden in handschrift j.t. overgebracht
op film in een omtrek van x meter van kleefband die op de grond aangebracht wordt: lokale betegeling, stadsplaveien ...
Verzekerde levensduur: 10 jaar buiten verkeer, 1 jaar in een zone met intens verkeer.
Het definitieve project zou kunnen plaatsvinden met een inlegwerk van de taal in gehouwen steen
(zwarte of witte marmer, uit China?, uit Italië?) ingevoegd in de hoedanigheid van een bestaande grond.
Verzekerde levensduur: verschillende miljarden jaren.

een toepassing Mechelen 2008, in het kader van 'Al Het Vaststaande Verdampt – Het Werk'

AREA – ERA: a home-made – double – space that is determined by itself – and itself alone.
the work and its title. The title is its directions for use; the directions for use is its composition.
and the composition is a question of position.

The title is written in various languages and can be read in two directions from the inside and the outside
of the area that it demarcates (in a kind or square or round Möbius ring).

ERA MECHELEN 2008   ESPACE QUI N'EXISTE PAS   HERE YOU DON'T EXIST   HIER BESTAAT MEN NIET   ALLES WAT MEN HIER ZIET BESTAAT NIET   ALL THAT YOU MAKE HERE DOESN'T EXIST   ICI ON N' EXISTE PAS   AREA:

The creation of the AREA-ERA MECHELEN 2008 project will take place in manuscript contained
in a x-metre-long film attached to the ground with tape. Local tiling, sidewalk pavement ...
Guaranteed duration: 10 years without traffic, 1 year in a zone with intense traffic.
The definitive project would take place with an inlay of the language in carved stone
(black or white marble, from China?, from Italy?) inserted as prior ground.
Guaranteed duration: several billion years.

an application of Mechelen 2008 as part of 'All that is Solid Melts Into Air – The Work"

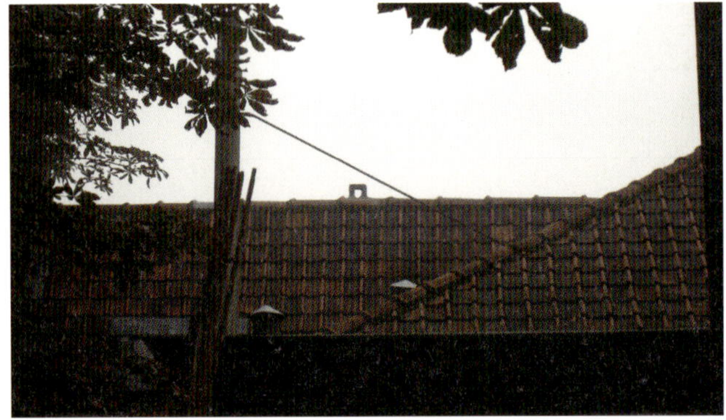

Herbouvillekaai Antwerpen

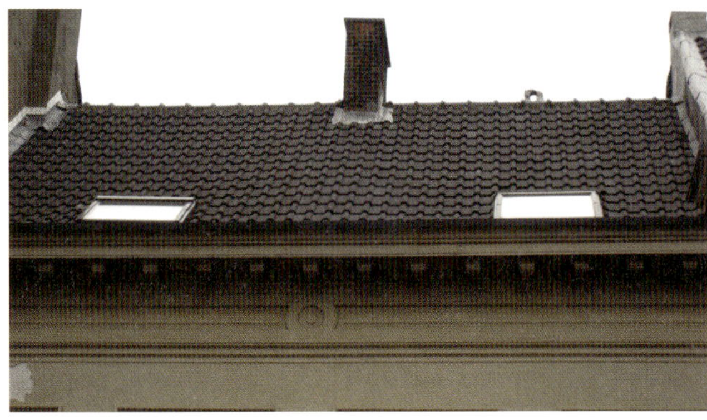

Vandiepenbeeckstraat Berchem

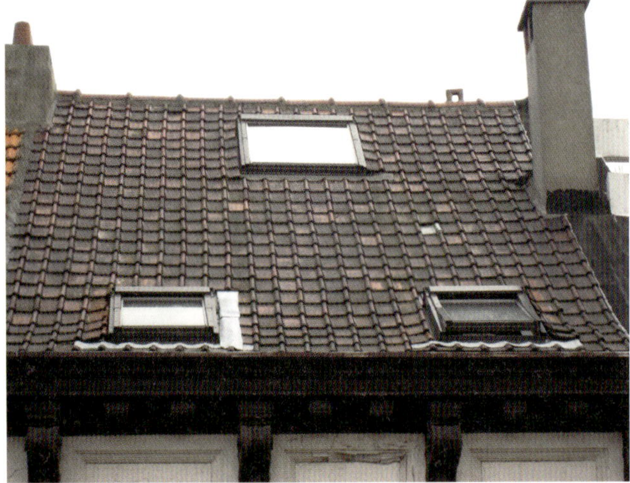

Isabella Brandtstraat Antwerpen

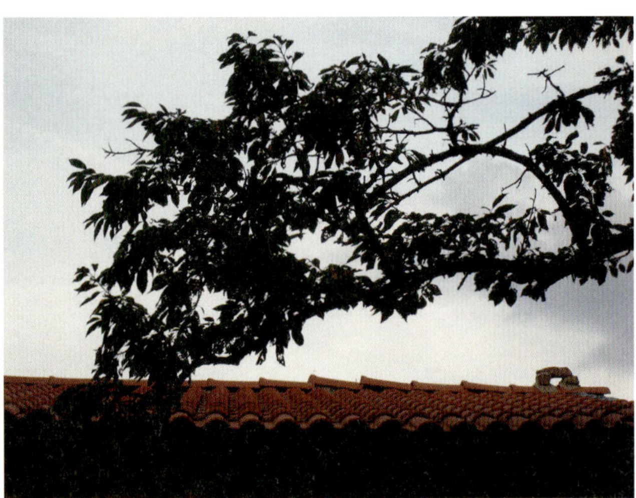

Gagne Gros Nozieres France

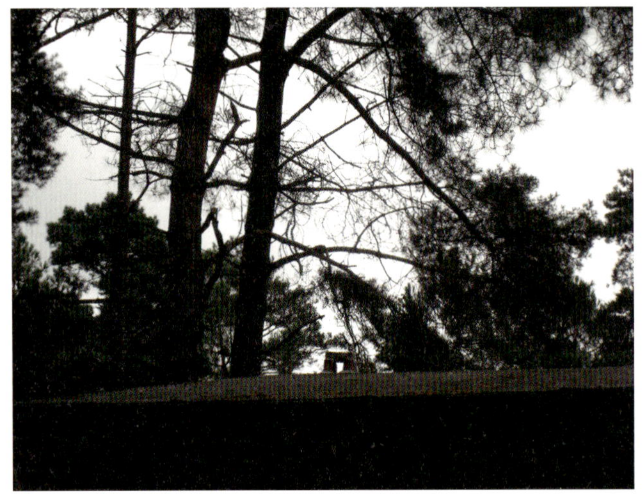

Solielaan Heverlee

VALENTINE KEMPYNCK BOUWT BANKJES
OP NOKKEN VAN DAKEN. DEZE MAKEN
PLAATS VOOR DE OVERLEDEN FAMILIELEDEN
OF VRIENDEN VAN DIT HUIS ZODAT ZIJ
KUNNEN LANGSKOMEN OM UIT TE RUSTEN,
DE BOEL TE OVERSCHOUWEN OF
OM DICHTBIJ TE ZIJN.

HET BANKJE WORDT GEMAAKT UIT
2 BAKSTENEN VAN HET HUIS.
HET IS ELEMENTAIR VAN VORM.
HET WORDT GEBOUWD OP VRAAG
VAN DE HUISBEWONER.

DAG 1 BEZOEK AAN HET HUIS,
DE ACTIE WORDT PRACTISCH BESPROKEN.
DAG 2 DE HANDELING WORDT
SAMEN UITGEVOERD,
DE BEWONER HOUDT DE LADDER VAST.
VANOP HET BANKJE WORDEN UIT
DE 4 WINDSTREKEN
FOTO'S GEMAAKT WAARDOOR
DE STAD LANGS VERSCHILLENDE
KANTEN BEKEKEN WORDT.

ALS JE WILT BOUWEN WE OOK
EEN BANKJE OP JOUW DAK.
0484 038 546

VALENTINE KEMPYNCK BUILDS
BENCHES ON ROOFPEAKS. THESE
OFFER ROOM FOR DECEASED
FAMILY MEMBERS OR FRIENDS OF
THIS HOUSE TO STOP BY FOR A REST,
TO LOOK OVER EVERYTHING
OR JUST KEEP CLOSE BY.

THE BENCH IS MADE OF
2 BRICKS FROM THE HOUSE.
IT HAS AN ELEMENTARY SHAPE.
IT IS BUILT AT THE HOMEOWNER'S
REQUEST.

DAY 1 VISIT TO THE HOUSE,
THE PRACTICAL ASPECTS
ARE DISCUSSED.
DAY 2 THE WORK IS DONE
JOINTLY, THE OCCUPANT HOLDS
THE LADDER STEADY.
PICTURES ARE TAKEN FROM
THE BENCH IN 4 DIRECTIONS
DISPLAYING THE CITY FROM
FOUR DIFFERENT SIDES.

IF YOU WANT TO BUILD, WE CAN
PUT A BENCH ON YOUR ROOF, TOO.
0484 038 546

Valentine Kempynck *Bankje*, 2008

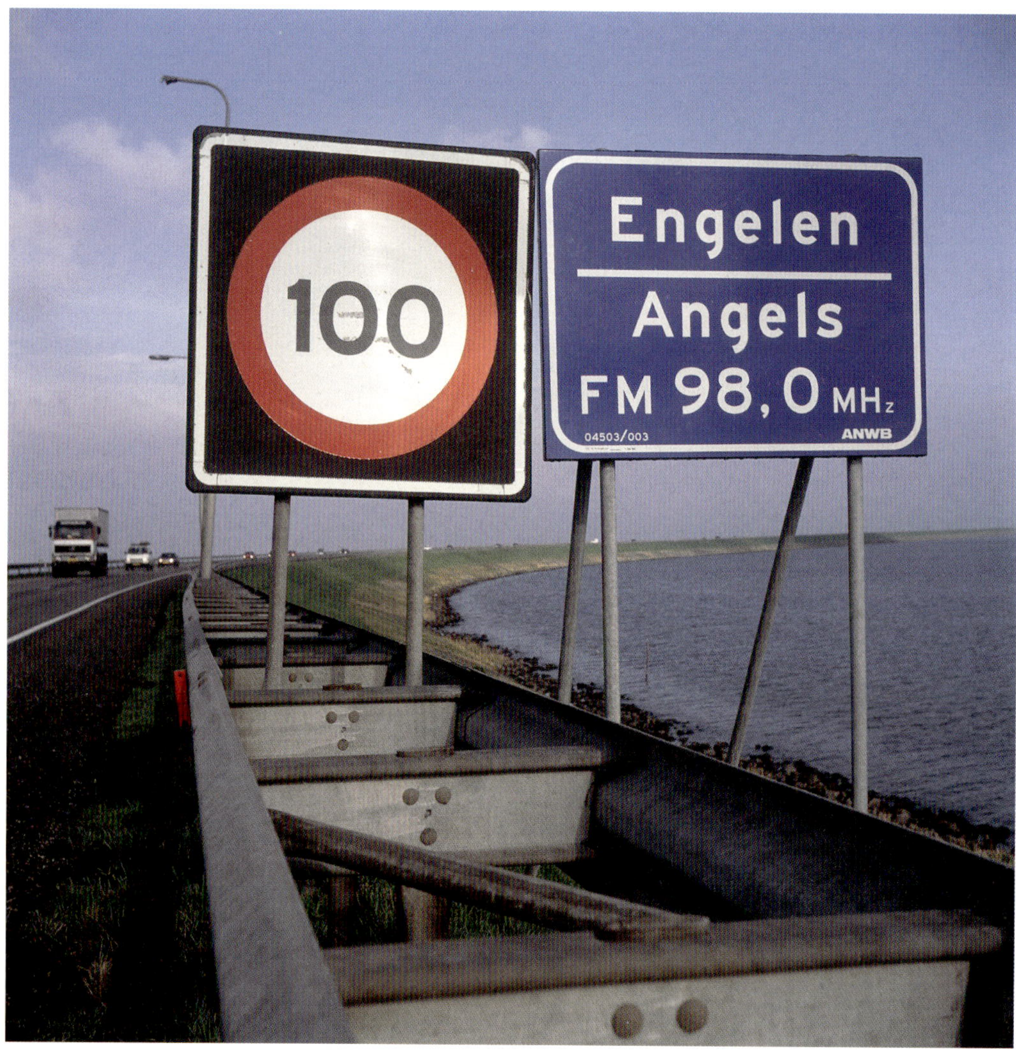

Op 31.12.2000 uit de lucht gehaald om in het nieuwe millennium beter 'naar nieuwe beelden te zoeken voor de onzichtbare houvast die we allen zo graag rond ons weten; dus nieuwe engelen, andere engelen, of helemaal geen engelen.' Voor *Al Het Vaststaande Verdampt* tijdelijk opnieuw in de lucht gebracht |
Broadcasting ceased on 31.12.2000 to do a better job in the new millennium 'to search for new images for the invisible hands that we all like to think are around us, that means new angels, other angels or no angels at all.' Broadcasting again but temporarily for *All that is Solid Melts Into Air*

Moniek Toebosch *Engelenzender*, 1994-2000 op de dijk Lelystad-Enkhuizen op FM 98.0 MHz. | *Angel Transmitter*, 1994-2000 on the dike between Lelystad and Enkhuizen on FM 98.0 MHz.

'ENGELEN/ANGELS' van Moniek Toebosch

Tussen Enkhuizen en Lelystad, midden in het IJsselmeer ligt de fraaie Houtribdijk van 29 km lengte. Deze dijk, ooit bedoeld als landgrens van de 'toekomstige' Markerwaardpolder verbindt nu de beide steden en hun achterland met elkaar.

In 1992 gaf de Prof. dr. van der Leeuwstichting een opdracht aan een aantal beeldende kunstenaars om een eigentijdse schuilplaats te ontwerpen. 'Een abri op een plaats waar de hedendaagse maatschappij zich uitgesproken manifesteert'.

Een van de kunstenaars, Moniek Toebosch, koos de auto als eigentijdse schuilplaats en wilde voor de automobilist een 'hemelse' verblijfplaats creëren door het uitzenden van 'engelenmuziek' waarop de bestuurder zijn radio kon afstemmen. Omdat voor haar deze muziek ook plaatsgebonden moest optreden, zocht ze naar een 'leeg' landschap en vond op de kaart van Nederland, de hierboven beschreven dijk. De Engelenzender zendt gedurende 24-uur per dag uit op FM 98.0 MHz.

Het uitzenden van de 'engelenmuziek' werd verzorgd door Nozema, vanaf de PTT-zendtoren Lelystad. De 'engelenzender' zorgde ervoor dat de automobilist, maar ook de watersporter, 24-uur per dag, in een gerichte straal van 29 km vanaf de zendtoren, naar de 'engelenmuziek' kon luisteren.

De 'Engelenmuziek' werd tot aan 1 januari 2000 uitgezonden. De radiofrequentie was FM 98.0 MHz. Rieks Hoogenkamp en Abe van der Werff coördineerden. Nozema, Lopik, zorden voor het uitzenden, de firma Stork uit Eindhoven voor de bewegwijzering. Deze 'engelenzender' werd in 1994 mede mogelijk gemaakt dank zij steun van het Ministerie van WVC, de Mondriaanstichting, Amsterdam, het Fonds voor de beeldende kunsten, vormgeving en bouwkunst, Amsterdam, het VSB Kunstenfonds, Amsterdam, het herdenkingsfonds Vincent van Gogh - ANWB, Den Haag, de Prof. dr. van der Leeuwstichting, Weesp, de stichting STEIM, Amsterdam en een anonieme substantiële persoonlijke bijdrage van een schenkster uit Antwerpen, België.

De muziek is gecomponeerd, gezongen en samengesteld door Moniek Toebosch. De programmering en bewerking van de zang is ontwikkeld en uitgevoerd door Harm Visser (Amsterdam).

FM 98.0

Over 'hemelse' zang en aardse techniek, Harm Visser

Engelen en moderne elektronica? Een discrepantie tussen gevleugelde onschuld en de verworvenheden van de op keiharde concurrentie gebaseerde computertechnologie! Toch zou de 'Engelenzender' met de zang van 'engelen' niet zo kunnen klinken als zij niet op hypermoderne wijze was georganiseerd. Wanneer u de radio aanzet en uw auto zich vult met 'engelengezang', zal opvallen dat u geen twee keer hetzelfde hoort. Natuurlijk is er de herhaling. Er was uiteraard een beperkt aantal 'engelen' dat wilde meewerken. In de zendtoren staat een computer, waarmee de zang van elke 'engel' apart is opgenomen. Iedere 'engel' heeft namelijk een geheel eigen manier van zingen en soms zelfs spreken!

Het bijzondere bij het uitzenden van de 'engelenzang' is het speciaal hiervoor ontworpen computer-programma dat er voor zorgt dat nauwelijks te voorspellen valt, welke 'engel' op welk moment haar gezang aanheft. Let wel: u hoort geen willekeur! Er is gewerkt met kansberekening maar zó dat de ene kans groter is dan de andere: bepaalde stukken zang zullen iets vaker optreden dan andere stukken, waardoor toch een soort leitmotiv ontstaat.

Men weet nooit wannéér het optreedt, maar wel treedt het vaker op dan andere stukken. Vooral de 'engelenkoren' komen vaker voor dan de solozangers. Ook kleine overlappingen van de ene 'engel' naar de andere kunnen optreden, waarbij soms minimale veranderingen hoorbaar zullen zijn. Soms klinkt er een héél fragiel, ver weg, eenzaam en klaaglijk, of juist uitermate vrolijk, dan weer waant een ander zich Dame Callas.

'ENGELEN/ANGELS' by Moniek Toebosch

Between Enkhuizen and Lelystad, right in the middle of the IJsselmeer, lies the 29 km-long, charming Houtrijbdijk. This dike, once intended as the border of the 'future' Markerwaard polder now links the two cities and their outlands to one another.

In 1992, the Prof Dr. van der Leeuw Foundation commissioned several visual artists to design a contemporary shelter. This would be 'A platform shelter in a place where modern society is pronouncedly present'.

One of the artists, Moniek Toebosch, chose the car as modern shelter. She wanted to create a 'heavenly' abode for motorists by playing 'angel music' to which the motorist could tune his/her radio. Because she thought this music should also be place-bound, she sought an 'empty' landscape and found the aforesaid dike in the Netherlands. The Angel transmitter broadcasts 24/7 on FM 98.0 MHz. Nozema broadcasts the 'angel music' from the PTT transmission tower in Lelystad. The 'angel transmitter' sees to it that, within a 29 km radius of the tower, motorists, as well as those in the area for water sports, can listen to 'angel music' 24/7.

The 'angel music' was broadcast up to 1 January 2000. The radio frequency was FM 98.0 MHz. Rieks Hoogenkamp and Abe van der Werff were coordinators. Nozema and Lopoik did the broadcasting; Stork from Eindhoven took charge of the signposting. This 'angel transmitter' was sponsored in 1994 by the Ministry of Welfare, Public Health and Culture – the Mondrian Foundation, Amsterdam – the Visual Arts, Design and Architecture Fund, Amsterdam – the VSB Art Fund, Amsterdam – the Vincent van Gogh Memorial Fund- ANWB, The Hague – Prof. Dr. van der Leeuw Foundation, Weesp – the STEIM Foundation, Amsterdam and a substantial personal gift from an anonymous donor from Antwerp Belgium. Moniek Toebosch composed, sang and compiled the music. Harm Visser (Amsterdam) saw to the programming and adaptation of the singing.

FM 98.0

On 'heavenly' singing and earthly technology, Harm Visser

Angels and electronics? A discrepancy between winged innocence and the achievements of market-based computer technology! The 'angel transmitter' and its 'angel' song would not have the sound it does without very up-to-date organisation. In the Lelystad transmission tower, there is a computer that was used to record each 'angel' separately. Each 'angel' has its own unique way of singing and sometimes even of speaking! When you tune your radio to FM 98.0 and fill your car with 'angel song', you will note that you never hear the same twice. Of course there is repetition – after all there are only so many 'angels' that wanted to help out. A specially designed computer program ensured that when during broadcasting it was impossible to predict which 'angel' would sing when. But this doesn't mean that you hear caprice. Mathematical probability was employed to ensure that one chance was more likely than another; some series will occur more frequently than others, producing a leitmotif. The 'angel choirs' sing more often than the soloists. Minor overlapping of one 'angel' with another can occur; this can produce minimal audible changes. Sometimes in the distance you can hear a very fragile, lonely and lamenting angel, at other times one that is bursting with joy. A third thinks she is Maria Callas.

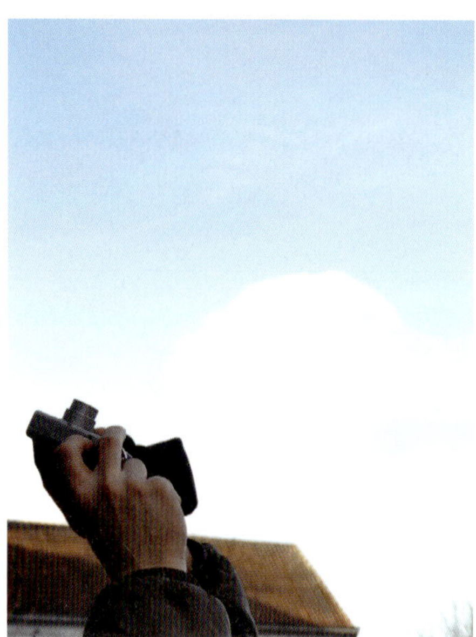

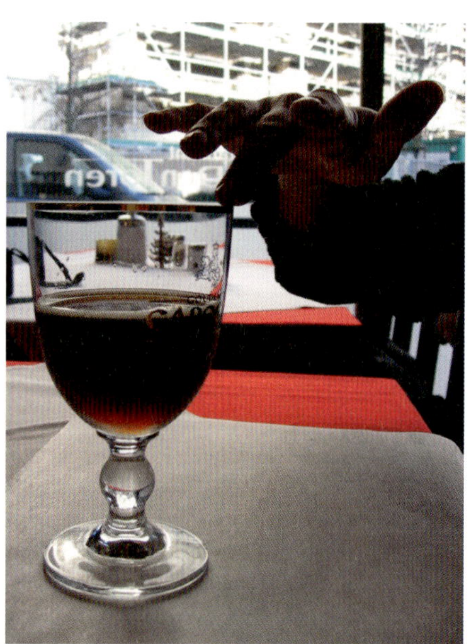

Uitnodiging aan dertien componisten om muziekstukken te creëren die elk uur werden gespeeld op de beiaard van de abdij van Grimbergen (voor een tentoonstelling van Luk Lambrecht). Tussen 8u en 20u (ong. 2'). De wil om een radicale verandering te veroorzaken in het dagelijks leven van bewoners. Gebruik maken van gekende klanken van een bestaand instrument en het vervangen van traditionele muziek door hedendaagse composities |
Invitation to thirteen composers to create musical pieces to be played every hour on the carillon at the Abbey of Grimbergen (for an exhibition by Luk Lambrecht). From 8.00 am to 8.00 pm (approx. 2'). The desire to bring about a radical change in the inhabitants' daily lives by using familiar sounds of a familiar instrument while replacing traditional music with modern compositions.

http://www.0123456789.be/blug/Treize-danses-pour-carillon.html

Christophe Terlinden [beiaard, dorp/stad, compositie | carillon, village/city, composition]

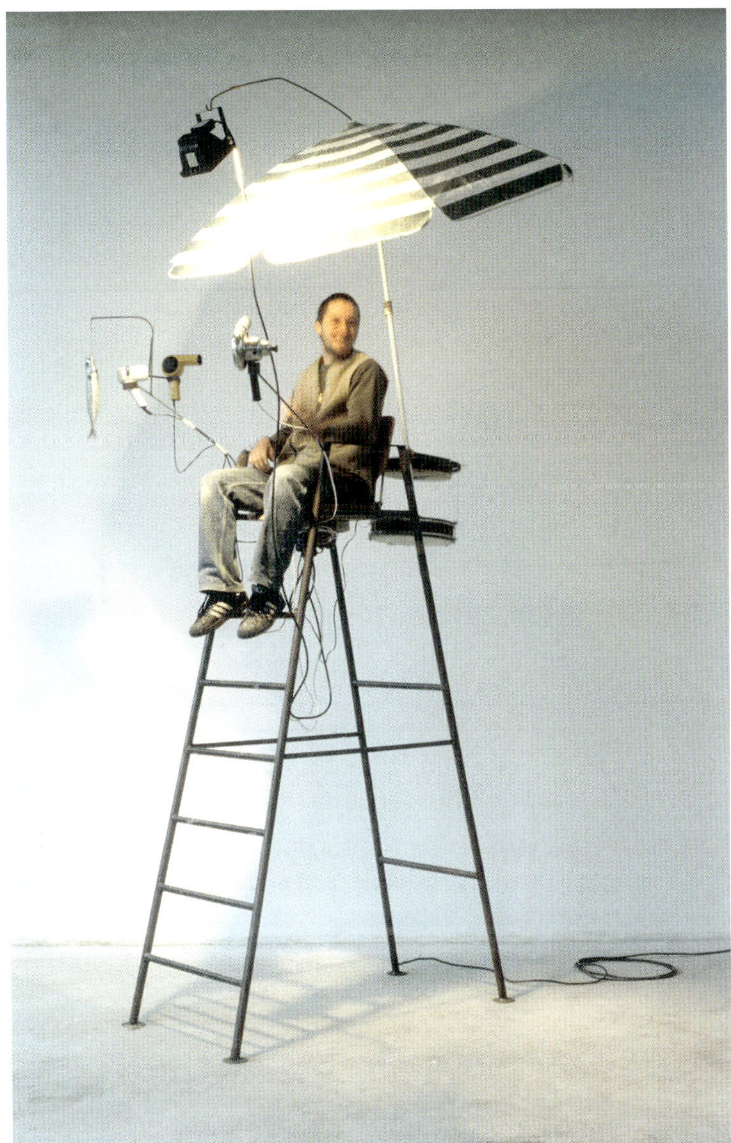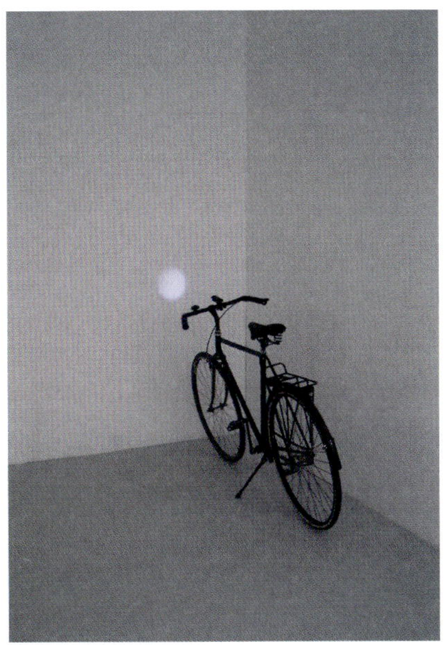

Johannes Vogl *Kijken naar de golven* | *Watching the Waves*, 2005 | **Johannes Vogl** *Kleine Maan* | Small Moon, 2006

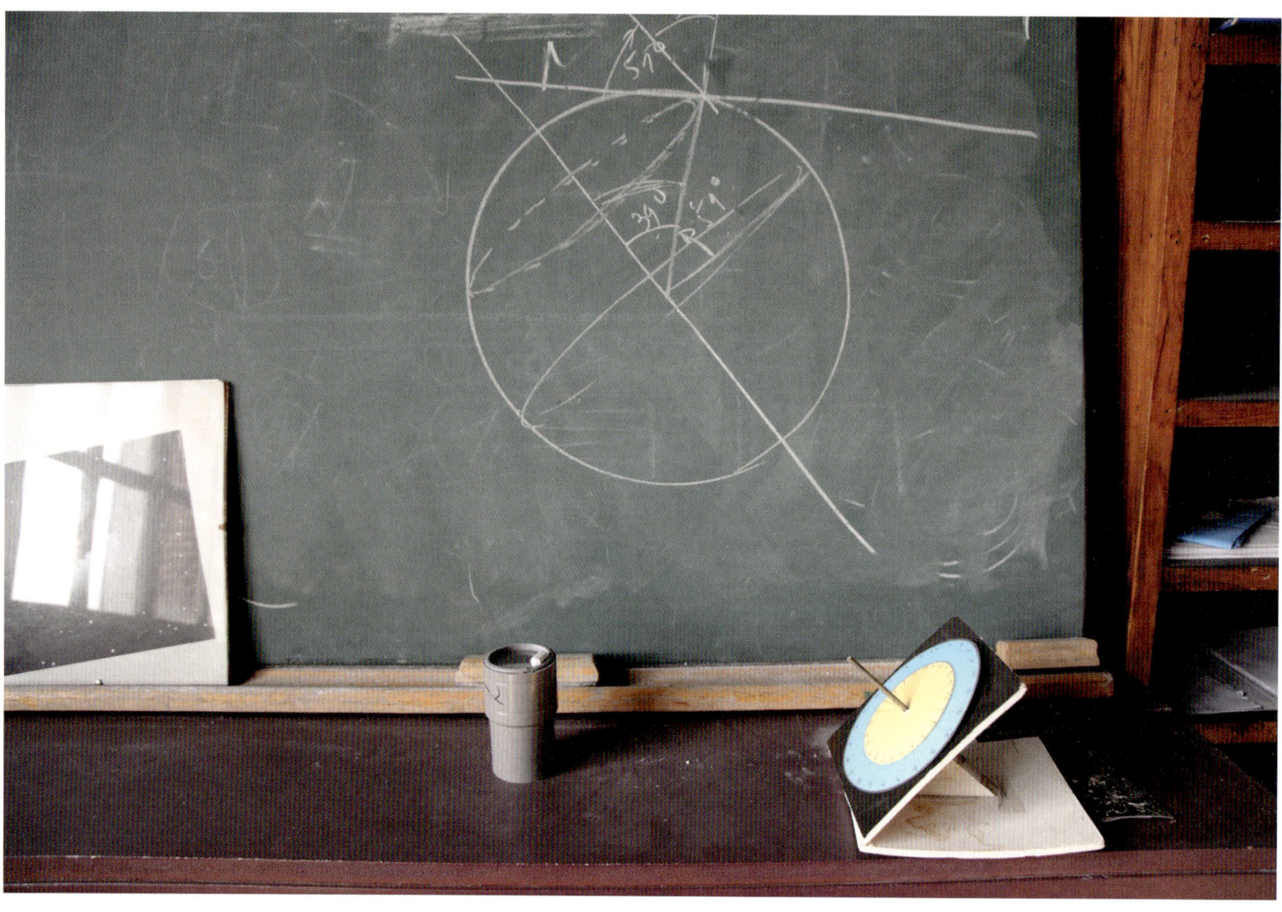

De astronomie studiekamer in het Scheppersinstituut in Mechelen, 13.10.2008

Nina Canell, Robin Watkins

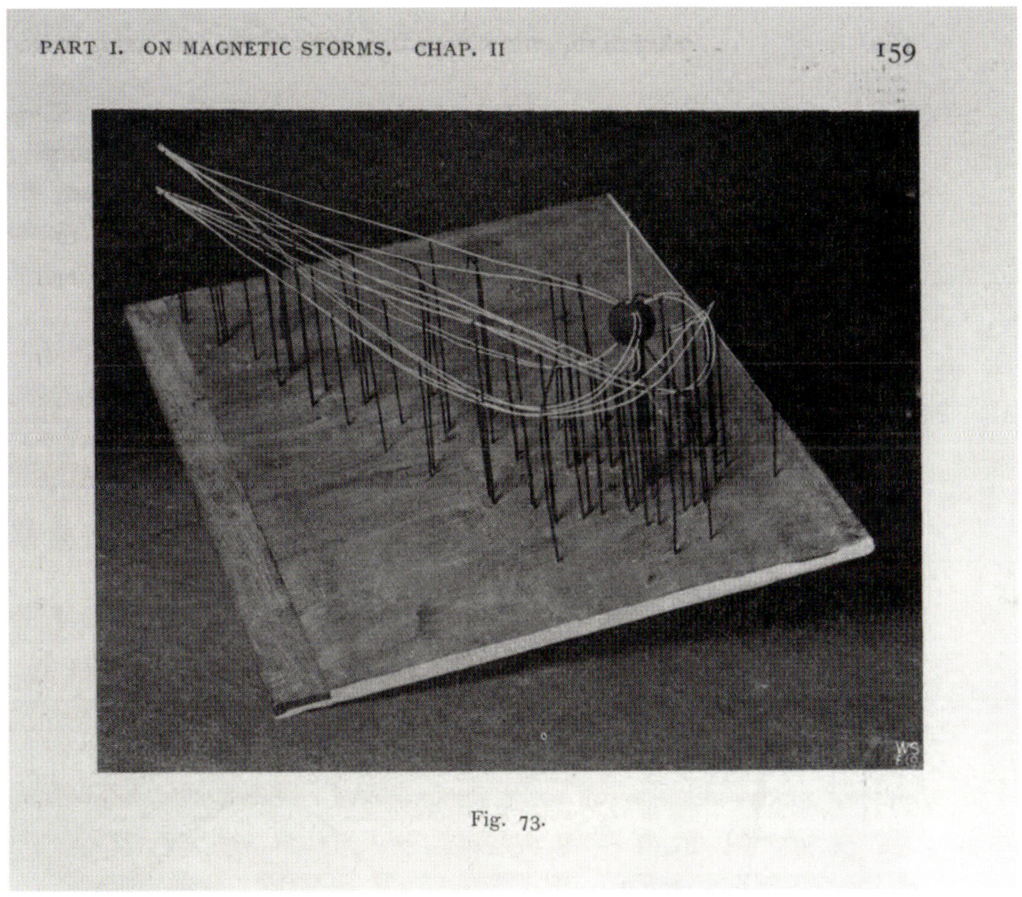

Draadmodel van een magnetische storm door
Kristian Birkeland, van de Noorse Aurora Polaris Expeditie
uit 1902-1903, Christiania, H. Aschehoug & Co, 1913 |
Wire model of a magnetic storm by Kristian Birkeland,
from the Norwegian Aurora Polaris Expeditie carried
out in 1902-1903, Christiania, H. Aschehoug & Co, 1913.

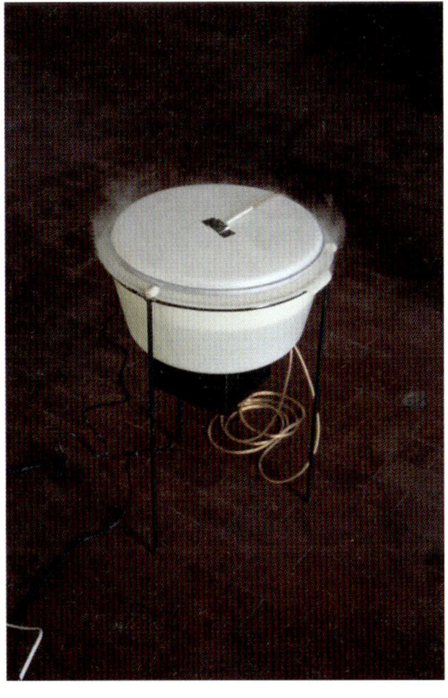

Nina Canell *Shedding Skin (Perpetual Current for Twenty-Four Buckets)* [detail], 2008

suchan kinoshita welcomes marcel hiller
for a collaborative work
we invite Pit Therre to give a performance of
NULOUVERT
A piece for a maximum of eleven players
for this occasion we will welcome **choreography for a public** to be performed
as a side event on various occasions during the show.

becoming the other half

an invitation in fiction

We nodigen uit voor

a taste of stagefried fooddesign   For that occasion a booklet with texts
about my work will be presented at 8 pm.   **Experience as**
Vanaf nu!..

infinite differences

was gelungen ist, wird vergessen
U bent uitgenodigd voor de finissage van het project:
THE BREDA BREAK
Please scroll down for the English version
We are pleased to announce the exhibition in our gallery
If you have trouble reading this email, go to......
Cette présentation est ouverte à tous.
Au plaisir de vous y voir !
Sonderpreis bis Ende November
LAATSTE WEEKEND VAN LDQ MUSEUM IN B32!

Voor velen niet haalbaar vanwege de
afstand, maar toch ter info.......

TENTOONSTELLINGEN - EXPOSITIONS – EXHIBITIONS
Indien u deze e-mail niet goed ontvangt, kunt u de <u>webversie</u> raadplegen.

Graag willen wij U uitnodigen voor de expositie

You are cordially invited for the exhibition

Sie sind herzlich eingeladen zur Ausstellung

Lichtkunsttentoonstelling
Please see attached photographs of our drawing installation.
Excuses voor de spam!
Excuses voor het ongemak.
Dear Audience
We have the pleasure to invite you to "Tell Me A Story"
Gratis toegang, taal: Engels

Suchan Kinoshita, Marcel Hiller Suchan Kinoshita nodigt Marcel Hiller uit voor een samenwerking | Suchan Kinoshita welcomes Marcel Hiller for a collaborative work, 2008-2009

presents in collaboration with the participants of Block 27
'The Glamour of Violence'
Een event als onderdeel van het project 'Hidden Curriculum'
Nous restons à votre disposition pour tout renseignement complémentaire ou demande de visuels.

In deze extra nieuwsbrief willen we jou als beeldende kunst

liefhebber nog eens attenderen op het programma van deze week.

experimental audio research

Punctuation Programme:

You are invited to??Inspired

by Films of True Stories?

... is een omvangrijk programma met onder andere
tentoonstellingen, performances, voorstellingen, symposia en muziek.

Apologies for cross-postings!

Dear Friends,
I am happy to announce:
iedereen bedanken die mee heeft geholpen
Dear silent dancers & noisy neighbors!
Je bent van harte uitgenodigd voor Project Perform!

« Où vous sentez-vous chez vous ? »

Who Put Grandma Under The Stairs?
Regional intervention for contemporary art
Closed on Tuesdays
Nous avons le plaisir de vous inviter à l'inauguration du nouvel espace

IT IS OUR PLEASURE TO WELCOME A NUMBER OF AUDITION
PARTICIPANTS, YET UNKNOWN TO BE PRESENTING THEIR SKILLS ON
BECOMING PART OF ANYTHING

Bonjour à toutes et à tous

We hope to have the pleasure of your company

ON AN EMPTY STAGE A SINGLE PERFORMER IS FACING THE VACANT ROWS OF AN
ABSENT AUDIENCE:

Cette présentation est ouverte à tous. Au plaisir de vous y voir !

UITNODIGING   **INVITATION**   **EINLADUNG**

Bart De Baere is directeur van MuHKA in Antwerpen. Eerder werkte hij in het Museum voor Hedendaagse Kunst in Gent en was hij mede-oprichter van het Timefestival in Gent en van het kunstcentrum Wiels in Brussel. Hij was ook voorzitter van de Raad voor Cultuur in Vlaanderen en van de Vlaamse museum-commissie en raadgever van de Vlaamse minister van Cultuur, van de biënnale van Johannesburg en van de biënnale van Sao Paulo.

Rosi Braidotti is hoogleraar Vergelijkende Vrouwenstudies aan de faculteit Geesteswetenschappen van de Universiteit Utrecht en wetenschappelijk directeur van de Nederlandse onderzoekschool Vrouwenstudies en van het Expertisecentrum Gender, Etniciteit en Multiculturaliteit. Ze publiceerde extensief over feministische filosofie, epistemologie, poststructuralisme en psychoanalyse. Haar meest recente boekpublicatie is *Transpositions: On Nomadic Ethics* (Polity Press, 2006).

Marcel Broodthaers (°1924–†1976) is een Belgische dichter, kunstenaar en filmmaker, wiens werk op het eerste gezicht veel aansluiting vertoont bij het surrealisme en bij de popart en fluxus van zijn eigen tijd, terwijl het tegelijk een aantal unieke vormen vindt, van zijn in gips ingegoten reeks onverkochte dichtbundels waarmee hij zijn opwachting maakte in de kunstwereld – met het beroemde bijschrift 'Moi aussi, je me suis demandé si je ne pouvais pas vendre quelque chose' – tot zijn eindeloze edities in vacuüm gedrukte plastic platen, van zijn diaprojecties en films die de verbeelding herbevragen tot zijn 'Musée d'Art Moderne, Département des Aigles'.

De Zweden **Nina Canell** (°1979) en **Robin Watkins** (°1980) werken intens samen. Na een lange periode in Dublin verblijven ze nu in New York. De sculpturale assemblages van Canell die water, licht, geluid en materie verbinden, zijn daarbij enkel het topje van een ijsberg van performances, events, muziek, video- en fotowerken. Canell werd in 2008 uitgenodigd op de Manifesta in Italië en voor de biënnale van Gwangju in Zuid-Korea. Ze wordt vertegenwoordigd door de galeries Mother's Tankstation (Dublin), Barbara Wien (Berlijn) en Konrad Fisher (Düsseldorf).

Thierry De Cordier (°1954) is een schrijver, schilder, beeldhouwer en performancekunstenaar die in Frankrijk en Oostende woont. In 1991 verscheen *Ecrits, ou les petites pensées d'un philosophe auto-didacte* (Vol. 1) en in 1995 *Mes écrits de Cuisine* (Vol. 2). Verleden jaar waren twee werken van zijn hand te zien in de tentoonstelling *Traces du Sacré* in het Centre Pompidou in Parijs.

De schilder **Raoul De Keyser** (°1930) woont in de Leiestreek waar ooit symbolistische en expressionistische schilderscholen de kunst lokaal verankerden. Hij startte zijn carrière met de 'Nieuwe Visie', een groep met Roger Raveel, Etienne Elias en Reinier Lucassen, en vond al snel een eigen positie. Hoewel ook De Keyser van kleine en vaak landschappelijke elementen vertrekt, is zijn kunst wereldwijd een referentie geworden vanuit een picturale vraagstelling, met onder meer een zaal in het Italiaanse paviljoen van de voorbije biënnale van Venetië. Een veelzeggende titel is die van enkele werken uit 1977: *Correcties*. De Keyser cultiveert een kunst van het kleinste gebaar, dat voortkomt uit accidenten, twijfels en het steeds weer opzoeken van de grenzen van het schilderen.

De Amerikaanse kunstenaar **Joseph DeLappe** (°1963) onderzoekt politiek, oorlog, werk, spel, protest en mens/machine-relaties door uiteenlopende nieuwe mediatoepassingen. Zo richtte hij zich op het onlinerecruteringsspel van het Amerikaanse leger, *America's Army*, waarbij hij voorstelde dit te vervangen door *America's Diplomat*, maar waarbij hij ook in het spel zelf de herinnering aan de gesneuvelde soldaten onder de aandacht brengt. Dit leidde tot de webtentoonstelling *Iraqimemorial.org* (http://www.iraqimemorial.org). In 2008 sloot hij zich kritisch aan bij de huidige golf van *reenactments* en 'herliep' hij in 26 dagen de 400 km lange zoutmars die Gandhi in 1930 organiseerde naar Dandi als protest tegen de Britse zoutbelasting, nu met een speciaal loop-

Kunstenaarsbiografieën | Artists' biographies

Bart De Baere is director of the Antwerp Museum of Modern Art (MuHKA). In the past he worked in the Museum of Modern Art in Ghent and was the co-founder of the Time Festival in Ghent and the Wiels Art Centre in Brussels. He was also chairman of the Flanders Culture Council and the Flemish Museum Commission and advisor to the Flemish Minister of Culture, the Johannesburg Biennial and the São Paulo Biennial.

Rosi Braidotti is professor of women's studies in the Faculty of Humanities of Utrecht University and scientific director of the Netherlands Research School of Women's Studies and of the Expertise Centre Gender and Multiculturalism (GEM). She has published extensively in feminist philosophy, epistemology, poststructuralism and psychoanalysis. Her most recent book is *Transpositions: On Nomadic Ethics* (Polity Press, 2006).

Marcel Broodthaers (°1924–†1976) was a Belgian poet, artist and filmmaker. At first glance, his work shows many tie-ins with the surrealism, pop art and fluxus of his time, despite his many distinct characteristics. These extend from unsold poetry volumes cast in plaster with which he entered the art world – with the famous caption 'Moi aussi, je me suis demandé si je ne pouvais pas vendre quelque chose', to his endless editions of vacuum-pressed plastic records, and from slides and films that request the imagination to his fictitious artists' *Musée d'Art Moderne, Département des Aigles*.

The Swedes **Nina Canell** (°1979) and **Robin Watkins** (°1980) work together intensely. They moved to New York after a long period in Dublin. Canell's sculptural assemblages linking water, light, sound and material are only the tip of the iceberg when it comes to performances, events, music, video and photography. In 2008, Canell was invited to the Manifesta in Italy and for the Gwangju Biennial in South Korea. She is represented by the following galleries: Tank Station (Dublin), Barbara Wien (Berlin) and Konrad Fisher (Düsseldorf).

Thierry De Cordier (°1954) is a writer, painter, sculptor and performance artist who lives in France and Ostend. His writings include *Écrits, ou les petites pensées d'un philosophe autodidacte* (Vol. 1), 1991 and *Mes écrits de Cuisine* (Vol. 2), 1995. Last year, two of his works were included in the *Traces du Sacré* exhibition at the Pompidou Centre in Paris.

Painter **Raoul De Keyser** (°1930) lives in the Leie River area where schools of symbolist and expressionist painters were local havens for art. He started his career in 'New Vision', a group with Roger Raveel, Etienne Elias, and Reinier Lucassen, but he quickly found his own place. Although De Keyser also starts with small and often rural elements, his art has become a worldwide reference in pictorial study that included a room in the Italian pavilion at the recent Venice Biennial. *Corrections* is one suggestive title of a few works dating from 1977. De Keyser cultivates the art of the gesture as arising from accidents, doubt and the repeated movement towards the perimeter of the paintings.

The American artist **Joseph DeLappe** (°1963) examines politics, war, work, play, protest and human/machine relationships using a broad range of new media applications. He turned to the US Army's on-line recruitment game *America's Army*, suggesting that this be replaced by *America's Diplomat*, while drawing attention to fallen soldiers in the game. This led to the internet exhibition *Iraqimemorial.org*. (http://www.iraqimemorial.org). In 2008, he joined the present wave of re-enactments and in 26 days 'reran' the 400 km salt march to Dandi that Gandhi organised in 1930 in protest against the British salt tax. This time he did it by equipping his MGandhi avatar

rek waarmee hij zijn MGandhi avatar aanstuurde in Second Life.

Jimmie Durham (°1940) is een Europeaan van Cherokee-herkomst. Hij is beeldend kunstenaar, dichter en essayist. Hij startte als kunstenaar in de jaren 1960 en werd vervolgens activist van het American Indian Movement, oprichter van de Indian Treaty Council en vertegenwoordiger van de indianen bij de Verenigde Naties. Hij emigreerde eerst naar Mexico en in 1994 naar Europa, waar hij voor het eerst als sleutelfiguur in belangrijke tentoonstellingen werd getoond, te beginnen in 1992 met *Amerika, Bruid van de Zon* in het KMSKA van Antwerpen en Documenta IX in Kassel. Durham woonde onder meer in Berlijn, Brussel en Marseille en verblijft nu in Rome. Zijn werk verbindt materiaalgevoeligheid, beeldend vermogen en betekenispotentieel tot tegelijk humorvolle en politiek gedreven reflecties over denken en handelen. Zijn teksten verschenen in tal van publicaties, met als belangrijkste verzameling de essaybundel *A Certain Lack of Coherence* uit 1993.

De Duitse kunstenares **Isa Genzken** (°1948) gebruikt uiteenlopende media. In Vlaanderen is ze vooral vertegenwoordigd met raamsculpturen in beton en epoxy, maar ze werkt ook met foto, film en video, met collage, op papier, in boekvorm. Internationaal wordt ze eerder geïdentificeerd met sculpturen die eveneens architecturaal zijn maar die allerhande kleurrijke materialen bevatten: gebogen spiegelende oppervlakken, fluoplastic, glas. In haar tentoonstelling voor het Duitse paviljoen op de biënnale van Venetië in 2007 en in de erbij aansluitende presentatie voor Skulptur Projekte Münster van datzelfde jaar, liet ze haar sculpturale inzet nog verder uiteenwaaieren met de groteske materialen van onze consumptiemaatschappij. Genzken was al in drie eerdere edities van deze biënnale uitgenodigd en ook vertegenwoordigd in drie Documenta's. Ze wordt vertegenwoordigd door Galerie Daniel Buchholz, door David Zwirner en door Hauser & Wirth.

De Duitse kunstenaar **Marcel Hiller** (°1982) studeerde in 2008 bij Suchan Kinoshita af aan de Kunstakademie Münster. Hij maakte toen de tentoonstelling *Da wir ein genuines Desinteresse als globalen Fortschrei zur Folg hätte* en – met zijn vriend Sebastian Walther – de afscheidstentoonstelling *basteln, scheissen, lesen*, met naast zijn schilderkunst ook werk dat de ruimte aantast en herijkt. Eerder nam hij deel aan *Zaungäste*, (Neuer Kunstverein Köln, 2006) en aan *Die ideale Akademie* (Westfälischer Kunstverein Münster, 2007). Gepubliceerde teksten van hem zijn onder meer 'Im Streit', in *Kunst aus Bildung 2* bij Verlag für moderne Kunst Nürnberg (uitg. Hildegund Amanshauser, Montag Stiftungen), 'Interview mit Andreas Siekmann', *ARTIC – das Magazin der fröhlichen Wissenschaften*, 2008, en 'Auf zur Formalismusdebatte! – sozusagen backstage (und ausführlicher), Sprechstück für eine oder mehrere Personen', 2008.

Hiwa K. (°1975) is een beeldend kunstenaar en muzikant van Irakese oorsprong die werkt rond paradoxen van culturele competentie, participatie, verspreiding van kennis en van evenementen. De kunstenaar is daarbij vaak een amateur in een leerproces, die een collega gitaar leert spelen, die kookt in rechtstreekse verbinding met zijn moeder in Irak of die leert tapdansen en vervolgens op zijn hartslag tapdanst in Abu Ghraib of die – zoals in de laatste manifesta – performances maar laat duren tot er zich een cirkel van publiek heeft gevormd om die vervolgens op te lossen door op te houden en dan elders weer te starten.

Valentine Kempynck (°1963) is autodidact. Ze houdt van extremiteit en eenvoud. Ze richtte het theatercollectief Belgat op. Binnen haar vele samenwerkingen functioneerde ze voornamelijk als kostuum- en decorontwerper. Daar vindt haar beeldend werk een weg in verhouding tot makers die inhoud, beeld, geluid en speelstijl op eenzelfde niveau stellen. Op theatergebied waren Guy Cassiers, Johan Simons, Ivo Vanhove, De Roovers en Benjamin Verdonck langdurige partners. Ze werkte ook samen met architectenbureau West 8 Rotterdam en ontwierp kostuums voor films van Robert Altmann en Ettore Scola. Sinds drie jaar maakt Kempynck

---

with a special walking frame in Second Life.

Jimmie Durham (°1940) is a European of Cherokee origin, a visual artist, poet and essayist. He started out as artist in the 1960s, then became an activist in the American Indian Movement, set up the Indian Treaty Council and represented the Indians at the UN. He emigrated to Mexico in 1994, then moved to Europe where he was a key figure at important exhibitions, starting in 1992 with *America, Bride of the Sun* at Royal Museum of Fine Arts in Antwerp (KMSKA) and Documenta IX in Kassel. Durham has lived in Berlin, Brussels, Marseille and, now, in Rome. His work links a feeling for material, visual abilities with a capacity for meaning, to reach humorous and ardently political reflections on thinking and acting. His texts have appeared in numerous publications, the most important being a collection of essays published in 1993 and entitled *A Certain Lack of Coherence*.

The German artist **Isa Genzken** (°1948) uses a broad range of media. She is best known in Flanders for sculpture installations in concrete and epoxy, but she also works with photos, film and video, with collages on paper and in book form. More recently, she has been identified internationally with sculptures that, while being architectural, still include all kinds of colourful materials, bent mirror surfaces, fluorescent plastic and glass. In her exhibition for the German pavilion at the 2007 Venice Biennial and in the related presentation for the Munster Skulptur Projekte the same year, she extended her sculptural contribution to include grotesque materials from our consumer society. Genzken had already been invited to exhibit at three earlier editions of this biennial and at three Documentas as well. She is represented by Daniel Buchholz, David Zwirner and Hauser & Wirth.

The German artist **Marcel Hiller** (°1982) completed his studies with Suchan Kinoshita at the Munster *Kunstakademie* in 2008. He then set up an exhibition *Da wir ein genuines Desinteresse als globalen Fortschrei zur Folg hätte* and – with his friend Sebastian Walther – the *basteln, schlissen, lesen* farewell exhibition that contained paintings and work that negatively impacted on space, as well as enriching it. He had taken part in *Zaungäste* in 2006 at Cologne's Neuer Kunstverein and, in 2007, in *Die ideale Akademie* at Munster's Westfälischer Kunstverein. Among his published works are 'Im Streit', in *Kunst aus Bildung 2*, Nurnberg: Verlag für moderne Kunst (Hildegund Amanshauser Publishers, Montag Stiftungen), 'Interview mit Andreas Siekmann', in *ARTIC – das Magazin der fröhlichen Wissenschaften*, 2008 and 'Auf zur Formalismusdebatte! – sozusagen backstage (und ausführlicher), Sprechstück für eine oder mehrere Personen', 2008.

Hiwa K. (°1975) is an Iraqi visual artist and musician. He works on paradoxes of cultural competence, participation, transmission of knowledge and events. The artist is often an amateur, climbing a learning curve: he gives a colleague guitar lessons, cooks while in direct contact with his mother in Iraq, or learns to tap dance and then tap dances to his own heartbeat at Abu Ghraib or, as in the last Manifesta performances, keeps on dancing until a circle of watchers has gathered, after which he dissolves the group by stopping and moving elsewhere to start again.

Valentine Kempynck (°1963) is self-taught. She likes extremes and simplicity. She founded the Belgat theatre group. She served mainly as costume and décor designer in the many joint ventures in which she participated. Her visual work carved its path on the same level as that of the makers of content, image, sound and acting style to which it relates. In the theatre, Guy Cassiers, Johan Simons, Ivo van Hove, de Roovers en Benjamin Verdonck were partners of long

autonoom beeldend werk. In 2008 stond de installatie *Celeste* in het Kunstenfestivaldesarts Brussel. Met *Dandelion* onderzoekt ze de betekenisverschuiving van een werk naargelang van de context. In 2009 bouwt Kempynck verder bankjes in verschillende steden en dorpen in Europa.

De Japans-Duitse, in Maastricht wonende en in Münster docerende kunstenares **Suchan Kinoshita** (°1960) studeerde hedendaagse muziek bij Mauricio Kagel aan het conservatorium van Keulen en was lang lid van het Theater am Marienplatz in Krefeld. Deze achtergronden blijven meespelen in haar beeldend werk dat improvisatorisch, performatief en belevingsgericht is, met werken als een *Staubstelle*, waarin stof onderzocht wordt, of zoals de voor het Van Abbemuseum uit Eindhoven geproduceerde *Voorstelling*, nu in het Gentse SMAK. Solotentoonstellingen van haar waren er in het MuHKA in Antwerpen (2002-2003), bij Marres in Maastricht (2004) bij Galerie Nadja Vilenne in Luik en in de Ikon Gallery in Birmingham (2006). In 2007 nam ze deel aan

Skulptur Projekte Münster, in 2008 aan de zevende Shanghai-biënnale.

De Moravische schilder en performer **Vladimir Kokolia** (°1956) is ook dichter, zanger bij de alternatieve rockband E, bosbeheerder en compostspecialist. Kokolia zet de grote traditie verder van de Midden-Europese mystieke kunst. Naast zijn vele sarcastische figuratieve lijntekeningen, maakt hij vooral abstracte schilderijen die een beeld van de wereld scheppen als energievelden. Deze brengt hij vaak samen in installaties waarbij de schilderijen deel worden van een op beleving afgestemd environment, waarbij zelfs het licht quasi afwezig kan zijn, zoals ooit in de VMHK in Gent. Kokolia doceert aan de Akademie voor Beeldende Kunst van Praag.

De Kroatische kunstenaar **Ivan Kožarić** (°1922) maakte deel uit van de radicale kunstenaarsgroep Gorgona (1959-1966). Hij heeft steeds de meest uiteenlopende stijlen naast elkaar bedreven, figuratief – realistisch en gestileerd – naast abstract, maar ook brons naast afvalhout. Radicale voorstellen uit de jaren 1960 werden pas

internationaal zichtbaar bij zijn presentatie in het Joegoslavische paviljoen in de biënnale van Venetië in 1976, toen hij op een hoop de objecten tentoonstelde uit zijn atelier dat hij een paar jaar daarvoor helemaal goud had geschilderd, inbegrepen sculpturen, zijn schoenen en de deur. Een tentoonstelling in het Musée d'Art Moderne de la Ville de Paris in 2002 en zijn deelname aan Documenta 11 in Kassel brachten hem opnieuw internationaal voor het voetlicht. Zijn hele studio is opgenomen in de verzameling van het Museum voor Hedendaagse Kunst in Zagreb.

Q. Lê Dinh (°1968) werd geboren in Hà Tiên, een Vietnamese stad bij de grens met Cambodja. Na de Vietnamese invasie van Cambodja in 1978 emigreerde zijn familie naar Los Angeles. Hij studeerde aan de University of California, Santa Barbara, en vervolgens aan de School of Visual Arts in New York. Hij maakt installaties, video, sculpturen en interventies in de stedelijke ruimte, maar is het meest bekend om zijn fotoweefwerken. Hij werkt zowel in Vietnam als in Los Angeles, en gebruikt als thema vaak een combina-

tie van echte en imaginaire (films als *Apocalypse Now*) herinneringen aan de Vietnamoorlog.

Mangelos is de kunstenaarsnaam van **Dimitrije Bašićević** (°1921-†1978), criticus en curator in het Museum voor Hedendaagse Kunst te Zagreb. Hij was de drijvende kracht achter de internationaal succesvolle notie van Joegoslavische naïeve kunst, maar is sinds 1971 ook hoofdcurator van het Centrum voor Film, Fotografie en Televisie. Mangelos maakte deel uit van de radicale kunstenaarsgroep Gorgona (1959-1966). Zijn eigenzinnig georganiseerde oeuvre heeft vaak de vorm van nageschilderde schoolborden met soms tussen de lijntjes voor schoonschrift louter korte zinnetjes als '*paysage de la mort*' of '*paysage de la guerre*'; men kan het oeuvre zien als een reflectie over cultuur na de ervaring van de Tweede Wereldoorlog.

NS Harsha (°1969) grondt zijn werk in de Indiase beeldende en filosofische tradities. Hij is vooral bekend als schilder van figuratief werk dat zowel put uit de miniatuurschilderkunst als de volkskunst, en dat in

---

standing. She also worked with the West 8 Rotterdam architects and designed costumes for films by Robert Altmann and Ettore Scola. For the last three years, Kempynck has created independent visual work. In 2008 her installation entitled *Celeste* was on display in Brussels' Kunstenfestivaldesarts. In *Dandelion* she investigated a work's shift in meaning as it changes context. In 2009, Kempynck will build more benches in various cities and villages in Europe.

The Japanese-German **Suchan Kinoshita** (°1960) lives in Maastricht and teaches in Munster. She studied modern music with Mauricio Kagel at the Cologne conservatory and was a long time member of the Theater am Marienplatz in Krefeld. This background continues to influence her improvisational, performative and experience-oriented visual work. Examples are *Staubstelle*, in which she examines material and the *Presentation*, produced for Van Abbe Museum in Eindhoven, which is now on display in Ghent's

Municipal Museum of Contemporary Art (SMAK). Solo exhibitions of her work were held in Antwerp's MuHKA (2002-2003), in Maastricht's Marres (2004), at Nadja Vilenne Gallery in Liège and at the Ikon Gallery in Birmingham (2006). In 2007 she was part of Munster's Skulptur Projekte; in 2008 she took part in the seventh Shanghai Biennial.

The Moravian painter and performer **Vladimir Kokolia** (°1956) is a poet, a singer with alternative rock band E, a forest manager and a master composter. Kokolia continues the grand tradition of Central European mystic art. Alongside his many sarcastic, figurative line drawings, he has produced many, mainly abstract, paintings that portray the world as fields of energy. He often draws these together in installations where the paintings become part of an experience-oriented environment in which light can be nearly absent, as on one occasion in VMHK in Ghent. Kokolia teaches at the Academy of Fine Arts in Prague.

The Croatian artist **Ivan Kožarić** (°1922) was part of Gorgona (1959-1966), a radical artists' group. He has always utilised a broad range of styles simultaneously: figurative – realistic and stylised – alongside abstract, but also bronze alongside waste wood. Radical presentations dating from the 1960s only became visible internationally when they appeared in the Yugoslavian pavilion at the 1976 Venice Biennial, where he showed a pile of objects from his studio that he had painted gold a few years earlier, including sculptures, his shoes and the door. A 2002 exhibition at the Musée d' Art Moderne de la Ville de Paris and his participation in Documenta 11 in Kassel put him in the international spotlight once again. His entire studio was included in the collection of the Museum for Modern Art in Zagreb.

Q. Lê Dinh (°1968) was born in Hà Tiên, a Vietnamese city on the border with Cambodia. His family moved to Los Angeles when Viet-

nam invaded Cambodia in 1978. He studied at the University of California in Santa Barbara and then at The School of Visual Arts in New York. He creates installations, videos, sculptures and projects in urban spaces, but is best known for his woven photographs. He worked in Vietnam and in Los Angeles and often took a combination of real and imaginary (the film *Apocalypse Now*) recollections of the Vietnam War as theme.

Mangelos is the pseudonym of **Dimitrije Bašićević** (°1921-†1978), critic and curator in the Zagreb Museum of Modern Art. He was the engine behind the internationally successful notion of Yugoslavian naive art as well as having been, since 1971, the chief curator of the Centre for Film, Photography and Television. Mangelos was part of Gorgona (1959-1966), a radical artists' group. His obdurately organised work often takes on the shape of painted blackboards, void except for calligraphic phrases between the lines, merely '*paysage*

zijn narrativiteit vaak door honderden personages wordt bevolkt – die in rijen achter naaimachines het doek van de sterrenhemel stikken of die de werkplaats van de goden bemannen. Hij maakt echter ook heel ander werk, dat men eerder als performances of installaties zal catalogeren. Zijn werk getuigt steeds van een grote maatschappelijke en politieke betrokkenheid. Harsha wordt vertegenwoordigd door de galerij Bodhi Art. In 2008 was hij een van de spilfiguren van de tentoonstelling *Santhal Family* in het MuHKA. Hij won dat jaar ook de Britse Artes Mundi-prijs. Hij leeft en werkt in Mysore.

Christophe Terlinden (°1969) hecht eraan Brussel als 'Bruxel' te schrijven, half Nederlands, half Frans. Zijn werk kaart op lichtvoetige wijze een maatschappelijk engagement aan, in uiteenlopende vormen als een museum voor straatverlichting (met Nathalie Mertens), een ontwerp voor een nieuwe Europese vlag, waarbij de sterren zijn samengesmolten tot een ring, of het logo van het Antwerpse Museum voor Hedendaagse Kunst – waarvan de 'u' na Terlindens interventie

voorgoed uit het logo van het MuHKA is verdwenen. In 2003 ontving hij de Prix de la Jeune Peinture Belge met een voorstel voor een vredesregeling voor het Midden-Oosten. Hij wordt gesteund door galerie Transit in Mechelen en toonde recent een sculptuur met als titel *Het evenwicht in de leugen* bij galerie Micheline Szwajcer.

Moniek Toebosch (°1948) is een veelzijdige kunstenares, zangeres, actrice, schilder en performance-kunstenaar. Haar werk omvat gedichten, beelden, grafische ontwerpen, happenings, workshops, columns... In het verleden was ze ook lesgeefster aan o.m. de Rietveldacademie en de Rijksakademie in Amsterdam, directeur van DASArts en lid van de Nederlandse Raad voor Cultuur. Ze speelde in veel films van Frans Swartjes en was in 1983 presentator van het legendarische VPRO-programma *Aanvallen van uitersten*.

De Brusselse kunstenares **Joëlle Tuerlinckx** (°1958) verbindt uiteenlopende lijnen in de traditie van de moderne kunst en zet deze zo verder. Haar onderbouw is

conceptueel, enorme indexicale systemen, inclusief methodes van transformatie en toepassing, die iedere keer het potentieel hebben om de hele wereld te overspoelen. De inzet daarbinnen is echter gericht op het reële, en streeft naar een artistieke omgang ermee in de intensiteit van kleur, lijn, materiaal en vorm. Het resultaat is steeds een heel specifieke neerslag van de ontmoeting tussen die grote en kleine intensiteiten en een omgeving, complexe structureringen waarin men zich verslingert aan het detail, het macroscopische en het microscopische die elkaar ontmoeten. Tuerlinckx, vertegenwoordigd door Stella Lohaus Gallery, nam onder meer deel aan Documenta 11 in Kassel en werd sindsdien getoond in onder meer de Renaissance Society in Chicago en het Drawing Centre in New York.

Johannes Vogl (°1981) studeerde aan de academies van Karlsruhe (bij Stephan Balkenhol en Daniel Roth), Wenen (bij Heimo Zobernig) en Berlijn. Zijn werk wordt gekenmerkt door onverwachte poëtische gebaren, waarbij machines als hulpmiddelen de vorm kunnen be-

palen. Vogl was een opgemerkte aanwezigheid op Manifesta 7, waar hij in de tentoonstellingsmuren enerzijds kijkgaatjes aanbracht, zodat toeschouwers konden zien hoe die muren enkel een ongerenoveerde ruimte verborgen, en waar hij anderzijds in diezelfde muren goud injecteerde, een onzichtbare maar onvergetelijke daad. Vogl wordt vertegenwoordigd door galerie Marin Janda uit Wenen.

---

de la mort' or '*paysage de la guerre*'. We could view his body of work as a reflection on culture in the post-WW II period.

NS Harsha (°1969) embeds his work in Indian visual and philosophical traditions. He is mainly known as painter of figurative work that draws on miniature painting and on the hundreds of personages that populate folk art's narrativity – where they sit in rows behind their sewing machines stitching together the starry sky or staff the gods' workshop. However, he has also set up a variety of other works often described as performances or installations. His work always witnesses to deep-seated social and political commitment. Harsha is represented by Bodhi Art. In 2008, he was the one of the pivotal figures of MuHKA's *Santhal Family* exhibition. That same year he also won the British Artes Mundi prize. He lives and works in Mysore.

Christophe Terlinden (°1969) likes to write 'Bruxel' for Brussels, half Dutch, half French. His work lithely raises the issue of social commitment in a variety of shapes, such as a museum for street lighting (with Nathalie Mertens), a design for a new European flag, in which the stars have coalesced into a ring, or a re-vamped logo for the Antwerp Museum of Modern Art, which Terlinden has since stripped of its letter 'U'. In 2003 he was awarded the Prix de la Jeune Peinture Belge for his proposal for a peaceful solution to the Middle East conflict. He receives support from Transit Gallery in Mechelen and recently exhibited a sculpture entitled *balanced lie* at the Micheline Szwajcer Gallery.

Moniek Toebosch (°1948) is a polyvalent artist, singer, actress, painter and performance artist. Her work runs the gamut from poetry to pictures, graphic designs, happenings, workshops, columns. In the past, she also taught at Rietveld Academie and Rijksacademie in

Amsterdam and was director of DASArts and a member of the Dutch Culture Council. She acted in many of Frans Swartjes' films; she presented the legendary programme *Aanvallen van uitersten* for the Dutch TV broadcaster VPRO.

Artist **Joëlle Tuerlinckx** (°1958) from Brussels unites and extends a range of lines in the tradition of modern art. Her conceptual foundation is based on enormous index-like systems, including transformation and application methods that can potentially inundate the whole world. However, the commitment is always punctual, reality-oriented and an artistic management of colour intensity, line, material and form. The result is always a very specific upshot of the meeting between higher and lower intensities and environment, complex structures in which one becomes consumed in details that meet macroscopically and microscopically. Tuerlinckx, represented by Stella Lohaus Gallery, took part in Documenta 11 in Kassel and, since then,

has exhibited at Chicago's Renaissance Society and at New York's Drawing Centre.

Johannes Vogl (°1981) studied at academies in Karlsruhe (with Stephan Balkenhol and Daniel Roth), Vienna (with Heimo Zobernig) and Berlin. His work is noted for unexpected, poetic gestures in which machines may become devices for determining form. Vogl was an observed presence at Manifesta 7, where he put holes in the exhibition walls so that viewers could see how these walls simply hid unrenovated space, and where he also injected gold in the same walls, an invisible but unforgettable act. Vogl is represented by Marin Janda Gallery of Vienna.

De Maakbare Mens

Curator: LILIANE DEWACHTER

The Man-Made

Kunstenaars | Artists:

Marina Abramovic	Eduardo Kac
Vito Acconci	Micha Klein
Ron Athey	Ana Mendieta
Charles Atlas	IngridMwangiRobertHutter
Franko B	Erwin Olaf
Philip Brophy	ORLAN
Chris Burden	Susana Pilar Delahante Matienzo
Hans Danuser	L.A. Raeven
Danny Devos	Stelarc
Desiree Dolron	Frank Theys
Kirsten Geisler	Inez Van Lamsweerde
Rachel Goh	& Vinoodh Matadin

The making of...
de mens

MAYA VAN LEEMPUT

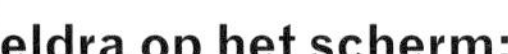

Weldra op het scherm: *Being Human*, een televisieserie over een vampier, een weerwolf en een spook die een huis delen. Deze Britse serie is de meest recente van een verrassend aantal populaire non-fictieseries voor televisie die zich ongegeneerd inlaten met vragen over 'mens zijn'.[1] Sinds sciencefiction ook op televisie dit thema oppikte, is het traditionele nichepubliek van het genre aanzienlijk uitgebreid. De zenuw die met 'mens zijn' wordt geraakt, is er een die we allemaal gemeen hebben. Wanneer die zenuw blootgelegd wordt door de inspanningen van kunstenaars, verandert de intensiteit van de afgevuurde zenuwprikkels. De beelden die Liliane Dewachter heeft bijeenbracht en die ik kon bekijken ter voorbereiding van deze tekst, zijn gevuld met mensen, vaak de kunstenaars zelf, midden in het beeldkader, aan het werk, mensen die actief zijn op het scherpst van de snee.

Het bekijken van deze beelden was een hernieuwde kennismaking met de waaier van ervaringen en emoties die komen kijken bij het mens-zijn. De verhoogde staat van bewustzijn (*mindfulness*) die dit kan op gang brengen, oefent een grote aantrekkingskracht uit. De kunstenaars brengen het concept van 'de maakbare mens' op hun eigen manier naar voor. Zo wakkeren ze de onzekerheid aan die dit concept nodig heeft als het zich verder wil ontwikkelen.

Beelden van het menselijk lichaam en de menselijke geest, van hun kneedbaarheid en de gevolgen daarvan, zijn te vinden in een breed spectrum van praktijkvelden en zijn verbazingwekkend veelzijdig. Ze staan centraal in verschillende, slechts gedeeltelijk overlappende, discursieve velden. Uiteenlopende sectoren (biotechnologie of onderwijs bijvoorbeeld), domeinen (politiek, wetenschap of cultuur) en terreinen (het dagelijks leven of het beleid) hebben elk hun eigen regels om met het onderwerp om te gaan. Bovendien, zoals Jake Dunagan[2] van het in San Francisco gevestigde Institute of the Future opmerkt, zijn al deze velden niet synchroon op elkaar afgestemd: 'De dingen bewegen tegen verschillende snelheden, niet alles versnelt samen. Politiek zit op een ander tempo dan cultuur, die op haar beurt een andere snelheid heeft dan biologie die op een andere snelheid evolueert dan spirituele tijd enz.'[1]

Breed uiteenlopende benaderingen van het concept van 'de maakbaarheid van de mens' (niet te verwarren met het veel ruimere en meer absolute idee van de vrije wil) dwingen tot zorgvuldige kadering. De mens wordt gerepresenteerd in individuele en sociale perspectieven op elk aspect van het leven. Veronderstellingen over hoe mensen kunnen (of zouden moeten) zijn of gemaakt worden en over hoe ze zichzelf kunnen vormen of maken, zijn vaker impliciet dan expliciet. Ze kunnen herkend worden in de manier waarop geneeskunde en onderwijs zijn georganiseerd, in de inhoud van mediabeelden en in de spiegel. Wanneer ze worden uitgesproken of in beeld gebracht, wanneer ze in vraag worden gesteld, afgebroken of opnieuw geformuleerd, dan worden nieuwe paden zichtbaar, verhoogt het potentieel en wordt het leven boeiend. De kunstenaars, wetenschappers en theoretici die onze aandacht willen vestigen op onze menselijkheid en onze maakbaarheid, betreden een gecontesteerd territorium, waar onverzoenbare perspectieven bestaan. Hun subversieve benadering kan de mogelijkheden en de kiemen van een transformatie blootleggen.

In de plooien van elk tijdperk bestaat een potentieel voor betekenisvolle verandering. Door de eeuwen heen werd er met regelmatige tussenpauzes gesteld – of bepleit – dat de mensheid zich op de historische drempel van een radicale transformatie bevond. In een artikel uit 2003, dat de titel 'The New Humanist' draagt, is ook John Brockman deze mening toegedaan: 'Er is iets radicaal nieuws op komst: nieuwe methodes om fysische systemen te begrijpen, nieuwe manieren om te denken over het denken die vele van onze fundamentele uitgangspunten in vraag stellen. Een realistische biologie van de geest, vooruitgang in de fysica, de elektriciteitsleer, de genetica, de neurobiologie, engineering, de chemie van de materialen – alle zetten ze de basisveronderstellingen op losse schroeven van wie en wat we zijn en van wat het betekent mens te zijn.'[II]

Het is waar dat onze tijd uniek is, net als elk ander tijdperk in het verleden of de toekomst. Vandaag beschouwen we onszelf als de bezitters van steeds performantere middelen om mensen te manipuleren/veranderen en zelfs te creëren in materiële zin, en daarin zien we het potentieel voor een betekenisvolle omwenteling. Brockmans artikel werd gepubliceerd op KurzweilAI.net. Ray Kurzweil is een vooraanstaand adept van het idee dat exponentiële technologische ontwikkeling ons tijdperk naar een grote omwenteling stuwt. Hij ziet mensen machines veranderen die op hun beurt mensen veranderen.[III] Terwijl nieuwe materieel gefundeerde methodes om mensen te maken en te her-maken beschikbaar worden, groeit de belangstelling voor de vragen met betrekking tot de maakbaarheid van de mens. Het vermogen om de codes van het leven te manipuleren, om rechtstreeks en daadwerkelijk in te grijpen in eigenschappen van de mens, is indrukwekkend. De implicaties ervan mogen niet worden onderschat.

'En God schiep de mens naar zijn eigen beeld.' Beelden van het maken van menselijk(e) wezen(s), van de schepping, roepen gevoelens op van eerbied en ontzag op eigen aan een teleologisch kader. Scheppingsverhalen bestaan in vele gedaantes in culturen overal ter wereld: van het Bijbelse Scheppingsverhaal (en zijn tegenhangers in de heilige boeken van de andere twee monotheïstische godsdiensten) tot het verhaal dat ik leerde kennen door een schilderij van de Noord-Amerikaanse indiaanse kunstenaar Tony Mafia. Het schilderij toont hoe de mensen worden geschapen, hoe ze zorgvuldig, een voor een, worden geboetseerd. Elke persoon wordt gevormd uit de klei van de aarde en betreedt de wereld pas nadat haar/hem geest is ingeblazen. Zelfs in moderne westerse samenlevingen, waar de mens grotendeels zichzelf heeft aangewezen als haar/zijn eigen schepper, roept de oorsprong en de schepping van de mens gevoelens met teleologische dimensies op. Dit zet Dunagan ertoe aan om te schrijven: 'Het laboratorium is de nieuwe kathedraal die onderdak biedt aan onze hoop, dromen, schuld en vrees. De verlossers nemen de vorm aan van transgene laboratoriumdieren, die geofferd worden om ons te redden. Onze Bijbel is de genetische code...'[IV]

Bij het 'maken van mensen' komt er echter meer kijken dan wat in de actieradius ligt van onze groeiende vaardigheid om genen, breinen, chemische stoffen, ledematen of protheses te manipuleren. Het menselijke wezen is de locatie bij uitstek waar het conceptuele paar van het materiële en het spirituele verstrengeld zijn, niet van elkaar gescheiden, nog onbewust van elkaars bestaan.

1— *Being Human* wordt aangekondigd op BBC3, de andere drie series die bij me opkomen zijn grote Noord-Amerikaanse producties. De *Battlestar Galactica* remake met zijn complexe en gelaagde Cylons; *Heroes,* waarin doodgewone mensen met bovennatuurlijke krachten zich uitsloven om de wereld te redden, nadat ze zichzelf en hun menselijke trekken hebben ontdekt, en het minder verfijnde, meer glossy en zeemzoete *4400* hebben alle meerdere seizoenen gelopen.

2— Dunagans politieke duidelijkheid en creatieve intensiteit maken van hem een van mijn favoriete futurologen. Een aandachtige herlezing van het artikel over 'neurofutures' dat hij publiceerde als ph.d.- kandidaat aan het Hawaii Research Center for Future Studies, zette me op het spoor bij de voorbereiding van deze tekst. Ik ben hem dankbaar voor deze nuttige informatiebron.

Een dergelijke holistische houding is bij uitstek aanwezig in Auroville, waar het geloof heerst dat mensen zichzelf noodzakelijkerwijs moeten maken en nieuwe vormen en concepten van menselijkheid moeten voorbereiden. Als een experiment van menselijke harmonie dat sinds het eind van de jaren 1960 loopt in een levensechte omgeving, is Auroville een stadstaat, die de weg wil voorbereiden naar het volgende stadium in de menselijke evolutie. Auroville werd gesticht door de Indiase yogi Sri Aurobindo en zijn partner Mirra Alfassa. De UNESCO heeft het project financieel gesteund en verleent nog steeds morele ondersteuning aan de modelstad waar vandaag 1700 mensen werken en wonen. De centrale visie die hen samenbrengt, luidt: 'De mensheid is niet het laatste stadium van het leven op aarde. De evolutie gaat door en de mens zal overtroffen worden.' Hun charter verklaart: 'Auroville zal een plaats van materieel en spiritueel onderzoek zijn, van een levensechte belichaming van een waarachtige Menselijke Eenheid.'[V] Natuurlijk is Auroville maar een kleine stad van alternatievelingen in het zuiden van India, een gemeenschap zoals elke andere gemeenschap. Maar toen ik in 2002 de plaats bezocht, gewapend met een gezonde dosis scepsis, voelde ik me onweerstaanbaar aangetrokken tot de vibratie van bewust beleefde evolutie, de rimpelingen veroorzaakt door het streven om de menselijke aard te veranderen; haast onmerkbaar waren ze aanwezig tussen de cashewbomen, de bezoekerscentra, de gemeenschapsscholen en de straten.

Bewuste evolutie kent zowel spirituele als materiële uitgangspunten of drijfveren. Het idee is altijd dat er volgens een bewust plan (maar met verschillende graden van controle over het resultaat) soortvorming plaatsheeft, dat uit de mens een volledig nieuwe soort ontwikkelt. Inwoners van Auroville verwachten dat dit zich via een biologisch proces zal voltrekken, een 'te voorschijn komen' uit spirituele transcendentie. Ray Kurzweil en de transhumanisten zien machines en menselijke wezens zodanig evolueren dat ze nog nauwelijks van elkaar te onderscheiden zijn. Zoals andere technologische ingrepen op menselijke subjecten die mogelijk worden, brengt het potentieel om mens en machine te laten samensmelten onze identiteit en onze vaste concepten van normaliteit en afwijking aan het wankelen. Omdat mensen zich vooral onderscheiden doordat ze net 'geen machines' zijn, raakt de idee om vlees en bloed te laten versmelten met machines ons diep, tot in de (psychologische, sociale en mythische) fundamenten van ons zelf.

Technologieën die dit mogelijk maken, zijn ontwrichtende technologieën. Ze kunnen interfereren met de lijn van het pad van onze ontwikkeling en transitie ondersteunen. Ze zijn misschien niet in staat om nieuwe soorten voort te brengen, maar wel nieuwe subjectiviteiten. Ik verwijs opnieuw naar Jake Dunagans commentaren over Neuro-futures: 'Als het menselijk brein onder controle komt, is macht virtueel onbeperkt. Een goed begrip van deze potentiële macht en de sociaalculturele en politieke golven die hij teweeg brengt, is essentieel voor het behoud van democratische ruimtes en het voortbrengen van niet-gekoloniseerde subjectiviteiten in de komende Neurostaat.'[VI]

Het posthumane wezen heeft het potentieel om zo'n niet-gekoloniseerde subjectiviteit te worden, maar lijkt goed op weg om opgeslorpt te worden in oude structuren nog vooraleer zij/hij zelfs maar bestaat. Dunagan citeert Hayles die het voortreffelijk verduidelijkt: 'Het posthumane wezen betekent niet het einde van de mensheid. Het luidt wel het einde in van een bepaald concept van de mens, dat hooguit van toepassing was op die fractie van de mensheid die de rijkdom, de macht en de vrije tijd had om zichzelf te concipiëren als autonome wezens die hun wil konden uitoefenen door individuele actie en keuze. Wat dodelijk is, is niet het posthumane wezen op zichzelf, maar het enten van het posthumane wezen op een liberaal humanistisch mensbeeld'.[VII]

Met hun oorsprong in de research- en ontwikkelingsdepartementen van de neokapitalistische wereldeconomie, zijn cyborgs en posthumane wezens onwaarschijnlijke kandidaten voor politieke subversie. Maar wanneer de mogelijkheid naderbij komt om mensen te vervaardigen met behulp van de technologie, brengt dat nieuwe verantwoordelijkheden met zich mee evenals een hele reeks nieuwe ervaringen en nieuwe manieren om de wereld te bekijken en erin te leven. Wanneer mogelijkheden ontstaan, wordt er een opening voor verandering gecreëerd, ook in macht en betekenis. Naarmate alternatieve paden van ontwikkeling beschikbaar worden, kunnen territoria worden gecontesteerd.

Als de mens nu meer dan ooit maakbaar is, dan is het nu de tijd om ons de vraag te stellen wat te maken van de mens. Als we ook de kans krijgen onszelf te herdefiniëren, kunnen we dat niet negeren. De impact van nieuwe technologieën begint nog maar pas vorm aan te nemen. Er is misschien een korte tijdspanne waarin we vele richtingen uit kunnen, waarin keuzen en alternatieven open zijn. Nieuwe vormen en ideeën die beschikbaar worden, moeten hun plaats en legitimiteit onderhandelen met oude vormen en gedachten. Tenzij hun hefboomkracht voldoende groot blijkt om oude machtsstructuren te veranderen, zullen ze algauw ingebed worden in die structuren en zal de verandering in het beste geval oppervlakkig zijn, in het slechtste geval illusoir.

De macht om door biologische ingrepen en in materiële zin mensen 'te maken' is in handen van een wetenschappelijke corporate elite. Als we onze materie kunnen coderen, hebben we ook de macht om onze identiteit en onze betekenis te coderen. Zelfs als producten van het moderne westerse militaire, technologische en economische systeem, vormen cyborgs een uitdaging voor deze mogelijkheden. Cyborgs zijn hybride figuren die veranderende interpretaties van de grenzen van het zelf, het lichaam en de geest impliceren. In het 'Cyborg Manifesto' maakt Donna Haraway van dit wezen een metafoor die de gevestigde tegenstellingen mannelijk/vrouwelijk, sterk/zwak, goed/kwaad, geest/materie kan overstijgen. Op die manier toont de cyborg zich in een emancipatorische strijd die de gevestigde orde wil ontwrichten. De cyborg is geen stabiele identiteit en kan de publieke ruimte radicaliseren.[VIII]

De cyborg opent alternatieve perspectieven voor de emancipatie uit de onttovering van de moderne westerse maatschappij en levert een bijdrage aan de terugkeer van de subjectiviteit, die als onderdeel van het moderniseringsproces werd weggevlakt. Foucaults werk over de geordende samenleving beschreef het historische proces dat ten grondslag lag aan de objectivering van de lichamen die de onttoverde maatschappij van vandaag bevolken. Hij stelde dat het lichaam, het zelf en de maatschappij onderling verbonden zijn en verwees naar de gepolitiseerde anatomie van het lichaam en de biopolitiek van de maatschappij als componenten van de algemene uitoefening van macht. Volgens hem nam de studie van het menselijk wezen een beslissende wending op het einde van de 18de eeuw toen 'menselijke wezens tegelijk werden geïnterpreteerd als kennende subjecten en als objecten van hun eigen kennis'.[IX]

De Belgische cultuurtheoreticus Kurt Vanhoutte benadrukt dat het lichaam en de zintuigen ons verbinden met de realiteit. Hij beschrijft hoe de status van het lichaam fundamenteel ambivalent is, omdat de mens altijd tegelijk subject en object van het zintuiglijk apparaat is.[X] Deze paradox kan worden gezien als een functie van de scheiding van lichaam en geest die potentieel bevat voor de maakbaarheid van het menselijke zelf. In Sri Aurobindo's ideeën is dit onderscheid tussen een niet-bewust lichaam en een bewuste geest, dat het westerse denken kenmerkt, afwezig. In zijn integrale psychologie is het fysieke onderverdeeld in verfijnde subgradaties zoals het mentaal fysieke en het vitaal fysieke. Maar in de analyse van wat het mens-zijn betekent in de westerse maatschappij, komt deze scheiding tussen lichaam en geest op het voorplan. Foucault betoogt dat het '…individuen toelaat om met hun eigen middelen een aantal ingrepen op hun lichaam, hun eigen ziel, hun eigen gedachten en hun eigen gedrag uit te voeren, en wel op zo'n manier dat ze zichzelf kunnen transformeren en wijzigen en een zekere vorm van perfectie, geluk, zuiverheid en bovennatuurlijke kracht bereiken.'[XI] Mensen kunnen dit vermogen ten goede of ten kwade aanwenden.

Ze kunnen het gebruiken om uiteenlopende vormen van het zelf te ontwerpen, unieke en krachtige identiteiten, of om zichzelf aan te passen aan gepercipieerde normen en criteria. Liz Eckerman[XII] verwijst naar Foucaults opmerking dat in de loop van de tijd de specificatie van 'normaliteit' steeds meer ingeperkt en strenger werd. Daardoor werd het steeds makkelijker om buiten die specificaties te vallen. De straffen voor een dergelijke afwijking zijn streng (institutionalisering). In het leven van westerlingen zijn zelfverwezenlijking, zelfverwerkelijking en zelfontdekking belangrijk. Om als een 'normaal' individu te worden aanvaard moet men zichzelf maken volgens strikte criteria die beperkend zijn voor lichaam en geest en die grotendeels zijn bepaald door wetenschappers en bureaucraten.

De sociale ethiek van westerse culturen moedigt zelfverbetering aan met de hulp van technieken en technologieën. Sommige daarvan reiken verder dan andere. Vele werden ontworpen met therapeutische oogmerken (de behandeling van een ziekte of een afwijking), maar bieden evenzeer de mogelijkheid voor 'enhancement'[3]. Het onderscheid tussen therapie (het herstel van iets wat fout bevonden wordt aan lichaam of geest) en enhancement (de aanvulling van het menselijk lichaam met technologische middelen) houdt echter geen stand. Het beoordeelt een of andere menselijke functionaliteit aan de hand van inherent problematische normerende uitgangspunten. Wat werd beschouwd als iets wat moest worden hersteld, verbeterd of bijgesteld in de ogen van de generaties voor ons, is vandaag vaak makkelijk aanvaardbaar.

---

3 — Het Engelse *enhancement* betekent letterlijk 'verrijking', 'verhoging'. *Human enhancement* neigt naar 'de verbetering' van de mens; het gaat om het toevoegen, het vermeerderen van de mogelijkheden, niet noodzakelijk altijd verbeteringen.

Zulke normen in vraag stellen, hun grenzen verkennen en nagaan wat er gebeurt als ze worden overschreden, onderzoeken wat ze sociaal, cultureel en mythisch teweegbrengen in individuen maakt deel uit van de artistieke onderneming die de kunstenaar als een mens (lichaam en/of identiteit) belicht. Onderzoeken wat het betekent om een compleet bestaan te leiden, met lichaam en geest, nagaan hoe de mens werkelijk is, kan zijn of zou kunnen (gemaakt) worden en niet hoe zij/hij zou moeten zijn, maakt een eind aan de reductie van de mens tot zijn materiële vorm (het lichaam), een kenmerk van de onttovering van de moderne westerse maatschappij. Het 'opnieuw maken' dat nodig is voor de hertovering, vergt creatieve verkenning en een spiritueel (her)ontwaken. De mens werd in de kunst een oneindig aantal keren geschapen en herschapen. De materiële interventies op de mens die in deze context plaatsvinden, beïnvloeden onze kijk op wat het betekent mens te zijn, te worden of gemaakt te worden.

Kunstenaars vervullen meer dan een pioniersrol in de onbekende territoria van de ervaring 'mens (gemaakt) te zijn'. Door de mens (hun eigen menselijke zelf) buiten de normaliteit te plaatsen, stellen ze een daad van verzet die helpt de betekenis van menselijkheid te onderhandelen. Lichamen die risico's nemen, die de luchtbel van de normaliteit helpen doorprikken, die aantonen dat de mens tot iets kan worden gemaakt, zelfs door zichzelf, veroorzaken een ongemakkelijke onzekerheid. Ze wijzen op de tegenstrijdige betekenissen van ideeën als genezen, ontwikkelen, vergroten, veranderen of pijnigen van mensen. Dit stelt de referentiekaders in vraag voor wat het betekent om zichzelf te maken of menselijkheid te manipuleren, en het doet dat op een manier die noodzakelijk is, wil het te voorschijn komende concept van een hertovering van de wereld en de mens die er in leeft, wortel kunnen schieten. In zijn voorwoord in het eerste boek van de filosoof en wiskundige Marc Luyckx[XIII], vat Ilya Prigogine samen hoe de hertovering voorrang geeft aan non-lineariteit boven lineariteit, hoe complexiteit te verkiezen is boven vereenvoudiging in het volle bewustzijn dat het onmogelijk is om wie de maat neemt te scheiden van wat gemeten wordt. Hertovering vraagt dat onderwerpen zoals de menselijke identiteit en het mens-zijn in open en uitnodigende contexten worden geplaatst die recht doen aan het potentieel van diversiteit, meervoudigheid en onbepaaldheid, en een waaier aan mogelijkheden omvatten waarvan de gevolgen nog niet kunnen worden overzien.

(vertaling Frank Vandecaveye)

I Jake Dunagan, 'Neuro-Futures: The Brain, Politics, and Power', *Journal of Futures Studies*, 2004, vol 9, no. 2, p. 5.

II John Brockman, 'The New Humanists', http://www.kurzweilai.net/meme/frame.html?main=/articles/art0466.html, eerst verschenen op http://www.edge.org/3rd_culture/brockman02/brockman02_index.html.

III Ray Kurzweil, *The Age of Spiritual Machines*, New York: Viking Penguin, 1999.

IV Jake Dunagan, ibid. p. 9.

V Zie http://www.auroville.org en http://www.auroville.org/vision.htm

VI Jake Dunagan, ibid. p. 4.

VII N. Katherine Hayles, *How We Became Posthuman: Virtual Bodies in Cybernetics, Literature, and Informatics*, Chicago and London: University of Chicago Press.

VIII Donna Haraway, 'A Cyborg Manifesto: Science, Technology, and Socialist-Feminism in the Late Twentieth Century' in *Simians, Cyborgs and Women: The Reinvention of Nature*. New York: Routledge, 1991, pp. 149–181.

IX Michel Foucault, *The History of Sexuality: An Introduction*, London: Penguin, 1981.

X Eric Joris and Kurt Vanhoutte, 'Flashes I–IV' in *DWB*, B3, 2006.

XI Michel Foucault, ibid., p. 367.

XII Liz Eckerman, 'Foucault, embodiment and gendered subjectivities: The case of voluntary self-starvation', Academy for the Study of the Psychoanalytic Arts, http://www.academyanalyticarts.org/eckerman.htm.

XIII Marc Luyckx, *Au-delà de la Modernité, du Patriarcat et du Capitalisme: La Société réenchantée*, Paris: L'Harmattan, 2001, http://vision2020.canalblog.com.

Witold Gombrowicz,
Dagboek, excerpt

Jullie vinden misschien dat wetenschap en kunst samen voorwaarts zouden moeten snellen en elkaar de fakkel van hand tot hand overreiken als bij een marathonloop? Laat dat soort rennen over aan de sportmensen. De toekomst kondigt zich onbeschaamd, zelfs onbarmhartig aan. De samenwerking van kunst en wetenschap in naam van de vooruitgang zou roerend zijn, maar de dichter moet weten dat de professor hem in deze innige omhelzing zal verstikken. De wetenschap is een beest. Laten we niet in de menselijkheid van de wetenschap geloven, want de mens berijdt niet de wetenschap, maar zij hem!

Witold Gombrowicz, *Dagboek 1953-1969*, 1961; Amsterdam: Polak & Van Gennep, 1986, p. 616

Peter Sloterdijk, *Regels voor het mensenpark*, excerpt

Ik heb […] op enkele problemen gewezen die zich door de nieuwe biotechnische mogelijkheden voor de toekomstige ontwikkeling van de soort zouden kunnen voordoen. Ik vraag daar of op lange termijn zoiets als een expliciet plannen van eigenschappen op het vlak van de soort denkbaar is en of de geboorte-bij-keuze (met haar keerzijde: de prenatale selectie) wereldwijd tot een nieuwe habitus inzake voortplanting zou kunnen worden (het woord wereldwijd moet hier niet over het hoofd worden gezien, omdat de prenatale selectie als recht op afdrijving volgens medische indicatie in Europa en de VS al tot de juridisch beklonken cultuurstandaard behoort, katholieke weerstanden ten spijt). En op dezelfde plaats voeg ik eraan toe dat bij ongemakkelijke vragen van deze aarde de evolutionaire horizon voor ons opengaat.

Peter Sloterdijk, *Regels voor het mensenpark*, Amsterdam: Uitgeverij Boom, 2000, p. 18

Michel Houellebecq,
Elementaire deeltjes, excerpt

Wij hebben de kinderlijke band die ons aan de mensheid bond verbroken, en we leven. Naar het oordeel van de mensen is ons leven gelukkig. Inderdaad hebben we ons weten te bevrijden van de voor hen onontkoombare invloed van egoïsme, wreedheid en woede; we leiden in ieder geval een ander leven. Wetenschap en kunst bestaan nog altijd in onze samenleving, maar het streven naar het Ware en het Schone heeft wel een minder urgent karakter gekregen nu het niet meer zo sterk door de prikkel van de individuele ijdelheid wordt gedreven. Op de mensen van het oude ras komt onze wereld over als een paradijs. Het gebeurt overigens weleens dat we onszelf – met iets van humor, dat wel – betitelen met de naam 'goden' die hen altijd zo dromerig stemde.

Michel Houellebecq, *Elementaire deeltjes*, Amsterdam: De Arbeiderspers, 1999, p. 338

ORLAN,
Manifest van de vleselijke kunst

Definitie
Vleeskunst is een zelfportret in de klassieke betekenis van het woord, maar dan met de technologische middelen van deze tijd. Ze schommelt tussen misvormen en hervormen. Ze wordt geschreven in het vlees, omdat onze tijd dat mogelijk begint te maken. Het lichaam wordt een 'veranderlijke readymade', want het is niet langer die ideale readymade die slechts ondertekend hoeft te worden.

Onderscheid
In tegenstelling tot de Lichaamskunst streeft Vleeskunst niet naar pijn. Pijn wordt niet opgezocht als bron van zuivering en niet beschouwd als Verlossing. Vleeskunst is niet geïnteresseerd in het uiteindelijke, plastische resultaat, maar in de chirurgische operatieperformance en in het veranderbare lijf dat een plaats van publiek debat wordt.

Atheïsme
In duidelijke taal: Vleeskunst is geen erfgenaam van de christelijke traditie, waartegen ze strijdt! Ze wijst op haar ontkenning van het 'lichamelijke plezier' en legt haar ingestorte gebieden bloot voor de wetenschappelijke ontdekking. Vleeskunst is evenmin erfgenaam van een hagiografie, vol onthoofdingen en andere martelingen. Ze voegt meer toe dan dat ze weghaalt. Ze vergroot de keuzemogelijkheden in plaats van ze te verminderen. Vleeskunst wil geen zelfverminking zijn. Vleeskunst transformeert het lichaam in taal en keert het christelijke principe van het Woord dat Vlees wordt om: het Vlees wordt Woord; alleen ORLANs stem blijft onveranderd, het werk van de kunstenares zit in de voorstelling. Vleeskunst veroordeelt de Bijbelse uitspraak 'In pijn zul je kinderen baren' als anachronistisch en bespottelijk, en zoals Artaud wil ze een eind maken aan het oordeel van God. We beschikken nu over epidurale anesthesie, tal van verdovende middelen en pijnstillers. Leve de morfine! Weg met de pijn!

Perceptie
Ik kan nu kijken naar mijn eigen lichaam dat open ligt, zonder te lijden! Ik kan mezelf zien tot diep in mijn ingewanden, een nieuwe manier om in de spiegel te kijken. 'Ik kan het hart van mijn geliefde zien en het prachtige ontwerp lijkt in niets op de symbolische smakeloosheden die meestal worden getekend om het af te beelden.' 'Lieveling, ik hou van je milt, ik hou van je lever, ik aanbid je alvleesklier en de lijn van je dijbeen windt me op.'

Vrijheid
Vleeskunst bevestigt de individuele vrijheid van de kunstenaar en in die zin vecht ze tegen vooringenomenheid en dictaton. Daarom maakt ze deel uit van de samenleving en de media (waar ze aanstoot geeft, omdat ze tegen de gangbare opvattingen ingaat) en speelt ze zelfs een rol in de gerechtelijke wereld.

Verduidelijking
Vleeskunst is niet tegen plastische chirurgie, maar tegen de maatstaven die de chirurgie uitdraagt en die bijzonder dwingend zijn voor het vrouwelijke, maar ook voor het mannelijke lichaam. Vleeskunst is noodzakelijk feministisch. Vleeskunst is niet alleen geïnteresseerd in plastische chirurgie, maar ook in de geavanceerde technieken binnen de geneeskunde en de biologie, die de status van het lichaam in vraag stellen en ethische vragen doen rijzen.

Stijl
Vleeskunst houdt van het barokke, de parodie, het groteske en de verguisde stijlen, want Vleeskunst is tegen sociale druk, die zowel op het lichaam van de mens als op dat van het kunstwerk wordt uitgeoefend.

Vleeskunst is antiformalistisch en anticonformistisch (maar dat kon moeilijk anders).

(vertaling Marc Vingerhoedt)

Witold Gombrowicz,
Diary, excerpt

Perhaps you think that science
and art should race forward
together passing the torch from
hand to hand as in a marathon?
Leave that kind of running to the
athletes. The future proclaims
its arrival unashamedly, even
mercilessly. The liaison of art
and science in the name of
progress is said to be moving,
but the poet should be aware
that he will smother in the professor's ardent embrace. Science is a beast. Let us give no
credence to science's humanity,
for it is not mankind that holds
the reins of science, but science
that holds those of humanity!

Witold Gombrowicz, *Dagboek
1953-1969* [Diary 1953-1969], 1969;
Amsterdam: Polak & Van Gennep,
1986, p. 616

Peter Sloterdijk,
Rules for the Human Zoo,
excerpt

I have [...] drawn attention to a
few problems that could arise
as a result of the new biotech-
nological opportunities for the
future development of the
species. I asked there whether,
in the long term, something like
explicit planning of the species'
characteristics is imaginable
and whether birth by choice
(with its obverse: prenatal
selection) could lead to a new
way of reproduction throughout
the world (we must not pass too
swiftly over the notion 'throughout the world', because prenatal selection, seen as a right to
commit abortion for medical
reasons, has become part of
juridically ensconced cultural
standards in Europe and the
US, despite Catholic opposition). And in the same place I
added that our evolutionary
horizon opens when we pose
such awkward questions.

Peter Sloterdijk, *Regels voor
het mensenpark* [Rules for the
Human Zoo], Amsterdam:
Boom Publishers, 2000, p. 18

Michel Houellebecq,
Atomised, excerpt

Having broken the filial chain
that linked us to humanity, we
live on. Men consider us to be
happy; it is certainly true that
we have succeeded in overcoming the monstrous egotism, cru-
elty and anger which they could
not; we live very different lives.
Science and art are still a part
of our society, but without the
stimulus of personal vanity, the
pursuit of Truth and Beauty has
taken on a less urgent aspect.
To humans of the old species,
our world seems a paradise. It
has even been known for us to
refer to ourselves – with a certain humour – by the name
which they dreamed of, 'gods'.

Michel Houellebecq, *Atomised*,
Vintage Books, London, 2001, translated by Frank Wynne, p. 378-79.

ORLAN,
Manifesto of Carnal Art

Definition

Carnal Art is self-portraiture in
the classical sense, but realized
through the possibility of technology. It swings between
defiguration and refiguration.
Its inscription in the flesh is a
function of our age. The body
has become a 'modified ready-
made', no longer seen as the
ideal it once represented; the
body is not anymore this ideal
ready-made it was satisfying
to sign.

Distinction

As distinct from 'Body Art',
Carnal Art does not conceive
of pain as redemptive or as a
source of purification. Carnal
Art is not interested in the plas-
tic-surgery result, but in the
process of surgery, the spectacle and discourse of the modified body which has become
the place of a public debate.

Atheism

Carnal Art does not inherit the
Christian Tradition, it resists it!
Carnal Art illuminates the
Christian denial of body-pleas-
ure and exposes its weakness in
the face of scientific discovery.
Carnal Art repudiates the tradition of suffering and martyr-
dom, replacing rather than
removing, enhancing rather
than diminishing – Carnal Art
is not self-mutilation.
Carnal Art transforms the body
into language, reversing the
biblical idea of the word made
flesh; the flesh is made word.
Only the voice of ORLAN remains unchanged. The artist
works on representation.
Carnal Art finds the acceptance
of the agony of childbirth to be
anachronistic and ridiculous.
Like Artaud, it rejects the mercy
of God. Henceforth we shall
have epidurals, local anaesthet-
ics and multiple analgesics!
Hurray for morphine! Down
with pain!

Perception

I can observe my own body cut
open without suffering! I can
see myself all the way down to
my viscera, a new stage of gaze.
"I can see to the heart of my
lover and it's splendid design
has nothing to do with symbol-
ics mannered usually drawn. -
Darling, I love your spleen, I
love your liver, I adore your pan-
creas and the line of your femur
excites me.

Freedom

Carnal Art asserts the individual independence of the artist.
In that sense it resists givens
and dictats. This is why it has
engaged the social, the media,
(where it disrupts received
ideas and causes scandal),
and has even reached as far
as the judiciary.

Clarification

Carnal Art is not against
aesthetic surgery, but against
the standards that pervade it,
particularly, in relation to the
female body, but also to the
male body. Carnal Art must
be feminist, it is necessary.
Carnal Art is not only engaged
in aesthetic surgery, but also in
developments in medicine and
biology questioning the status
of the body and posing ethical
problems.

Style

Carnal Art loves parody and the
baroque, the grotesque and the
extreme. Carnal Art opposes
the conventions that exercise
constraint on the human body
and the work of art.

Carnal Art is anti-formalist
and anti-conformist.

The making of... humans

MAYA VAN LEEMPUT

Coming soon: *Being Human*, a television series that revolves around a vampire, a werewolf and a ghost in a house share. This British series is only the latest addition in the surprising number of popular non-fiction television series that blatantly engage viewers in questions on 'being human'.[1] When televised science fiction picked up on this theme, the traditional niche audience of the genre broadened and grew significantly. 'Being human' touches a nerve in all of us. When this nerve is laid bare through the endeavours of artists, it can fire with altered intensity. The images brought together by Liliane Dewachter – sent to me to browse and share my thoughts on in preparation of the text – are filled with people, often the artists, bang in the middle of the frame, in their work, being human with an edge. The perusal of these images consti-tutes a re-acquaintance that directly engages the range of experiences and emotions that are involved in being human. The mindfulness to this can trigger a great attractor. The artists bring the concept of 'man making man' on their own terms, thus encouraging some of the uncertainty that this concept needs if it is going to evolve.

Images of human body and mind and of their plasticity and its consequences belong within a wide range of fields of practice and are perplexingly multi-faceted. They feature in various, only partially overlapping, discursive fields. Different sectors (biotech or education, for example), domains (such as politics, science or culture) and areas (every day life or policy) dictate different rules of engagement with the subject. Moreover, as Jake Dunagan[2] from the San Francisco based Institute of the Future points out: these various

---

1 — *Being Human* is announced on BBC3. Another three series that come to mind are big North American productions: The *Battle Star Galactica* remake with its complex and layered Cylons, *Heroes* where ordinary people with superpowers diligently go about saving the world as they dis-cover themselves and their humanity, and the less accomplished, more glossy and sticky *4400*. They have all been running for several seasons.

2 — Dunagan's political clarity and creative intensity make him one of my favourite futurists. A close re-reading of his article on neurofutures he published as a Ph.D candidate at the Hawaii Research Center for Futures Studies, put me on track preparing this text, and I am grateful for this useful source.

fields are temporally out of synch with each other. 'Things move at different speeds, everything is not accelerating together. Politics is on a different pace than culture which is on a different pace than biology which is on a different pace than spiritual time etc.'[1]
With a multitude of contexts that offer widely different approaches to the possibility of 'making man',[3] this concept of humans[4] making themselves (not to be confused with the much broader and more absolute idea of self-determination) is one that requires careful framing.
The human being (and the human becoming) is represented in individual and social human perspectives in every aspect of life. Assumptions about how humans can be (could or should be) formed and shaped and about how they can form and shape themselves, are more often implicit than explicit. They can be recognised in the ways medicine and education are organised, in the content of media images and in the mirror. When they are voiced or acted out, when they are put into question, broken down or re-formulated, new paths become visible, potential increases, and life gets exciting. The artists, scientists and theoreticians that make it their business to make us look at our humanity and our malleability, enter a contested territory, where irreconcilable perspectives can be found. Their subversive approach can uncover possibility and potential seeds of transformation.
Every era holds within the folds of its time the potential for meaningful change. Throughout the ages it has been argued (or advocated) at frequent intervals, that humanity finds itself historically on the threshold of a radical transformation. In an article entitled 'The New Humanist' John Brockman demonstrates this point. 'Something radically new is in the air: new ways of understanding

physical systems, new ways of thinking about thinking that call into question many of our basic assumptions. A realistic biology of the mind, advances in physics, electricity, genetics, neurobiology, engineering, the chemistry of materials – all are challenging basic assumptions of who and what we are, of what it means to be human.'[II]
It is true to say that our time is unique, just like any other time in the past or in the future. Today we see ourselves as possessing growing means to manipulate/change and even create humans in a very material sense and to that we attribute the potential for meaningful change. Brockman's article was published on KurzweilAI.net. Ray Kurzweil is a leading proponent of the idea that exponential technological development makes our time one of great change. He sees humans changing machines changing humans.[III] As new materially grounded methods for making and re-making humans are becoming available, there is growing interest in the question of shaping the human. The power to manipulate the codes of life, to impact directly and effectively on the make-up of human beings, is impressive. Its implications are not to be underestimated.

'And God created man in his own image.' Images of the making of human being(s), of creation, call on

the feelings of reverence and awe that they inspire in teleological frames. Stories of Creation exist in many guises in cultures around the globe: from the biblical genesis (and its counterparts in the other two monotheistic holy books) to the story that I got to know through a painting of the native American artist, Tony Mafia. The painting shows how the people[5] are created, carefully moulded one by one. Every person is shaped from the clay of the earth and goes into the world only after spirit is blown into her/him. Even in modern Western societies, where the human has largely appointed her/himself as her/his own creator, the origin and the creation of the human inspires feelings of teleological dimensions. This leads Dunagan to write that 'The laboratory is the new cathedral housing our hopes, dreams, guilt and fear. The saviors take the form of transgenic lab animals, sacrificed to save us. Our bible is the genetic code…'[IV]
However, there is more to the making of humans than what is addressed by our increasing capacity to manipulate genes, brains, chemicals, limbs or prostheses. The human being is the pre-eminent site where the conceptual pair of the material and the spiritual are revealed as intertwined and not separate, nor oblivious of each other.
Such a holistic stance is taken pre-eminently in Auroville, where the belief

---

3 —There are distinct differences between *man* and *human*. The gender neutral 'human' has different associations to the more established male form. *Man-made*, seems to emphasis that a human *made* something. However *human-made*, seems to emphasise the humanity of the maker more than the making itself. As to phrases such as 'to make man' and 'to make human', the semantic differences slide even further apart. The former apparently refers to the human entity itself, its body and mind, its actual being. The latter *should* do the same, but in fact emphasises another dimension, that of the human quality of humanity. Thus, replacing a gendered form with a gender neutral form can sometimes infer meaning that the writer never intended. In any case, from this point on, I will not refer to a human as a man, and readers will need to draw their own conclusions.

4 — Consider a second issue of discourse. I am writing about 'humans', not about people, persons, men and women, brothers and sisters, actors or agents. The word 'human' frames the subject in terms that pretend to offer a general and objective description of the subject at hand. Social and personal frames describe humans in many other words that hold equally valid assumptions about the making of humans.

5 — Note how here the term is *people* rather than *humans*.

in the need for humans to make themselves, and the urge to prepare for new forms and concepts of humanity is strong. An experiment in human harmony that has been running in a real life setting since the end of the sixties, Auroville is a city-state that sees itself as paving the way for the next stage in human evolution. It was created by the Indian yogi Sri Aurobindo and his companion Mirra Alfassa. UNESCO has supported and continues to endorse what it calls the model-town, where today 1700 people live and work. The central vision that unites them is: 'Humanity is not the last rung of the terrestrial creation. Evolution continues and man will be surpassed.' Their charter states: 'Auroville will be a site of material and spiritual researches for a living embodiment of an actual Human Unity.'[V] Auroville is a small town of alternative folk in the South of India, a community like any other. However, when I visited the place in February 2002, armed with a healthy dose of scepticism, I found the vibration of conscious evolution – of the ripples created by the intention to see the human change, almost imperceptibly present among the cashew trees, Visitors Centres, community schools and ring roads – irresistibly attractive.

Conscious evolution can have both spiritual and material starting points and motivations. The idea is always that with conscious intent (but various degrees of control over the result) some kind of speciation is reached, that from the human evolves an entirely new species. Aurovillians see this happen in some biological emergence based on spiritual transcending. Ray Kurzweil and the transhumanists see it happen when machines and humans combine in such a way that it

becomes hard to distinguish one from the other. The potential to merge man and machine – like other technological interventions on human subjects becoming available to us – shakes our identities, our concepts of normality and deviance. Because humans are ostensibly distinguished as 'not machines', the idea of merging our flesh and our spirit with machines, deeply affects us at the foundations level (psychologically, socially and mythically) of what makes the self.

Technologies that make this possible (disrupting technologies), can interfere with the line of the path of development we are on and support transition. They are capable of producing if not new species, then at least new subjectivities. I refer to Jake Dunagan's comments on Neurofutures again: 'If the human brain comes under control, then power is virtually limitless. Understanding this potential power and the social-cultural-political waves it creates are essential for preserving democratic spaces and generating non-colonized subjectivities in the coming Neurostate.'[VI]

The posthuman has the potential to become one such non-colonized subjectivity but seems well on the way to being absorbed into old structures before s/he is even around. Dunagan quotes Hayles who makes the point well: 'the posthuman does not really mean the end of humanity. It signals instead the end of a certain conception of the human, a conception that may have applied, at best, to that fraction of humanity who had the wealth, power, and leisure to conceptualize themselves as autonomous beings exercising their will through individual agency and choice. What is lethal is not the posthuman as such but the grafting of the posthuman onto a liberal humanist view of the self'…[VII]

Due to their origin in the research and development efforts of the neocapitalist global economy, cyborgs and posthumans are unlikely candidates for political subversion. Nevertheless, if the power to craft humans with the aid of technology is at hand, then new responsibilities come with it as well as a whole new set of experiences, new ways to live in and look at the world. When possibilities arise, there is an opening for change, even a change in power and meaning. As alternative paths of development become available, territories can be contested.

If humans can be made now more than ever, then now is the time to address questions about what to make of humans. If we have the added opportunity to redefine ourselves, then we should not ignore it. The shape of the impact of newly available technologies is only beginning to form. There may still be an open window for us to go in many directions, in which options and alternatives are available to us. New forms and ideas that become available must negotiate their space and legitimacy with old forms and ideas. Unless their leveraging power turns out to be great enough to change old structures of power, then before long they will become embedded in them and change will be, at best, superficial, and at worst, illusory.

The power to make humans in the material sense by intervening at the level of the biology of our being, is held by a scientific corporate elite. With this power to code our matter, comes power to code our identities and our meaning. Even as the products of our modern Western military, technological, economic system, cyborgs challenge these powers. They are hybrid figures that imply changing interpretations of the boundaries of the self, body and mind. In the

Cyborg Manifesto Donna Haraway uses the cyborg as a metaphor that can transcend established antitheses of male/female, strong/weak, good/evil, spirit/matter. As such, the cyborg presents itself in an emancipatory struggle that seeks to subvert the established order. The cyborg is not a stable identity and retains the ability to radicalize public space.[VIII]

The cyborg opens up alternatives for emancipation from the disenchantment of modern western society. It contributes towards bringing back subjectivity that was being erased as part of the process of modernisation. Foucault's work on disciplined society describes the historical process underlying the objectivisation of bodies that populate today's disenchanted society with objectified bodies. He argued the connectedness of the body, self and society, and refers to the politico-anatomy of the body and the bio-politics of society as being inseparable parts of the general exercise of power. In his view, the study of human beings took a decisive turn at the end of the eighteenth century when 'human beings came to be interpreted as knowing subjects and at the same time as objects of their own knowledge.'[IX]

The Belgian cultural theoretician, Kurt Vanhoutte, emphasises that the body and its senses inscribe us in reality. He describes how the status of the body is fundamentally ambivalent, because the human being is always simultaneously both subject and object of the sensory apparatus.[X] This paradox can be seen as a function of the separation of mind and body that holds potential for the making of the human self. In Sri Aurobindo's view, this distinction between a non-conscious body and a conscious mind, that characterises Western thought, is absent. In his

integral psychology the physical is subdivided into finer sub-grades, such as the mental physical or the vital physical. But in the analysis of the meaning of being human in Western society, this separation between body and mind takes central stage. Foucault argues that it '…permit[s] individuals to effect, by their own means, a certain number of operations on their bodies, their own souls, their own thoughts, their own conduct, and this in a manner so as to transform themselves, modify themselves, and to attain a certain state of perfection, happiness, purity, supernatural power.'[XI]

Humans can use this capacity to make themselves for better or for worse. They can use it to design diverging selves, unique and powerful identities, or they can apply it to fit in with perceived norms and criteria. Liz Eckermann[XII] discusses how Foucault argued that over time the specification of 'normality' has become narrower and more stringent – it has become always easier to fall outside of the specifications. The penalties for such deviance are harsh (institutionalisation). In Western society self-maximisation, self-actualisation and self-discovery are important. To qualify as a 'normal' person one must make oneself in relation to strict and constricting criteria for both body and mind, determined largely by scientists and bureaucrats.

The social ethics of Western cultures encourage self-improvement to be achieved with techniques or technologies. Some of these are more far-reaching than others; many were designed with therapy (the treatment of illness and other deviancies) in mind but equally offer the opportunity for enhancement. However, the distinction between therapy (the repair of something considered

'wrong' with the human body or mind) and enhancement (the expansion of the human body by technological means) does not hold together well. It judges one or other human functionality on inherently problematic normative assumptions. What was considered to need repair, improvement or adjustment in past generations, is today often readily accepted.

To put into question these norms, to explore their boundaries and what happens when they are crossed, to examine the ways they work in individuals, socially, culturally and mythically, is part of the artistic enterprise that puts the artist as a human (body or identity) in the spotlight. To examine what it means to exist completely, with body and mind, to consider not how they should be, but how they are, can or could be (made), lifts the reduction of the human to her/his material form (her/his body) that is a feature of the disenchantment of modern Western society. The remaking that is required for re-enchantement is one that involves creative exploration and the re-awakening of spirit. The human has been created and recreated, made and remade an infinite number of times in the arts. The material intervention on the human being that takes place in this context affects our views on what it means to be, to become or to be made human.

Artists do more than play the role of pioneers in unchartered territories of the experience of being (made) human. By placing the human (their own human selves) outside of normality, artists commit an act of rebellion that helps negotiate the meaning of humanity. Bodies that take risks, that puncture the bubble of normality, and show that the

human can be made 'into something'
even by her/himself, creates uneasy
uncertainty. Artists demonstrate the
conflicting meanings that exist for
the ideas of healing, developing,
augmenting, changing or hurting
human beings. It puts into question
the frames of reference for what
it means to make oneself (or to
manipulate humanity), in a way
that is indispensable if the emerging
concept of a re-enchantment of the
world and of the human being that
lives in it is to take hold.

In the foreword to the first book of
philosopher and mathematician
Marc Luyckx[XIII], Prigogine sum-
marises how re-enchantment gives
priority to non-linearity over linear-
ity, prefers complexity to simplifica-
tion and fully takes into account that
it is impossible to separate the meas-
urer from what is measured. As such,
it demands that questions of human
identity and being are placed in
open and inviting frames that
honour the potential for diversity,
multiplicity and indeterminacy and
include a range of possibilities the
consequences of which cannot yet
be overseen.

I   Jake Dunagan, 'Neuro-Futures: The Brain, Politics, and Power' in *Journal of Futures Studies*,
    2004, vol. 9, no. 2, p. 5.
II John Brockman, 'The New Humanists',
    http://www.kurzweilai.net/meme/frame.html?main=/articles/art0466.html,
    first published on http://www.edge.org/3rd_culture/brockman02/brockman02_index.html
III Ray Kurzweil, *The Age of Spiritual Machines*, New York: Viking Penguin, 1999.
IV Jake Dunagan, ibid. p. 9.
V   The charter: http://www.auroville.org, and the vision: http://www.auroville.org/vision.htm
VI Jake Dunagan, ibid. p. 4.
VII N. Katherine Hayles, *How We Became Posthuman: Virtual Bodies in Cybernetics, Literature,
    and Informatics*, Chicago and London: University of Chicago Press.
VIII Donna Haraway, 'A Cyborg Manifesto: Science, Technology, and Socialist-Feminism in
    the Late Twentieth Century' in *Simians, Cyborgs and Women: The Reinvention of Nature*.
    New York: Routledge, 1991, pp. 149–181.
IX Michel Foucault, *The History of Sexuality: An Introduction*, London: Penguin, 1981.
X   Eric Joris and Kurt Vanhoutte, 'Flashes I–IV' in *DWB*, B3, 2006.
XI Michel Foucault, ibid. p. 367.
XII Liz Eckerman, 'Foucault, embodiment and gendered subjectivities: The case of voluntary
    self-starvation', Academy for the Study of the Psychoanalytic Arts,
    http://www.academyanalyticarts.org/eckerman.htm.
XIII Marc Luyckx, *Au-delà de la Modernité, du Patriarcat et du Capitalisme: La Société réenchantée*,
    Paris: L'Harmattan, 2001, http://vision2020.canalblog.com

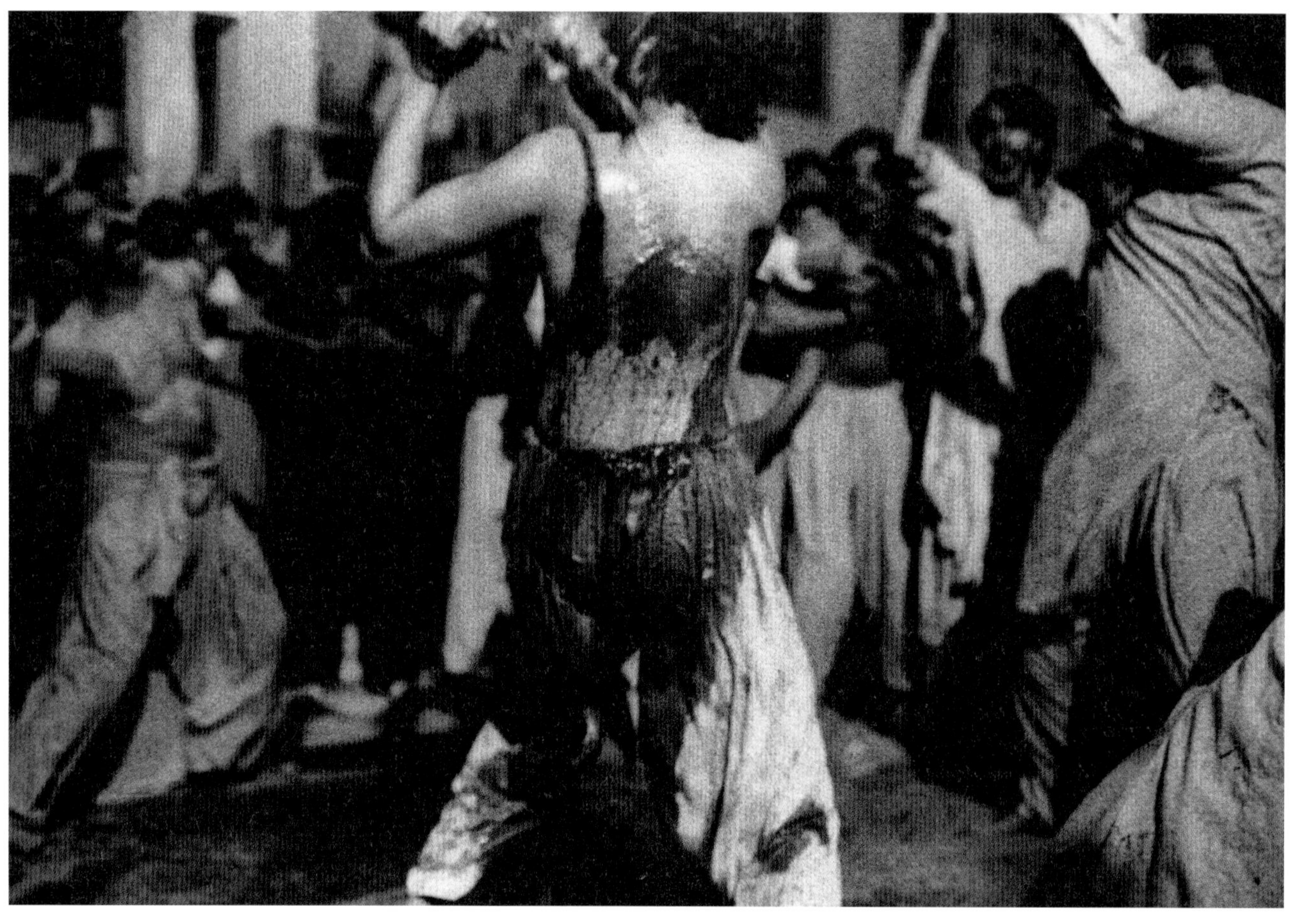

Desiree Dolron *Moharrum, Exaltation_Images of religion and death*, 1991-1999

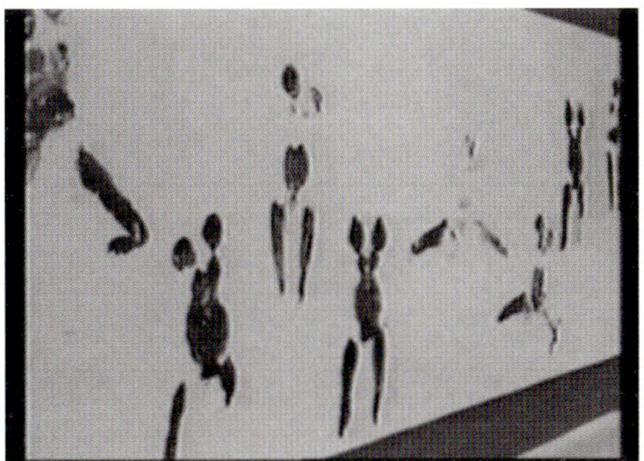 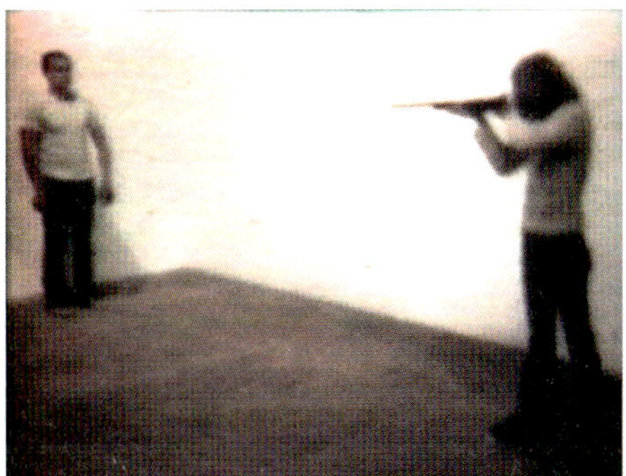 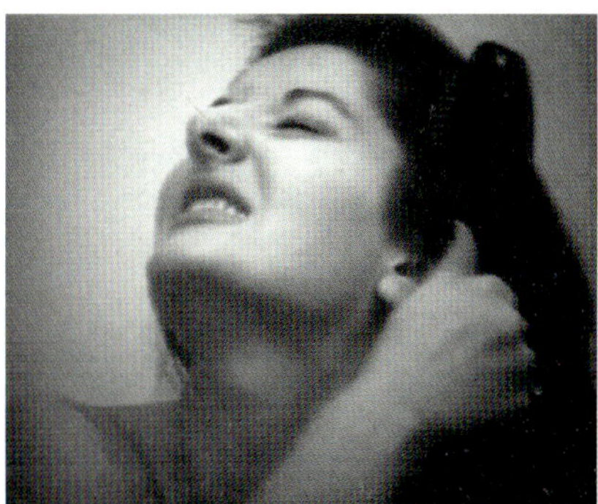

Yves Klein *Anthropométrie de l'époque Bleu (still)*, 1960 / **Chris Burden** *Shoot* (still), 1971 / **Marina Abramovic** *Art must be Beautiful, Artist must be Beautiful* (still), 1975

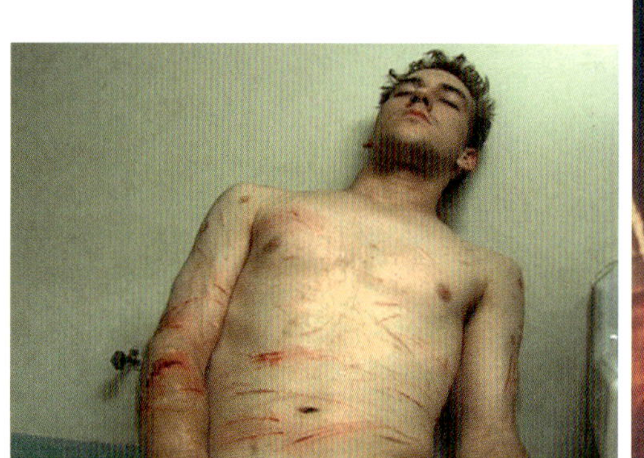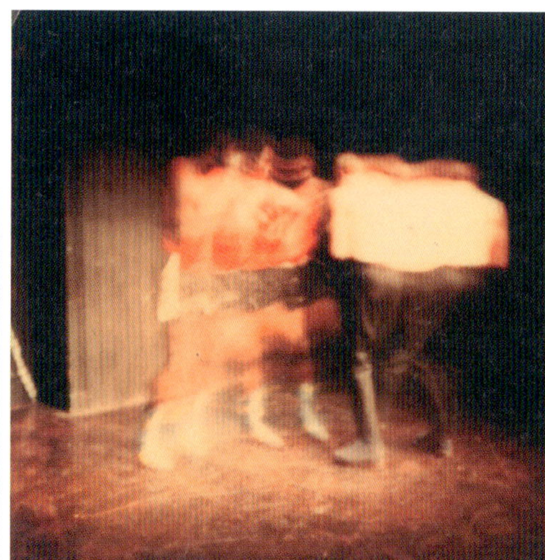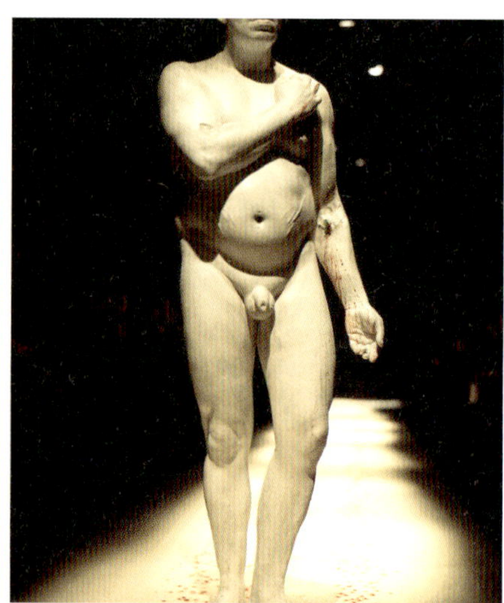

Ron Athey *Ronny Lee* (still), 2001 / **Danny Devos** Performance *'This week I was beaten up 2'* (still), 1980 /
Franko B *I miss you 1* (still), 1999

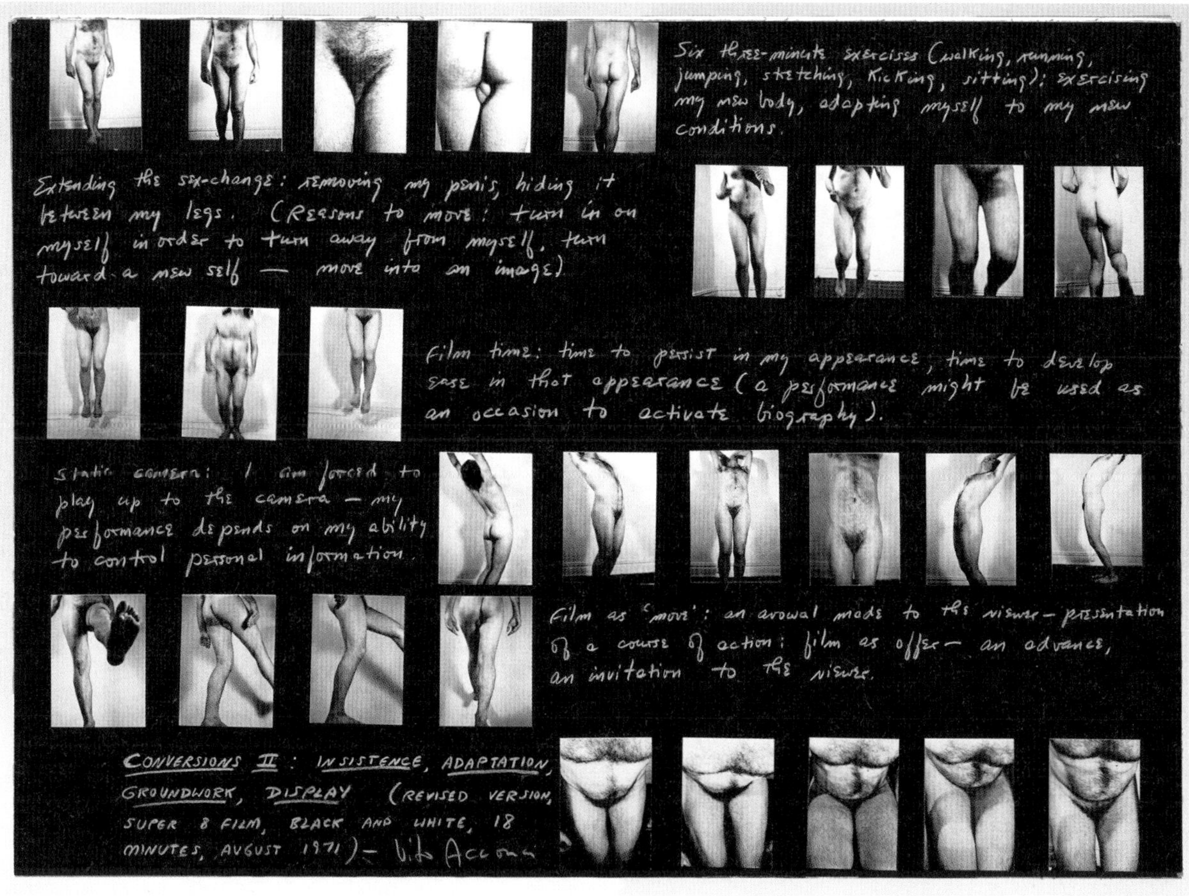

Vito Acconci *Conversions II: Insistence, Adaptation, Groundwork and Display*, 1971

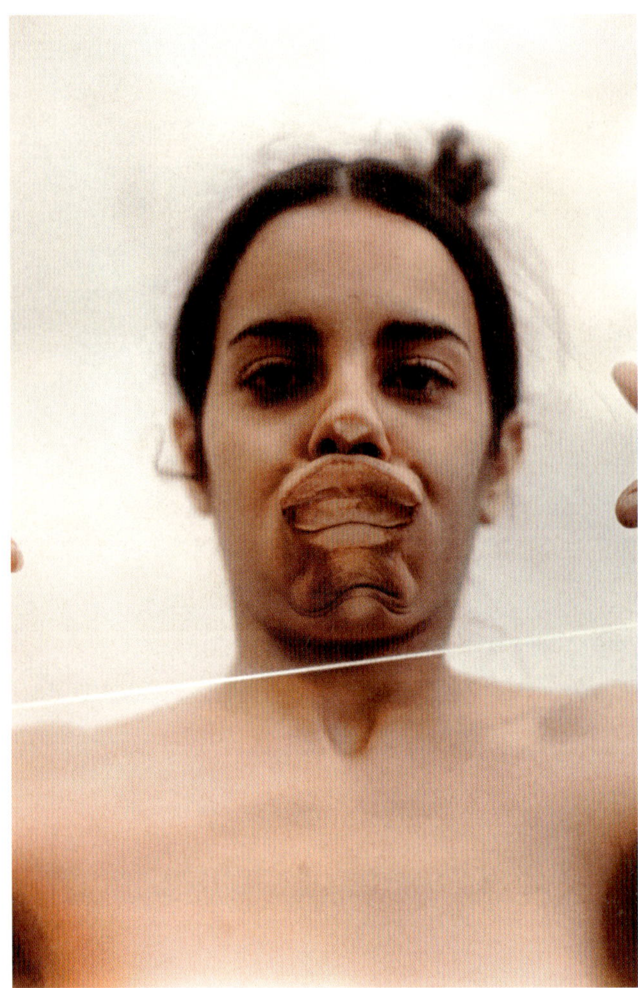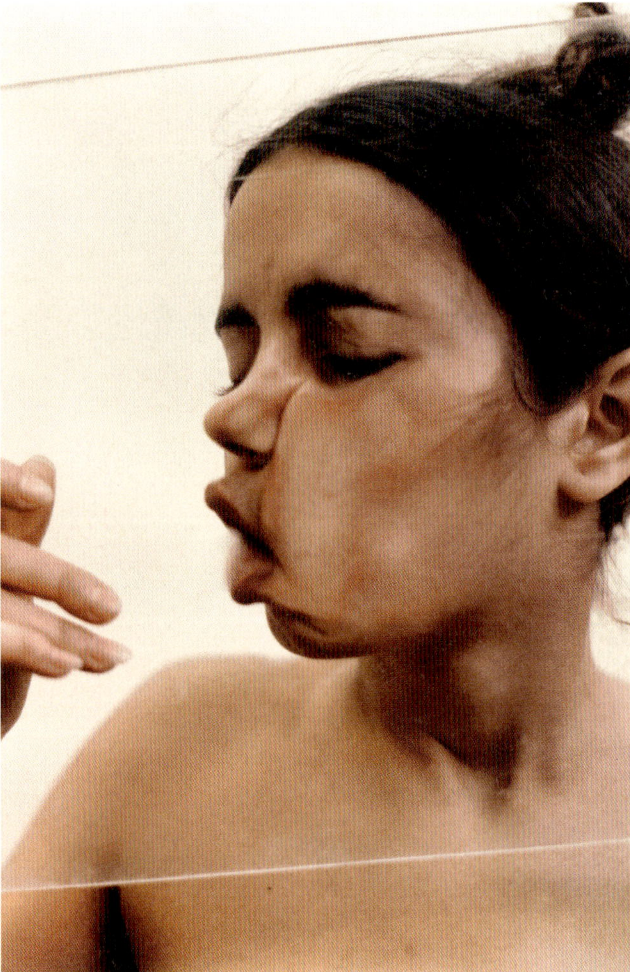

Ana Mendieta *Untitled (Glass on Body Imprints)*, 1972-1997

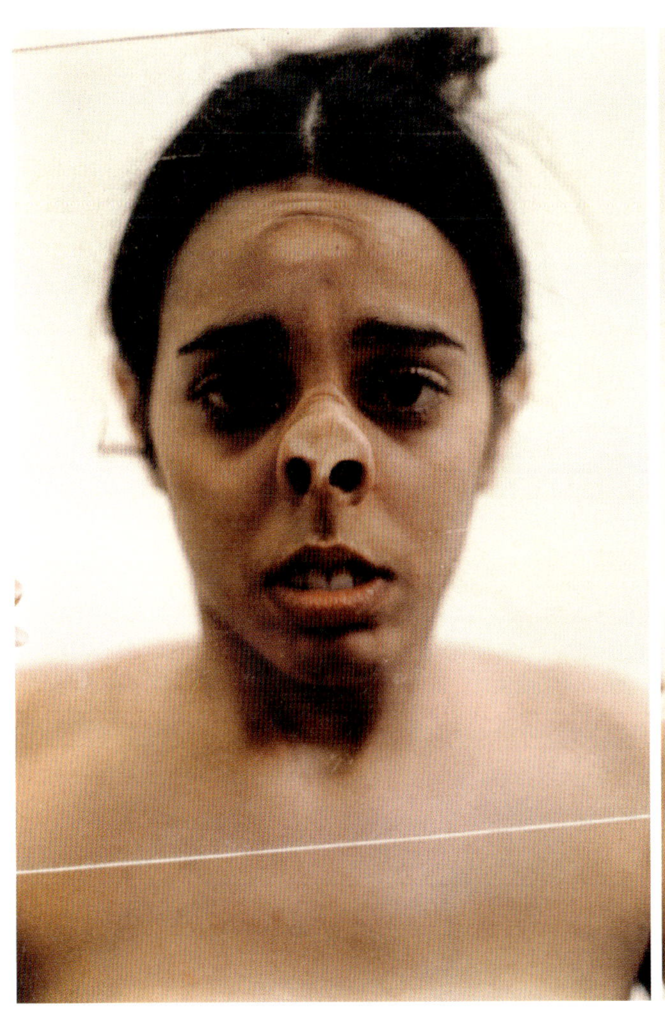
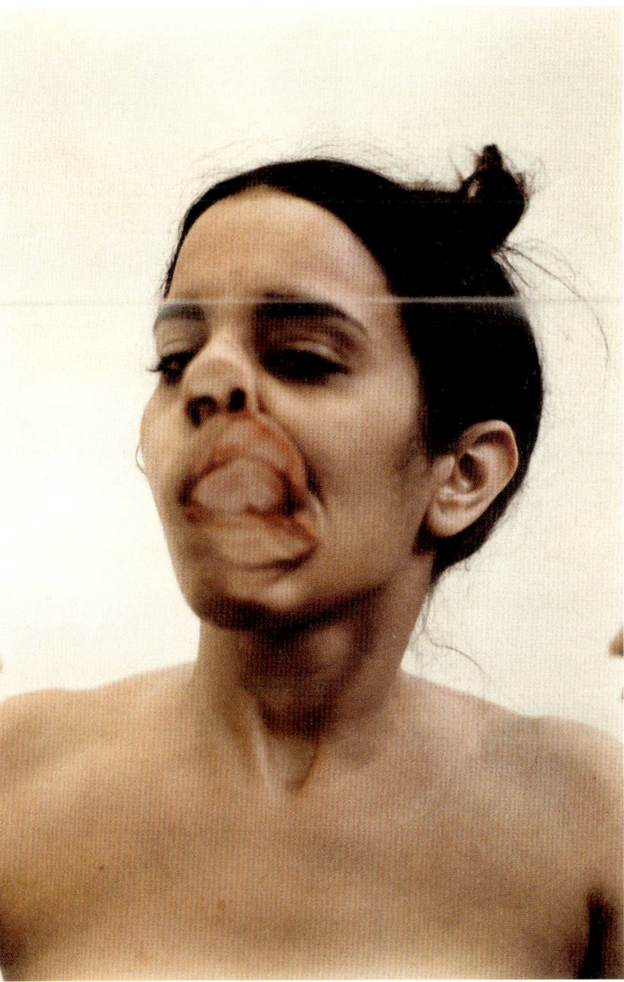

Hans Danuser *Frozen Embryo Series II*, 1998-1999

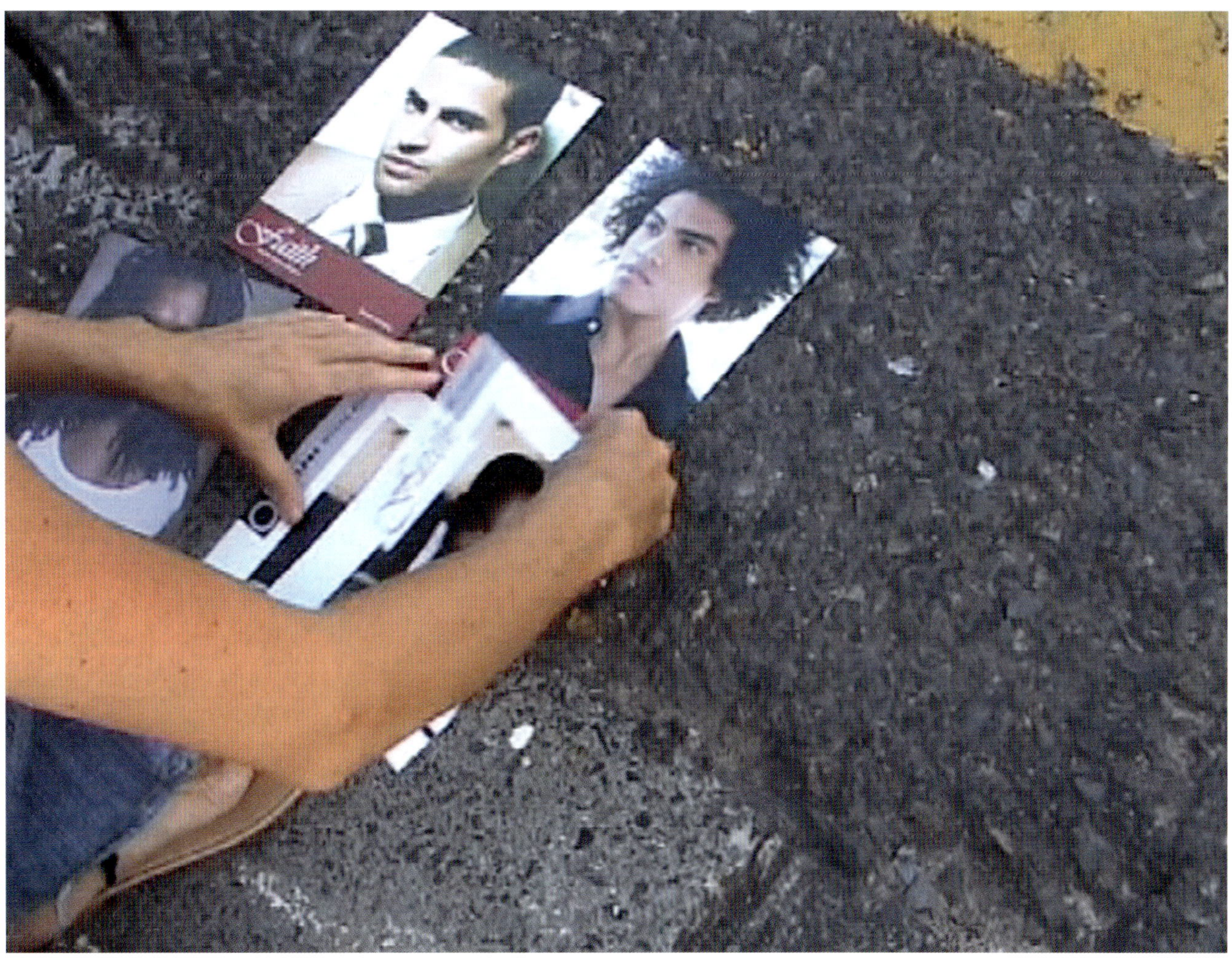

L.A. Raeven *No Whites* (still), 2007

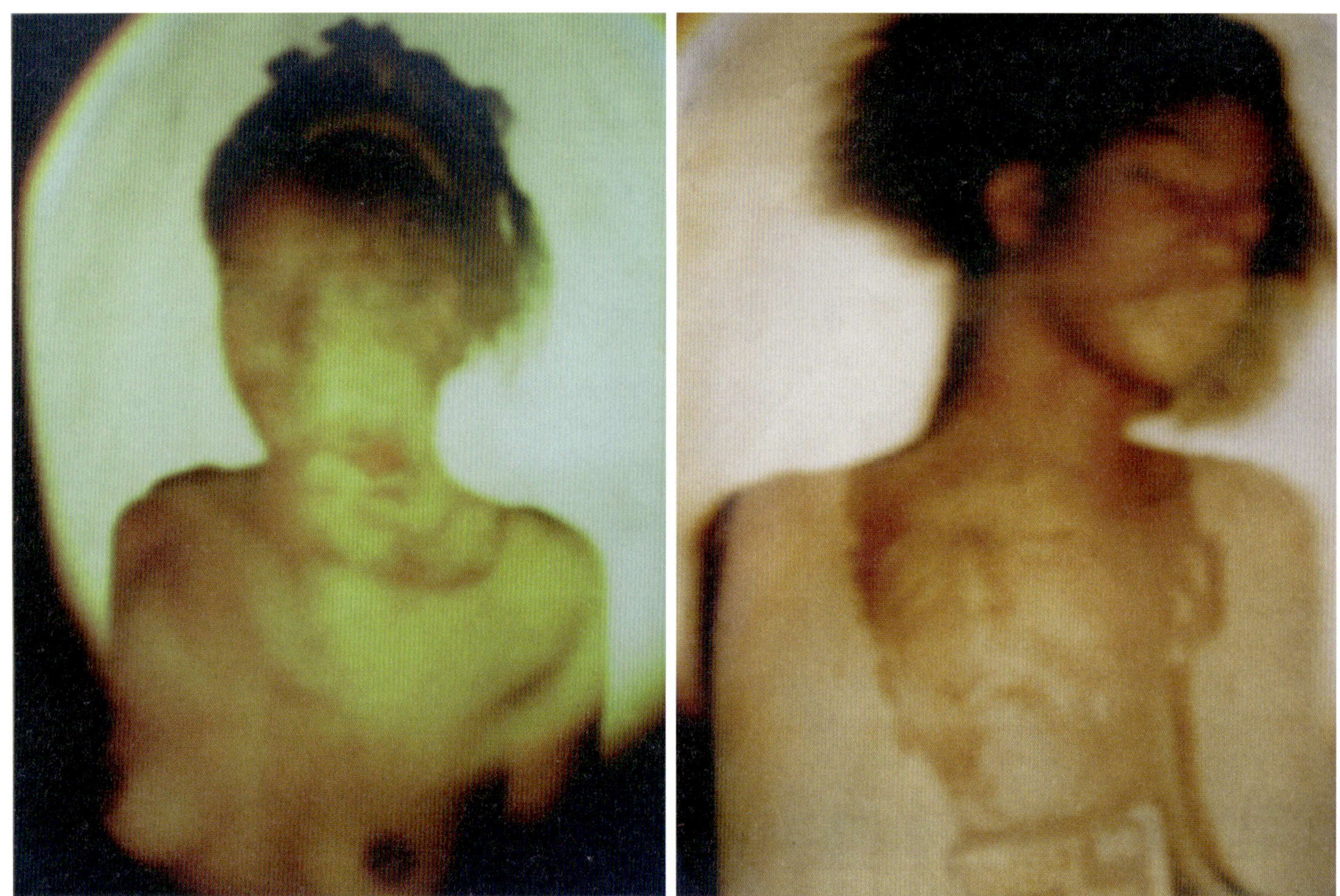

Susana Pilar Delahante Matienzo *Pase. Acceso ilimitado* (Come in. Unlimited acces), 2003

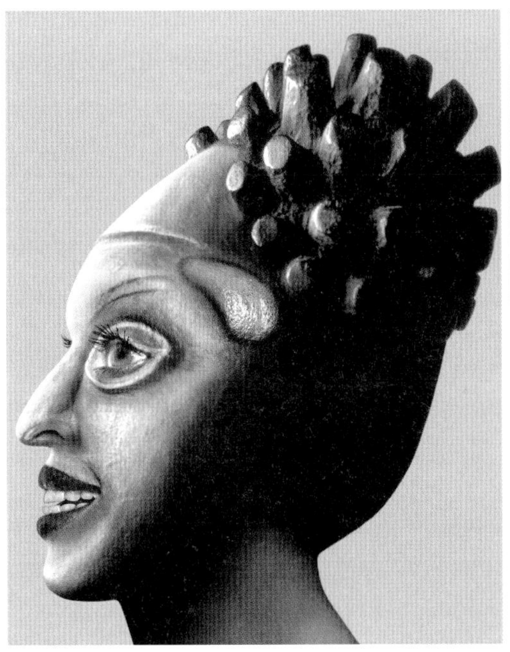 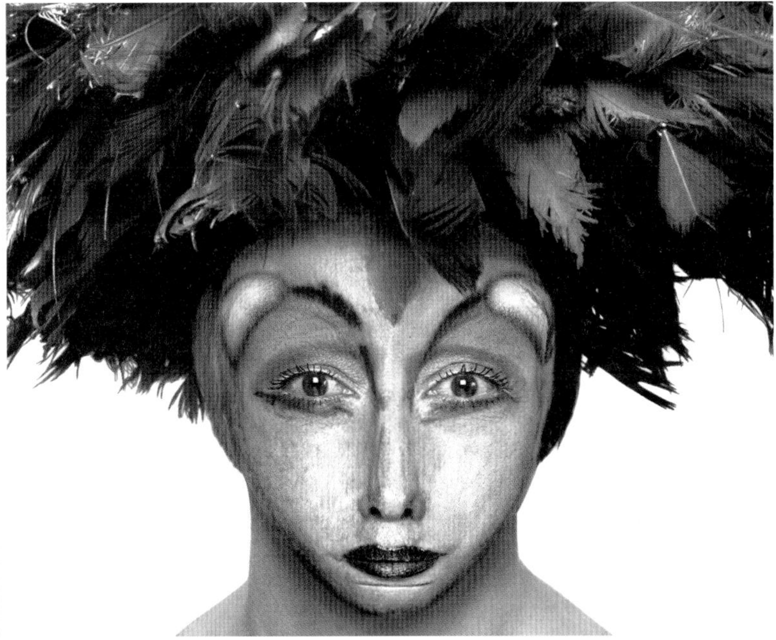

ORLAN *Self-hybridation africaine: Masque de notable Kom du Cameroun et visage d'artiste euro-mondiale*, 2002
Self-hybridation africaine: Masque de société d'initiation Fang Gabon et visage de femme euro-stéphanoise, 2003

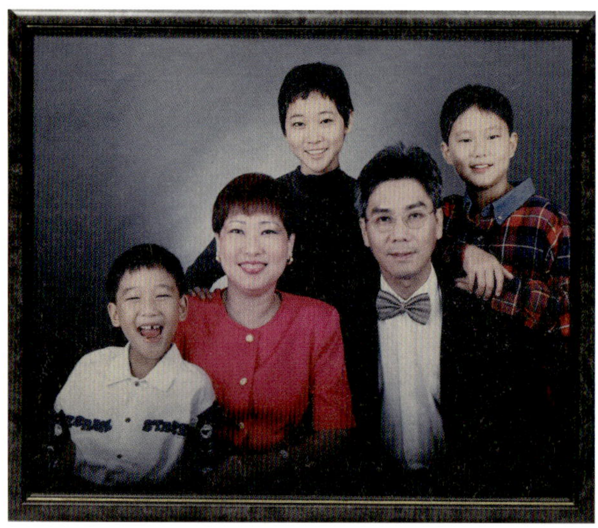

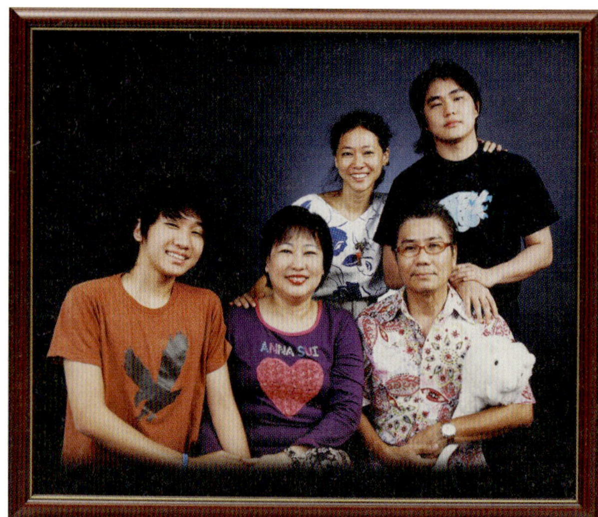

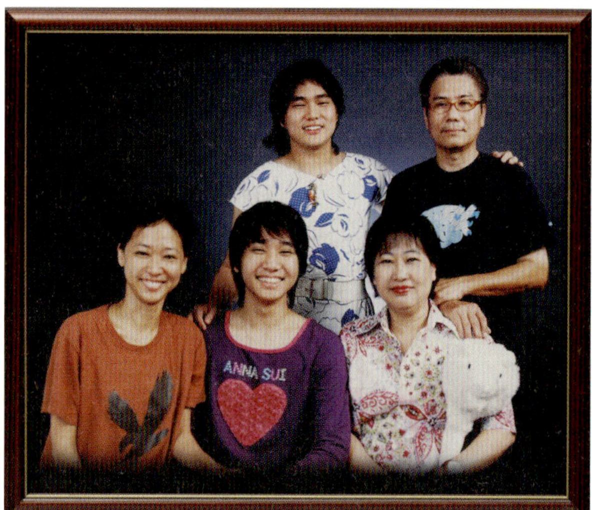

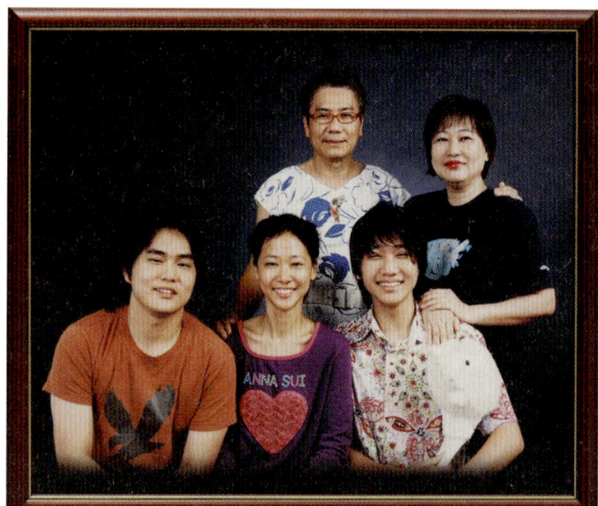

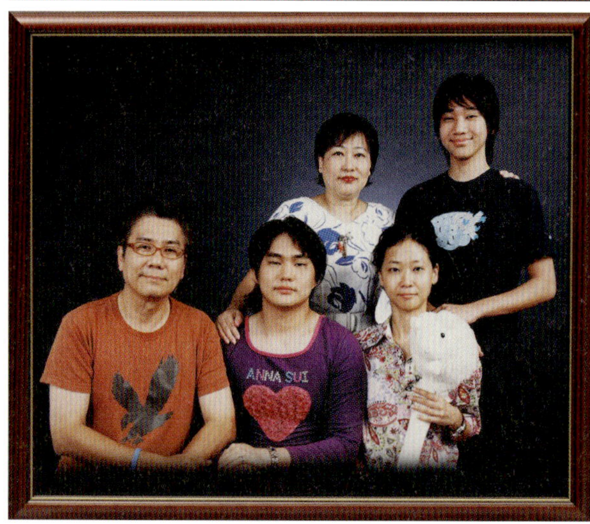

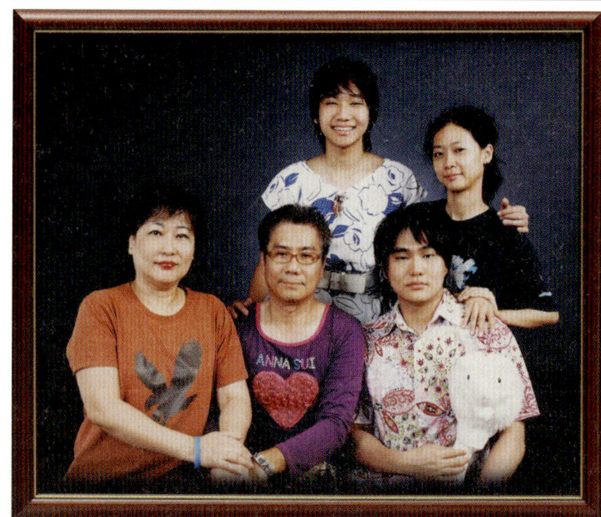

Rachel Goh *Who Is This Family*, 2007

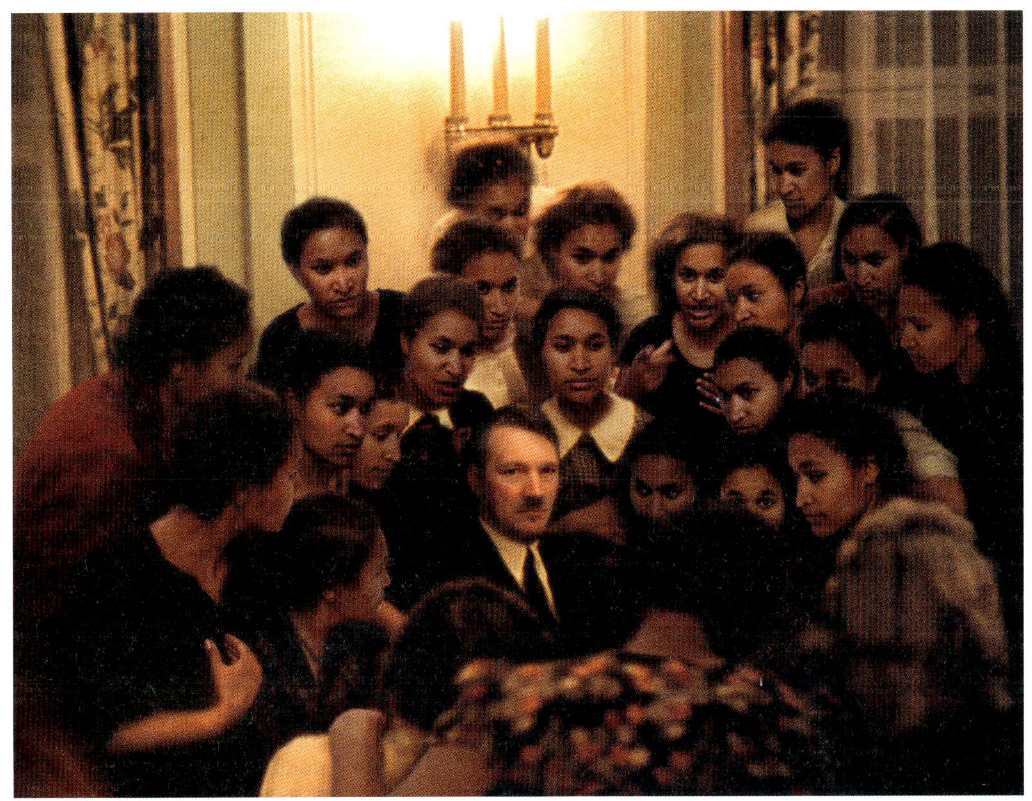

IngridMwangiRobertHutter *If*, 2003

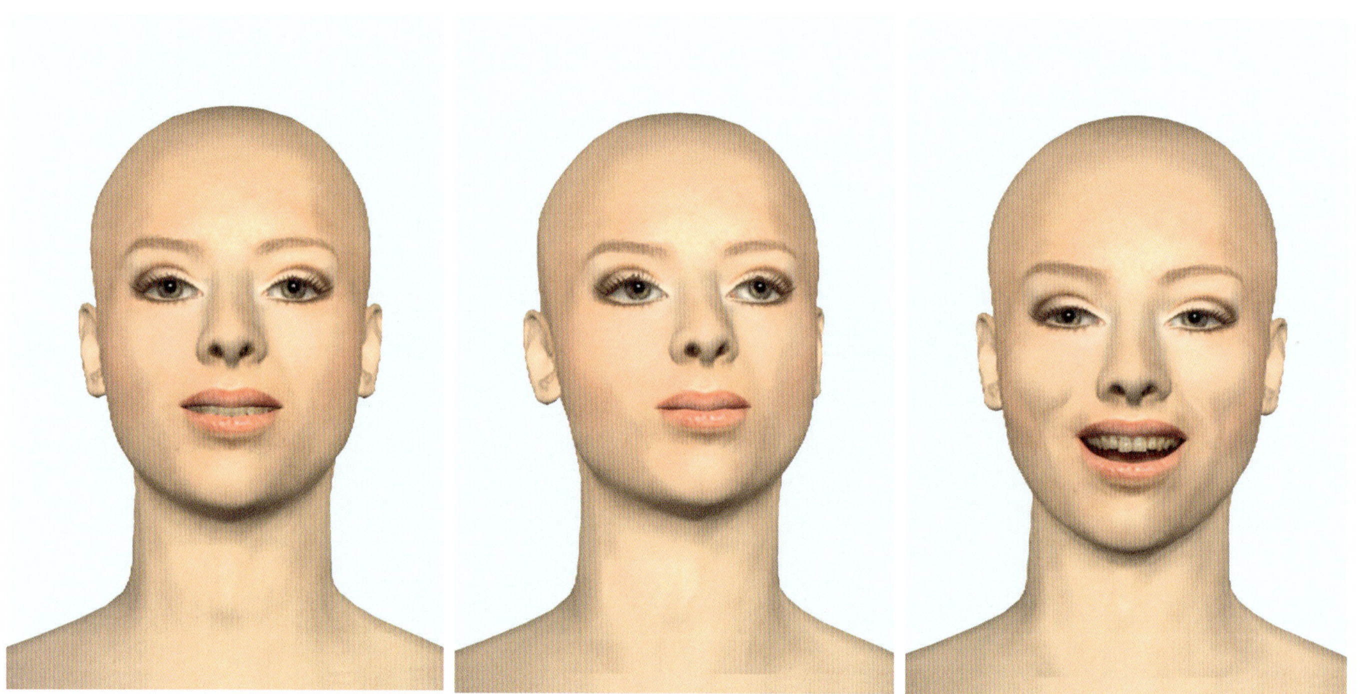

Kirsten Geisler *Dream of Beauty 2.0 – Touch me*, 1999

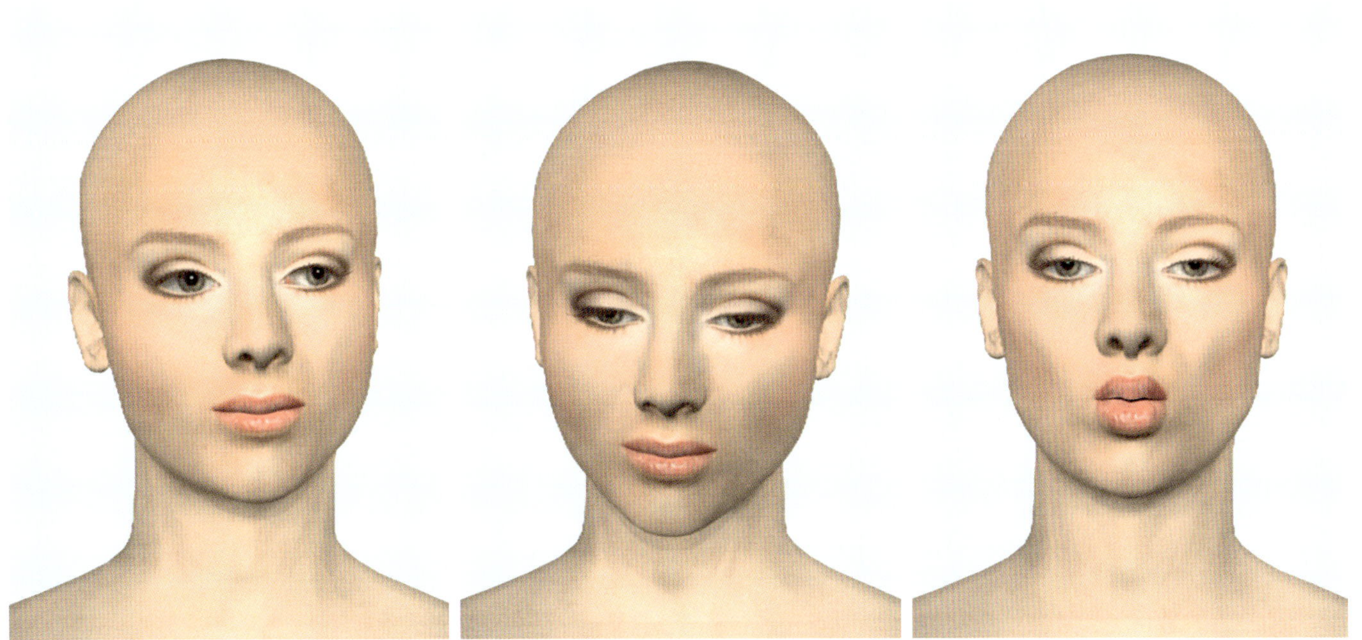

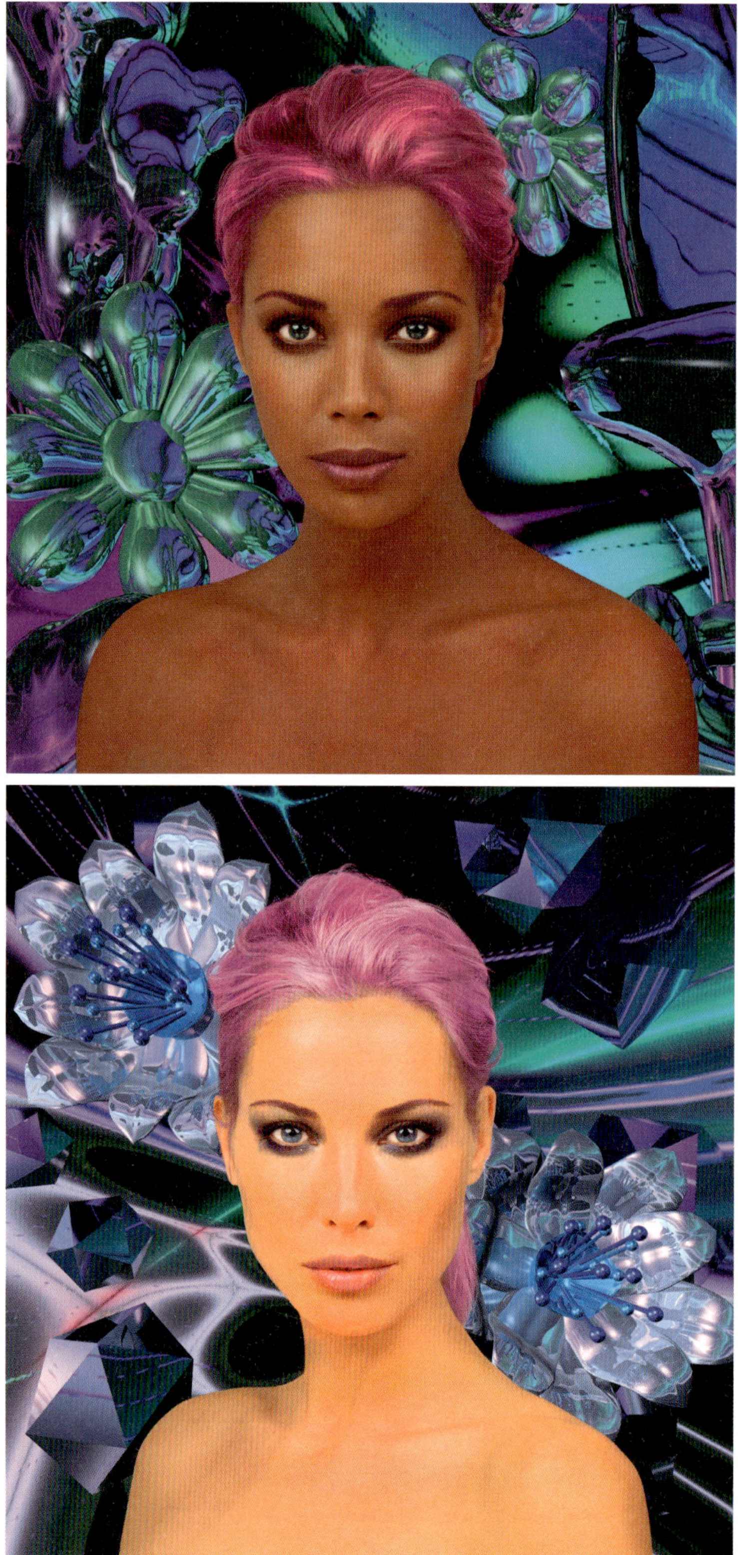

Micha Klein *Artificial Beauty Series: 'Juice'*, (1st. Gen.), 1998 / *Artificial Beauty Series: 'Angie'* (1st. Gen.), 1998

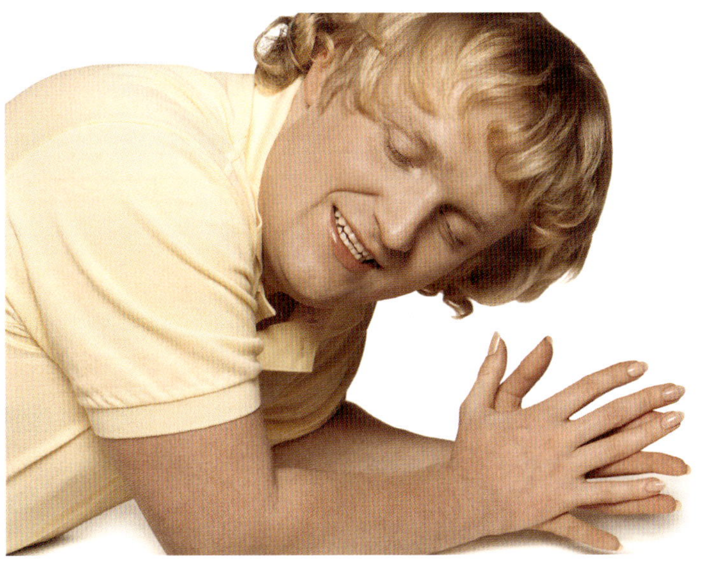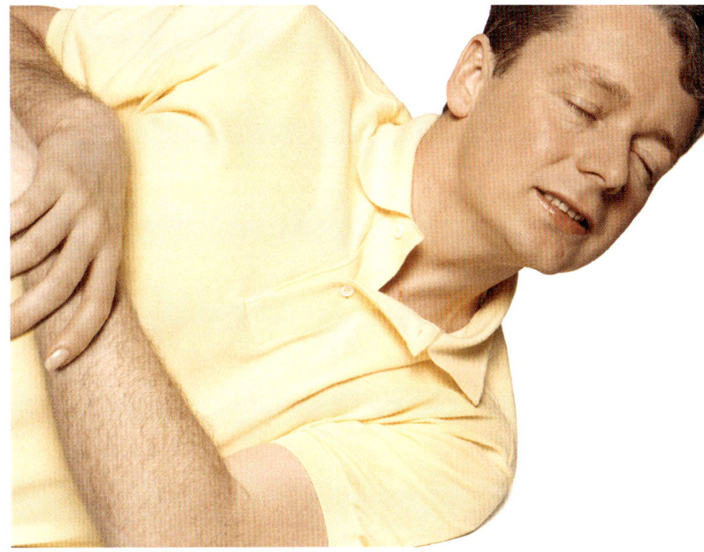

Inez Van Lamsweerde & **Vinoodh Matadin** The Forest – Marcel, 1995 / The Forest - Rob, 1995

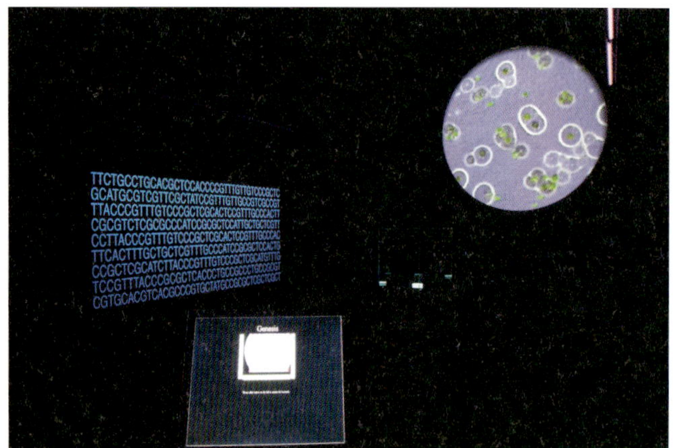

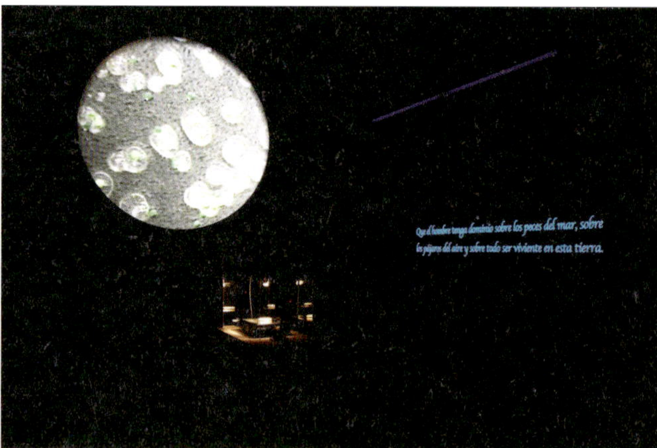

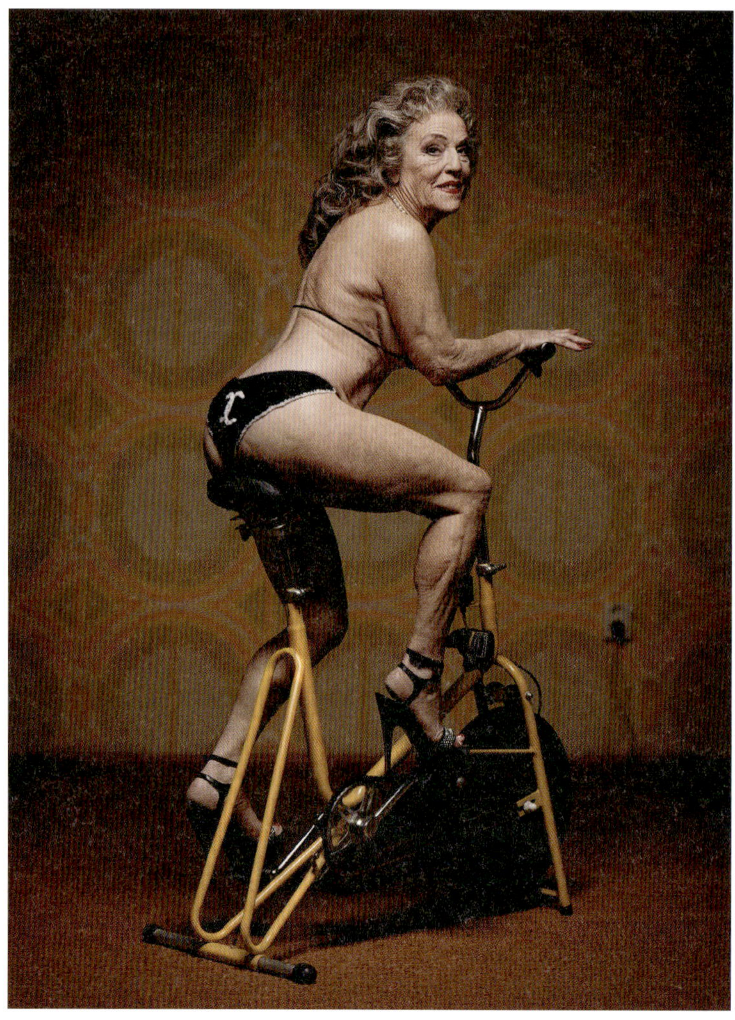

Eduardo Kac *Genesis*, 1998-1999 / **Erwin Olaf** *Mature: Cindy C. 75*, 1998

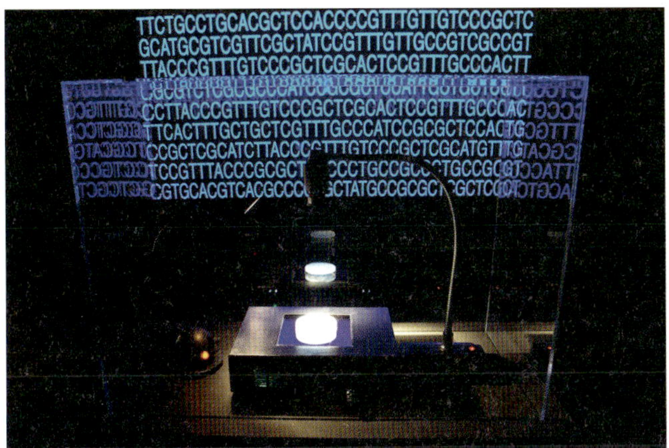

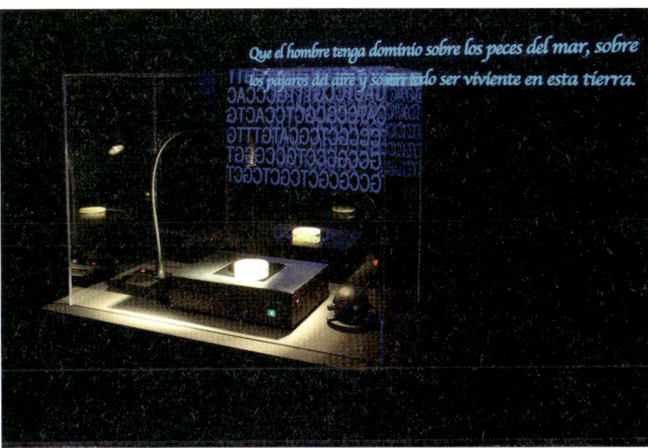

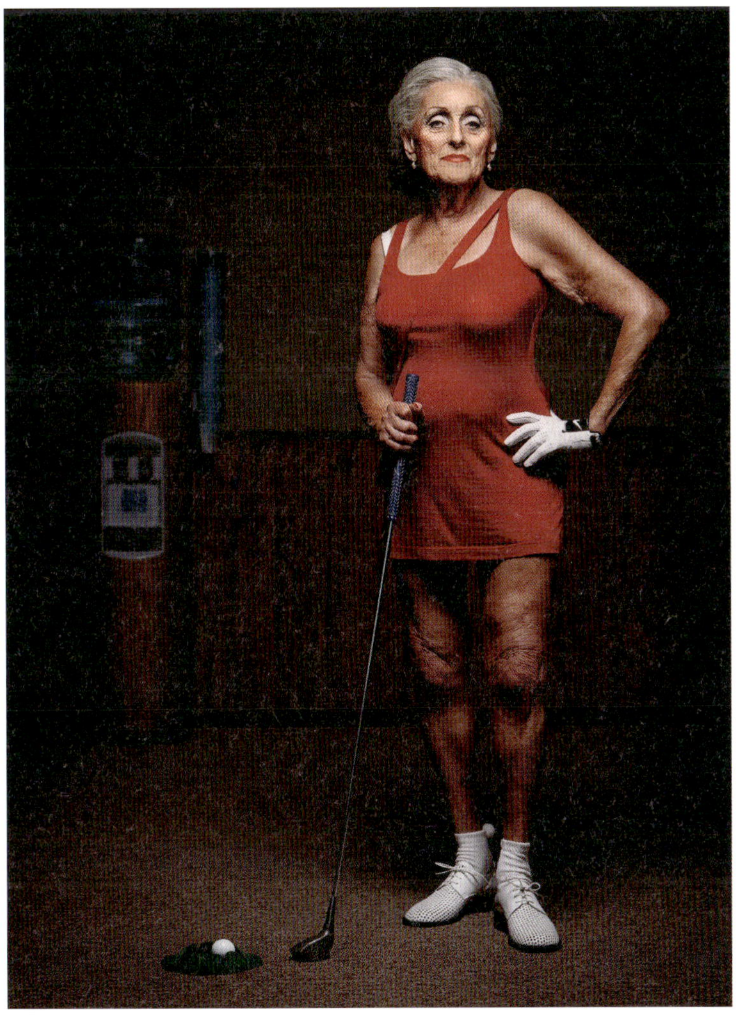

Eduardo Kac *Genesis*, 1998-1999 / **Erwin Olaf** *Mature: Isabella R. 89*, 1998

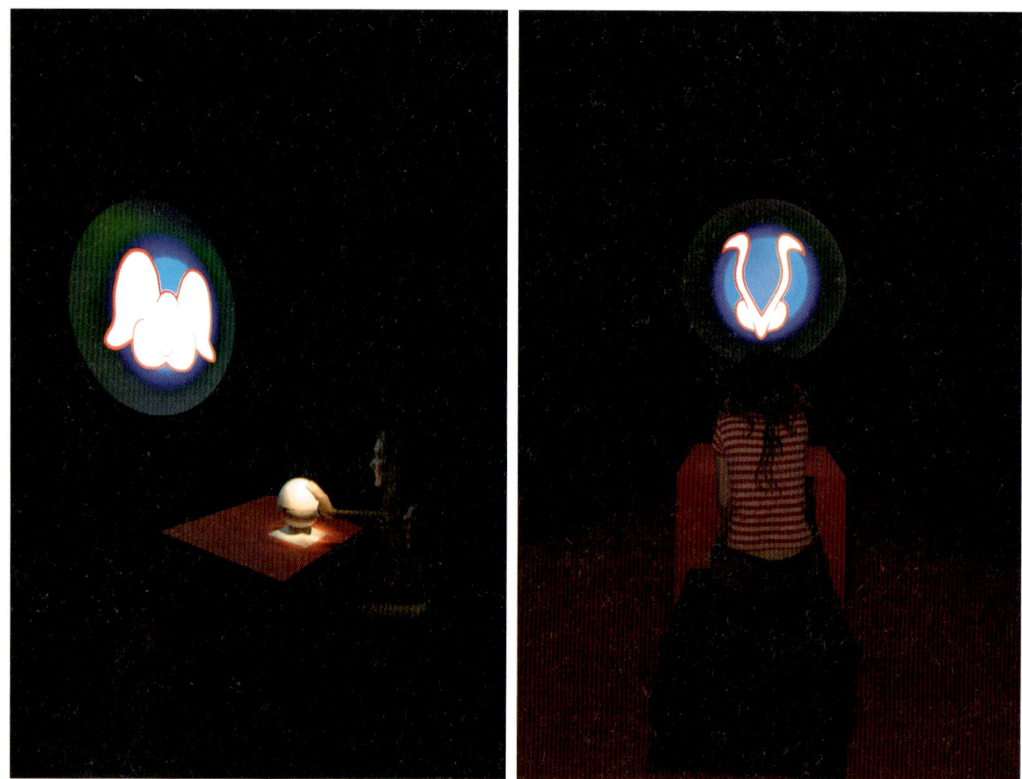

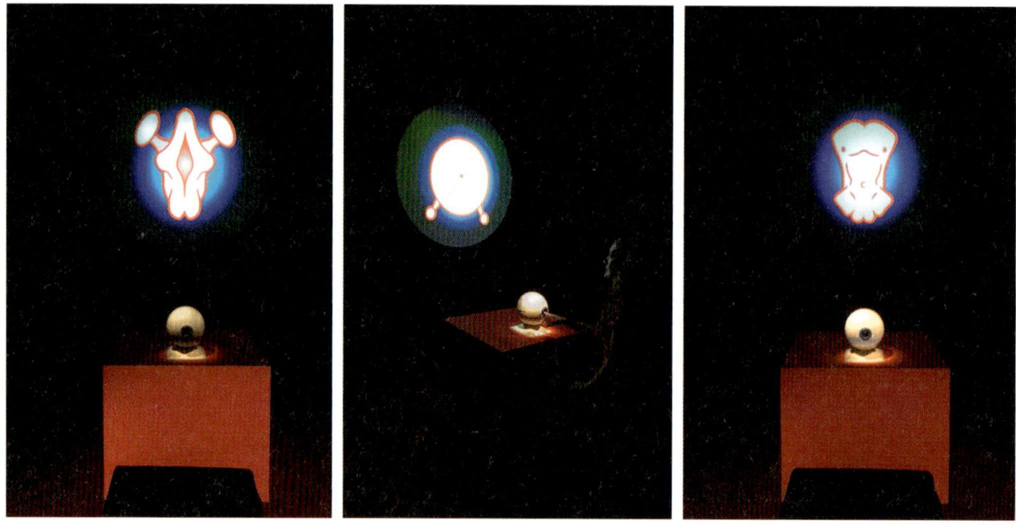

Philip Brophy *The Body Malleable*, 2004

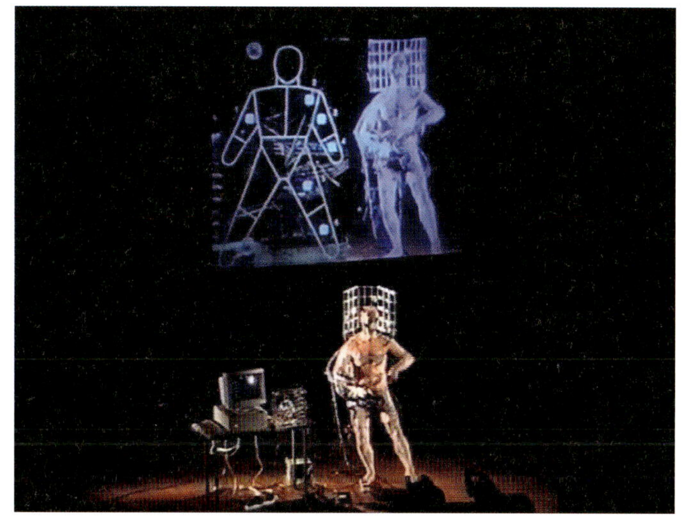

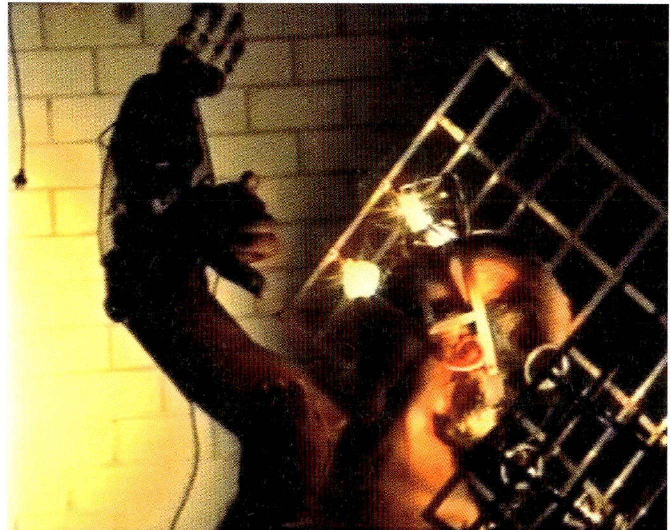

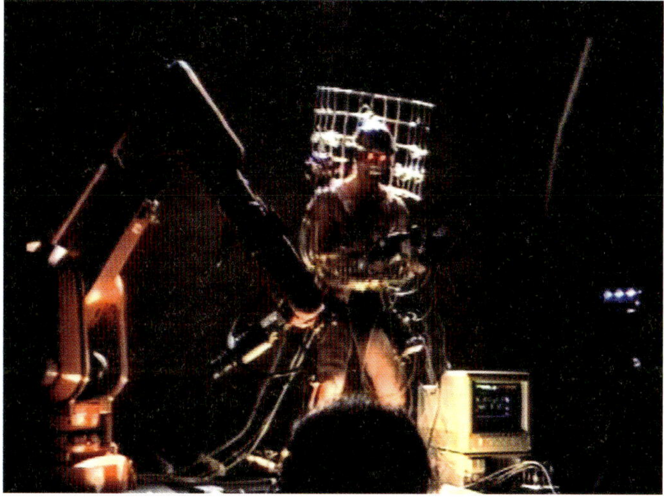

Stelarc Performances *Robotic 3rd Hand*, 1991-1993

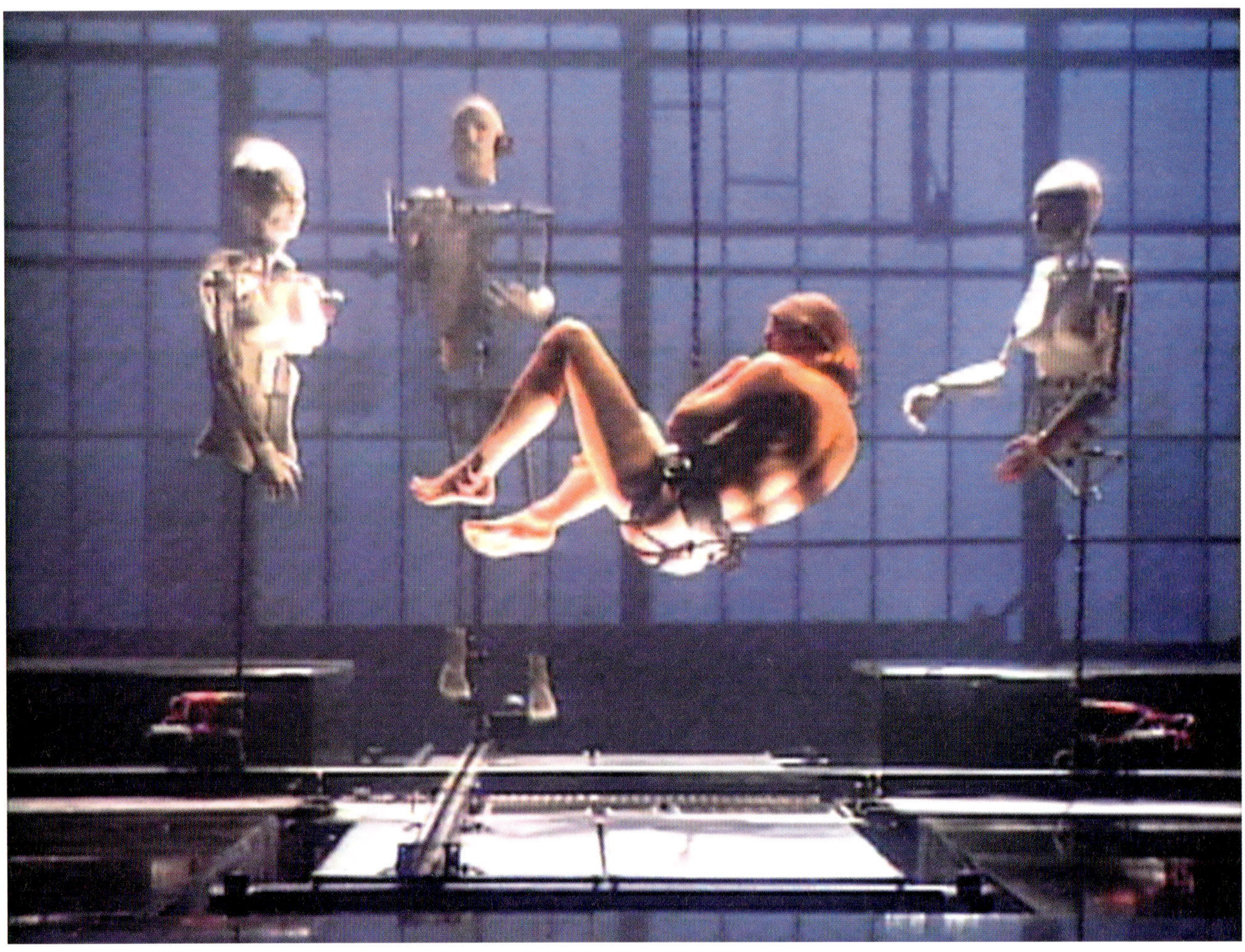

Charles Atlas *Superhoney* (still), 1994

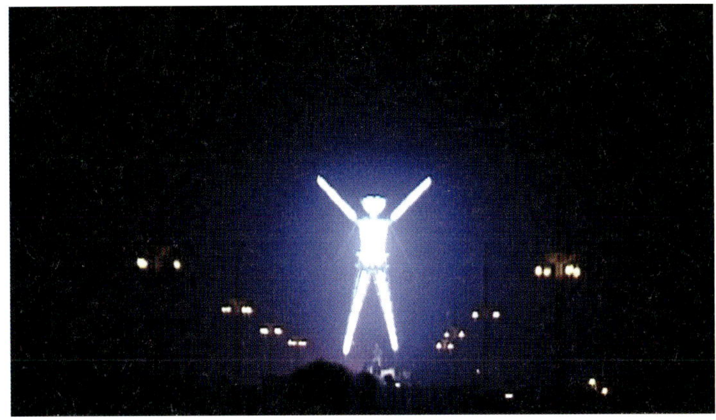
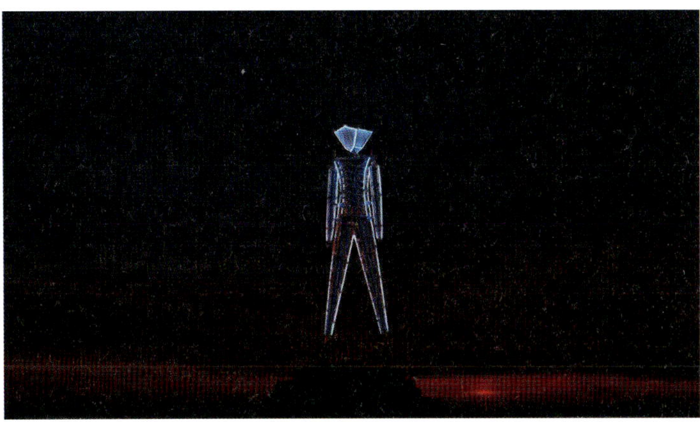
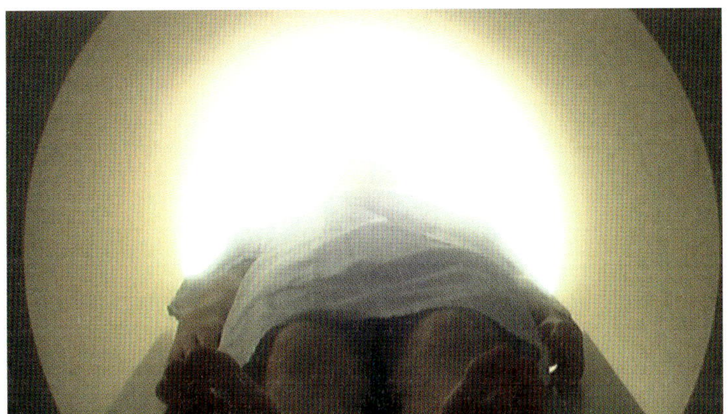
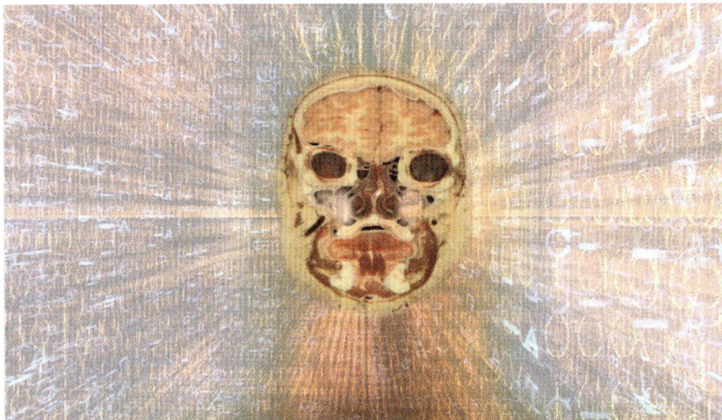
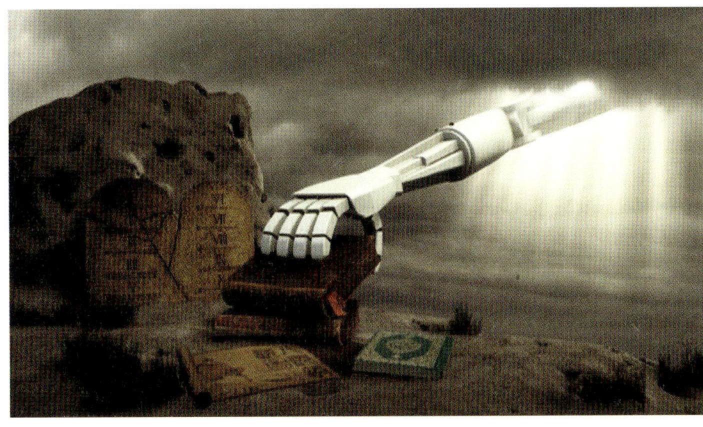
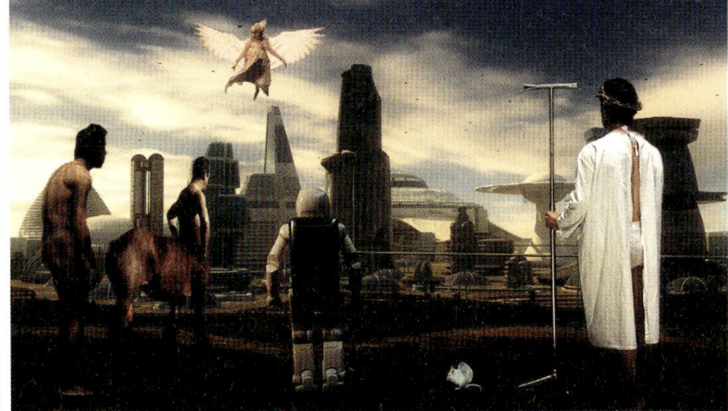

Frank Theys *Technocalyps* (stills), 2006

Liliane Dewachter studeerde kunstgeschiedenis aan de Vrije Universiteit Brussel. Van 1979 tot 1986 organiseerde zij talrijke exposities voor de Vereniging voor Tentoonstellingen in het Brusselse Paleis voor Schone Kunsten. Sedert 1986 is zij werkzaam als curator bij het MuHKA. Zij is tevens vice-voorzitter van BVKC/ABCA, de Belgische Vereniging van Kunstcritici.

Maya Van Leemput behaalde in 2001 een Ph.D in Social Science en Communications aan de University of Westminster in London; de titel van haar thesis luidde: *Visions of the Future on Television. A Content Analysis and Production Study of Representations of the Future on British Television in the Mid-Nineties.* Met haar postdoctoraal onderzoeksproject 'Agence Future' verricht Van Leemput onderzoek naar de verschillende manieren waarop we onszelf de toekomst inbeelden.

Marina Abramovic (°1946) is een van de pioniers in de body- en performance-art waarbij het lichaam centraal staat. Zoals dat van vele bodykunstenaars in de jaren 1970 kenmerkt het werk van Abramovic zich door zelfmutilatie en uitputting. In haar performances test ze niet alleen de fysieke, maar ook de mentale grenzen van het lichaam. De laatste jaren concentreert Abramovic zich vooral op de heruitvoering van haar eigen performances en die van andere kunstenaars. Haar werk was onder meer te zien in Parijs (Centre Pompidou, 2008), Gent (SMAK, 2008) en New York (Guggenheim Museum, 2005).

De kunstenaar **Vito Acconci** (°1940) is werkzaam in New York. Hij verwierf in de jaren 1960 bekendheid met zijn performances en daarvan afgeleide videokunst. Het oeuvre van Acconci kenmerkt zich door de grote artistieke diversiteit waarmee hij de directe confrontatie met de beschouwer op indringende wijze aangaat. In zowel zijn performances als installaties is zijn lichaam altijd present, ofwel fysiek, ofwel door middel van films of geluidsopnames. Acconci verwerpt de traditionele grenzen tussen kunstenaar en publiek, tussen een object en een gebeurtenis en een kunst-werk en zijn bestaansrecht in een ruimtelijke of sociale context. Waar in zijn vroege werk gedichten, foto's en performances centraal staan, richt Acconci zich nu op architectonische projecten in de openbare ruimte. Zijn werk was onder andere te zien in Barcelona (Museu d'Art Contemporani de Barcelona, 2004), Amsterdam (Stedelijk Museum, 2005), Berlijn (Kunst-Werke, 2006) en New York (MoMA, 2007).

Ron Athey (°1961) werkt in Los Angeles en is een performance- en body-artkunstenaar die bekend staat om zijn extremiteit. Het werk van Athey onderzoekt onderwerpen zoals de relatie tussen verlangen, seksualiteit en traumatische ervaringen. Veel van zijn performances met onderwerpen als sadomasochisme gaan de confrontatie aan met vaststaande ideeën over het lichaam in relatie tot mannelijkheid en religieuze iconografie. Athey beschrijft zijn werk als een zoektocht naar de kwetsbaarheid van

Kunstenaarsbiografieën | Artists' biographies

Liliane Dewachter studied art history at the Vrije Universiteit Brussel. Between 1979 and 1986 she organised numerous expositions for the Vereniging voor Tentoonstelingen in the Centre for Fine Arts in Brussels. Since 1986 she works as curator at MuHKA. She is also vice-chairman of BVKC/ABCA, the Belgian Foundation of Art Critics.

Maya Van Leemput obtained her Ph.D in Social Science and Communications at the University of Westminster in London in 2001; the title of her dissertation was: *Visions of the Future on Television. A Content Analysis and Production Study of Representations of the Future on British Television in the Mid-Nineties.* Currently operating under the alias 'Agence Future', Van Leemput's post-doctoral research concerns the various ways of imaging and imagining the future.

Marina Abramovic (°1946) is one of the pioneers in body and performance art, which puts the body in the spotlight. Like the art of many body artists from the 1970s, Abramovic's work is noted for self-mutilation and exhaustion. She tests the body's physical and mental limits in her performances. For the past few years, Abramovic has concentrated on re-enacting her own performances and those of other artists. Her work has been on display in Paris (Pompidou Centre, 2008), Ghent (SMAK, 2008) and New York (Guggenheim Museum, 2005).

Artist **Vito Acconci** (°1940), who works in New York, became well known in the 1960s for his performances and the video art derived from them. Acconci's work is noted for the penetrating way it confronts the viewer with great artistic diversity. His body is always present in his performances and his installations, physically or via video or audio recordings. Acconci rejects traditional borderlines between artist and public, between object and event and between an artwork and its right to exist in a spatial or social context. Whereas earlier the emphasis lay on poems, photos and performance, Acconci now has his sights set on architectonic projects in public spaces. His work has been on exhibit in Barcelona (Museu d'Art Contemporani de Barcelona, 2004), Amsterdam (Stedelijk Museum, 2005), Berlin (Kunst-Werke, 2006) and New York (Museum of Modern Art, 2007).

Ron Athey (°1961) works in Los Angeles. He is a performance and body art artist known for going to extremes. Athey's work examines subjects like the relation between desire, sexuality and traumatic experiences. Many of his performances confront accepted ideas about the body in relation to maleness and religious iconography with subjects like sadomasochism. Athey describes his work as a search for the body's

het lichaam en maakt dit duidelijk middels een theatrale podiumact. Zijn werk was onder andere te zien in New York (PS1, 2005 en Performa '05, 2005) en in Los Angeles (Western Project Gallery, 2006).

Charles Atlas (°1958) is een filmmaker en videokunstenaar gevestigd in New York, die onder meer werken maakt voor podia, screens, musea en televisie, waarbij hij vaak samenwerkt met choreografen, dansers en performers. Atlas is een pionier in de ontwikkeling van 'media dance', een genre waarin een originele performance direct voor de camera wordt gecreëerd. Hij was tien jaar 'filmmaker in residence' voor de Cunningham Dance Company, waarbij hij onder andere samenwerkte met Marina Abramovic, Yvonne Rainer en John Kelly. Zijn werk is onder meer getoond in New York (The Whitney Museum of American Art), Parijs (Centre Pompidou) en Amsterdam (Stedelijk Museum).

Philip Brophy (°1959) is werkzaam in Australië. Hij is muzikant, componist, geluidsontwerper, schrijver en filmmaker. In zijn films en video-clips moedigt Brophy het publiek aan om 'met de oren te denken' om op deze wijze de sensorische en psychologische eigenschappen van geluid te waarderen. Brophy's fascinatie voor horrorfilm, manga, glam en pornografie en hun invloed op de 'hoge kunst' en populaire cultuur keren als onderwerpen in zijn werk terug. Hij toont het lichaam als een abjecte en amorfe entiteit, een verlangende machine, waarbij Brophy het lichaam 'uit elkaar trekt' om zo de brute en naakte essentie te tonen, verwijderd van behaaglijkheid en beschaving maar toch met enige schoonheid. Het werk van Brophy werd onder meer getoond in Melbourne (Australia Centre For Moving Image, 2004), Londen (BFI, 2005) en Brisbane (Brisbane Powerhouse, 2006).

Chris Burden (°1946) staat bekend om zijn controversiële performances die hij vanaf de jaren 1970 maakte. Deze performances of *bodyworks* reflecteren een sadomasochistische tendens waarin het geweld niet gezien moet worden in persoonlijke termen of als een vorm van vermaak; Burden speelt met de steeds veranderende betekenis van kunst. In Mechelen wordt *Shoot* (1971) getoond, een van zijn bekendste werken, waarin hij laat zien hoe hij zich met een pistool door zijn linkerarm laat schieten.

De Belgische kunstenaar **Danny Devos** (°1959, Vilvoorde) woont in Antwerpen. Sedert 1979 realiseerde DDV honderdnegenentwintig performances in vierenveertig steden in tien landen; tweeëntwintig éénmansexposities in dertien steden in zeven landen; zevenennegentig groepstentoonstellingen in negenentwintig steden in acht landen; tweehonderdenzes artikels gepubliceerd in tweeënzeventig tijdschriften en kranten; achtenvijftig catalogi gepubliceerd door zevenenveertig uitgevers; drieëntwintig websites op clubmoral.com; zes projecten en elf evenementen op bastard-art-gallery.com; tweeëntwintig video's op youtube.com; zestien dj-sets op podomatic.com; zes blogs op blogspot.com; zes pagina's op myspace.com; vier pagina's en drie bijlages op facebook.com; één emailadres: ddv@magic.be.

De fotograaf **Hans Danuser** (°1953) woont en werkt in Zürich en New York. Danuser is een van de pioniers van de hedendaagse fotografie in Zwitserland. Hij gebruikt zijn fotografie als een middel om fysiek bewijs van taboezones in de wetenschap zichtbaar te maken. In de *Frozen Embryo Series 3* maakt Danuser het microscopische proces zichtbaar waarbij hij de toeschouwer confronteert met abstracte beelden. Het werk van Danuser werd getoond in belangrijke tentoonstellingen zoals de biënnale van Venetië (1996), Art Basel (2005) en New York (ICP, 2004). In 2002 won hij The Manor Art Prize. Zijn werk is onder meer opgenomen in de collectie van het Metropolitan Museum of Art in New York.

Desiree Dolron (°1963) is een Nederlandse fotografe, die zowel bekend is om haar indringende reisreportages als om haar geënsceneerde fotografie. Dolrons reportages vormen geen afgerond verhaal, maar zijn een aaneenschakeling van op zichzelf staande momenten die op zeggingskracht en sfeer zijn geselecteerd. In

---

vulnerability; it uses a theatrical podium act to demonstrate this. His work has been on display in New York (PS1, 2005 and Performa '05, 2005) and in Los Angeles (Western Project Gallery, 2006).

Charles Atlas (°1958) is a filmmaker and video artist based in New York; he created work for podiums, screens, museums and television, often with choreographers, dancers and performers. Atlas is a pioneer in the development of 'media dance', a genre in which an original performance is created right before the camera. He spent ten years as 'filmmaker in residence' with the Cunningham Dance Company where he worked with Marina Abramovic, Yvonne Rainer and John Kelly. His work has been screened at international institutes in New York (The Whitney Museum of American Art), Paris (Centre Pompidou) and Amsterdam (Stedelijk Museum).

Philip Brophy (°1959) works in Australia; he is a musician, composer, sound designer, writer and cinematographer. Brophy's films and video clips encourage the public to 'think with their ears' so that they can appreciate the sensory and psychological characteristics of sound. Brophy's fascination for horror films, manga, glam and pornography and their influence on 'high art' and popular culture are recurrent themes in his work. Brophy depicts the body as an abject and amorphous entity, a desiring machine: he 'pulls it apart' to show its brutal and naked essence separated from comfort and civilisation but still with a degree of beauty. Brophy's work has been shown in Melbourne (Australian Centre for the Moving Image, 2004), London (British Film Institute, 2005) and in Brisbane (Brisbane Powerhouse, 2006).

Chris Burden (°1946) is known for the controversial performances that he has made since the 1970s. These performances or bodyworks reflect a sadomasochistic tendency that does not regard violence in personal terms or as entertainment; Burden toys with an ever-changing meaning of art. One of his best-known works, *Shoot* (1971), is being screened in Mechelen/ Malines. It shows Burden taking a pistol shot in his left arm.

Belgian artist **Danny Devos** (°1959, Vilvoorde) lives in Antwerp. Since 1979 DDV realised one hundred and twenty-nine performances in forty-four cities in ten countries; twenty-two personal exhibitions in thirteen cities in seven countries; ninety-seven group exhibitions in twenty-nine cities in eight countries; two hundred and six articles in seventy-two magazines and newspapers; fifty-eight catalogues by forty-seven publishers; twenty-three websites on clubmoral.com; six projects and eleven events on bastard-art-gallery.com; twenty-two videos on youtube.com; sixteen dj-sets on podomatic.com; six blogs on blogspot.com; six pages on myspace.com; four pages and three applications on facebook.com; one email address: ddv@magic.be.

Photograph **Hans Danuser** (°1953) lives and works in Zürich and New York. Danuser is one of the pioneers of modern photography in Switzerland. He uses his photography to display physical evidence of taboo zones in science. In his *Frozen Embryo Series 3*, Danuser visualises the microscopic process that confronts the observer with abstract images. Danuser's work has been shown at important venues like the Venice Biennial (1996), Art Basel (2005) and New York (International Centre of Photography, 2004). He won the Manor Art Prize in 2002. Among the collections where his work has been included is that of the Metropolitan Museum of Art in New York.

Desiree Dolron (°1963) is a Dutch photographer known for her searching travelogues as well as for her staged photography. Dolron's travelogues are not com-

haar geënsceneerde foto's bootst ze bekende schilderstijlen en schilderijen na, waarin ze teruggrijpt naar het pictoralisme uit het begin van de vorige eeuw. Het geeft de foto's een schilderkunstige kwaliteit. Haar werk was te zien in Brussel (Art Brussel, 2008) en Amsterdam (Gabriel Rolt Galerie, 2008). Recentelijk is werk van haar aangekocht door het Guggenheim Museum in New York en het Victoria en Albert Museum in London.

Franko B (°1960) is een in Londen gevestigde performancekunstenaar die zijn eigen lichaam als een kunstwerk beschouwt. Hij werkt met verschillende media zoals video, fotografie, installatie en schilderkunst. In zijn werk staat het viscerale centraal waarbij Franko B zijn eigen bloed als medium gebruikt. Hij verandert zijn lichaam in een canvas in een poging de pijn, de liefde, de haat, het verlies, de macht en de angst van de menselijke conditie te portretteren. De performances van Franko B zijn onder meer getoond in Londen (Tate Modern, 2002, ICA, 2008), Birmingham (IKON

Gallery, 2005) en Manchester (The Green Room, 2008).

De in Nederland gevestigde kunstenaar **Kirsten Geisler** (°1949) maakt virtuele creaties en kijkt naar de mogelijkheden van digitale technologie om artistieke schoonheid te creëren. Geisler maakt vrouwen die zij digitaal bewerkt naar een ideaalbeeld, maar zonder enige vorm van expressie. Deze kunstmatigheid van de vrouwelijke schoonheid als een stereotypering is een constante in haar werk. Het werk van Geisler was onder andere te zien in New York (The Armory Show, 2006) en in Madrid (ARCO, Galerie Akinci Amsterdam, 2007)

De kunstenaar **Rachel Goh** (°1976) woont en werkt in Singapore. Haar werk was recent te zien op de biënnale in Singapore. In de foto en video-installatie *Who is This Family* (2008) staat haar eigen familie centraal. De installatie is gebaseerd op een familieportret dat twaalf jaar eerder is gemaakt. In de nieuwe foto's wisselen de familieleden telkens van positie en kleding waardoor er een nieuw portret

ontstaat. Goh engageerde voor de nieuwe foto's de fotograaf die ook de originele foto's maakte.

Het werk van de in Amerika gevestigde kunstenaar **Eduardo Kac** (°1962) laat zich omschrijven als transgenetische, aan internet gerelateerde kunst. Zijn werk haalde internationale bekendheid vanwege zijn interactieve netinstallaties en bio-art. Het werk van Kac stelt thematieken rondom communicatie centraal waarin hij verwijst naar virtuele en fysieke ruimtes. Zijn werk was onder meer te zien in Madrid (ARCO, 2006) en Los Angeles (Fringe Exhibitions, 2007). In Minnesota (St. Pauls' University) is recentelijk een permanente sculptuur geplaatst.

De in Amsterdam gevestigde kunstenaar **Micha Klein** (°1964) verwierf in de jaren 1990 internationale faam met zijn digitale kunst en videoperformance. Zijn digitale schilderijen kenmerken zich door heldere felle kleuren en glimmende oppervlakken en lijken te stralen van optimisme. Toch bevat het werk van Klein vaak een kritische lading. Zijn werk is onder meer opgeno-

men in de collectie van het Groninger Museum (Groningen), het Stedelijk Museum (Amsterdam) en het Denver Art Museum (Denver).

De Franse kunstenaar **Yves Klein** (°1928–†1962) wordt gezien als een belangrijke figuur in de naoorlogse Europese kunst en kenmerkt zich door veelzijdigheid. Klein is onder andere bekend om zijn monochrome werken, schilderijen in eenkleurig rood of goud, die hij vanaf 1947 vervaardigt. In Mechelen wordt de foto *Le saut dans le vide* (1960) getoond, waarin te zien is hoe Klein zichzelf, met gespreide armen, van een muur naar beneden laat vallen. Klein gebruikte deze foto als een bewijs van zijn mogelijkheid om te reizen in de ruimte. Enkele belangrijke tentoonstellingen van Klein zijn *La Période Bleue* (Galleria Appolinaire, Milaan, 1957) en *Le Vide* (Iris Clert Gallery, Parijs, 1958). Zijn werk is onder meer opgenomen in de collectie van het Guggenheim Museum en het Museum of Modern Art, beide in New York.

De maakbaarheid van het lichaam, identiteit en sekse vormen voor

---

pleted wholes, but are a series of isolated moments selected for their expressiveness and ambience. Her staged photos imitate familiar painting styles and pictures, reaching back to early twentieth-century pictorialism. This gives her work a painting-like quality. Her work can be seen in Brussels (Art Brussel, 2008) and Amsterdam (Gabriel Rolt Gallery, 2008). The Guggenheim Museum in New York and the Victoria and Albert Museum in London have recently purchased her work.

Franko B (°1960) is a performance artist working out of London. He considers his own body to be the artwork. Franko B works in a range of media extending from video and photography over installation to painting. Franko focuses on visceral factors, using his own blood as medium. He changes his body into a canvas in an attempt to portray the pain, love, hate, loss, power and fear innate to the human condition. Franko B's performances have been on display

in London (Tate Modern, 2002), Birmingham (IKON Gallery, 2005), Manchester (The Green Room, 2008) and London (Institute of Contemporary Arts, 2008).

Kirsten Geisler (°1949), now residing in the Netherlands, makes virtual creations, testing the ability of digital technology to create artistic beauty. Geisler designs women, then moulds them into an ideal image bereft of all expression. This stereotyping of artificial female beauty is a constant element in her work. Geisler's work has been shown in New York (The Armory Show, 2006) and in Madrid (ARCO, Galerie Akinci Amsterdam, 2007).

Artist **Rachel Goh** (°1976) lives and work in Singapore. Her work has recently been on display at the Singapore Biennial. Her photo and video installation entitled *Who Is This Family?* (2008) is built around her own family. The installation is based on a twelve-year-old family portrait.

In the new photos, the family members keep changing place and clothing, with a new portrait as result. Goh called upon the maker of the original photograph to photograph it again.

Work by **Eduardo Kac** (°1962), now of America, can be described as transgenetic to internet-related art. His work became internationally known for its interactive net installations and bio-art. Kac's work focuses thematically on communication. In it, he draws attention to virtual and physical spaces. The places where his work has been on display include Madrid (ARCO, 2006), Los Angeles (Fringe Exhibitions, 2007). A permanent sculpture has recently been placed in Minnesota (St. Pauls' University).

Performing artist **Micha Klein** (°1964), now based in Amsterdam, gained international fame in the 1990s for his digital art and video performance. His digital paintings are noted for clear and strong

colours and shining surfaces that seem to radiate optimism despite their often critical content. The Groninger Museum (Groningen), Het Stedelijk Museum (Amsterdam) and the Denver Art Museum (Denver) have purchased his work.

French artist **Yves Klein** (°1928–†1962) is considered an important figure in post-war European art. He is known for his versatility. Klein is known for the monochrome paintings in red or gold that he has been producing since 1947. The photograph entitled *Le saut dans le vide* (1960) is on display in Mechelen/Malines. In it Klein is seen with outstretched arms falling from a wall. Klein used this photo as evidence of his ability to travel in space. Among the important exhibitions of Klein's work are *Le Période Blue* (Galleria Apollinaire, Milan 1957) and *Le Vide* (Iris Clert Gallery, Paris 1958). The Guggenheim Museum and the Museum of Modern Art, both in New York, have his work in their collections.

de Nederlandse kunstenaar **Inez van Lamsweerde** (°1963) een belangrijke inspiratiebron. Haar digitaal bewerkte foto's bewegen zich op het grensvlak tussen commerciële modefotografie en kunst. Van Lamsweerde neemt vrouwelijke ideaalbeelden uit de massamedia als uitgangspunt en manipuleert deze met behulp van de 'paintbox'-computer. Haar foto's tonen lichamen ontdaan van persoonlijke eigenschappen en zijn daarom vervreemdend en surrealistisch. Haar werk is opgenomen in de collectie van het Groninger Museum en was te zien in New York (Museum For Modern Art, 2001) en Parijs (Maison européenne de la photographie, 2001).

De Cubaanse kunstenaar **Susana Pilar Delahante Matienzo** (°1984) heeft interesse voor vrouwen van over de hele wereld en met name voor discriminatie jegens hen. De basis van haar werk is het fysieke geweld dat veel Cubaanse vrouwen wordt aangedaan. Matienzo wil deze verborgen realiteit zichtbaar maken. In haar performances is zij zelf vaak fysiek aanwezig. Haar werk was onder meer te zien in New York (White Box Organisation, 2007) en Cuba (Museo de Arte Cubana, 2008; Luz y Oficios Gallery, 2008).

Ondanks het korte leven van de Cubaans-Amerikaanse kunstenaar **Ana Mendieta** (°1948-†1985), dat tragisch eindigde na een val uit een raam, geldt Mendieta als een pionier van de performance en de bodyart. Een retrospectieve van haar werk was onlangs te zien in Gallery Lelong in New York. Waar Mendieta in het begin vooral refereerde aan feministische kwesties, kenmerkte haar latere werk zich door spiritualiteit en de fysieke connectie met het land en de aarde. De receptie van haar werk heeft in de jaren 1970 echter een drastische wijziging ondergaan. Haar uitzonderlijke oeuvre wordt nu vaak beschouwd tegen de achtergrond van transculturele identiteit en migratie. Haar werk is onder meer opgenomen in de collectie van het Miami Art Museum in Florida en het Museum of Modern Art in New York.

De Duits-Keniaanse kunstenaar **Ingrid Mwangi** (°1975) woont en werkt in Duitsland. Haar zoektocht naar haar eigen identiteit is de basis van haar werk en kenmerkt zich door persoonlijke geschiedenis, ervaringen en gedachten. Mwangi's fotografie, performances en video zijn een virtuele reflectie daarvan. Haar werk richt zich op de condities van het menselijk bestaan en stelt zich vragen rond kwesties als geweld, onrecht en het lijden in de wereld. Het werk van Mwangi was onder andere te zien in New York (James Cohan Gallery en het Brooklyn Museum, 2007), Venetië (Biënnale 2007) en Genua (Galleria Il Trifoglio Nero, 2008).

Het werk van de Nederlandse fotograaf **Erwin Olaf** (°1959) is wereldwijd gepubliceerd en tentoongesteld. Typerend voor de fotografie van Olaf is een nauwgezette enscenering van barokke portretten en taferelen met een erotische geladenheid waarbij hij thema's als gender, seksualiteit, humor, gratie en hoop onderzoekt. Zijn werk is onder andere opgenomen in de collectie van het Ludwig Museum in Keulen en het Stedelijk Museum en het Rijksmuseum in Amsterdam. Het werk van Olaf was te zien in New York (Hasted Hunt Gallery, 2007), Den Haag (Museum voor Fotografie, 2008) en Parijs (Flatland Paris, 2008).

De Franse kunstenaar **Orlan** (°1947) beschouwt haar eigen lichaam als een kunstwerk waarbij ze haar werk refereert aan 'Carnal Art'. Deze kunstvorm is vergelijkbaar met een zelfportret in de klassieke betekenis, gerealiseerd door de technologie van deze tijd. Centraal in het werk van Orlan staat het vrouwelijk lichaam en de druk die de maatschappij daarop uitoefent. Orlan is bekend vanwege haar zeven chirurgische operaties waarbij ze verschillende onderdelen van haar gezicht liet verbouwen. Deze operaties zijn als publieke performances uitgevoerd en illustreren de waanzin van het onbereikbare vrouwelijke schoonheidsideaal.

De eeneiige tweeling Liesbeth en Angelique Raeven opereert sinds de jaren 1990 als kunstenaarsduo onder de naam **L.A. Raeven**. In performances en video-installaties

---

The ability to shape body, identity and gender is an important source of inspiration for Dutch artist **Inez van Lamsweerde** (°1963). Her digitally retouched photos are situated on the borderline between commercial fashion photography and art. Van Lamsweerde starts with idealised images of the female as found in the mass media and manipulates these with her computer 'paint box'. Her photos show bodies divested of personal characteristics; they appear alienating and surreal. Her work has been included in the Groninger Museum's collection and has been shown in New York (Museum for Modern Art, 2001) and Paris (Maison Européenne de la Photographie, 2001).

Cuban artist **Susana Pilar Delahante Matienzo** (°1984) focuses on discrimination against women around the world. Her work is based on the physical violence used against many Cuban women. Matienzo wants to put the spotlight on this hidden reality. She is often physically present in her work. Her work has been shown by the White Box Organisation in New York (2007) and both the Museo de Arte Cubana (2008) and Luz y Oficios Gallera (2008) on Cuba.

Despite the brevity of her life, cut short by a fall from a window, the Cuban American artist **Ana Mendieta** (°1948-†1985) was a pioneer in performance and body art. A retrospective of her work was recently on display in New York's Lolong Gallery. While Mendieta initially raised feminist questions, her later work was marked by spirituality and the physical connection with land and earth. Her work's reception underwent a drastic change in the 1970s. Her exceptional work is often viewed against the background of her trans-cultural identity and emigration. Her work has been included in the collections of the Miami Art Museum in Florida and the Museum for Modern Art in New York.

German-Kenyan artist **Ingrid Mwangi** (°1975) lives and works in Germany. Her search for her own identity lies at the heart of her work; it is marked by her personal history, experiences and thoughts. Mwangi's photography, performances and videos are a virtual reflection of this. Her work draws attention to the conditions of human existence and raises questions about violence, injustice and suffering in the world. Mwangi's work has been shown in New York (James Cohan Gallery and The Brooklyn Museum, 2007), the Venice Biennial (2007) and Genoa (Galleria Il Trifoglio Nero, 2008).

Work by the Dutch photographer **Erwin Olaf** (°1959) has been published and exhibited around the world. Olaf's photography is notable for his diligent staging of baroque portraits and the erotic tableaux in which he examines gender, sexuality, humour, grace, hope and other themes. His work can be found in the collections of the Ludwig Museum in Cologne as well as Het Stedelijke Museum and Rijksmuseum both of Amsterdam; Olaf's work has been shown in New York (Hasted Hunt Gallery, 2007), The Hague (Museum voor Fotografie, 2008), Paris (Flatland Paris, 2008).

French artist **Orlan** (°1947) views her own body as an artwork and says her work refers to 'Canal Art'. This art form is comparable to a self-portrait in the classic sense, but made with modern technology. The female body and the pressure that society puts on it are central to Orlan's work. Orlan is known for her seven surgical operations in which she had various parts of her face reconstructed. These operations were carried out as public performances and illustrate the lunacy of the unattainable idealised beauty that has always been attributed to women.

Identical twins Liesbeth and Angelique Raeven have worked together since the 1990s under the name **L.A. Raeven**. They display

laten zij vaak hun eigen extreem magere lichamen en schokkende beelden van uitgemergelde modellen zien. In hun werk staat de maakbaarheid van schoonheid en de drang om natuurlijke processen te beheersen centraal. L.A. Raeven maakt inzichtelijk hoe bepalend maatschappelijke denkpatronen voor ons beeld van vrouwelijke schoonheid zijn. Het duo neemt geen activistisch standpunt in, maar toont een wereld waarin meisjes zich volstrekt overgeven aan dit schoonheidsideaal. Zij verbeelden de absurde realiteit die volledig gevormd is naar kunstmatigheid van de media en de commercie. Hun werk was onder andere te zien in Arnhem (Museum voor Moderne Kunst Arnhem, 2007), Brussel (Art Brussel 2007), Amsterdam (Ellen de Bruijne Projects, 2008) en Leiden (Galerie LUMC, 2008).

De Australische performancekunstenaar **Stelarc** (°1946) onderzoekt in zijn werk het menselijk lichaam en de relatie met futuristische technologie. In zijn performances maakt hij gebruik van robotica, virtual-realitysystemen, het internet, medische instrumenten en prothesen die in zijn lichaam geïntegreerd zijn. Stelarc wil de mogelijkheden van het menselijk lichaam verbreden en liet in 2007 een oor gemaakt van kraakbeen in zijn rechterarm implanteren. Naast kunstenaar is Stelarc Honorory Professor of Art and Robotics aan de Carnegie Mella University in Pittsburg.

Frank Theys (°1963) is beeldend kunstenaar en regisseur. Zijn werk omvat video- of interactieve mediainstallaties, theater, fictie en documentaires. In al zijn creaties komt eenzelfde reflectie terug over het beeld in het spanningsveld tussen zijn esthetische en communicatieve functie, dit in relatie tot het gebruikte medium en zijn distributiekanalen. Frank Theys vermengt doelbewust de grenzen tussen deze verschillende genres en plaatst hen in een dialoog die hun intrinsieke grenzen ver overschrijdt. Centraal daarin staat zijn fascinatie voor technologie en wetenschap, waarbij de mens een kneedbaar object is geworden. Zo is de film 'Technocalyps' (2006) een analytische documentaire-studie over de wetenschappelijke, ethische en metafysische dimensies van het transhumanisme en tegelijk een artistieke reflectie over beelden.

---

their extremely thin bodies in performances and video installations, showing shocking images of emaciated models. Their work focuses on the ability to shape beauty and the urge to control natural processes. L.A. Raeven elucidates how determinative social mindsets have become for our notion of female beauty. The pair does not assume activist views, but displays a world in which girls surrender completely to an idealised notion of beauty. They portray an absurd reality moulded totally to the media's and commerce's artificial standards. Their work has been on display in Arnhem (Museum voor Moderne Kunst Arnhem, 2007), Brussels (Art Brussel, 2007), Amsterdam (Ellen de Bruijne Projects, 2008) and Leiden (Galerie LUMC, 2008).

In his work, Australian performance artist **Stelarc** (°1946) examines the human body and its relation to futuristic technology. In his performances, he uses robots, virtual reality systems, internet, medical instruments and prostheses that he has integrated into his body. Stelarc seeks to expand the range of the human body; in 2007 he had an ear made of cartilage sewn on to his right arm. In addition to being an artist, Stelarc is honorary professor of art and robotics at Carnegie Mellon University in Pittsburg.

Frank Theys (°1963) is a visual artist and film director. His work encompasses video and interactive media installations, theatre, fiction and documentary films. His works reflect upon the image regime in a state of creative tension between its aesthetic and communicative functions, relating to the media in question and the means of distribution respectively. They consciously and intentionally obfuscates the borders between different genres, coaxing them into a dialogue that defies the perceived naturalness of these limitations. His work is driven by the artist's fascination for 'hard' science, with the question of the malleable human often recurring as a central concern. Theys' film *Technocalyps* (2006) thus appears as an analytical, documentary study of the scientific, ethical and metaphysical dimensions of the so-called transhuman, while simultaneously operating as an artistic reflection on the image of Man.

Het Ding

Curator: DIETER ROELSTRAETE

The Thing

Kunstenaars | Artists:

Leonor Antunes
Eva Berendes
Constantin Brancusi
Martin Creed
Jos De Gruyter & Harald Thys
Thea Djordjadze
Francesco Gennari
Thomas Houseago

Gabriel Kuri
Camilla Løw
Goshka Macuga
Mark Manders
Valérie Mannaerts
Judy Radul
Steven Shearer
Mark Soo & Elizabeth Zvonar

Kunst en/als objectbinding

DIETER ROELSTRAETE

De constructie van een proletarische cultuur,
dat wil zeggen, van een cultuur die bewust door de
arbeidersklasse wordt georganiseerd, vereist de eliminatie
van het onderscheid tussen Dingen en Mensen dat
de burgerlijke maatschappij typeert.

Boris Arvatov, *Het leven van alledag en de cultuur van het ding*, 1925

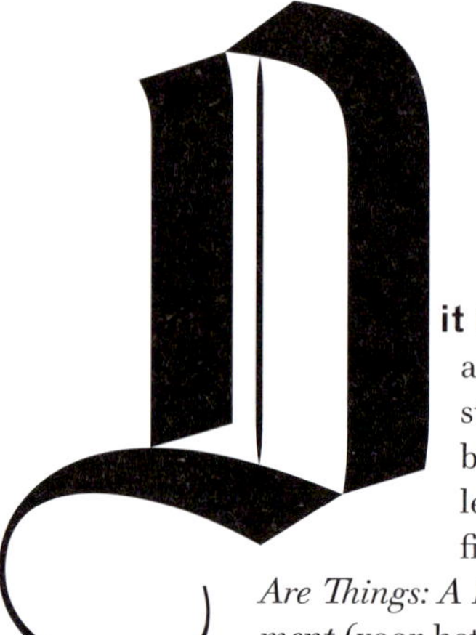

Wir suchen überall
das Unbedingte,
und finden immer
nur Dinge.

Novalis, *Blutenstaub-
fragmente*, 1798

Dingen zijn datgene,
wat we ontmoeten;
ideeën datgene,
wat we projecteren.

Leo Stein, *The A-B-C
of Aesthetics*, 1927

it is wat een bezoek aan een (weliswaar sterk gespecialiseerde) boekhandel recent opleverde: in de afdeling filosofie bots ik op *How Are Things: A Philosophical Experiment* (voor het eerst gepubliceerd in 2003 onder de titel *Dernières nouvelles des choses*) van de Franse filosoof Roger-Pol Droit, bekend vanwege de pragmatische intellectuele hartstocht waarmee hij onvermoeibaar de leerstellingen van de grote denkers – bij voorkeur van het oriëntaalse type – op het leven van alledag toepast. Het boek telt een totaal van 51 vignetten, weinig heldhaftige portretten van evenveel bescheiden objecten (de 'dingen' uit de titel) die de auteur tijdens een jaarlange reis doorheen de vroege 21ste eeuw tegen het lijf liep: een kom, een paperclip, een sleutelbos, een mobiele telefoon, een tafel… Lang niet alle keuzes zijn – uiteraard – even onschuldig, zoals onder meer wordt 'bewezen' door de sluwe inclusie, in dit boek, van het minst ding-achtige aller dingen, met name *het boek*.[1]

In de sectie literatuur en literaire kritiek kruist het toepasselijk getitelde *Things* mijn pad, een door Bill Brown samengestelde pil van meer dan 380 pagina's, die onder meer essays bevat van Christina Kiaer, W.J.T. Mitchell en Michael Taussig die inzoomen op dergelijke uiteenlopende vormen van *thingness* als 'de Russische constructivistische damesjurk' (Kiaer), 'fossielen, totems en beelden' (Mitchell), de 'handschoen in het Europa van de Renaissance' (Peter Stallybrass en Ann Rosalind Jones), 'schaduwen en efemera' (Sydney R. Nagel) en 'aluminium' (Jeffrey T. Schnapp). Browns inleidende essay heet eenvoudigweg 'Thing Theory' – en dwingt mij meteen naar een alternatieve titel voor mijn eigen geplande research te zoeken.

Aan de andere kant van de kamer bevindt zich de afdeling populaire wetenschap en wetenschapsgeschiedenis, waar nog een andere boektitel mijn aandacht wekt: *Things That Talk: Object Lessons from Art and Science*, een verzameling essays, gecompileerd door Lorraine Daston, directeur van het Max Planck-Instituut voor Wetenschapsgeschiedenis in Berlijn. De bijdragen van de hand van Joseph Leo Koerner, Simon Schaffer, Joel Snyder en Daston zelf buigen zich met devote eerbied over een of ander mysterieus ding, waarvan de waarheid vervolgens voor onze ogen wordt ontsluierd: een tekening van Hiëronymus Bosch, de vrijstaande kolom of zuil, een door Pruisische koningen aangelegd artificieel eiland (merkwaardig: kan een landmassa werkelijk een 'ding' zijn? We lijken intuïtief geneigd over dingen na te denken in strikt *antropometrische* termen), zeepbellen, vroege fotografie, glasgeblazen bloemen en planten, rorschachvlekken, krantenknipsels en schilderijen van Jackson Pollock. Dastons bloemlezing verscheen in 2004; in oktober 2007 publiceerde ze een tweede luik van dit langlopende onderzoek, een boek dat simpelweg *Objectivity* heet. De meest recente titel van allemaal, ten slotte, valt ongemakkelijk tussen twee stoelen in, tussen het niemandsland dat 'cultural studies' heet enerzijds, en kunsttheorie en -kritiek stricto sensu anderzijds: *Evocative Objects: Things We Think With*, samengesteld door Sherry Turkle, verbonden aan het prestigieuze MIT in Massachusetts. In dit boek openbaren niet minder dan 34 auteurs (waarvan geen enkele naam in de eerder vermelde bloemlezingen opduikt) hun gedachten en vooral herinneringen aan de 'dingen waarmee zij denken': 'mijn cello' en 'mijn laptop', een knoop, een Ford Falcon uit 1964, van de verdoemenis geredde foto's, de slinger van Foucault — dit keer geen kommen of kannen en kruiken. Ik laad mijn winkelmandje vol en begeef me naar de kassa; als boeken inderdaad 'dingen' kunnen worden genoemd — en dat valt maar te bezien — dan zeker dingen van het praatzieke type: op weg naar de uitgang spreken nog meer boektitels mij aan. Zoals *Taking Things Seriously: 75 Objects with Unexpected Significance* van Joshua Glenn en Carol Hayes,

een uitgave van Princeton Architectural Press, met korte bijdragen over tafels (door Ingrid Schorr), drinkglazen (door Chip Wass) en glazen kruiken (door Jennifer Alden); een recente heruitgave van Georges Perecs debuutroman *Les choses*; *The Language of Things* van Deyan Sudjic; en een onooglijk kunstenaarsboek van de Zwitserse Gabriela Gründler dat *My Things* heet. Eenmaal thuis aangekomen schenk ik mezelf een kop thee, schuif ik aan de schrijftafel en vat het trage typen aan (door middel van een object dat zich niet zo makkelijk als 'ding' laat omschrijven): neen, niet zozeer over de dingen of het ding zelf besluit ik

---

1 — Roger-Pol Droits verzameling dagboekfragmenten begint, voorspelbaar genoeg, met het alleroudste, meest primaire ding van allemaal: de kom. 'Ziehier een oeroud, uiterst primitief object. Het ding dat aan de dageraad der mensheid herinnert. De hogere primaten hadden knuppels, stenen, stokken – primitieve wapens en werktuigen. Maar geen kommen. Alleen met de eerste mens verschijnt ook de eerste schaal ten tonele: kalebassen, bekkens, kommen. De kom inaugureert de recipiënt.' De opsomming van de verschillende vormen waarin deze primordiale kom zich aan ons kan manifesteren – een kop, kan, kruik, pot of tas – doet Droit onvermijdelijk in majestatisch filosofisch gezelschap aanbelanden: toen de Duitse filosoof Martin Heidegger zich op het eind van de jaren veertig voor het eerst aan een systematische ding-theorie waagde – in een invloedrijke lezing uit 1950 waar we zo meteen nog uitgebreid op terug zullen komen – had hij het eigenlijk maar over één bepaald soort ding: de *kruik*. Helemaal op het einde van zijn odyssee doorheen de mysterieuze wereld der dingen – en precies dit mysterieuze, betoverende karakter is wat hun 'ding'-karakter als dusdanig definieert en determineert – richt Droit zijn en onze aandacht ten slotte op de *tafel*, eveneens een ding dat decennia geleden reeds het onderwerp vormde van een boeklange reflectie over ding-heid – van de hand van Francis Ponge ditmaal, de grote Franse 'theoreticus' der dingen en auteur van het klassieke *Le parti pris des choses* uit 1942.

2 — Mijn eigen interesse voor ding-theorie is intussen alweer een klein decennium oud, en werd oorspronkelijk aangewakkerd door blootstelling aan het werk van de Nederlandse kunstenaar Mark Manders, wiens *Zelfportret als gebouw* ik in de periode 2000–2001 voor het eerst betrad – de inclusie van Manders' werk in de huidige tentoonstelling heeft dan ook een zekere nostalgische bijklank. In een vroege, door Heidegger beïnvloede lezing van Manders' ding-wereld (verschenen onder de titel *Kaleidoscope Night* en in 2002 uitgegeven door Roma Publications) vergeleek ik Manders' schoenen bijvoorbeeld al met theekoppen, met kannen en kruiken. Schoenen duiken immers regelmatig op in Manders' oeuvre, en in één literair fragment (hij is tevens een getalenteerd poëet) beeldt de kunstenaar zich een schoen in die als een soort recipiënt functioneert voor het nachtelijke duister, de nacht die op de vlucht is voor de klare kijk van een zekere instrumentele rede – een veelzeggende parallel met de poëtische Heideggeriaanse notie van de kruik als het primordiale ding 'waaruit de wereld te voorschijn wordt gegoten'. Schoenen zijn tevens talismanische présences in Heideggers idiosyncratische ontologie, en hun centrale rol in zijn kunsttheorie in het bijzonder doet het vermoeden rijzen dat 's mans mijmeringen omtrent ding-heid niet geheel kunnen worden vrijgesproken van een zeker fetisjisme. Heideggers *Oorsprong van het kunstwerk*, eveneens een essentiële tekst in elke tentatieve ding-theorie, draait in wezen rondom één enkel schilderij (van de hand van Vincent van Gogh) van een paar (vrouwelijke) boerenschoenen – net zoals zijn lezing over het ding in feite slechts één enkel 'ding' betreft, met name de kruik. Schoenen duiken ten slotte eveneens op, hoe terloops ook, in de schetsmatige ding-theorie van Heideggers meest briljante leerlinge, Hannah Arendt. In *The Human Condition* karakteriseert Arendt het ding als datgene wat *de wereld zijn duurzaamheid* verleent: 'Het is precies deze duurzaamheid die de dingen in de wereld een zekere mate van autonomie verschaft ten aanzien van de mensen die deze dingen produceren en vervolgens ook gebruiken: hun "objectiviteit" stelt er hen toe in staat weerstand te bieden, hoe kort of lang ook, aan de gulzige noden en verlangens van hun makers en gebruikers. Wat zelfs het meest schamele paar schoenen van loutere consumptiegoederen onderscheidt is dat ze nooit "bederven", zelfs als ik ze niet draag; ze leiden een eigen, onafhankelijk bestaan, hoe bescheiden ook, en dat stelt hen in staat het steeds maar wisselende humeur van hun eigenaars te overleven.' Hannah Arendt, *The Human Condition*, Chicago, 1998, p. 138. (mijn vertaling) Arendt noemt het fenomeen van de duurzaamheid vervolgens ook een van de constitutieve karakteristieken van het ding-karakter van elk kunstwerk: 'Juist omwille van hun exemplarisch permanente karakter zijn kunstwerken de meest "wereldse" van alle tastbare dingen. [...] Hun duurzaamheid is van een hogere orde dan wat de dingen nodig hebben om zonder meer te bestaan.' Uiteindelijk is het precies ook haar duurzaamheid die de wereld der dingen de kwaliteit van een *thuis* verleent: 'Onder die dingen die onze materiële cultuur de stabiliteit verlenen zonder welke die cultuur nooit een betrouwbare thuis zou kunnen worden, bevindt zich een aantal objecten die geen enkel nut (welk nut dan ook) dienen, die uniek zijn en niet tegen elkaar kunnen worden ingewisseld – laat staan tegen een gemene deler als geld.' (m.v.) Dit soort objecten kennen we beter onder een specifiekere naam – die van *kunstwerken*. Ibid. p. 167.

het te hebben – want daar ontbeer ik een onontbeerlijke neiging tot objectbinding voor: thuis verzamelen wij alleen maar *boeken* [2] – als wel over ding-heid: over het ding-zijn an sich en als dusdanig.

Wat heeft dit alles te betekenen? Wat kunnen wij uit de hierboven verhaalde winkelervaring concluderen? Het is erg verleidelijk om deze recent opgeflakkerde (en alles bij elkaar wellicht ook relatieve) interesse voor ding-theorie en voor het hieraan verwante veld der *material culture studies* [3] in causaal verband te brengen met een van de bepalende angstneuroses van ons huidige tijdsgewricht (althans in deze verwende uithoek van de wereld) – met name dat onze wereld onder een constante dreiging van dissolutie, desintegratie en dematerialisering lijkt te leven, constant dreigt te *verdwijnen*. Ik alludeer met dit apocalyptische scenario niet alleen maar op het vreesaanjagende spookbeeld van de opwarming van de aarde – al signaleert dat spookbeeld een niet minder reëel en letterlijk gevaar van 'verdwijning' (dat van massa's poolijs, bijvoorbeeld), en is deze dreiging het directe gevolg van diep ingebakken consumptiepatronen waarin 'aandacht voor dingen' al te lang de laatste van onze zorgen is gebleken – maar in eerste instantie op de onmiskenbare paniek die rechtstreeks voortvloeit uit het besef dat onze leefwereld dag na dag steeds minder materieel, steeds minder echt lijkt te worden, steeds virtueler en steeds minder een wereld van *dingen*, of steeds minder een wereld waarin dingen nog langer ter zake doen.

Deze intussen welbekende centrifugale dynamiek van dematerialisering en 'verdamping', een proces dat meedogenloos wordt opgezweept door het dagelijkse delirium van de digitalisering, [4] is een van de grote ironieën van de triomf van het materialistische credo waar het globale kapitalisme voor staat – en dit proces wordt sinds enkele decennia uiterst waarheidsgetrouw gereflecteerd in de elkaar steeds maar sneller opvolgende ontwikkelingen in de voorhoede van de hedendaagse kunst, zoals onder meer kan worden afgeleid uit de kritische geschriften van Lucy Lippard (die het concept van 'dematerialisering' oorspronkelijk hielp lanceren), Rosalind Krauss (die ons recenter het kritische concept van een radicale 'vormloosheid' schonk) en Nicolas Bourriaud (de theoreticus van het paradigma der 'post-productie'). Het fenomeen der globalisering als bruut, basaal feit van de postmoderne wereldeconomie is zo goed als ondenkbaar zonder dit proces van dematerialisering: waar ooit steenkool, staal en massief goud primeerden – drie voor de hand liggende incarnaties van een archaïsche vorm van ding-heid, van de onvervalste materialiteit van de wereld – heerst nu het regime van de informatie, van een in digitale rook opgegane speculatieve geldeconomie. [Om nog even op de voorgaande kunsthistorische parenthesis terug te keren: Lucy Lippards verkondiging van de 'dematerialisering van het kunstobject' in 1973 vormde in feite een perfecte afspiegeling van het precies op datzelfde moment geïnaugureerde Bretton Woods System van internationaal financieel management, waarmee de goudstandaard als stabiele basis voor een vaste wisselkoers voor eens en voor altijd werd vaarwel gezegd – een belangrijke mijlpaal in de graduele ontwikkeling van een steeds 'immateriëler' wordende geldeconomie. De decisieve ontkoppeling van goud – het archaïsche residu van een wereldeconomie

---

3 — Ook het domein van de geschiedschrijving lijkt de afgelopen jaren te zijn overspoeld door een symptomatisch type historiografie dat met veel enthousiasme inzoomt op precies omschreven, concrete dingen of objecten (hoe kleiner en ogenschijnlijk betekenislozer, hoe beter) in plaats van op de *mensen* die van deze objecten gebruik maken, of op de overkoepelende sociale structuren die door deze gebruikers worden bevolkt en dit gebruik überhaupt helpen mogelijk maken. Bill Brown citeert het voorbeeld van boeken die de geschiedenis van het potlood, de ritssluiting, de toiletpot, de stoel, de aardappel of de bolhoed schetsen. Mark Kurlansky is een historicus die inmiddels een aardige reputatie heeft bijeengeschreven in dit vrij jonge domein der microhistoriografie; hij wijdde onder meer goedverkopende studies aan (de geschiedenis van) de kabeljauw, de oester en het zout. Het zou ons te ver leiden om de politieke implicaties van deze deels obscurantistische, deels exotische obsessie voor al wat onooglijk is volledig in kaart te brengen, maar het lijkt ook zo voldoende duidelijk dat er een verband bestaat tussen deze enigszins frivole opvatting van geschiedschrijving en een meer algemeen verbreid gevoel van postideologisch of postpolitiek *ennui* dat in de jaren negentig tot een verwaarlozing van grootschalig conjunctureel denken heeft geleid.

4 — Sherry Turkles heroriëntering is misschien nog het meest symptomatisch van allemaal: als een vroege pionier van het onderzoek naar de interactie tussen mens en machine is Turkle sinds lang geïnteresseerd in *life on the screen* en het vraagstuk van onze identiteit in het internettijdperk; een veteraan, met andere woorden, van de 'digitalisering der menswetenschappen', een fenomeen dat Bill Brown als de spreekwoordelijke antithese van ding-theorie typeert. Het is niet onbelangrijk hier aan te stippen hoezeer de emancipatoire retoriek van 'nieuwe' media (en van digitale cultuur in het algemeen) geworteld is in de speculatieve belofte van de afschaffing van alle *afstand*, in de hoopvolle verzekering van een nieuw soort onmiddellijkheid. Hieruit volgt echter meteen de fatale realisering dat deze nieuwe onmiddellijkheid ironisch genoeg geen nabijheid (laat staan intimiteit) met zich mee heeft gebracht – wel integendeel. We komen zo meteen nog op deze diepe, dialectisch geaarde ambiguïteit van nabijheid en afstand terug.

5 — Lawrence Weiner, 'Statements 1969-1972' in Charles Harrison & Paul Wood, *Art in Theory: An Anthology of Changing Ideas 1900–1990*, Oxford, 1993, p. 882. Zie ook een van Sol LeWitts beroemde *Sentences on Conceptual Art*: 'Niet alle ideeën moeten fysiek worden geconcretiseerd'. Ibid. p. 838. (m.v.)

6 — Naar de conventionele marxistische interpretatie van deze splitsing wordt onder meer verwezen in het citaat uit Boris Arvatovs essay *Het leven van alledag en de cultuur van het ding* waarmee we deze beschouwing inleidden; in zijn essay roept Arvatov op tot de ontwikkeling van een materiële praktijk waarin de vervreemding van de Mens ('bourgeois') en het Ding ('object') kan worden omgekeerd en ongedaan gemaakt, waarin Mens en Ding opnieuw *kameraden* kunnen worden. Zie verder ook noot 21.

die in een niet eens zo ver verwijderd verleden op een gemeenschappelijke appreciatie van gebruikswaarde was gestoeld – en geld biedt een interessant panoramisch gezichtspunt van waaruit de opkomst van de conceptuele kunst op een heel nieuwe manier kan worden herlezen: stond die invloedrijke kunststroming immers niet bovenal bekend om haar militante kritiek van de traditionele productie van kunstobjecten, van kunst als een loutere zaak van objectbinding? Zoals *concept art*-icoon Lawrence Weiner het kernachtig uitdrukte: 'Ik heb niks tegen objecten, maar voel ook niet de behoefte ze te maken'.[5]] Naarmate al het vaststaande in steeds grotere getale en steeds sneller verdampt – om nogmaals de fameuze passage uit het Communistisch Manifest te parafraseren, een seminale tekst voor eenieder die zich voor de geschiedenis van de subject/object-splitsing interesseert[6] – en naarmate onze toegang tot de wereld in steeds grotere mate gaat afhangen van het gemak (of gebrek daaraan) waarmee we allerlei digitale technologieën hanteren, van ons vermogen in een steeds virtueler wordende realiteit te navigeren, worden we onvermijdelijk geconfronteerd met een onmiskenbare nostalgie naar belichaamde, fysiek directere ervaring van de wereld rondom ons – een *return of the real* waarvan de plotse opstoot van voornoemde ding-theorie slechts één symptoom vormt.[7]

Tot zover wat ding-theorie als dusdanig betreft. Maar wat is nu juist een ding? Afgezien van de evidente hulp die het woordenboek ons hier te bieden heeft (op zich ook een hoogst wonderbaarlijk ding!), is er wellicht geen betere plek om de zoektocht naar een tentatief antwoord op deze vraag aan te vatten dan vanuit de

filosofische traditie der fenomenologie. Want was dat immers niet het hele 'punt' van de fenomenologische methode – de oproep naar de dingen zelf terug te keren?[8] Toch slaagt zelfs een in de fenomenologie geschoolde denker als Martin Heidegger er in zijn befaamde lezing *Het Ding*, oorspronkelijk voorgedragen aan de Bayerische Akademie der Schönen Kunste in 1950, niet in ons een handzame, kernachtige definitie van het ding voor te leggen – in plaats van het mythische *Ding-an-sich* zelf te benoemen beperkt ook hij zich slechts tot het geven van loutere *voorbeelden* van ding-heid, zoals de befaamde kruik die we inmiddels zo goed kennen ('Wat is een ding? De kruik is een ding') uit Digne Meller Marcovicz' ontwapenende fotoreportage van Heideggers naoorlogse leven in zijn berghut in Todtnauberg. [Een portret dat slechts oppervlakkig documentair oogt, overigens: Marcovicz' fotografische getuigenis was tot in de puntjes geregisseerd, niet het minst door Heidegger zelf, die er alle belang bij had zich als een man van eenvoudige hartstochten afgebeeld

---

7 — Nog een ander symptoom (althans binnen de hedendaagse beeldende kunst) van dit nostalgische verlangen naar een ouderwets materiële wereld vol tastbare (en bij voorkeur ook handgemaakte) dingen kan worden ontwaard in de recente revival van ambachtelijke kunstpraktijken in het werk van een aanzienlijk aantal jongere kunstenaars die een decisieve bijdrage hebben geleverd aan de huidige herwaardering van de beeldhouwkunst: het werk van Leonor Antunes, Eva Berendes, Thea Djordjadze, Thomas Houseago, Brian Jungen, Ricky Swallow e.v.a. spreekt wat dat betreft boekdelen. Het concept van een *return* of *the real* – dat niet mag verward met een *return* to *the real*! – is het onderwerp (en de titel) van een essaybundel van de Amerikaanse kunsthistoricus Hal Foster uit 1993. Ook al toont Foster weinig interesse voor het letterlijke ding-karakter van het kunstobject (zijn boek is te diep geworteld in een typisch jaren 80 en 90-discours om dergelijke ogenschijnlijke regressies toe te laten), zijn aandacht voor noties als 'abjectie' en 'traumatisch realisme' hebben in grote mate bijgedragen tot een kritische herwaardering van het concept van 'belichaming' in veel recente kunsttheorie – en onvermijdelijk dus ook tot een tendens tot *re-materialisering*.

8 — 'Zu den Sachen selbst!' is een motto dat aan Edmund Husserl, de geestelijke vader van de fenomenologie, zelf wordt toegeschreven. Martin Heidegger herneemt dat motto in de openingspagina's van zijn *Sein und Zeit* (door Heidegger aan zijn mentor Husserl opgedragen): 'Het begrip "fenomenologie" drukt een principe uit dat als volgt kan worden geformuleerd "naar de dingen zelve!"' (m.v.) In zijn inleiding op *De fenomenologie van de waarneming* stelt Maurice Merleau-Ponty ten slotte dat 'de terugkeer naar de dingen zelf neerkomt op een terugkeer naar een wereld die aan kennis voorafgaat' (m.v.); ook op de idee dat dingen ouder zijn dan kennis keren we in de loop van dit essay nog terug. Uiteraard moet hier worden opgemerkt dat de vertaling van 'Zu den Sachen selbst!' als 'naar de dingen zelve' een veelbetekenend, uiterst reëel onderscheid lijkt te negeren – dat tussen *'zaken'* en *'dingen'*. Jacques Lacan is zich in zijn *Ethique de la psychanalyse* – de hoeksteen van zijn eigen, sterk Heideggeriaans geïnspireerde theorie van *la chose* – duidelijk bewust van deze distinctie, en brengt haar in verband met de zwarte magie van de *taal*: 'Het spreekt voor zich dat de dingen van de mensenwereld zich in een door woorden gestructureerd universum bevinden, dat de symbolische processen van onze taal alles bepalen en domineren. [...] *Sache* en *Wort* zijn nauw met elkaar verbonden; ze vormen een paar. *Das Ding* treffen we echter ergens elders aan.' (m.v.) Met andere woorden, 'wat we in *Das Ding* aantreffen is het ware geheim' – datgene wat aan taal en kennis voorafgaat. Zie Jacques Lacan, *Ethics of Psychoanalysis 1959–1960. The Seminar of Jacques Lacan, Book VII*, New York, 1992. Hier volgt ten slotte nog een gestandaardiseerde definitie van 'ding' uit het woordenboek: '1. (algemene naam voor) alles wat buiten de mens een zelfstandig bestaan heeft, (vaak gebruikt voor) iets waarvan men de naam niet kent of (ter aanduiding van) iets dat reeds genoemd is. 2. feit, omstandigheid.' Als geen van beide definities ons bijzonder overtuigend in de oren klinkt, dan is dat wellicht precies omwille van de principiële onbenoembaarheid van het ding die in de eerste definitie wordt geïnsinueerd – een definitie die het ding omschrijft als iets wat niet omschreven kan worden. Zoals ook Bill Brown opmerkt in zijn essay *Thing Theory*, functioneert het woord 'ding' op zich reeds als een manier om 'het tekortschieten van de taal' te signaleren: 'Het Ding wordt de meest aantrekkelijke naam voor een enigma dat alleen maar omschreven kan worden, en dat het object, precies door zijn présence, per definitie moet negeren.' Bill Brown, op. cit., p.5. (m.v.) Ook Heidegger situeert de essentie van het ding-zijn, in zijn *Oorsprong van het kunstwerk*, in de onmacht van de taal om ons toegang tot het ding te verschaffen: 'Het onopvallende ding onttrekt zich het hardnekkigst aan het denken. Of zou dit zich-terughouden van het pure ding, dit in zichzelf rusten en nergens toe gedrongen zijn juist tot het wezen van het ding behoren?' In Martin Heidegger, *De oorsprong van het kunstwerk*, Amsterdam, 1996, p. 48. Vertaald door C. Bremmers en M. Wildschut.

te zien, omringd door alledaagse dingen (in plaats van *objecten*) die een ambachtelijke authenticiteit uitademden.]

Laten we even nader ingaan op Heideggers lezing, en nagaan welk licht ze op onze huidige probleemstelling kan werpen – die van de (her)ontdekking van het ding als een essentiële, conceptuele preoccupatie in het domein van de culturele productie. Bij wijze van introductie op zijn eigen ding-theorie (en met karakteristiek aplomb) stelt Heidegger het volgende: 'De mens legt de langste trajecten af in de kortste tijd. Hij brengt de grootste afstanden achter zich en brengt zo alles tot de kleinste afstand vóór zich. Maar dit haastige opheffen van alle afstanden brengt geen nabijheid.'[9] Heideggers begaandheid met deze tot bittere wanhoop drijvende paradox – de illusie van nabijheid die het brute feit van een reële verwijdering omfloerst, van de ervaring van 'vervreemding' die door een andere filosoof als dé karaktertrek van onze moderne conditie werd omschreven – bekleedt een centrale positie in zijn poging om al denkend tot de kern van het ding door te stoten, en zo een

zekere mate van intimiteit en vertrouwdheid tussen Mens en Ding in werkzame eer te herstellen: het is immers precies in het pijnlijke onvermogen van ons denken om een soort 'premoderne' nabijheid tussen Mens en Wereld (de premoderne intimiteit tussen Mens en Ding) te herwinnen, dat Heidegger de oorzaak situeert van het existentiële drama dat ons bestaan *(Dasein)* behekst – dat van een zogenaamde *Seinsvergessenheit*, de vloek die op alle westerse denken rust sinds de dageraad van de discursieve rede in het Athene van Plato en 'zijn' Socrates. Deze filosofische traditie heeft ons lang geleerd de wereld der dingen te 'vergeten', haar bestaan soms zelfs helemaal te ontkennen, en genaamde denkwijzen hebben zich in de loop der eeuwen onomkeerbaar vervreemd van wat de wereld precies bij elkaar houdt – ding-heid, *dingen*: hooghartige onverschilligheid ten aanzien van 'wereldse' dingen is in het verleden al te vaak foutief geïnterpreteerd als het waarmerk van waarachtig denken. Toch is het precies door het ding zélf te denken, door de kloof tussen dingen en denken te dichten (iets wat dichters beter doen dan denkers), dat Heideg-

ger ons 'terug' wil voeren naar een meer empathische, symbiotische verhouding met de wereld. Deze verhouding is er in essentie en finaliteit één van zorg, van bezorgdheid en aandacht: een *ethische* verhouding – die, gezien de primauteit van de *zintuiglijke* ervaring in onze dagelijkse omgang met de wereld der dingen, automatisch (en letterlijk) *esthetisch* van aard moet zijn.

'Wat is een ding? De kruik is een ding.' Maar waarom precies de *kruik*? In essentie en eerste instantie – en voorbijgaand aan de indrukwekkende filosofische stamboom waarop de kruik in al haar ding-zijn kan bogen[10] – omdat het een vat is: tegelijk *recipiënt en vervoermiddel*. Een ding, met andere woorden, dat de mogelijkheid van een ander ding zowel letterlijk als figuurlijk in zich draagt (zoals, bijvoorbeeld, het ding 'betekenis'): 'De kruik moest worden vervaardigd [precies] omdat ze dit vat is.' De kruik is een instrument voor het uitgieten – 'schenken', een *geschenk* – van om het even wat zich binnen in de kruik bevindt, van wat zich binnen in de kruik heeft *verzameld*, en 'dit in veelvuldig opzicht enkelvoudige verzamelen is het wezende van de kruik.' Het vermogen van de kruik om bijeen te houden, te verzamelen, in zichzelf te bewaren – specifiek bevat de Heideggeriaanse kruik de fameuze 'vereende vier van aarde en hemel, de goddelijken en de stervelingen'[11] – bepaalt de definitie van ding-heid als dusdanig; de etymologie van het woord 'ding' grijpt immers zelf direct terug naar het archaïsche gebaar van een dergelijk samen-brengen. 'Het is waar dat het Oudhoogduitse woord *thing* verzameling betekent en nog wel de verzameling ter behandeling van een kwestieuze aangelegenheid, van een geschil. Dientengevolge worden de

---

9 — Martin Heidegger, 'Het ding' in *Bouwen Wonen Denken*, Nijmegen, 1991, p. 66–90; vertaald door prof. dr. H. M. Berghs. In de openingszin van deze tekst waarschuwt Heidegger er ons al voor dat 'alle afstanden in tijd en ruimte inkrimpen' – een profetische allusie op de cruciale rol die het *globaliseringsproces* (zoals wij dat hiervoor reeds beschreven) tot dusver heeft gespeeld in de crisis en schijnbare ondergang van het ding.

10 — We hebben in noot 1 reeds naar die opmerkelijke genealogie verwezen. Wat betreft de relevantie van Heideggers door kannen en kruiken allerhande behekste ding-theorie voor de hier afgedrukte reflecties omtrent ding-heid (en omtrent de *Dinglichkeit* van het kunstwerk in het bijzonder), is het wellicht nuttig de geïnteresseerde lezer door te verwijzen naar het plotselinge opduiken van *keramische* metaforen in het eerder vermelde schetsmatige ding-denken van Jacques Lacan. In zijn beschouwingen over het begrip 'schepping' noemde Lacan het werk van de pottenbakker 'de meest primitieve van alle artistieke activiteiten', en veel aspecten van zijn aan het vraagstuk van de kunst gewijde ideeëngoed hangen in oorsprong samen met het zogeheten 'probleem van de pot': net zoals de pot 'iets' omvat dat in feite een 'niets' (d.w.z. leegte) is, zo maken ook kunstwerken, in zoverre het hier om imitaties van bestaande dingen gaat, iets anders van het voorgestelde object: ze stellen dit iets tegelijkertijd als aan- en afwezig voor. 'Ook schilderen', merkt Lacan ten slotte op, 'is eerst en vooral iets dat rond leegte is georganiseerd.' Jacques Lacan, op. cit., p. 121–141. (m.v.)

11 — Het concept van het *Geviert* (hemel en aarde, goddelijken en sterfelijken) is een typisch laat-Heideggeriaanse excentriciteit waarmee de 'wereld' en/of het universum als geheel worden aangeduid; het *Geviert* is zo duidelijk onderscheiden van een oudere tegenstelling, die tussen Aarde en Wereld – een van de beslissende dichotomieën uit het twintig jaar oudere essay *De oorsprong van het kunstwerk*.

oude Duitse woorden *thing* en *dinc* tot naam voor een zaak; ze noemen alles waar de mensen op een of andere wijze mee begaan zijn, wat hen aanbelangt; alles waarover bijgevolg gesproken wordt."[12] Noemen we dit *thing* gerust de noordelijke pendant van de Atheense *agora* – een vergaarplaats waar de samenspraak vrijelijk kan vloeien, en de dingen *ex nihilo* kunnen worden ingebeeld, fantasierijk gedistilleerd uit de flow van onbelemmerde taal. [We komen hiermee terug op de reeds eerder aangestipte paradoxale verhouding tussen 'de woorden en de dingen' die we in noot 8 bespraken.] Toch schuilt de essentie van het ding niet zozeer in zijn magische kracht om 'de vier in zichzelf te verenigen' (want dat is een heksentoer die zelfs het object niet voor elkaar krijgt), als wel in zijn 'wereldende' kwaliteiten, het vermogen de wereld bij wijze van spreken symbolisch tevoorschijn te toveren. Het ding dwingt de realisering van een bewustzijn van *aanwezigheid* (het 'wezende' van de kruik) als mogelijke *nabijheid* af; het mysterie van zijn présence maakt deze nabijheid mogelijk. De 'schenking' van een dergelijke potentiële nabijheid, zelfs indien we ons die enkel inbeelden, vormt het hart van Heideggers orde der dingen: 'Dingen is naderen van wereld. (…) Voor zover we het ding als ding verschonen, bewonen wij de nabijheid' – dat wil zeggen, keren we terug naar de wereld als *thuis*, een ons behuizende en onderdak verschaffende wereld die we met anderen *delen*, met andere mensen, maar bovenal ook met andere dingen: kruiken, schoenen, bomen. [Er is geen theorie van het ding denkbaar zonder een theorema van het Andere, het anders-zijn dat het ding zo kernachtig symboliseert: in zijn *Negative Dialektik* maant Heideggers tijd- en landge-

noot Theodor Adorno ons aan 'het anders-zijn van de dingen te aanvaarden' als 'de voorwaarde voor de aanvaarding van elke vorm van anders-zijn als dusdanig'.[13]]

We zouden kunnen stellen dat de kruik het geschenk van de wereld (letterlijk en figuurlijk) voor ons uitschenkt: deze hele wereld lijkt in het nederige, lege zelf van de kruik vervat, en precies deze onpeilbare, onmogelijke compressie van het heel-al in één enkel banaal en uiterst breekbaar 'ding' – een vreemde maar desalniettemin vertrouwde ervaring voor allen die de ondoordringbare raadselachtigheid van het ding, en *van het kunstwerk als ding in het bijzonder*, hebben willen doorgronden – herinnert de mens aan zijn unieke status (en onmogelijk te ontlopen plicht) als 's werelds spreekwoordelijke zorg-drager, hij of zij die de kom van de wereld zorgvuldig in de palm van zijn of haar hand houdt. Heidegger concludeert aldus: 'Pas mensen als stervelingen ontvangen de wereld als wereld door te wonen. Slechts wat zonder vertoon uit (en door) de ring van de wereld ontstaat, wordt ooit eens ding.'[14] Een authentiek, waarachtig begrip van de on-

herleidbare ding-heid van de dingen vereist niet zozeer 'kennis' (die over de wereld der *objecten* heerst; uit haar is wetenschap ontstaan) als wel *zorg* of zorgzaamheid – de diepe empathie van de mens met datgene (en niet alleen diegene) waarmee hij of zij de wereld deelt: aandacht voor de dingen. Door waarachtig denkend naar het ding te dingen, en het concept van een primordiale ding-heid – en zodoende ook het ding *an sich, für uns* – te 'heroveren' op de eindeloze reeks reducties die het ding al zolang heeft moeten ondergaan, wagen wij ons in deze ding-theorie in feite aan niets minder dan een reddingsoperatie, een poging het ding in de eer van zijn vergane heel-heid te herstellen, als een van de centrale, bepalende enigma's van onze dagdagelijks geleefde ervaring en leefwereld: het ding-denken leert ons die wereld in een hernieuwde heel-heid te zien, te ervaren.[15] En indien kunstwerken (om maar één voorbeeld te noemen – maar meteen ook het meest emblematische) tot die klasse dingen behoren waar we de grootste zorg en aandacht voor reserveren – hier situeert zich de bron van het grote mysterie van de *waarde* die we allen

---

12 — Soortgelijke sociaal-politieke wortels in de etymologie van het primordiale *thing* vinden we vandaag nog steeds intact geconserveerd terug in de nationale parlementen van Denemarken, IJsland en Noorwegen, die alle namen hebben die *the real thing* incorporeren: het Althing in IJsland, het Folketing in Denemarken, en het Storting in Noorwegen. In *De oorsprong van het kunstwerk* definieert Heidegger het (artistieke) ding nota bene ook al als 'datgene waaromheen de eigenschappen zich hebben verzameld'. Martin Heidegger, op. cit., p. 39.

13 —Theodor Adorno, 'Objectivity and Reification' in *Negative Dialectics*, New York, 1979, p. 189–192. (m.v.)

14 — Het begrip 'zorg' *(Sorge)* vormt een essentieel ingrediënt van Heideggers filosofie; in zijn magnum opus *Sein und Zeit* noemt hij de zorg niets minder dan de existentiële betekenis van ons in-de-wereld-zijn: 'Het Zijn van dasein zelf manifesteert zich als *zorg*. […] Dasein betekent, *ontologisch* gesproken, zorg.' In *Being and Time*, New York, 1962, p. 84. (m.v.) Nota overigens bene dat het begrip 'curator' is afgeleid van het Latijnse woord voor ver-zorgen of genezen: 'curare' – een zwakke (vandaag helaas nog nauwelijks hoorbare) echo van de historische wortels van het curatorschap in het *zorgwezen*.

15 — Uiteraard ontbreekt het ons hier aan de vereiste ruimte om het 'probleem van de totaliteit' – elke discursieve assumptie van het bestaan (laat staan de wenselijkheid) van een totaliteit of ideële heel-heid waagt zich willens nillens in een mijnenveld van politieke implicaties waarin totalisme en totalisering nooit van enige *totalitaire* tendenzen kunnen worden vrijgesproken – zelfs maar minimaal aan te kaarten. En uiteraard zijn we ons eveneens bewust van het fundamentele probleem – de politieke gevolgen ervan zijn welbekend – van Heideggers reactionaire nostalgische droom van de sinds lang verloren gegane onschuld van een gouden tijdperk van heel-heid en een-heid. Dromen van een *nieuwe* heel-heid en een-heid (in plaats van het herstel van oude heelheden en eenheden) behoren echter zowel het progressieve als het conservatieve denken toe.

aan de kunst hechten: welke magie maakt het kunstwerk precies waardevol? – dan speelt hier zonder twijfel een *ethische* impuls in mee – of ten minste toch de *mogelijkheid* van een ethisch gebaar – die nu met verscherpte doelgerichtheid kan worden 'toegepast' op de meer banale aspecten van onze dagdagelijkse omgang met de wereld der dingen. Het vermogen en de bereidheid om voor de (wereld der) dingen zorg te dragen wordt immers symbolisch herboren in elke nieuwe ontmoeting met het kunstwerk – beelden we ons maar de amateur ('liefhebber') in die met evenveel geduld als liefde een antieke theeset oppoetst, of het devote museumpersoneel dat in het Berlijnse Bode-Museum houten gotische sculpturen afstoft: wat deze omgang met de kunst ons leert (en is er een andere omgang denkbaar?) moet eenvoudigweg naar en in ons gedeelde 'gebruik' – 'bruikleen' is wellicht een gepastere term – van de wereld terugvloeien, moet (opnieuw) een omgang met de wereld als geheel worden.

Het is de waakzame lezer wellicht reeds opgevallen dat een van de fundamentele karaktertrekken van een dergelijk ethisch-esthetisch begrip van ding-heid de filosofische distinctie tussen Ding en Object betreft:

'Gewoon en gering zijn de dingen in hun hoeveelheid, gemeten aan het ontzettend groot aantal van de alomtegenwoordige en evenwaardige objecten', weet Heidegger nog.[16] Indien de geschiedenis van het ding als filosofisch concept inderdaad een geschiedenis van nuances, distincties en tweedelingen is, dan schijnt het intuïtief zonder meer duidelijk dat het ding aan het object *voorafgaat*, dat het (concept van het) ding 'ouder' is dan het (concept van het) object – of, preciezer nog, dat het concept van het ding voorafgaat aan de tragische splitsing van subject en object die algemeen wordt beschouwd als een van de inaugurale drama's van de moderne tijd (ingeleid door de cartesiaanse filosofische traditie). Bill Brown stelt het als volgt voor: 'Het ding benoemt niet zozeer een object, het is de naam van een zekere verhouding tussen object en subject (mijn vertaling).'[17] We weten allemaal (of voelen minstens intuïtief aan) dat deze subject-object-verhouding, de vertrouwde centrale as waarrond wij tot op heden onze wereld blijven organiseren, in eerste instantie kan worden gedefinieerd in termen van *kennis*, in tweede instantie in termen van *bezit* (beide operaties, kennen en bezitten, komen in zekere zin toch op hetzelfde neer: in

laatste instantie zijn het termen van *macht*): het ding 'wordt' het object van mijn kennis (en van de daaruit voortvloeiende wildgroei van disciplinaire classificaties, de ultieme toetssteen van het wetenschappelijke paradigma), en het ding 'wordt' het object van allerlei eigendomstransacties, de inzet van koop en verkoop, productie en consumptie – de historische convergentie van beide transformaties is precies de reden waarom de ontwikkeling van de moderne markteconomie in het Europa van de vroege renaissance onmogelijk los kan worden gedacht van de eerste schuchtere roerselen van voornoemd wetenschappelijk paradigma.[18] Vanaf dat moment draagt de 'wetenschap' alleen maar verder bij aan de graduele onderwerping, ontmanteling en reductie van het ding – wordt het ding niet alleen maar tot object gereduceerd, maar ook tot koopwaar, product, instrument (werktuig ofte *Zeug*[19]): allemaal sterk verpauperde schaduwen van wat ooit een rijkgelaagde ding-heid vormde, allemaal 'doelen' die tot loutere 'middelen' zijn verschrompeld. Laten we hier nogmaals naar een Heidegger-citaat grijpen: 'Het op zijn gebied, te weten dat van de objecten, dwingende weten van de wetenschappen heeft de dingen als zodanig reeds vernietigd, lang voordat de atoombom ontplofte. De ontploffing ervan…' – laten we niet vergeten dat Heideggers lezing plaatsvindt in de lange schaduw van de atoomexplosies die enkele jaren daarvoor Hiroshima en Nagasaki in de as hadden gelegd: de intrede van het nucleaire tijdperk wakkerde vanzelfsprekend grote angstgevoelens aan over de toekomst van het *materiële* leven op aarde – '…is slechts de grofste van alle grove bevestigingen van de vernietiging van het ding die reeds lang geleden heeft plaatsgevonden: van het feit dat het ding als ding

---

16 — Martin Heidegger, op. cit., p. 180.

17 — Bill Brown, op. cit., p. 4.

18 — Met betrekking tot ons huidige onderzoek is het niet onbelangrijk hierbij op te merken dat de Europese renaissance ons niet alleen de blauwdruk van de moderne wetenschappelijke methode en de stenen tafelen van een primitieve vrijemarkteconomie heeft geschonken, maar tegelijk ook de condities voor het ontstaan van de 'moderne' kunstmarkt in werking heeft zien treden – de handelsplaats bestemd voor het verhandelen van precies dat soort 'dingen' die we gewoontegetrouw ver boven het prozaïsche dagdagelijkse verkeer van gebruiks- en ruilwaardes verheven achten (zie o.m. ook Hannah Arendts citaat in noot 2). Als emblematische belichaming van een primitieve ding-heid vormt het moderne kunstwerk zodoende een ongemakkelijke brug tussen de nabijgelegen domeinen van bezit, kennis en wat in marxistisch jargon 'reïficatie' wordt genoemd: de reductie van dingen (maar ook van de mens en van het leven als dusdanig) tot *koopwaar*.

19 — *Das Zeug* ofte 'tuig' is weer een andere vaak terugkerende term in Heideggers idiosyncratische filosofische taaleigen; het hieraan gerelateerde concept van het 'werk-tuig' speelt een belangrijke rol in het fenomenologisch geïnspireerde ding-denken van Hannah Arendt en Maurice Merleau-Ponty – ook hun gebruik van dit beladen, archaïsche begrip werpt op zijn beurt weer meer licht op onze notie van een door mysterie en enigma doortrokken ding-wereld: 'het reële leent zichzelf tot oneindige ontdekkingsreizen; het is onuitputtelijk; dat is de reden waarom objecten tot de mens behoren: werktuigen lijken *in de wereld* te zijn achtergelaten, terwijl dingen in een natuur geworteld lijken die de mens in essentie *vreemd* is.' Maurice Merleau-Ponty, op. cit., p. 388. (m.v.)

20 — Martin Heidegger, *Over denken, bouwen, wonen*, p. 79.

nietig blijft.'[20] Meer ter zake: het ding kan alleen maar tot object van de potentieel vernietigende heerschappij van het subject worden gereduceerd indien er een essentiële *afstand* tussen beide polen kan worden geschapen, en de dynamische dialectiek van nabijheid en verwijdering, intimiteit en vervreemding – een fundamentele kwaliteit van het enigma der dingen – eenzijdig wordt opgezegd.[21] Alleen wanneer het van op een stabiele, onveranderlijke afstand kan worden beschouwd – het dubbele fenomeen van (over)zicht en zichtbaarheid speelt een cruciale rol in dit proces van onderwerping en degradatie – kan het ding tot louter object worden herleid, en de belangrijkste karakteristiek van deze nieuwe, gereduceerde status is zijn transparantie en overzichtelijkheid: alleen daaruit vloeit het gemak voort waarmee het ding nu kan worden geïnstrumentaliseerd en gemanipuleerd, de cynische finaliteit waarmee het kan worden gedomesticeerd en tot functioneren kan worden gedwongen, de schrale eenduidigheid van zijn nut. Eenmaal object en/of product geworden, verliest het ding zijn vermogen tot *weerstand* en verzet, terwijl een zekere mate van oncontroleerbaarheid ('opaciteit') en onhandelbaarheid juist tot de essentie van zijn verloren ding-karakter behoorde.[22] Door het Raadsel van het Ding voor eens en altijd op te lossen en ongedaan te maken heeft het reductionistische regime van deze instrumentalisering, deze letterlijke *ont-ruiming* van de dingen, in grote mate bijgedragen tot het drama van wat de 'onttovering van de wereld' wordt genoemd, een proces dat gewoontegetrouw wordt geassocieerd met de intrede van het moderne wereldbeeld – een moment dat op zijn beurt weer nauw samenhangt met Hegels notoire vermoeden dat de dageraad van het moderne tijdperk tegelijk ook de ondergang van het tijdperk van de kunst inluidde…

Waar dit alles – de speculatieve suggestie dat de reïficatie ('dood') van het ding in verband kan worden gebracht met het apocalyptische hegeliaanse spookbeeld van het 'einde van de kunst', en onze opvatting van het ding als een filosofisch embleem voor anders-zijn, als een singuliere, 'wereldende' entiteit waarin zich de simultaneïteit van

---

21 — A propos deze dialectiek volgt hier een veelzeggende passage uit Walter Benjamins befaamde *Kleine geschiedenis van de fotografie* uit 1931, waarin hij zich aan een definitie van de *aura* waagt – de meest ongrijpbare van alle objectkwaliteiten: 'een bevreemdend weefsel van tijd en ruimte: de unieke verschijning en illusie van afstand, hoe nabij het [ding] zich ook bevindt. [...] De neiging de dingen dichter tot onszelf – beter nog, tot de massa – te brengen is in haar hartstocht gelijk aan de alomtegenwoordige aanvechting om al wat uniek is door middel van mechanische reproductie ongedaan te maken. Elke dag wordt de behoefte om het object in close-up te bezitten, onder de vorm van een afbeelding, een kopie, steeds maar sterker.' (m.v.) Benjamins hulver voor Heideggers pompeuze theo-fenomenologie is welbekend (een gevoel dat door al zijn collega's uit de Frankfurter Schule werd gedeeld), maar het is niettemin maar al te duidelijk dat Heidegger, Adorno en Benjamin – een bijzonder scherpzinnig analist van de 19de-eeuwse 'ding'-cultuur, zoals onder meer mag blijken uit zijn fragmentarische geschriften over het bourgeoisinterieur en de bourgeois-verzameldrift – een heleboel fundamentele bekommernissen met elkaar deelden, en in sommige van hun bevindingen dan ook heel dicht in elkaars buurt kwamen. Zowel Benjamins baanbrekende essay *Het kunstwerk in het tijdperk van zijn mechanische reproduceerbaarheid* als Heideggers *Oorsprong van het kunstwerk* verscheen voor het eerst in 1936, en in veel opzichten lijken deze teksten elkaar rechtstreekser te woord te staan dan hun auteurs hadden kunnen vermoeden of willen toestaan (en toegeven). Ook het algemeen verspreide beeld van Theodor Adorno als een van Heideggers meest rabiate antipoden verblindt ons voor het moeilijk te ontkennen feit dat beide denkers wel meer dan één filosofische passie met elkaar gemeen hadden: net zoals Heideggers *Oorsprong van het kunstwerk* is Theodor Adorno's monumentale *Aesthetische Theorie* bijvoorbeeld bijna even exclusief gericht op het *kunstwerk* (in tegenstelling tot de kunstenaar, de esthetische en/of artistieke ervaring, of het veel recentere concept van een artistieke 'praktijk'); in die zin is ook dit laatstgenoemde boek een sleuteltekst in de speculatieve cartografie van een twintigste-eeuwse ding-theorie.

22 — In één geïnspireerde poging om het ondefinieerbare dan toch van een definitie te voorzien stelt Roger-Pol Droit in *How Are Things?* het volgende voor (het hoofdstuk waar hij deze omschrijving uit put is gewijd aan *de afstandsbediening, of all things*): 'Dingen zijn datgene wat aan onze verlangens weerstaat. Dat zou een minimale maar aanvaardbare definitie kunnen zijn: die realiteiten die niet onmiddellijk aan mijn willekeur kunnen worden onderworpen worden dingen genoemd. Ook Kant wist het al: "mijn gedachten kunnen de dingen geen eisen opleggen." Elk van ons moet op een bepaald moment leren afstand te nemen van de almacht van ons verlangen.' Roger-Pol Droit, op. cit., p. 25. (m.v.) Bill Brown stelt het in gelijkaardige bewoordingen zo voor: 'We beginnen ons pas van het ding-karakter van objecten bewust te worden wanneer ze niet langer functioneren: wanneer de boor stuk gaat enz.' Om het nog anders te verwoorden: wanneer de dingen hun herwonnen essentiële *vreemdheid* reveleren, hun onontkoombare anders-zijn. Bill Brown, op. cit., p. 4. (m.v.) In het bijzonder met betrekking tot dit concept van 'vreemdheid' en bevreemding, dat inherent lijkt aan het ding als enigma, kan het extra verhelderend zijn hier naar de invloed van Sigmund Freuds theorie van *das Unheimliche* (moeizaam vertaald als bovennatuurlijk, eng, griezelig, geheimzinnig) te verwijzen. Het volgende citaat licht ik uit Freuds klassieke essay *Das Unheimliche* uit 1919: 'Wanneer we een overzicht willen geven van dingen, personen, indrukken, gebeurtenissen en situaties die een krachtig gevoel van *Unheimlichkeit* in ons wakker roepen, komt het er in de eerste plaats op aan een goed voorbeeld hiervan als uitgangspunt te nemen. Jentsch [Ernst Jentsch, de auteur van een klinische studie uit 1906 getiteld *Über die Psychologie des Unheimlichen*, DR] geeft als overtuigend voorbeeld "de twijfel of een ogenschijnlijk bezield wezen wel werkelijk leeft; en omgekeerd, of een levenloos object in feite niet bezield is"; hij verwijst in dit verband naar de indruk die kan gewekt worden door wassen beelden, ingenieuze poppen en automata.' Zie Sigmund Freud, 'The Uncanny' in *The Penguin Freud Library vol. 14, Art and Literature*, Londen: Penguin, 1990, p. 347. (m.v.) In de hedendaagse kunst associëren we de esthetische traditie van het *Unheimliche* in eerste instantie met de vooral in de late jaren negentig populair geworden stroming der 'abjecte kunst', waarin de kwestie van 'animatie' en een strategisch versluieren van het lugubere grensgebied tussen leven en dood een centrale plaats innemen. De ambigue representatie van lichamelijkheid en belichaming die als een rode draad doorheen zoveel *abject art* loopt – ik denk hierbij vooral aan Cindy Shermans groteske beelden van lichamelijke gruwel – helpt ook inzicht scheppen in de Lacaniaanse associatie van anders-zijn en bevreemding met het vrouwelijk lichaam, die we onder meer terugvinden in de notie van de 'Vrouw als Ding'. Zie o.m.: Slavoj Zizek, 'Courtly love, or, the Woman as Thing' in *The Metastases of Enjoyment: Six Essays On Women And Causality*, Londen: Verso, 1990, p. 90.

afstand en nabijheid voltrekt – ons toe lijkt te verleiden, is de volgende intuïtie: *dat het kunstwerk het ding par excellence is*. Laten we Heidegger eindelijk vaarwel zeggen – hij krijgt overigens niét het laatste woord – met het volgende citaat uit zijn invloedrijke essay over de oorsprong van het kunstwerk: 'Het ware ding heeft als karaktertrek dat het zelfstandig lijkt gestalte te hebben gekregen (net als het rotsblok), en door zijn autarkische aanwezigheid is het kunstwerk verwant met het loutere ding dat uit zichzelf is ontstaan, en in zichzelf besloten blijft.' (m.v.) [Andermaal komt hier het concept van beslotenheid en samenvatting aan de oppervlakte: het kunstwerk is een vat dat alleen zichzelf bevat, inclusief zijn eigen wetmatigheden – het is letterlijk *autonoom*, zijn eigen wet.] Een heleboel 'dingen' zijn enigmatisch en mysterieus in en aan het kunstwerk – het is tenslotte precies deze enigmatische kwaliteit die ons in het kunstwerk, en in de kunst in algemeen, aantrekt: niet zozeer de *promesse de bonheur* als wel de door het kunstwerk belichaamde garantie dat we op de grenzen van ons redelijk begripsvermogen ('logica') zullen worden gewezen – maar de meest essentiële eigenschap van dit enigma hangt samen met zijn *Dinglichkeit*, het loutere ding-zijn waarin en waarmee het zichzelf, absoluut present

in de wereld, aan ons manifesteert (wat niet met zijn materialiteit mag verward worden!): het onherleidbaar ambigue feit van een voortdurend aan zichzelf twijfelende, een zichzelf bevragende ('ben ik een ding of niet?') materialiteit – een *spirit in the material world*.[23] Door het enigma van het ding-karakter van het kunstwerk te confronteren, in onze zintuiglijke en/of intellectuele ervaring van het kunstwerk als ding *pur et simple*, als pure ding-gelijke présence, gunnen we onszelf een kortstondige, fragmentarische glimp van een wereld die uit een tijdperk vóór het drama van voornoemde reducties (van die wereld tot een systeem van objecten, producten en waren) lijkt te 'dateren'. Een vollediger wereld, rijker, dieper en denser – betekenisvoller ook: vol van betekenis die ons be-grijpen ontsnapt en ons in haar schemerdonker voor zich uit jaagt. In die zin alleen al herwint het kunstwerk, dat vollediger ding, zijn als vanouds gekoesterde status als een materieel feit van *kritiek*: het kunstwerk als kritiek van de reductie.

Dit is de vertaling (en lichte revisie) door Dieter Roelstraete van zijn essay dat oorspronkelijk is verschenen in *When Things Cast No Shadow*, de catalogus van de 5. Berlin Biennial of Contemporary Art, april 2008. Met dank aan de curatoren Elena Filipovic & Adam Szymczyk, en bijzondere dank aan Monika Szewczyk.

---

23 — Dit is het moment waarop we andermaal de elliptische wijsheid van Theodor Adorno kunnen inroepen; zijn hele *Aesthetische Theorie* staat of valt met het stellige feit van de onoplosbare ambiguïteit die elk 'goed' kunstwerk karakteriseert – precies ook de reden waarom Adorno het kunstwerk het kroonjuweel van de dialectische verbeelding kan noemen: 'Indien het van essentieel belang is voor het kunstwerk dat het een ding is, dan is het eveneens essentieel dat het zijn eigen ding-status voortdurend ontkent en contesteert, en zich zodoende tegen de kunst zélf keert. Het totaal geobjectiveerde kunstwerk zou tot een louter ding verstenen, terwijl een kunstwerk dat zich tegen elke vorm van objectivering verzet zou degenereren tot een machteloze subjectieve impuls, verdoemd tot verdamping in onze empirische wereld'. Theodor Adorno, *Aesthetic Theory*, London & New York: Continuum, 1997, p. 179. (m.v.) Het slot van dit citaat klinkt bijzonder relevant ten aanzien van de aporieën waar zoveel hedendaagse kunstenaars mee te maken krijgen in hun manische zoektocht naar een ontsnappingsroute die hen uit de dwingende houdgreep van het productivisme, de dwang tot productie kan wegleiden – een punt dat we eerder al hebben aangeraakt met betrekking tot de 'antimaterialistische' inslag van zoveel vroege conceptuele 'kunstwerken', de historische bron van zoveel hedendaagse gestes die Adorno zonder meer als 'machteloze subjectieve impulsen' zou hebben gekarakteriseerd.

Boris Arvatov,
*Het leven van alledag en
de cultuur van het ding*,
excerpt

De relatie tussen het individu
en het collectief enerzijds, en
het Ding anderzijds, is de meest
fundamentele, de belangrijkste
en meest bepalende van alle
sociale verhoudingen. Deze
stelling vloeit rechtstreeks
voort uit de theorie van het historisch materialisme. Indien het
belang van de menselijke verhouding tot het Ding in het verleden niet goed werd ingeschat,
of slechts partieel werd begre-
pen als een verhouding tot een
louter productiemiddel, dan is
dat in de eerste plaats omdat
marxisten tot nog toe slechts
de burgerlijke wereld der dingen
hebben gekend. Deze slecht
georganiseerde wereld is in

twee scherp afgebakende
domeinen opgedeeld, die van
technische dingen en alledaagse dingen. Deze laatste
ontsnapte lang aan alle wetenschappelijke aandacht: het
waren statische, secundaire
vormen. De wereld der Dingen,
die zowel materiële vormen als
materiële processen behelst,
werd met andere woorden niet
in rekening gebracht – net zomin als het formeel-alledaagse
karakter van de technologie.
Voor vele marxisten bestond
de hele sfeer van het sociale
bewustzijn en verschillende
aspecten van de sociale praktijk (sociaal-organisatorische,
artistieke, alledaagse praktijken) in een soort vacuüm, helemaal afgesneden van de wereld
van de Dingen. Het verband tussen dingen en productie heette
te broos te zijn, te superstructu-
reel, terwijl de feitelijke, onbe-
middelde relatie tussen beide
(belichaamd door de materiële
vormen van productief verbruik
en puur verbruik) werd veron-
achtzaamd, of niet eens werd
opgemerkt.
De constructie van een proletarische cultuur, dat wil zeggen,
van een cultuur die bewust door
de arbeidersklasse wordt georganiseerd, vereist de eliminatie
van het onderscheid tussen
Dingen en Mensen dat de burgerlijke maatschappij typeert.
Daarenboven veronderstelt deze
constructie de initiatie van een
enkelvoudig methodologisch
uitgangspunt, dat de hele wereld
der dingen als de materiële,
vorm-makende basis van alle
cultuur begrijpt. De proletarische samenleving zal, zowel
in de theorie als in de praktijk,
niet langer enige weet hebben
van het dualisme der dingen.
Een dergelijke samenleving
zal integendeel ideologisch
doordrenkt zijn van een aller-
diepste zin voor Dingen.

Boris Arvatov, ‘Everyday Life and
the Culture of the Thing’ (1925)
in *October 81*, New York, 1997,
p. 119–128.
Vertaald door Dieter Roelstraete.

Martin Heidegger,
Het Ding, excerpt

Denken we het ding als ding,
dan verschonen we het wezen
van het ding in dat domein van
waaruit het zijn wezen uitoefent.
Dingen is naderen van wereld.
Naderen is het wezen van de
nabijheid. Voor zover we het
ding als ding verschonen, bewonen wij de nabijheid. Het
naderen van de nabijheid is de

eigenlijke en enige dimensie
van het spiegel-spel van de
wereld.
Het uitblijven van de nabijheid
in al het opheffen van afstanden heeft het afstandsloze aan
de macht gebracht. In het uitblijven van de nabijheid blijft
het ding in de vermelde betekenis als ding vernietigd. Maar
wanneer en hoe zijn dingen als
dingen? Zo vragen we onder de
heerschappij van het afstandsloze. Wanneer en hoe komen
dingen als dingen? Ze komen
niet *door* de kunstgrepen van de
mens. Ze komen echter ook niet
zonder de waakzaamheid van
de stervelingen. De eerste stap
naar zo'n waakzaamheid is
de stap terug uit het slechts
voorstellende, dat wil zeggen
verklarende denken in het aan-
denkende denken.
De stap terug van het ene
denken in het andere is echter
niet louter een verandering
van standpunt. Zoiets kan het
daarom al nooit zijn, al was
het maar omdat elk standpunt,
samen met de manier waarop
het zich wijzigt, gevangen blijft
in de sfeer van het voorstellende denken. De stap terug
verlaat alleszins de sfeer van
het enkel innemen van een
standpunt. De stap terug kiest
verblijf in een beantwoorden
dat in het wezen en het bewegen van de wereld antwoordt
op het woord dat dit wezen hem
toespreekt. Om een ding als
ding tot ons te doen komen
haalt een verandering van standpunt alleen niets uit, zoals ook
al datgene wat nu als object in
het afstandsloze staat, zich
nooit zomaar laat omschakelen
tot dingen. Ook komen dingen
ons nooit als dingen nabij, doordat we de objecten van vroeger
her-inneren die wellicht ooit
onderweg waren om dingen te
worden of zelfs als dingen aan
te wezen.

Martin Heidegger, ‘Het Ding’
in *Over denken, bouwen, wonen*,
Nijmegen: Uitgeverij SUN, 1991,
p. 85–86.
Vertaald door prof. dr. H. M. Berghs.

Boris Arvatov, *Everyday Life and the Culture of the Thing*, excerpt

The relation of the individual and the collective to the Thing is the most fundamental and important, the most defining of the social relations. This thesis flows directly from the theory of historical materialism. If the significance of the human relation to the Thing has not been understood, or has been only partially understood as a relation to a means of production, this is because until now Marxists have known only the bourgeois world of things. This world is disorganized and divided into two sharply delimited domains, those of technical and everyday things. The latter fell completely outside of scientific consideration, as static and secondary forms. Thus the world of Things, as a world not only of material processes but of material forms as well, was not taken into account; nor, consequently, was the formal-everyday character of technology. In the minds of Marxists, then, the entire sphere of social consciousness and many aspects of social practice (e.g. social-organizational, artistic and everyday practices) were

cut off from the world of Things and suspended in midair. The connection of things to production was considered too distant and superstructural, while the actual unmediated relation between them that was embodied in the material forms of productive consumption and pure consumption was disregarded or never noticed.

The construction of proletarian culture, that is, of a culture consciously organized by the working class, requires the elimination of that rupture between Things and people that characterized bourgeois society. In addition, this construction presupposes the establishment of a single methodological point of view that understands the entire world of things as the material form-creating basis of culture. Proletarian society will not know this dualism of things either in practice or in consciousness. To the contrary, this society will be ideologically imbued with the deepest sense of Things.

Boris Arvatov, 'Everyday Life and the Culture of the Thing' (1925) in *October 81*, New York, 1997, p.119–128. Translated by Christina Kiaer.

Martin Heidegger, *The Thing*, excerpt

If we think of the thing as thing, then we spare and protect the thing's presence in the region from which it presences. 'Thinging' is the nearing of world. Nearing is the nature of nearness. As we preserve the thing *qua* thing we inhabit nearness. The nearing of nearness is the true and sole dimension of the mirror-play of the world. The failure of nearness to materialize in consequence of the abolition of all distances has brought the distanceless to dominance. In the default of nearness the thing remains annihilated as a thing in our sense. But when, and in what way, do things exist as things? This is the question we raise in the midst of the dominance of the distanceless.

When, and in what way, do things appear as things? They do not appear *by means of* human making. But neither do they appear without the vigilance of mortals. The first step towards such vigilance is the step back from the thinking that merely represents – that is, explains – to the thinking that responds and recalls.

The step back from the one thinking to the other is no mere shift of attitude. It can never be such a thing for this reason alone: all attitudes, including the way in which they shift, remain committed to the precincts of representational thinking. The step back does, indeed, depart from the sphere of mere attitudes. The step back takes up its residence in a corresponding which, appealed to *in* the world's being *by* the world's being, answers within itself to that appeal. A mere shift of attitude is powerless to bring about the advent of the thing as thing, just as nothing that stands today as an object in the distanceless can ever be simply switched over into a thing. Nor do things as things ever come about if we merely avoid objects and recollect former objects which perhaps were once on the way to becoming things and even to actually presencing as things.

Martin Heidegger, 'The Thing' (1949) in *Poetry Language, Thought*, New York: Harper Collins, 2001, p.179. Translated by Albert Hofstadter.

Art and/as object attachment

DIETER ROELSTRAETE

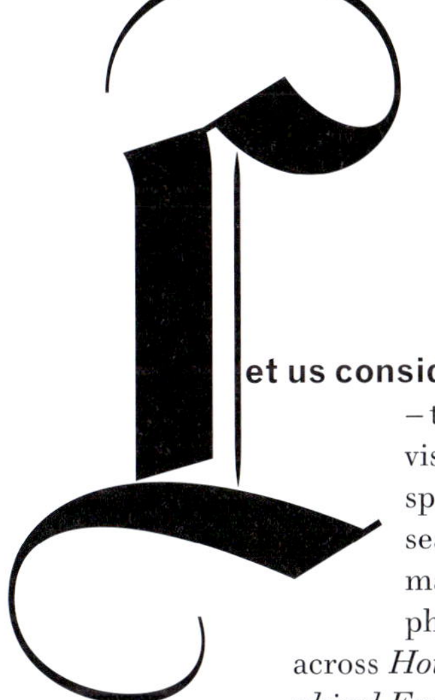

et us consider the following titles – the loot yielded by a recent visit to a (admittedly highly specialized) bookstore in search of relevant reading materials: in the (popular) philosophy section I stumble across *How Are Things: A Philosophical Experiment* (first published in 2003 as *Dernières nouvelles des choses*) by French *philosophe* Roger-Pol Droit, a man primarily known for his pragmatic passions, indefatigably applying the teachings of the great masters of philosophy – preferably of the oriental variety – to the nitty-gritty of everyday life. The book consists of 51 vignettes, unceremonious portraits of unassuming objects ('things') encountered by the author as he tries to navigate the rocky shores of daily life at the dawn

of the 21st century: a bowl, a paperclip, keys, a mobile phone, a table, – not all innocent choices, as is demonstrated by the inclusion of that most challenging of things, a *book*. [1] In the literary criticism section, I find *Things*, a hefty volume of essays edited by American literary scholar Bill Brown; this 380-page tome, published by the University of Chicago in 2004, includes essays by the likes of Christina Kiaer, W. J. T. Mitchell and Michael Taussig that take a closer look at such things as 'the Russian Constructivist flapper dress' (Kiaer), 'Fossils, Totems and Images' (Mitchell), the 'Glove in Renaissance Europe' (Peter Stallybrass and Ann Rosalind Jones), 'Shadows and Ephemera' (Sidney R. Nagel), and 'Aluminum' (Jeffrey T. Schnapp). Brown's own introductory essay is

---

1 — Roger-Pol Droit's collection of diaristic observations starts ('late evening, in the city, beginning of autumn') with the oldest, most basic and primeval of things: a *bowl*. 'Here is one of the earliest, most primitive objects. This thing remembers the emergence of mankind. The larger primates had clubs, stones, rough likenesses of weapons and tools. But no bowls. Only with mankind do platters make an appearance: gourds, basins, bowls. The bowl inaugurates the receptacle.' With the naming of the bowl's various manifestations – cups, jars, jugs, mugs – Droit journeys right into the hallowed light shining upon the thing's deeply rooted philosophical pedigree. When Martin Heidegger first articulated his speculative theory of *Das Ding* in 1949 – in an influential lecture to which we will be returning later in this essay – he really only spoke about one thing in particular: the *jug*. Towards the end of his odyssey through the mystifying world of things – their 'ability' to mystify of course intimately entwined with their thingly character – Droit also directs our attention to the *table* – the sole subject of a book by that other great mid-20th-century 'theorist' of thingness, the French poet Francis Ponge (whose seminal *Le parti pris des choses* from 1942 failed to include a poetic reflection, incidentally, upon jars and jugs).

appositely titled 'Thing Theory', which unfortunately forces me into looking for an alternative for my own ruminations.

Just across the room, amid scientific biographies and various popularizing accounts of the history of science, another title catches my attention: *Things That Talk: Object Lessons from Art and Science*, another collection of essays, compiled and edited, this time, by Lorraine Daston, the current director of the Max Planck Institute for the History of Science in Berlin. Contributions by Joseph Leo Koerner, Simon Schaffer, Joel Snyder and Daston herself, among others, confront the object world head on; each author singles out one 'thing' for close, scholarly attention, rightfully assuming that this closeness will yield the thing's truth: a Bosch drawing, the freestanding column, a Prussian island (strange: *I* would like to think that things are entities that are big or small enough to be taken up and assessed in one single viewing experience – or am I being too *anthropocentric*?), soap bubbles, early photographs, glass flowers, Rorschach blots, newspaper clippings, paintings by Jackson Pollock. Daston's anthology was first published in 2004; in October 2007, Daston also co-authored an accompanying Zone book titled *Objectivity*.

Finally, the most recent title is that of a book uneasily straddling the inhospitable no-man's land between cultural studies (a stone-faced remnant of better times, notably the nineties) and art theory and criticism proper: *Evocative Objects: Things We Think With*, edited by Sherry Turkle, Abby Rockefeller Mauzé, Professor of the Social Studies of Science and Technology at MIT, and published by the MIT Press in 2007. In this book, a whopping 34 authors (none of whose names, tellingly, I have encountered in any of the collections described above) share their thoughts on the things they think with: 'my cello' and 'my laptop', a knot, a 1964 Ford Falcon, 'salvaged photographs' or Foucault's pendulum – but no mugs, jars, jugs, bowls or cups.

As I gather and pick up these books – I am of course acutely, and instantaneously, aware of their own ambiguous status as 'things': if things truly talk to us, then books are the ceaselessly chattering kind – and make my way for the counter and exit, a perspicacious clerk tells me to come back in a couple of weeks' time to check out a newly published title that hasn't made it to the stores yet, namely Joshua Glenn & Carol Hayes' *Taking Things Seriously: 75 Objects with Unexpected Significance*, published by Princeton Architectural Press. Back home, while browsing Amazon.com for yet more *neue Dinglichkeit* – Daniel Miller's research on material culture pops up on many occasions, as does a recent edition of Georges Perec's debut novel *Things*, an artist book by Zürich-based Gabriela Gründler named *My Things*, and Deyan Sudjic' *The Language of Things* – I discover that Glenn & Hayes' *Wunderkammer* features short reflections on tables (by Ingrid Schorr), drinking glasses (by Chip Wass) and glass jars (by Jennifer Alden). I pour myself a cup of tea, put my feet under the table and begin to write (on an object not easily described as a 'thing'): not so much about things – although that is precisely what is here expected of me [2] – but, I keep telling myself, about thingness per se.

So what does all this mean – what have I learnt? It is tempting, of course, to conceive of this relative (and relatively recent) surge of interest in thing theory and object and *material culture studies* [3] as somehow causally linked to one of the overwhelming anxieties that have befallen daily life in the well-to-do, pampered and cul-

---

2 — My own interest in thing theory dates back some six years or so – it now seems long before the term was even coined – and was primarily triggered by looking at the work of Dutch artist Mark Manders, whose *Self-Portrait as a Building* I was just then entering. In an early Heideggerian reading of Manders' thing-world, published in *Kaleidoscope Night* (Arnhem, 2002), I equated the shoe with the cup or jug. Shoes make frequent guest-appearances in Manders' work, and in one literary fragment (Manders is also an outstanding writer), the shoe is imagined as a 'vessel' of sorts into which the dark of the night disappears and where it hides from the sight of instrumental reason – a remarkable parallel with the poetic Heideggerian notion of the jug as that from which the world is poured forth. Shoes, of course, are talismanic figures/fissures in Heidegger's own ontology, and their presence in his art theory, for one, hints at the faint fetishism that underlies certain aspects of his thoughts on thingness. Heidegger's *Origin of the Work of Art*, another essential text that is of great importance to any tentative 'thing theory', revolves entirely around the depiction of a pair of (female!) farmer's boots by Vincent Van Gogh, much like 'Das Ding' is really a lecture about a jug. Shoes, incidentally, also resurface in the (admittedly sketchy) thing theory of Heidegger's most brilliant pupil, Hannah Arendt. In *The Human Condition*, Arendt conceives of the thing as that which lends *durability to the world*: 'it is this durability which gives the things of the world their relative independence from men who produced and use them, their "objectivity" which makes them withstand, "stand against" and endure, at least for a time, the voracious needs and wants of their living makers and users. What distinguishes the most flimsy pair of *shoes* [my italics, DR] from mere consumer goods is that they do not spoil if I do not wear them, that they have an independence of their own, however modest, which enables them to survive even for a considerable time the changing moods of their owner.' Hannah Arendt, *The Human Condition*, Chicago, 1998, p. 138. Arendt also names the phenomenon of durability as one of the defining characteristics of the artwork's very thingness: 'Because of their outstanding permanence, works of art are the most intensely worldly of all tangible things. [...] Their durability is of a higher order than that which all things need in order to exist at all.' In the final analysis, this durability also helps the world of things to become a *home*: 'Among the things that give the human artifice the stability without which it could never be a reliable home for men are a number of objects which are strictly without any utility whatsoever and which, moreover, because they are unique, are not exchangeable and therefore defy equalization through a common denominator such as money.' These objects, of course, are what we call *artworks*. Ibid. p. 167.

tured quarters of the 21st century: namely that the World as we know it, and found it, seems under constant threat of dissolving and dematerializing, of even *disappearing*. By this, I do not only (or primarily) refer to the terrible specter of global warming – even though it certainly signals a frighteningly literal disappearing of its own (that of polar ice mass, for instance), and even though it is obviously related to a culture consumerism that is not particularly troubled by its wasteful relationship with things – but mainly to the state of alarm and apprehension caused by our everyday dealings with a world that is becoming (or, more to the point, always *seems* to be becoming) less and less material, or with a world in which, alternately, the material and the thing-like seem to matter less and less.

This well-known dynamic of dematerialization and evaporation, fired on relentlessly by the delirious logic of digitization,[4] is one of the great ironies of the triumph of the materialist creed under the aegis of a rampant global capitalism – and has of course long been reflected in the fast-paced developments of vanguard art practice, as is attested by the work of critics and thinkers such as Lucy Lippard (the original theorist of 'dematerialization'), Rosalind Krauss ('formlessness') and, more recently, Nicolas Bourriaud ('post-production'). The phenomenon of globalization, as a crude fact of the post-modern world economy, would be entirely inconceivable without this process of dematerialization: where once there was steel, coal, and bullion – to name but three paradigmatic incarnations of matter, of 'stuff', even of 'thingness' – we now come across information, intelligence and venture capital. [To return to our art-historical aside: Lucy

Lippard's pronouncement of the 'dematerialization of the art object' in 1973 closely mirrored the collapse, in 1971, of the Bretton Woods System of international monetary management, which heralded the end of the gold standard as the immutable base for a fixed currency – yet another milestone, therefore, in the establishment of a radically immaterial money economy. The decisive disconnection of gold – an archaic remnant of the world economy's roots in a consensual appraisal of *use* value – and monetary currency provides an interesting vantage point from which to view the historical rise of conceptual art, famed above all for its dismissal of production and its disparagement of art's tradition of object attachment, not to mention its general disdain for the art object as such. In the words of Lawrence Weiner, 'I do not mind objects, but I do not care to make them' and 'the work need not be built'.[5]] As all that was once solid thus, again, melts into thin air – to paraphrase a celebrated passage from the Communist Manifesto, a key text for anyone seriously interested in theories of subject/object scission[6] – and as our access to the world of things and to our own life becomes more and more a matter of technological prowess and of the capacity to imagine various gradations of virtuality and virtualization (reaching a new high-water mark in the *Second Life* phenomenon), we are inevitably confronted with a certain nostalgia for a more embodied, physically immediate experience of the world – a *return of the real* – of which the sudden emergence of 'thing theory' seems only one symptom.[7]

---

3 — Similarly, the field of historiography has been overrun of late by a type of writing that prefers to zero in on objects (the smaller and less significant the better) rather than people, the grand societal structures that harness them or the events that befall them and/or help bring said structures come into being. Bill Brown names the examples of books, some of them surprise bestsellers, that chart the history of the pencil, the zipper, the porcelain toilet bowl, the chair, the potato, and the bowler hat. Mark Kurlansky is a historian who has become particularly adept at this brand of microhistoriography; he has authored books about the cod, the oyster and salt among other 'things'. It would lead us too far astray to address the political implications insinuated in this obsession with obscurantism, novelty and quaint exoticism (best summed up by the dubious dictum 'small is beautiful'), but it seems sufficiently clear that it is related to the general cultural pathology of post-ideological fatigue and to the political evacuation of academia.

4 — Sherry Turkle's 'turn' towards object studies and thing theory seems particularly symptomatic in this regard: Turkle, an early pioneer of human-computer interaction research, has long been interested in 'life on the screen' and 'identity in the age of the Internet', and may therefore be regarded as a veteran of the digitization of the humanities that Bill Brown identifies as the very antithesis of thing theory (see Bill Brown, op. cit., p. 16). It is worth noting here that one of the defining characteristics of the emancipatory rhetoric of 'new media' (and of digital culture in general) has always been its insistence on the abolition of *distance* – and the fateful realization that, ironically, this immediacy does not bring 'nearness', quite the opposite. We shall be returning to the issue of proximity and distancing shortly.

5 — Lawrence Weiner, 'Statements 1969-1972' in Charles Harrison & Paul Wood, *Art in Theory: An Anthology of Changing Ideas 1900-1990*, Oxford, 1993, p. 882. See also Sol LeWitt's 'Sentences on Conceptual Art': 'All ideas need not be made physical', ibid. p. 838.

6 — The conventional Marxist interpretation of this scission is referred to, among others, in the quote from Boris Arvatov's *Everyday Life and the Culture of the Thing* at the beginning of my essay, in which Arvatov calls for a culture of material practice in which the alienation of Man ('bourgeois') and Thing ('object') can be undone, and in which Man and Thing can become *comrades* again. See also footnote 21.

7 — Another symptom, in the field of visual art, of this 'nostalgia' for a material world of sensuous thingness can be discerned in the return of a distinct notion of craftsmanship in the work of artists as diverse as Leonor Antunes, Eva Berendes, Thea Djordjadze, Thomas Houseago, Brian Jungen, Ricky Swallow etc. The inclusion of Poul Gernes as one of the pivotal figures in last year's documenta – deemed unforgivably revisionist by many because of its cultivation of connoisseurship, the passive complement to the active stance of craftsmanship – likewise signaled a nostalgic yearning for the return of a decidedly thing-centered, artisanal aesthetics. The concept of a 'return *of the real*' – not to be confused, at any time, with a *return* to *the real*! – is the subject (and title) of an

So far, so good – for thing theory. What, however, is a *thing*? Setting aside our trusted dictionary (a wonderful thing in itself), there is no better place to start answering that question than by way of reverting to the phenomenological canon – phenomenology, after all, as a philosophy is nothing more than a summons to 'return' 'to the things themselves'. **8** Yet even arch-phenomenologist Martin Heidegger in his famous lecture *Das Ding*, originally given at the Bayerische Akademie der Schönen Kunste in 1950, fails to provide us with a clear-cut definition of the thing – instead of the *Ding-an-sich*, so to speak, he only gives us an *example* of 'thingness': the fabled jug that we know so well, among other things ('What is a thing? The jug is

a thing'), from Digne Meller Marcovicz' disarming photographic record of Heidegger's life in his mountain hut in the Black Forest village of Todtnauberg. [A record, it must be added here, that is only superficially, treacherously 'naturalist' or documentary: the whole project of photographic recording was staged with the help of, and ultimately directed by, Heidegger himself – the point being to depict the philosopher as a man of earthly, manual passions, living modestly among things of his own making.]

For the sake of our current argument – in which we seek to understand the re-emergence of the thing as a conceptual concern in cultural practice as a whole – it is well worth looking

into the particulars of Heidegger's reasoning more closely. By way of introduction to his own thing theory, and with characteristic aplomb, Heidegger asserts the following: 'Man puts the longest distances behind him in the shortest time. He puts the greatest distances behind himself and thus puts everything before himself at the shortest range. Yet the frantic abolition of all distances brings no nearness'. **9** Heidegger's engagement with this exasperating paradox – the illusion of proximity that shrouds the bitter facts of distancing, of (in more direct and ideologically fraught parlance) *alienation*, as one of the defining pathologies of the modern conditions – forms the crux of his attempt to truly think the thing (among other things), for it is precisely in our shared failure to restore the long-lost, pre-modern intimacy of Man and World, i.e. of Man and Things, that Heidegger locates the roots of the terrifying drama that haunts all of contemporary existence: that of a 'forgetfulness of being' that has come to assail Western thought since the dawn of Socratic reason. Our philosophical tradition has taught us to 'forget', sometimes even to *forsake* the world, and its thought has estranged itself from that which constitutes the world proper – *things*; disregard for 'worldly' things is commonly (yet mistakenly) regarded as the hallmark of true thinking. Yet it is precisely by way of thinking the thing, in bridging the gap that separates thought from things, and in thinking the jug in particular, that Heidegger wants to guide us back to a more empathic, symbiotic relationship with the world. This relationship is one of care, concern and thoughtfulness that is essentially *ethical* – and, given the obvious centrality of *sense* experience in our

---

acclaimed book by art critic Hal Foster. Even though Foster shows little direct interest in the thing-character of the art object (his book is too deeply rooted in Eighties and Nineties discourse to allow for such seeming regressions), his focus on notions such as 'abjection' and 'traumatic realism' helped to bring the subject of 'embodiment' – and hence also *re-materialization* – back into the limelight of art theory.

8 — 'Zu den Sachen selbst!' is a phrase often ascribed to the founding father of phenomenology, Edmund Husserl. It is reiterated in the opening pages of Martin Heidegger's *Sein und Zeit* (which Heidegger dedicated to his mentor Husserl): 'the term "phenomenology" expresses a maxim which can be formulated as "To the things themselves!"' (*Being and Time*, p. 50) In the preface to his *Phénoménologie de la perception*, finally, Maurice Merleau-Ponty states that 'to return to things themselves is to return to that world which precedes knowledge' (*Phenomenology of Perception*, p. xi); the notion that things are older than knowledge is something we will be returning to later in this essay. Naturally, we must take note here of the fact that the translation 'to the things themselves' glosses over the substantial distinction that exists between *Dinge* and *Sache*. Jacques Lacan in his *Ethics of Psychoanalysis* – the cornerstone of his very own theory of *la chose* – is well aware of this distinction, and again links it to the black magic of language, of *words*: 'it is obvious that the things of the human world are things in a universe structured by words, that language, symbolic processes, dominate and govern all. (...) *Sache* and *Wort* are closely linked; they form a couple. *Das Ding* is found somewhere else.' In other words, 'what one finds in *Das Ding* is the true secret' – something predating language, we might infer. See: Jacques Lacan, *Ethics of Psychoanalysis 1959–1960. The Seminar of Jacques Lacan, Book VII*, New York, 1992. Finally, here are some standard dictionary definitions for 'thing': '1. an object, fact, affair, circumstance, or concept considered as being a separate entity; 2. any inanimate object; 3 an object or entity that cannot or need not be precisely named.' If none of these definitions strike us as particularly convincing, it is probably and precisely because of the general drift of the third entry – a definition that names the thing as an object that resists naming. As Bill Brown notes in his '*Thing Theory*' essay, as a word, 'thing' already 'functions to overcome the loss of words (...) the Thing becomes the most compelling name for that enigma that can only be encircled and which the object (by its presence) necessarily negates.' Bill Brown, op. cit., p. 5. In his 'The Origin of the Work of Art', Heidegger also locates the essence of thingness in language's failure to access the thing: 'the unpretentious thing evades thought most stubbornly. (...) Can it be that this self-refusal of the mere thing, this self-contained independence, belongs precisely to the nature of things?' In Martin Heidegger, *Poetry, Language, Thought*, New York, 2001, p. 31.

9 — Martin Heidegger, 'The Thing' in *Poetry, Language, Thought*, New York, 2001. In his opening remark, Heidegger already warns us that 'All distances in time and space are shrinking' – a prophetic insinuation of the role of *globalization* in the denigration ('crisis') of the thing as we have referred to above.

dealing with the world of things, *aesthetic* in nature.

'What is a thing? The jug is a thing'. Why the *jug*, however? Primarily – and eliding the facts of its awesome art-historical and philosophical pedigree [10] – because it is a *vessel*. A thing, in other words, that holds the possibility of another thing (such as 'meaning', for one): 'the jug had to be made [precisely] because it *is* this holding vessel.' The jug, an instrument for pouring out – 'giving', as Heideggerian vernacular would have it   whatever it holds inside itself, *gathers*, and 'this manifold-simple gathering is the jug's presencing.' The jug's capacity to hold, gather and contain – in particular the fabled 'fourfold of earth and sky, divinities and mortals' [11] – is what defines its very thingness, for the very etymology of the word 'thing' traces its roots back to the act of gathering and assembling: 'the Old High German word *thing* means a gathering, and specifically a gathering to deliberate on a matter under discussion, a contested matter. In consequence, the Old German words *thing* and *dinc* become the names for an affair or matter of pertinence. They denote anything that in any way bears upon men, concerns them, and that accordingly is a matter for discourse.' [12] The *thing*, then, operates as a Nordic pendant to the Athenian *agora* – a gathering place where speech can be free, and things can be imagined, created *ex nihilo*, from the unrestrained flow of talk. [We are returning here, *inter alia*, to the paradoxical relationship of things and words already hinted at in footnote 8.] Yet the thing's essence resides not so much in its power to merely gather or 'unite the fourfold' (this is something even an object could manage to do), but much

rather in its 'worlding' qualities – its enactment of an awareness of *presence* (hence the jug's 'presencing') as the possibility of *nearness*. The gift of proximity, even if only imagined, is at the heart of the order of things: 'thinging is the nearing of the world. [...] As we preserve the thing *qua* thing we inhabit nearness' – that is, we return to the world as a home that is *shared* with jugs, shoes, and trees, with significant and less significant 'others'. [There can be no thing theory without a theorem of 'otherness': in his *Negative Dialectics*, Theodor Adorno admonishes us to 'accept the otherness of things' as 'the condition for accepting otherness as such'.[13]]

One might say that the jug pours forth the gift of the world: it holds the whole world in its humble, hollow self, and thereby, in this impossible, unfathomable compression of the entire universe in one single thing – a familiar experience (if it can be called that) to all those of us who have sought to contemplate the irreducible, impenetrable 'enigmaticalness' of things, and of works of art in particular – reminds Man of his singular status as the world's proverbial caretaker, he who carefully holds the cup of the world in the palm of his hand. Heidegger concludes: 'Men alone, as mortals, by dwelling attain to the world as world. Only what conjoins itself out of the world becomes a thing.' [14] A true understanding of the irreducible thingness of things requires not so much *knowledge* (which attends to the domain of objects, and out of which science is born, see footnote 8), as *care* – the deep empathy of humans for that with which (and not just for *those* with *whom*) they share the world, the consideration for things. In seeking to truly *think the thing*, and to reclaim the concept of thingness – hence also the thing in and of itself – from the various reductions it has had to endure, we are in fact attempting a rescue operation of sorts. That is, we aspire to restore the thing to its former wholeness and position of enigmatical centrality to our everyday experience of the world

---

10 — We already reflected upon this remarkable genealogy in footnote 1. With regards to the relevance of Heidegger's jug-inflected thing theory for my own reflections concerning the essential thingness or *Dinglichkeit* of the work of art in particular, it is perhaps enlightening to refer here to the sudden appearance of the metaphor of *pottery* in Jacques Lacan's thing-thinking. While ruminating on the notion of creation, Lacan called the work of the potter 'the most primitive of artistic activities', and many of his thoughts around the notion of the work of art derive from the so-called 'problem of pots': just as the pot holds a 'something' inside itself that is in fact nothing, 'works of art, in offering the imitation of an object, make something different out of that object. (...) They render both present and absent'. Likewise, 'painting, too, is first of all something that is organized around emptiness.' Jacques Lacan, op. cit., p. 121–141.

11 — The concept of the '*fourfold*' (earth, sky, divinities and mortals) is a typical late-Heideggerian eccentricity meant to denote 'world' (or universe); as such, it is clearly distinct from the earlier opposition between Earth and World that is one of the decisive dichotomies of *The Origin of the Work of Art*, an article written more than twenty years earlier, more or less coinciding with what many commentators have referred to as Heidegger's *Kehre* or (ontological) 'turn'.

12 — The socio-political root in the etymology of *thing* is still preserved today in the national parliaments of Denmark, Iceland and Norway, which all have names that incorporate the original thing: the Althing in Iceland, the Folketing in Denmark, and the Storting in Norway. In *The Origin of the Work of Art*, once again retaining the notion of an assembly, Heidegger also calls a thing 'that around which the properties have assembled'. Martin Heidegger, op. cit., p. 22.

13 — Theodor Adorno, 'Objectivity and Reification' in *Negative Dialectics*, New York, 1979, p. 189–192.

14 — The notion of care or *Sorge*, is wholly central to Heidegger's philosophy; in his magnum opus *Sein und Zeit* he calls care the existential meaning of our being-in-the-world: 'the Being of Dasein itself is to be made visible as *care*. [...] Dasein, when understood *ontologically*, is care.' In *Being and Time*, New York, 1962, p. 84. It is worth noting here that 'curating', in turn, is derived from the Latin verb 'curare', which can mean both 'to cure' and 'to care for' – a faint echo of the profession's original roots (which may sometimes appear irretrievably lost, but that is an altogether different matter) in the business of *care-taking*.

(which is a world of things first and foremost), *we are thinking that world whole again*.[15] And if works of art, to name but one example, are among some of the things we care about most in this world – hence the true meaning of curating hinted at in footnote 14, hence also the mystery of sheer *value* that is so puzzlingly incarnated by the work of art: through what magic is value bestowed on things? – then surely there must be an ethical impulse at play here (i.e. in our caring for works of art) that could be put to better use in other, more mundane realms and aspects of our daily dealings with the 'world of things'. The ability or readiness to care for the world of things is something we really only regain in our experience of and encounter with art – picture the amateur's sensuous handling (amateur means 'lover') of a precious piece of antique tea ware, or the museum staff dusting off a wooden gothic sculpture in the Berlin Bode-Museum – and what we learn from art must certainly be channelled back into our sharing of the world.

It will be noted that one of the defining features of this aesthetico-ethical understanding of thingness has so far been that of a distinction between the Thing and the Object: 'things are modest in number, compared with the countless objects everywhere of equal value'.[16] Indeed, if the history of the thing as a philosophical concept is really a history of nuances, distinctions and bifurcations, it seems intuitively clear that in this history, the thing *predates* the object – or, more precisely, that it predates the scission between the subject and object itself that is generally considered to be the inaugural drama of the modern period, ushered in by Cartesian philosophy; in the words of Bill Brown, 'the thing really names less an object than a particular subject-object relation'.[17] As is commonly known (or at least intuited), this subject-object relationship, the familiar axis around which we continue to organize the world, is primarily defined in terms of *knowledge*, and secondarily in terms of *possession* (they are, of course, one and the same thing): the thing becomes an object of knowledge

(and its classification and disciplining the touchstone of the modern scientific paradigm), and the thing becomes an object which we buy, sell, trade or own – the historical convergence of both transformations being the exact reason why the emergence of a modern market economy, in early Renaissance Europe, was inextricably linked with the establishment and institutionalization of said scientific paradigm.[18] From there and then onwards, 'science' will be held responsible for further degrading, dismantling and reducing the thing – not just to a mere object, but also to a commodity, to a product, or to a tool ('equipment' or *Zeug*[19]): all starkly impoverished shades of an original quality of 'thingness', all ends, irreversibly transformed, into means. Let us quote Heidegger once again: 'Science's knowledge, which is compelling within its own sphere, *the sphere of objects* (my italics, DR), already had annihilated things as things long before the atom bomb exploded. The bomb's explosion' – we must remember here that Heidegger was delivering his lecture in the immediate, still palpable shadow of the mushroom clouds that had incinerated Hiroshima and Nagasaki: the advent of the atomic age naturally caused a great deal of apocalyptic anxiety around the future of *material* life – 'is only the grossest of all gross confirmations of the long-since accomplished annihilation of the thing: the confirmation that the thing as a thing remains nil.'[20] More to the point, for the thing to become an object of the subject's potentially destructive mastery, an essential relationship of *distance* must be established, unilaterally obliterating the dialectic of nearness and estrangement, of proximity and alienation that is at the heart of the enigma of

---

15 — Obviously contingencies of space prevent us from even touching on the problem of totality – every discursive assumption about the existence (let alone the desirability) of a totality or ideal wholeness enters willy-nilly into the minefield of political implications in which totalism or totalisation can never be exonerated from all traces of *totalitarian* tendentiousness. And, of course, we are also aware of the fundamental problem – the political consequences of it are familiar – of Heidegger's reactionary nostalgic dream of long-lost innocence of a time of wholeness and unity. However, dreams of a *new* wholeness and unity (instead of the restoration of old wholenesses and unities) belong to progressive as well as conservative thought.

16 — Martin Heidegger, op. cit., p. 180.

17 — Bill Brown, op. cit., p. 4.

18 — With regards to the context of our current research, it is important to note here that early Renaissance Europe not only gave us the blueprint of modern scientific method as well as the stone tablets of the market economy, but also witnessed the birth of the *art market* – a market for selling and buying 'things' that were (and evidently still are) customarily considered to hover above the economic realm of use and/or exchange value (cfr. Hannah Arendt's quotation in footnote 2). The modern work of art as an emblem of thingness squats uneasily at these crossroads of possession, knowledge and reification.

19 — *Das Zeug* or 'equipment' is another trustworthy trademark of Heideggerian jargon; the more widely used concept of the 'tool', to which it is closely related, has been an important pivot in related phenomenological thinking around the thing, most notably in the work of Hannah Arendt and Maurice Merleau-Ponty, whose use of the concept of the tool helps to shed light on the reasons for our calling both the world and the thing 'mysterious' or ciphers of enigmaticalness: 'The real lends itself to unending exploration; it is inexhaustible; this is why objects belonging to man, tools, seem to be placed *on the world*, whereas things are rooted in a background of nature which is *alien* to man [my italics, DR].' Maurice Merleau-Ponty, op. cit., p. 388.

20 — Martin Heidegger, op. cit., p. 168.

thingness.[21] When seen from afar – and it is important to understand the role of vision of visibility played in this process of degradation – the thing becomes an object, the most important characteristic of which is its transparency, the ease and convenience with which it is handled and managed, the cynical finality with which it is domesticated and put to good use; it finally looses all powers of resistance, where *resistance* is in fact of the thing's very essence.[22] In thus un-doing the Riddle of the Thing, the reductionist regime of the instrumentalization and of the literal *evacuation* of things certainly contributed in no small measure to the so-called 'disenchantment of the world', a process commonly associated with the advent of the modern world-view, one which should in turn be brought into connection – an important one, in the light of the current argument – with Hegel's famed suspicion that with this glaring dawn of the modern era, art (or at least its *history*) had come to an end.

What this – our speculative suggestion that the reification ('death') of things is somehow related to the apocalyptic Hegelian specter of the end of art, and our view of the thing as a philosophical emblem of otherness/strangeness, as the singular 'worlding' entity that enacts the simultaneity of distance and proximity – may lead us to suspect is the following: *that the work of art is the thing par excellence.* Let us finally bid farewell to Heidegger with the following quote from his essay on the origin of the work of art: 'the true thing has the character of having taken shape by itself (like the boulder) and by its self-sufficient presence the work of art is similar rather to the mere thing which has taken shape by itself and is self-con-tained.' [Once again, the concept of *containment* comes to the surface, here understood as containing one's self – being one's own law, as in 'autonomous'.] Many 'things' are enigmatic in the work-of-art – it is this enigma, after all, which lures us into the world-of-art in the first place: the artwork's promise, not of happiness, but of the certainty that we will be shown the limits of our understanding, of logic and reason – but perhaps its most essential feature is the enigma of its *Dinglichkeit*, its thingness pure and simple (not to be confused with its physicality): the ambiguous fact of its self-doubting, self-questioning materiality – 'spirits in the material world.'[23] Indeed, in confronting the enigma of the artwork's very thingness, in our perceptual and/or intellectual experience of the work of art as a thing pure and simple, we are granted a tantalizing glimpse of a world that 'predates' the drama

---

21 — Consider the following passage in Walter Benjamin's acclaimed 'Little History of Photography' from 1931 in which he proposes a definition of that most elusive of objectal qualities, namely *aura*: 'A strange weave of space and time: the unique appearance or semblance of distance, no matter how close it may be. [...] No, to bring things *closer* to us, or rather to the masses, is just as passionate an inclination in our day as the overcoming of whatever is unique in every situation by means of its reproduction. Everyday the need to possess the object in close-up in the form of a picture, or rather a copy, becomes more imperative.' Benjamin's dislike of Heidegger's pompous brand of phenomenology is well-documented, and was shared by many in the loose grouping of intellectuals that became known as the Frankfurter Schule, but it is overwhelmingly clear that Adorno, Benjamin – a particularly perspicacious reader of 19th century 'thing' culture, as is evinced by his fragmentary writings on collecting and the bourgeois interior – and Heidegger et al. shared many fundamental concerns and intuitions, inevitably gravitating towards each others' findings in the process of these joint explorations. Both Benjamin's *The Work of Art in the Age of Mechanical Reproduction* and Heidegger's *The Origin of the Work of Art* were published in 1936, and in many ways these texts talk to each other much more directly than their respective authors ever could have done. Similarly, the popular view of Adorno's – evidently heartfelt – hostility towards Heidegger in fact obscures much that these authors had in common, in particular with regards to the work of art: like Heidegger's 'Origin of the Work of Art', Theodor Adorno's monumental *Aesthetic Theory* is almost entirely concerned with the art *work* (as opposed to the artist, the mere experience of art or the much more recent concept of 'practice') – as such, it is another key text in the unmapped sprawl of 20th century thing theory.

22 — In one of the more inspired attempts to define the apparently indefinable, here is what Roger-Pol Droit proposes in *How Are Things?* (the chapter in question being that devoted to solving the riddle of the *remote control*): 'Things are what resist our desires. That could be a minimal but acceptable definition: those realities not immediately at the disposal of our will are referred to as things. Kant knew as much: "My thoughts impose no requirement upon things." Each of us must learn to renounce the omnipotence of our desires.' Roger-Pol Droit, op. cit., p. 25. On a similar note, Bill Brown states that 'we begin to confront the thingness of objects when they stop working for us: when the drill breaks etc.' – or, put somewhat differently, when things reveal their *strangeness* or 'otherness'. Bill Brown, op. cit., p. 4. Finally, with regards to the concept of the thing's innate strangeness, it is worth pausing here to reflect upon the influence of Sigmund Freud's theory of the uncanny on consideration of thingness in general. The following quote is culled from Freud's classic 1919 essay *Das Unheimliche*: 'When we proceed to review things, persons, impressions, events and situations which are able to arouse in us a feeling of the uncanny in a particularly forcible and definite form, the first requirement is obviously to select a suitable example to start on. Jentsch [Ernst Jentsch, the author of the 1906 study *Über die Psychologie des Unheimlichen*, DR] has taken as a very good instance "doubts whether an apparently animate being is really alive; or conversely, whether a lifeless object might not be in fact animate"; and he refers in this connection to the impression made by waxwork figures, ingeniously constructed dolls and automata.' See Sigmund Freud, 'The Uncanny' in *The Penguin Freud Library vol. 14, Art and Literature*, London: Penguin, 1990, p. 347. In contemporary art, the aesthetic convention of *the uncanny* is primarily associated with the tradition of abjection, where questions of 'animation' and the conscious obfuscation of clear-cut borders between life and death and absence and presence figure prominently. The ambiguities of embodiment that are at the heart of much *abject art* practice – I am thinking of Cindy Sherman's grotesque images of bodily horror here – also help us to better understand the Lacanian equation of otherness/strangeness and femininity that is encapsulated in the notion of 'Woman as Thing'. See: Slavoj Zizek, 'Courtly love, or, the Woman as Thing' in *The Metastases of Enjoyment: Six Essays on Women and Causality*, London, 1990, p. 90.

of reduction (of that world to one of mere objects, products, commodities etc.). A world more total and whole, and richer in depth – 'thickness', as the phenomenologically minded would have it – and meaning, riddled with things *we don't understand.* In this, the work of art regains its status as a material fact of critique – it is a *critique of reduction.*

This is a slightly altered, expanded version of an essay originally commissioned by the fifth Berlin Biennial of Contemporary Art and published in its catalogue *When Things Cast No Shadow*, april 2008. The author would like to thank Berlin Biennial curators Elena Filipovic & Adam Szymczyk; special thanks, finally, to Monika Szewczyk for her invaluable help in fleshing out many of the thoughts articulated in this essay.

---

23 — Here, finally, we must invoke the elliptical wisdom of Theodor Adorno's *Aesthetic Theory*, the entire argument of which is built around the given fact ('truth') of the artwork's fundamental, irresolvable ambivalence, making it the crown jewel of the dialectical imagination: 'If it is essential to artworks that they be things, it is not less essential that they negate their own status as things, and thus turn against art. The totally objectified artwork would congeal into a mere thing, whereas if it altogether evaded objectification it would regress to an impotently powerless subjective impulse and flounder in the empirical world', New York, 1997, p. 179. The closing part of this quote seems especially relevant to the aporias faced by so many of today's artists, seeking their way out of the perceived limitations of production and reification – a point we have furtively touched upon earlier in this essay with regards to conceptual art's promotion of what Adorno would surely have thought of as 'powerless subjective impulses'.

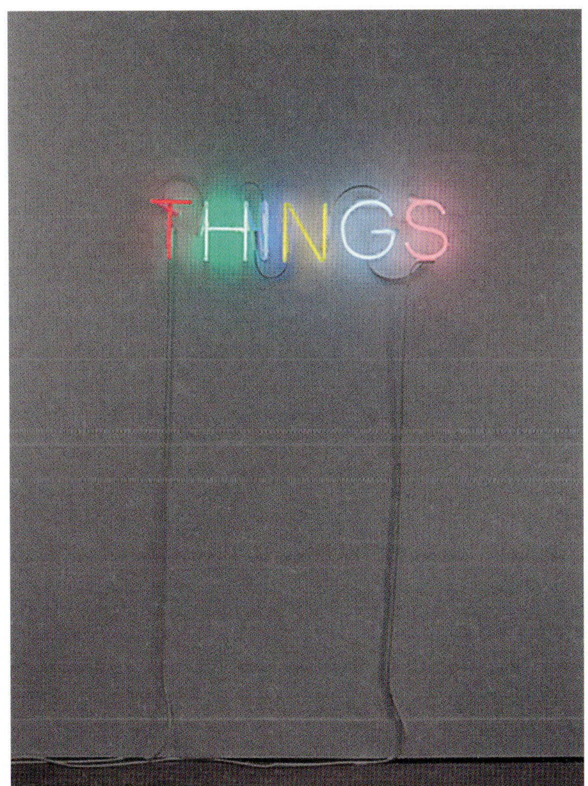

Martin Creed Work No. 260: THINGS, 2001

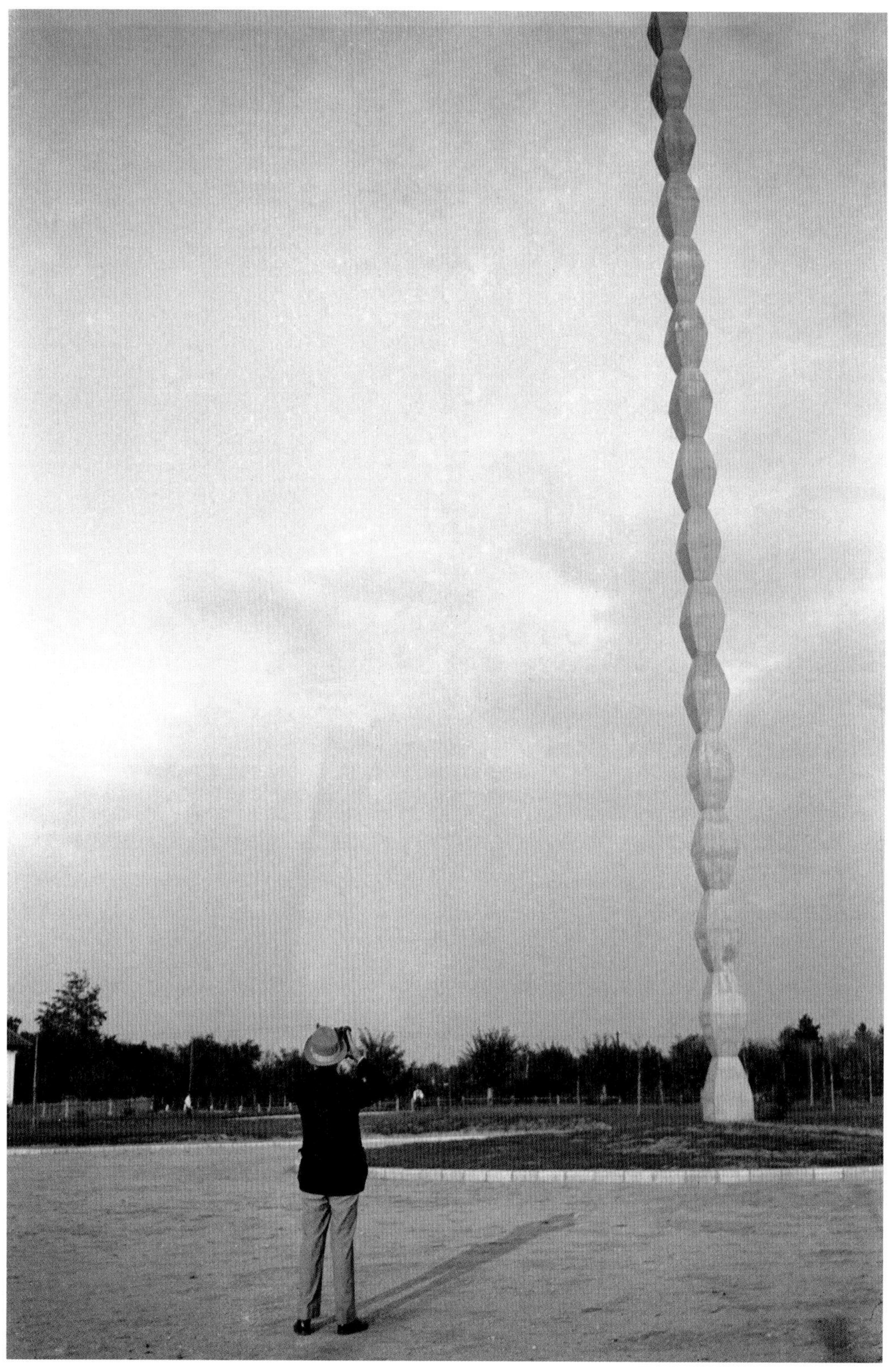

Anonyme (Legs. **Constantin Brancusi**), *Brancusi de dos filmant La Colonne sans fin à Targu Jiu*, 1938

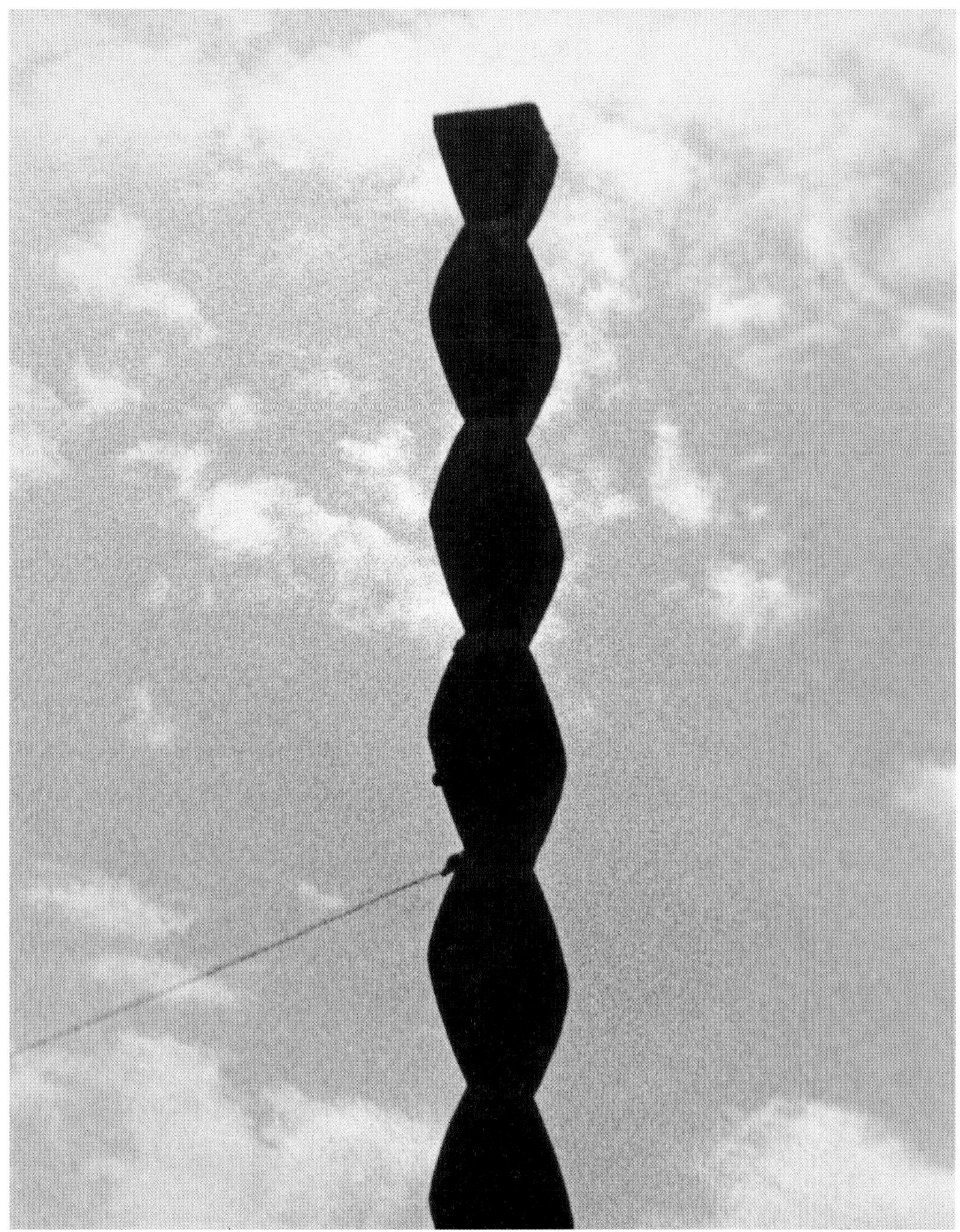

Constantin Brancusi, *La Colonne sans fin à Targu Jiu*, 1938

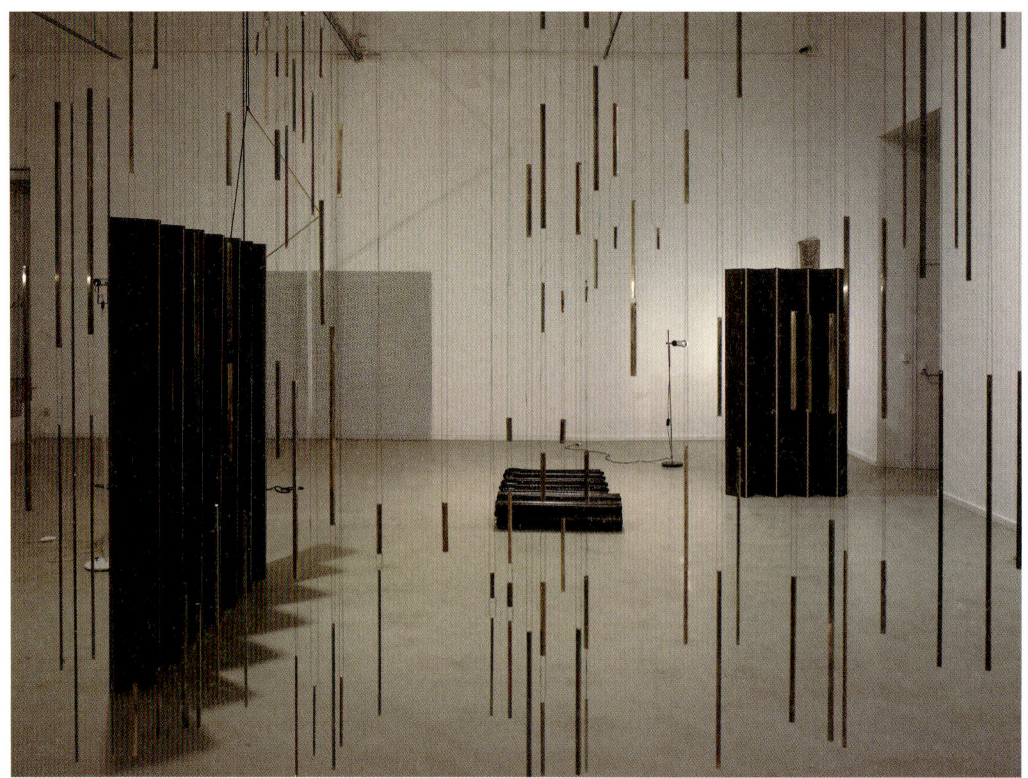

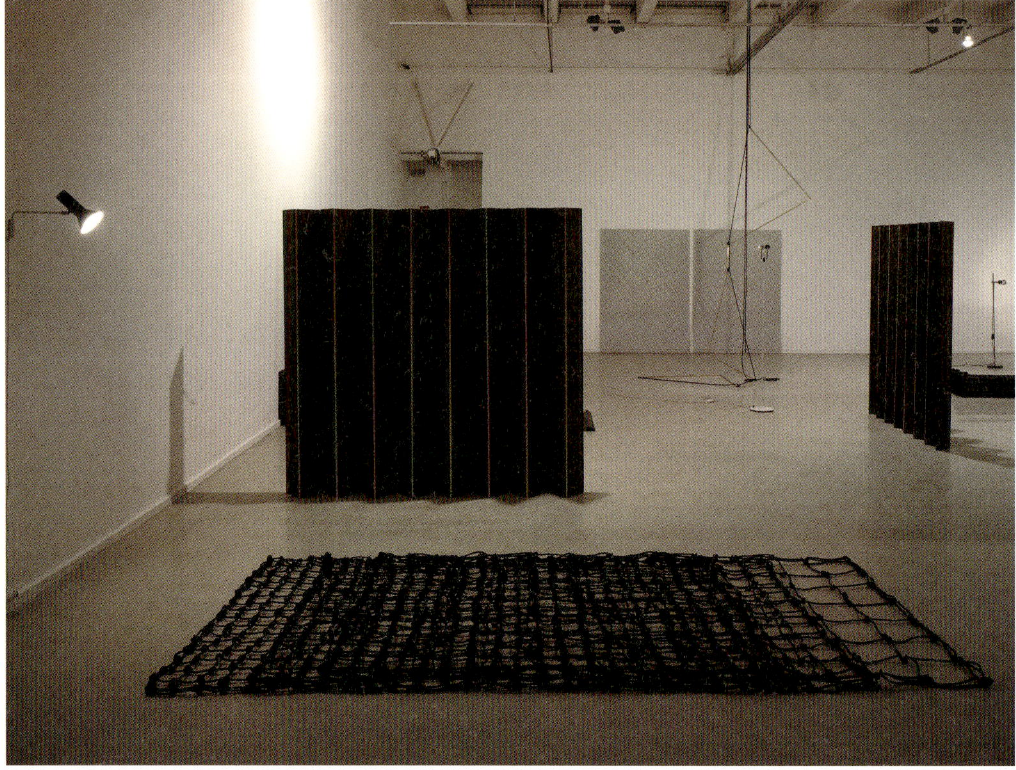

Leonor Antunes *Original is Full of Doubts* (tentoonstellingszichten | installation views), 2008

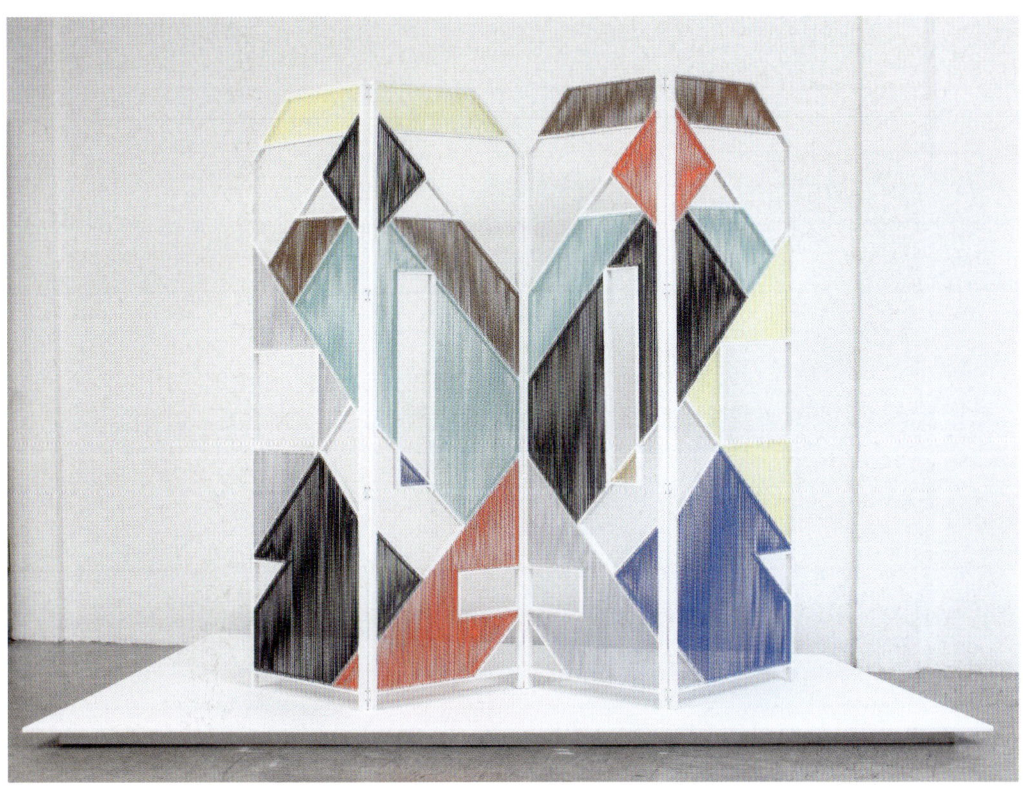

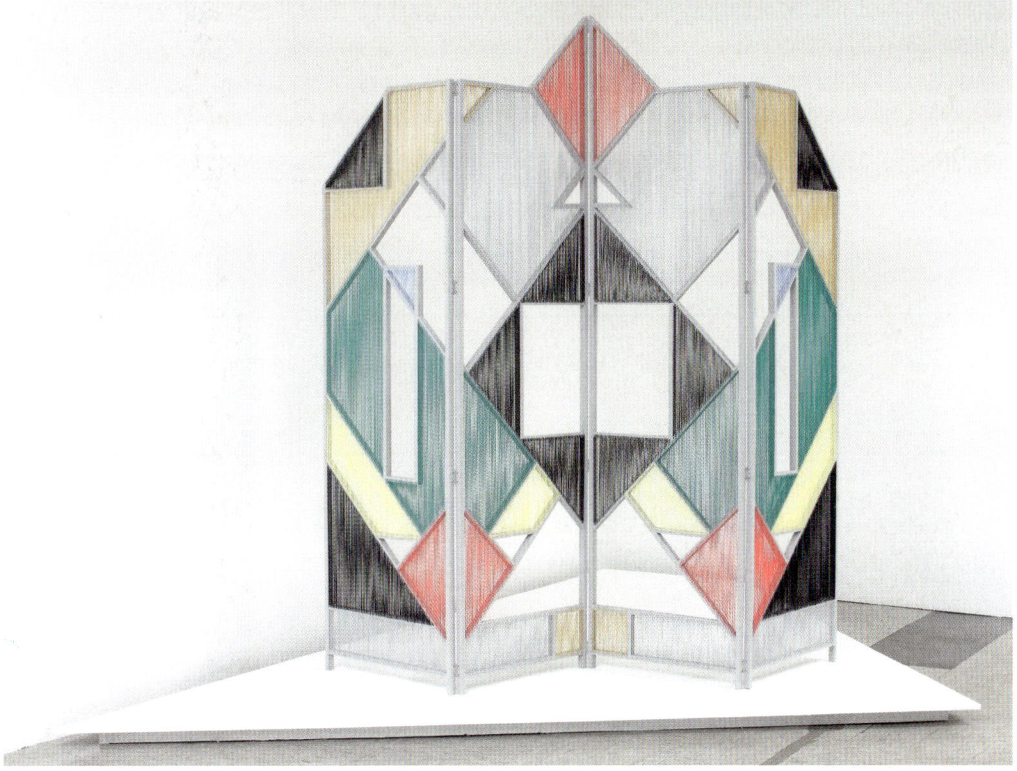

Eva Berendes *Untitled*, 2008 / *Untitled*, 2008

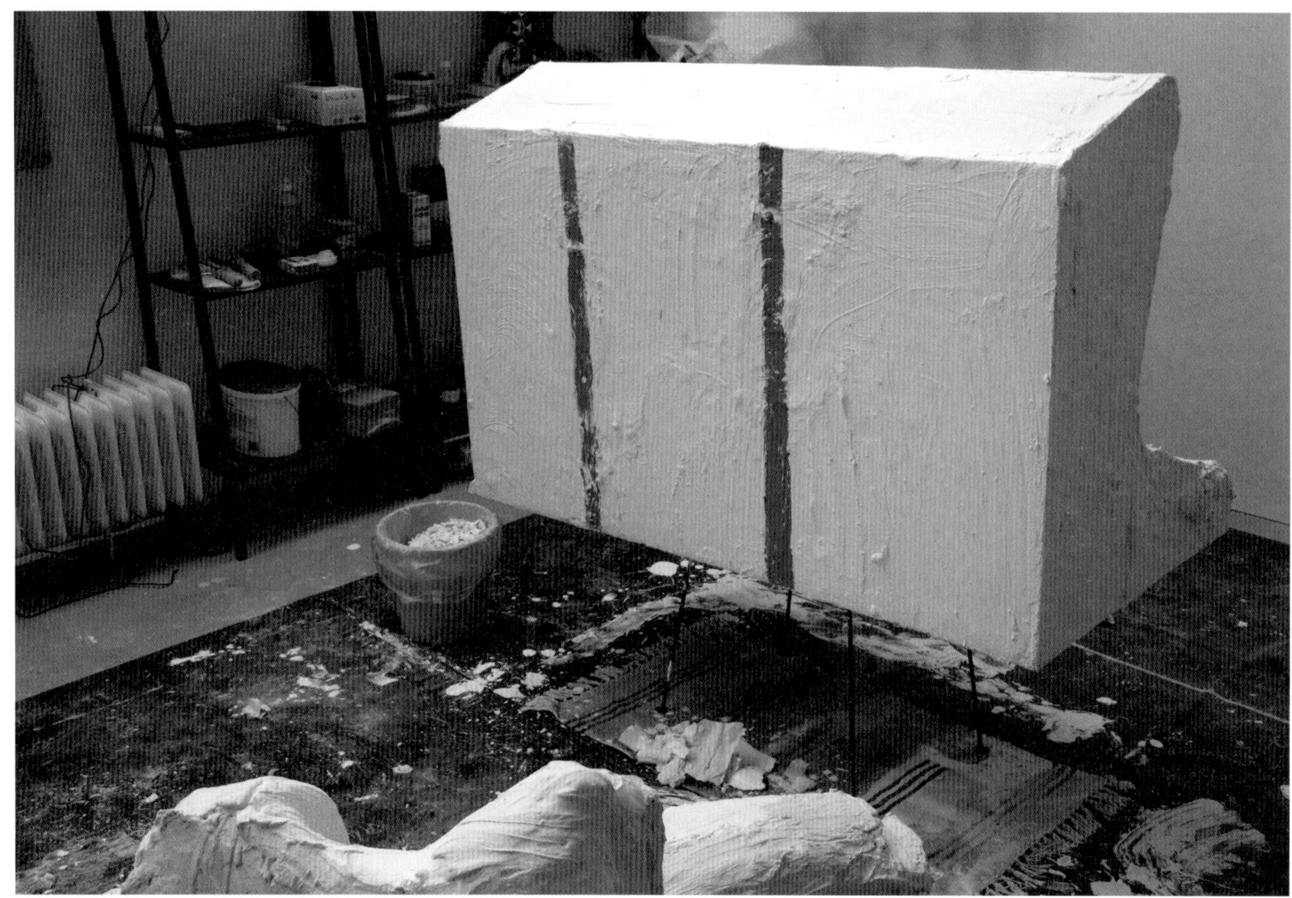

Thea Djordjadze *Untitled*, 2008

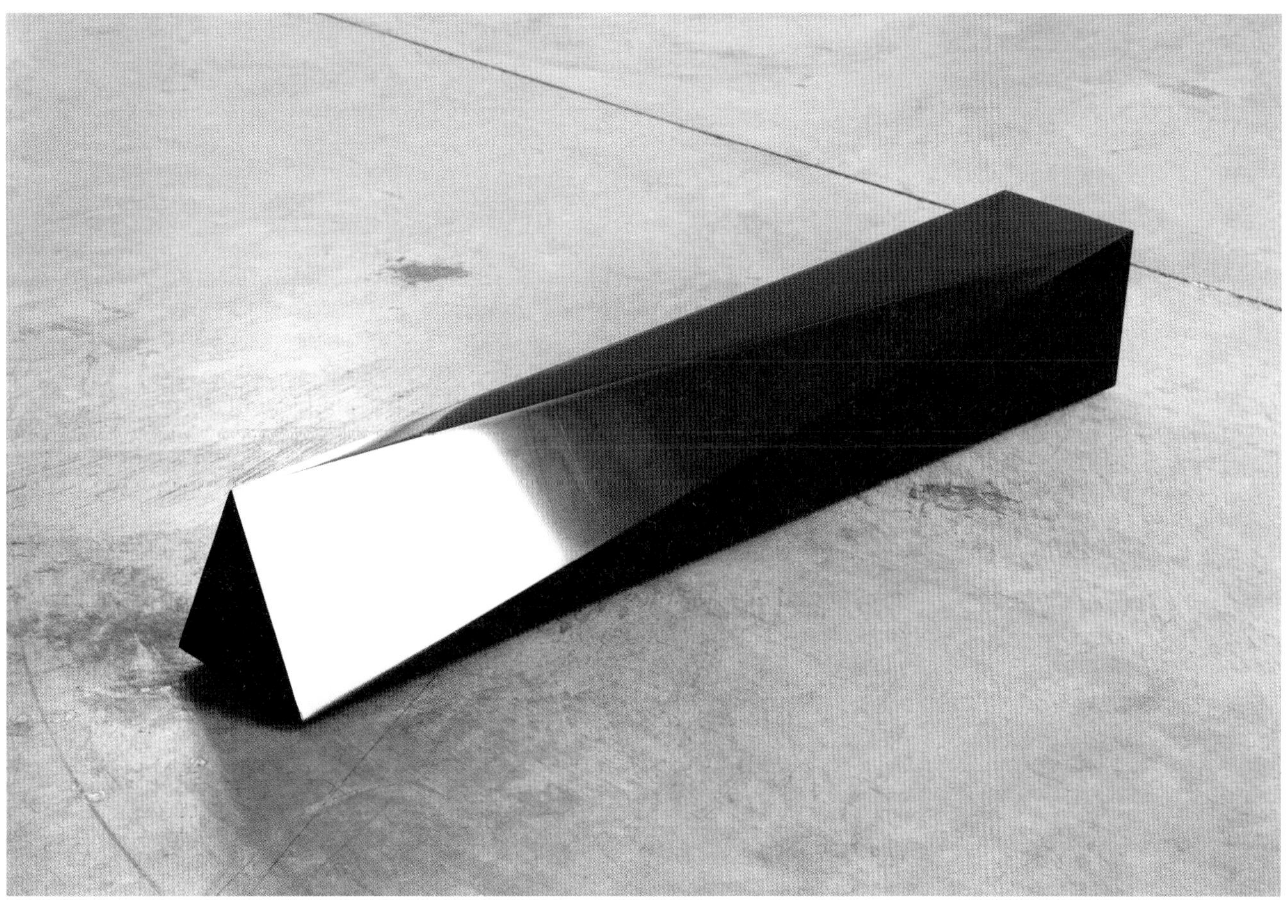

Francesco Gennari *Autoritratto tra un quadrato e un triangolo*, 2006

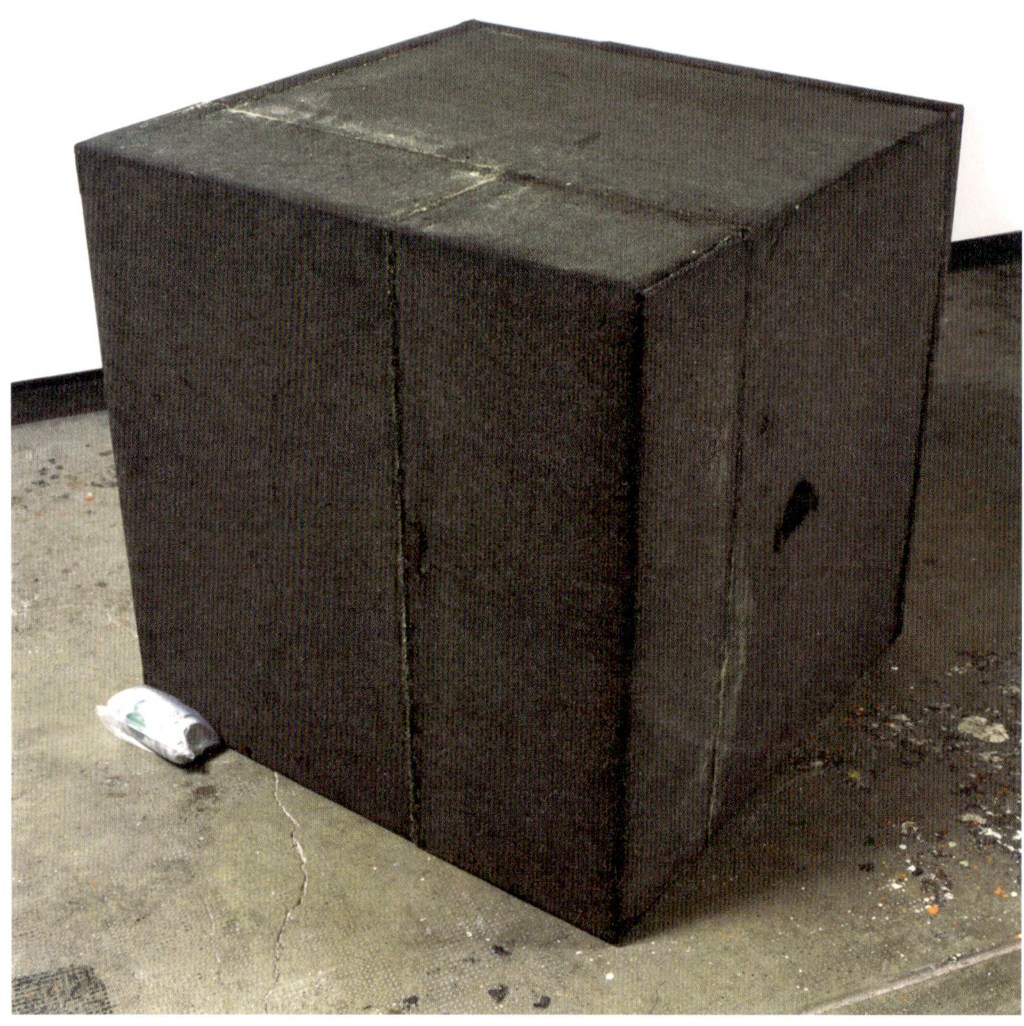

Gabriel Kuri *Untitled (One Cube)*, 2006

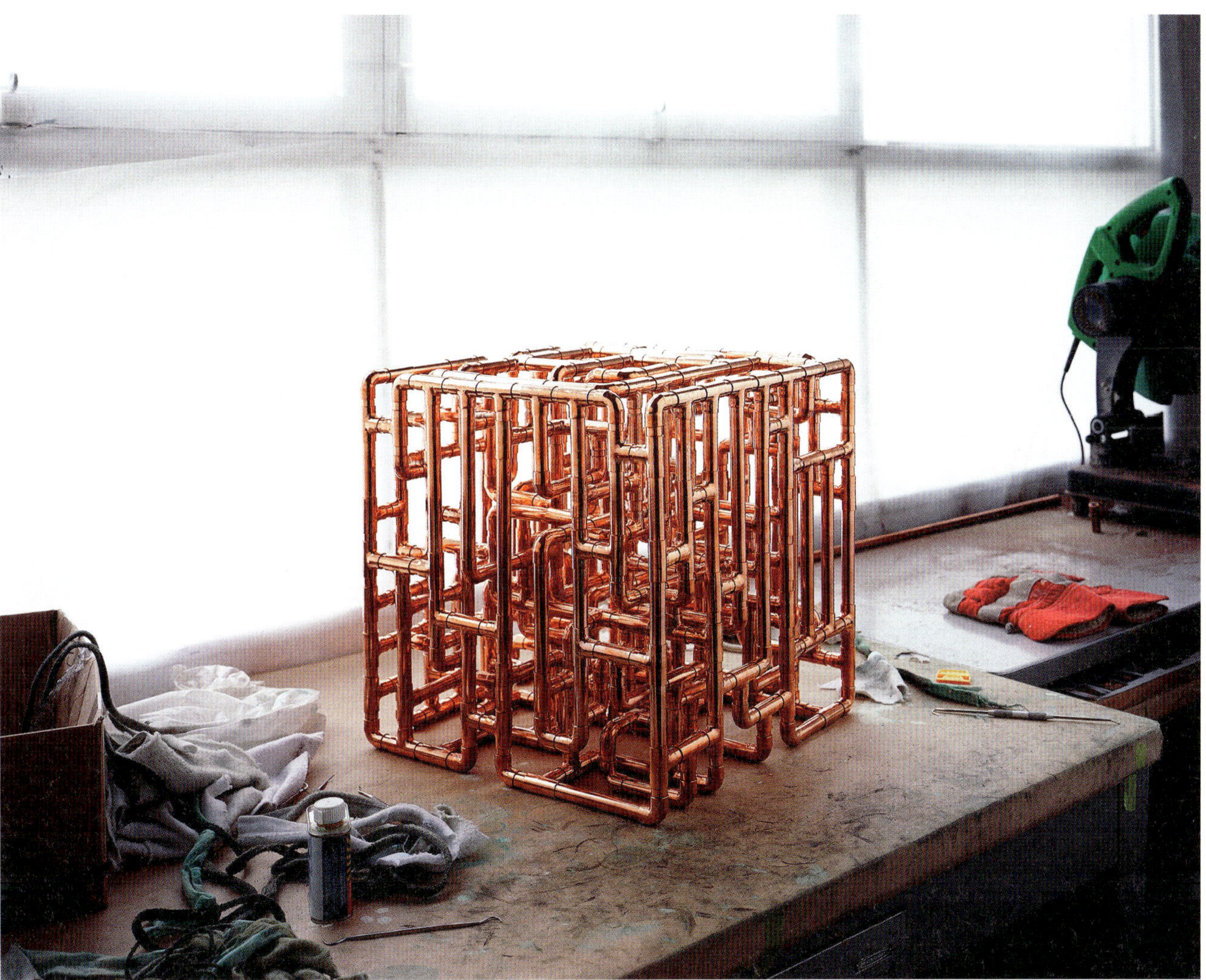

Steven Shearer *Geometric Healing Cell for Youth – Model I*, 2007

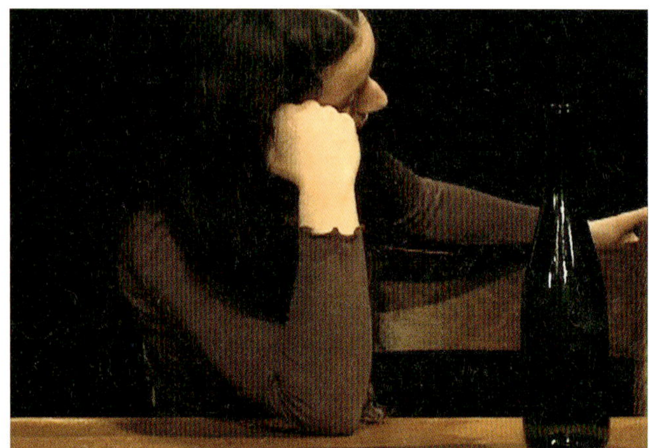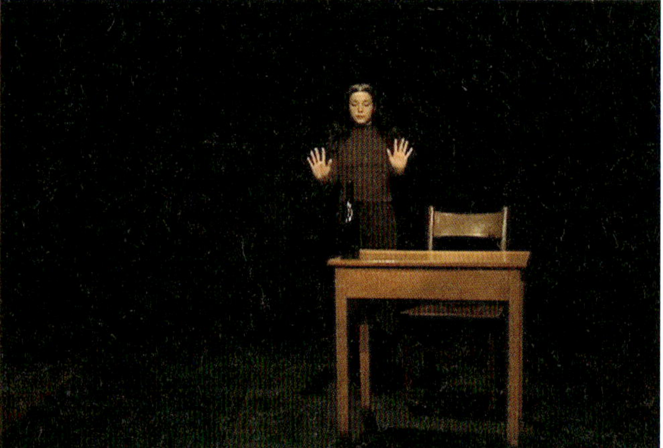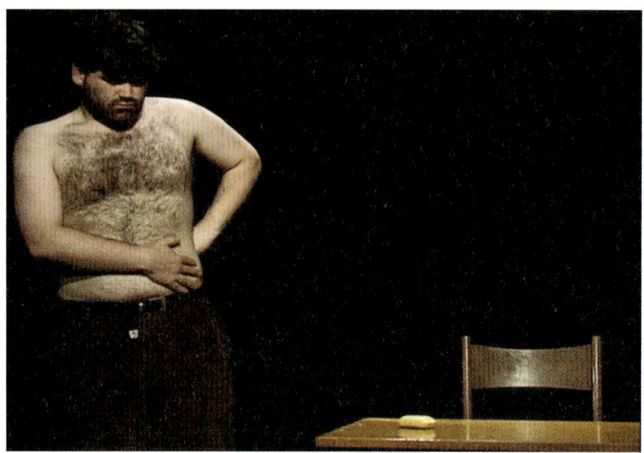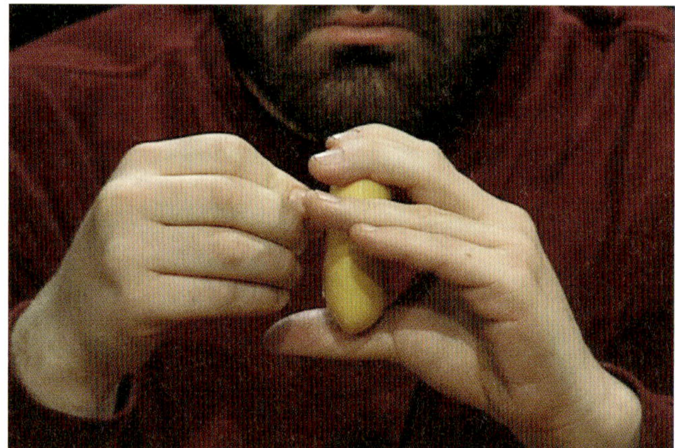

Judy Radul *In Relation to Objects: Green Glass Bottle* | *In Relation to Objects: Soap* (stills), 1999

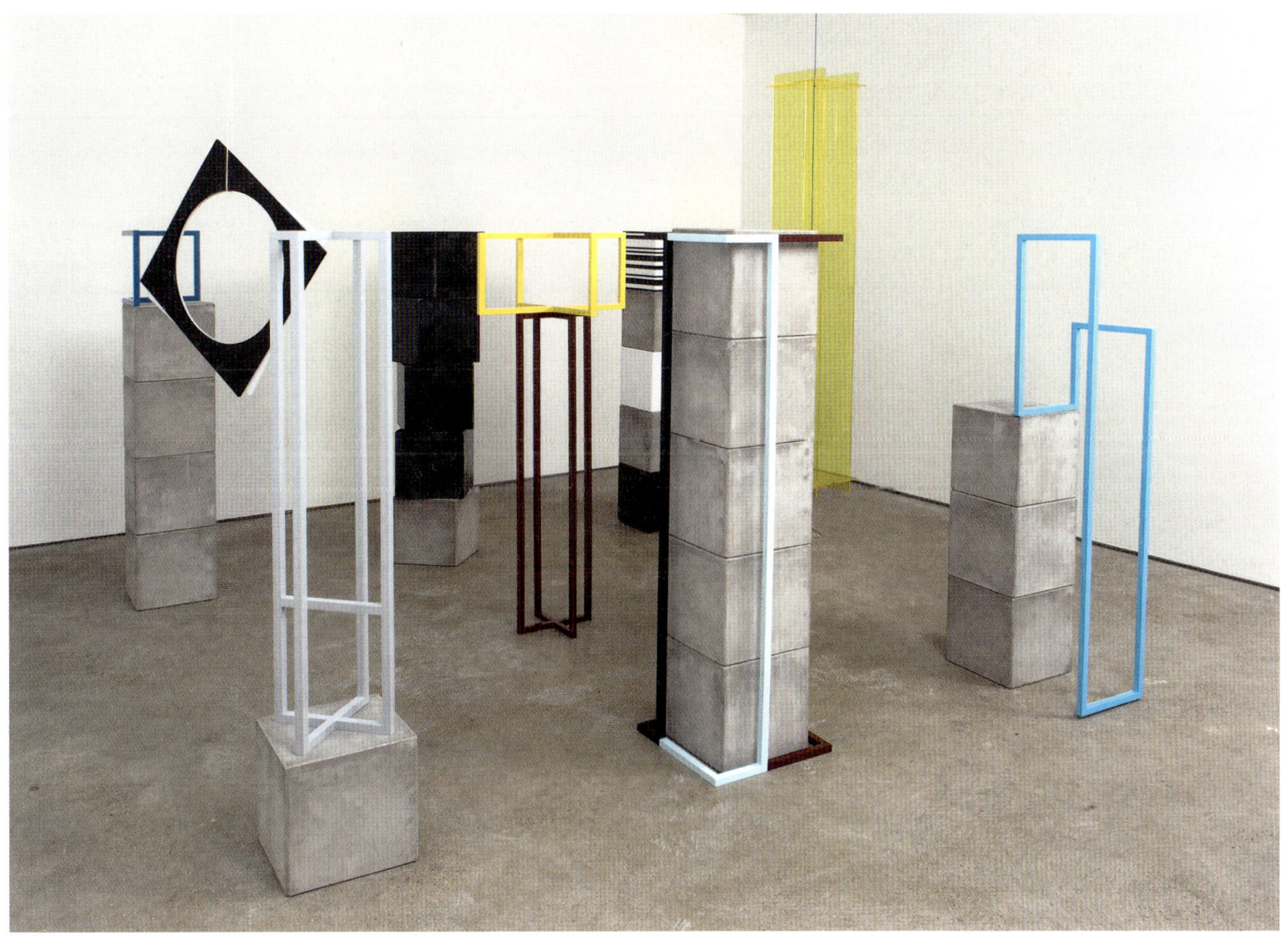

Camilla Løw *Embraced Open Reassembled* (tentoonstellingszicht | installation view), 2008

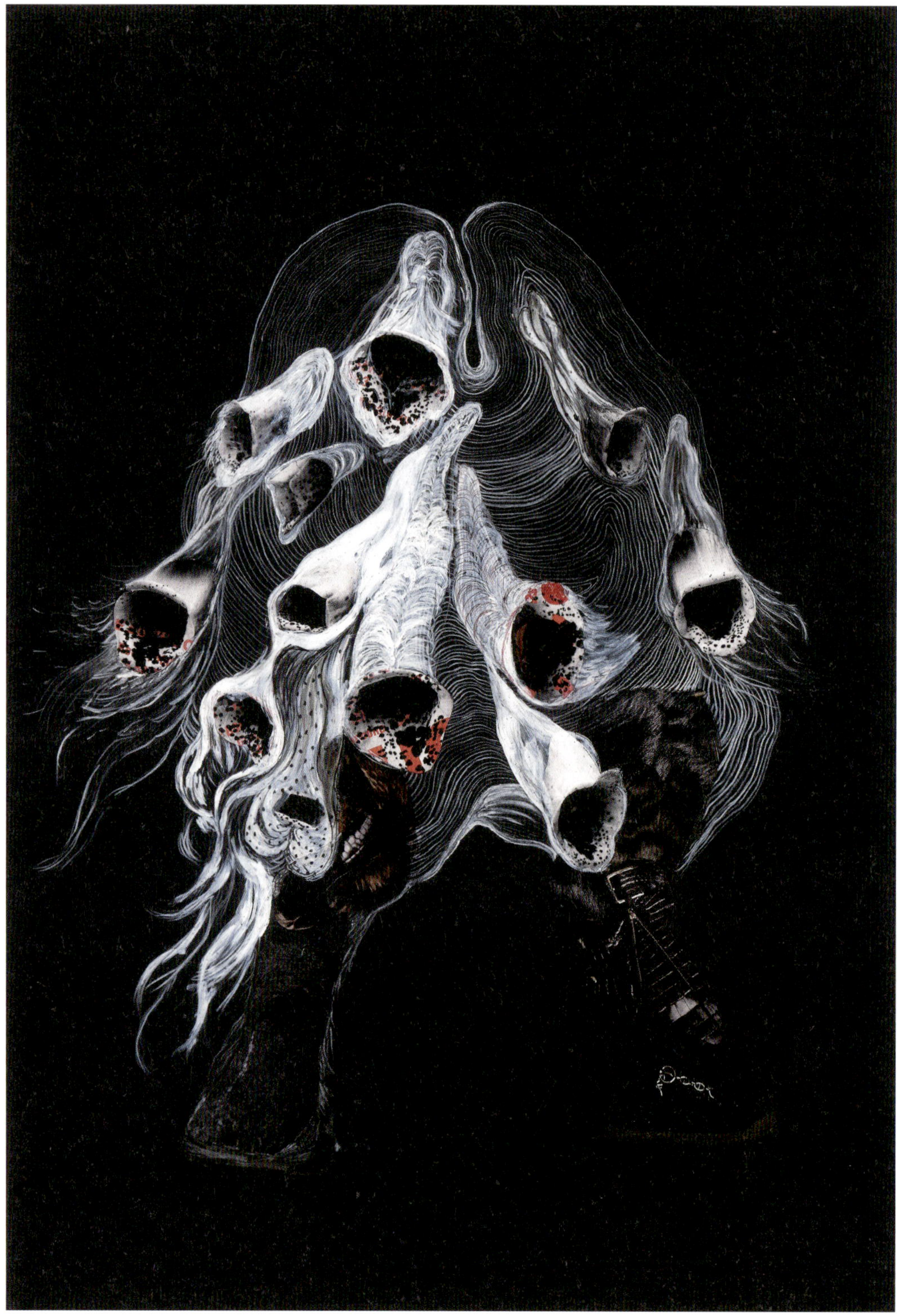

Valérie Mannaerts *Experimental Architecture*, 2007

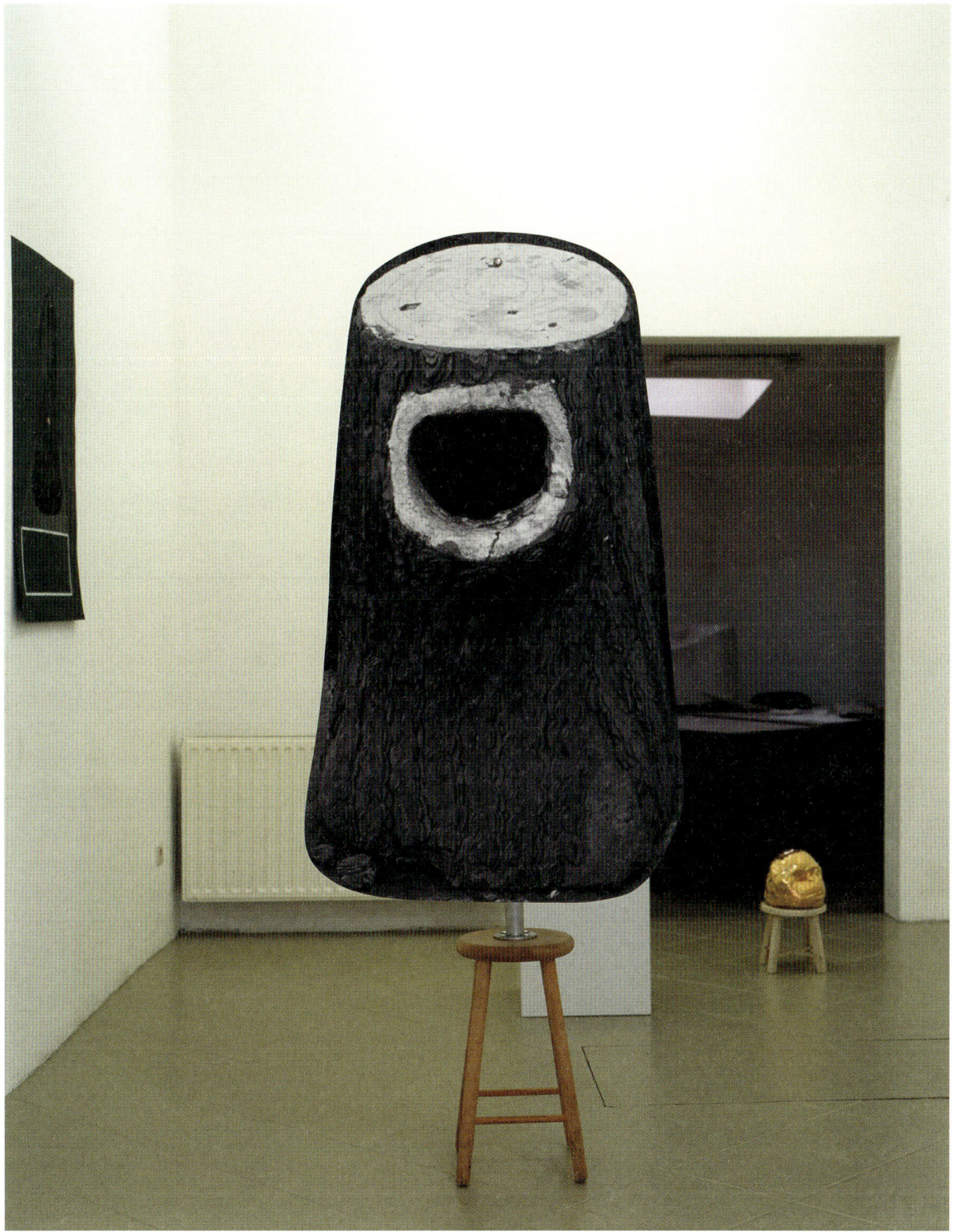

Valérie Mannaerts *Experimental Architecture* (tentoonstellingszicht | installation view), 2007

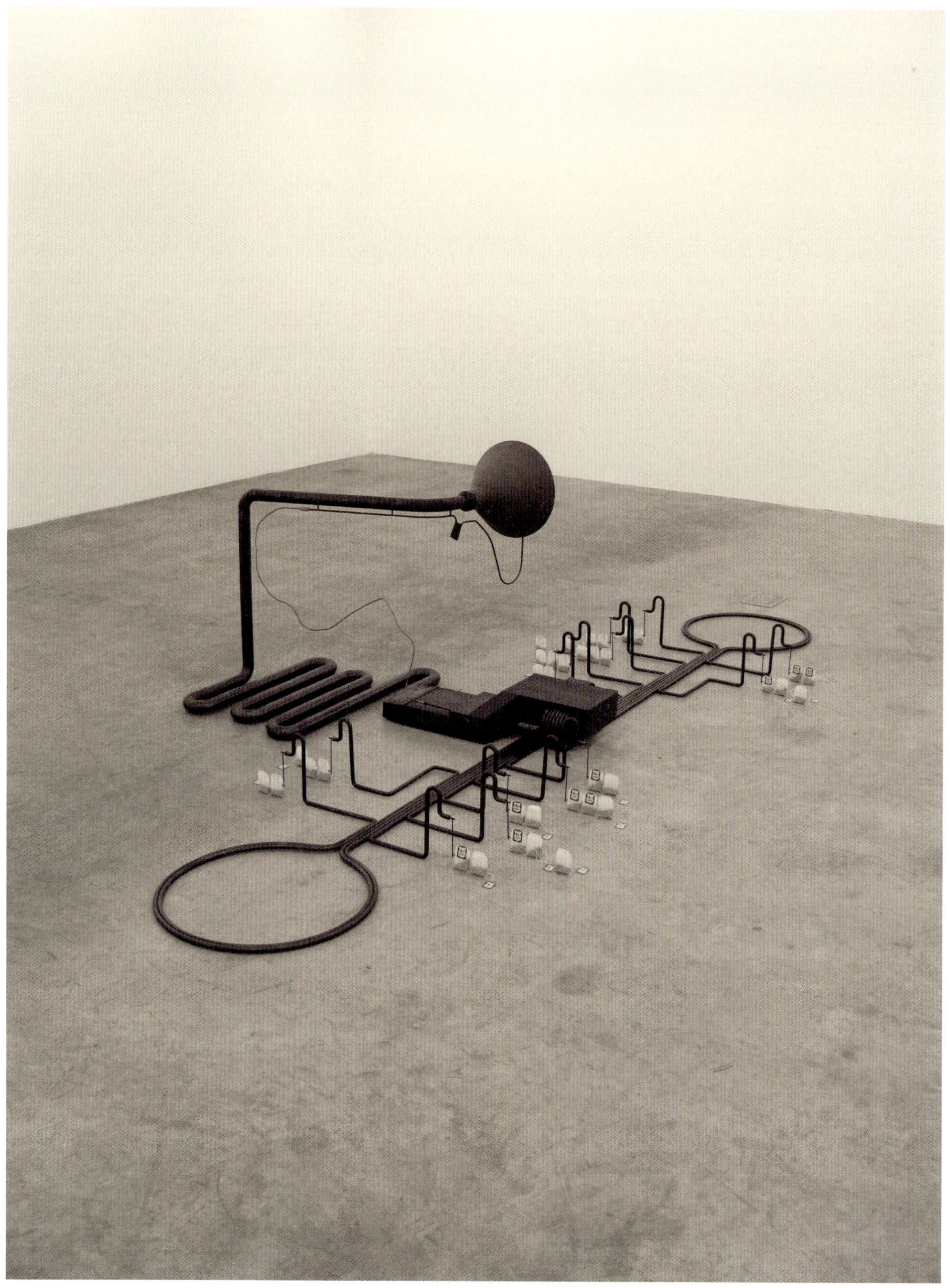

Mark Manders *Finished Sentence*, 1998–2006

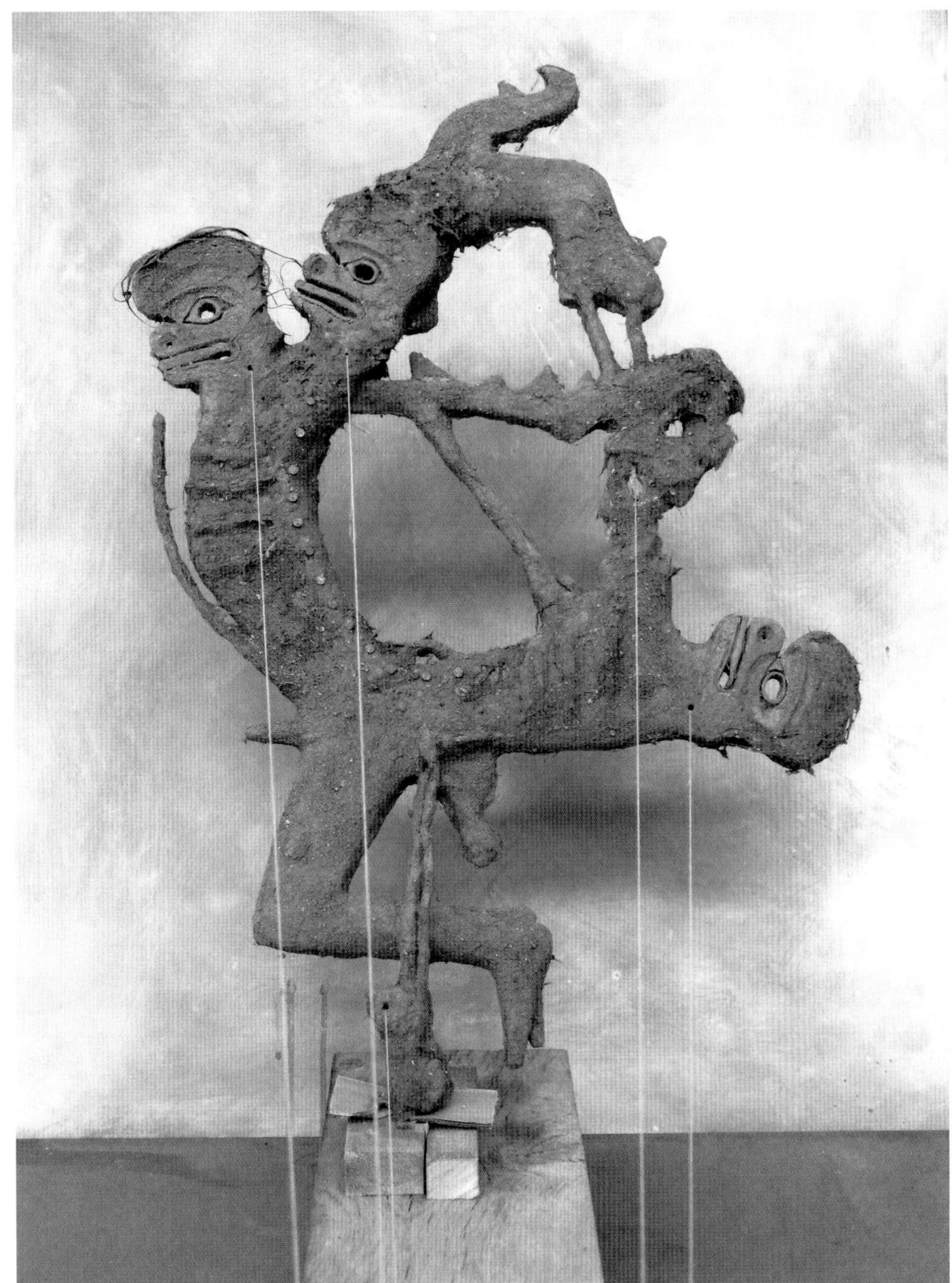

Mark Manders *Seelenwanderung* (detail), 2007–2008

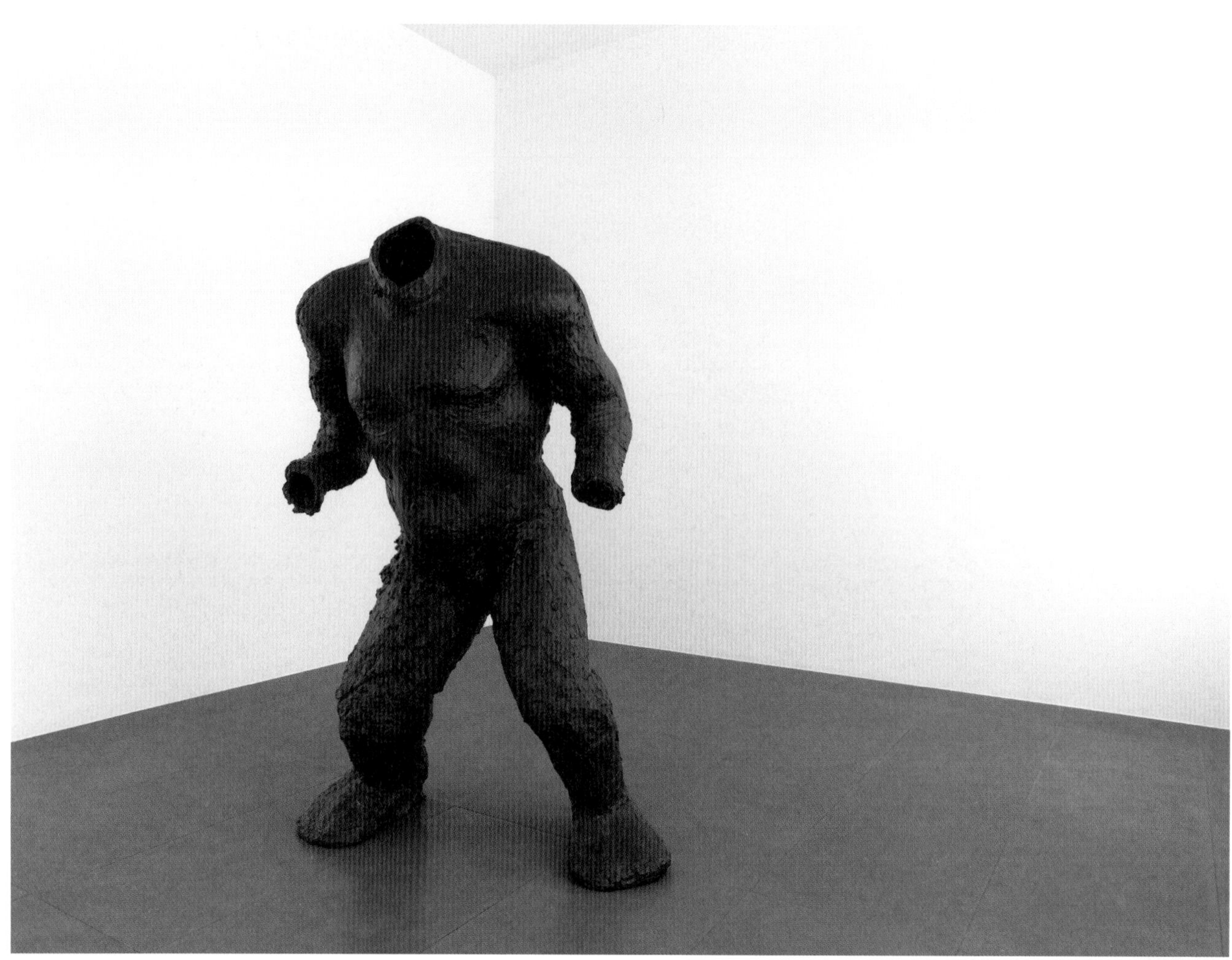

Thomas Houseago *Crouching Figure*, 2008

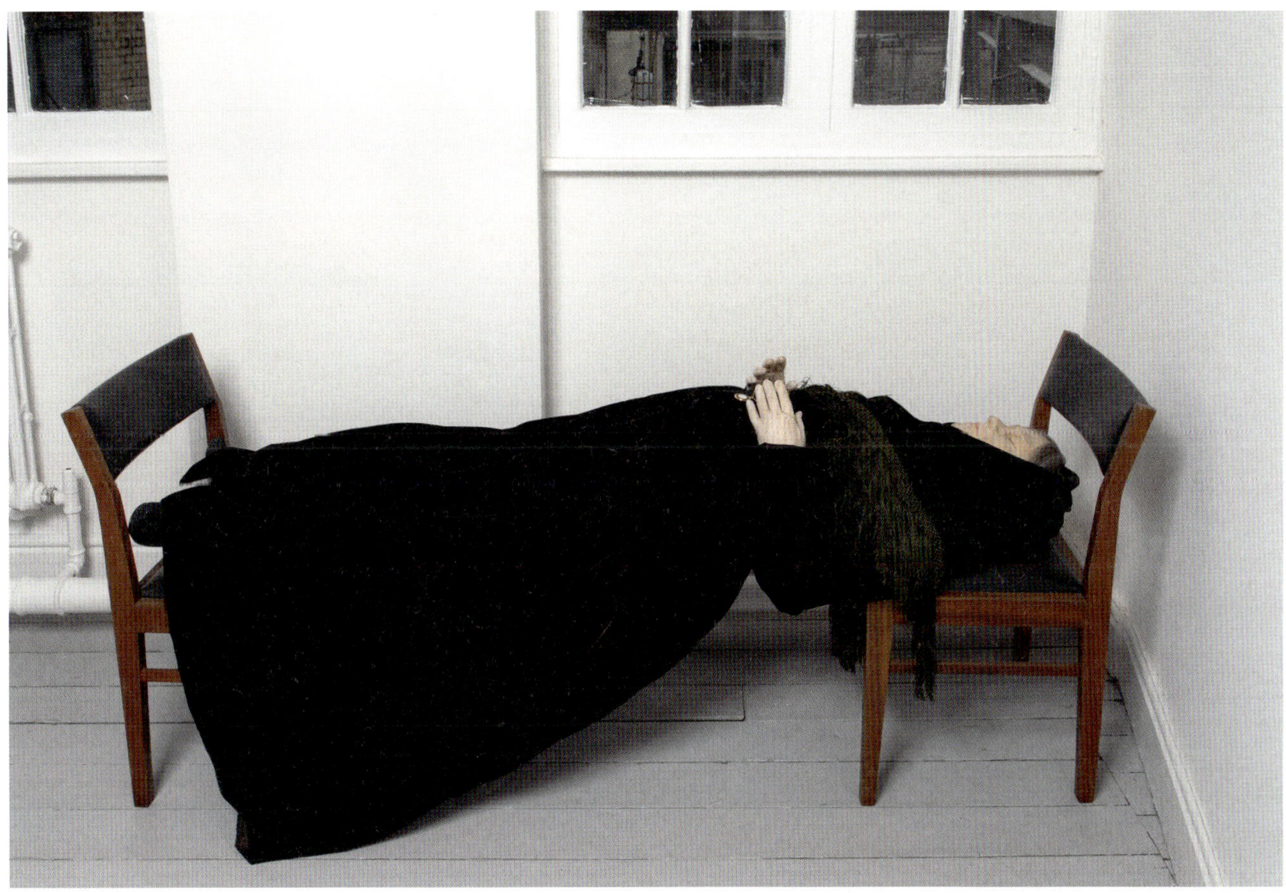

Goshka Macuga *Madame Blavatsky*, 2006

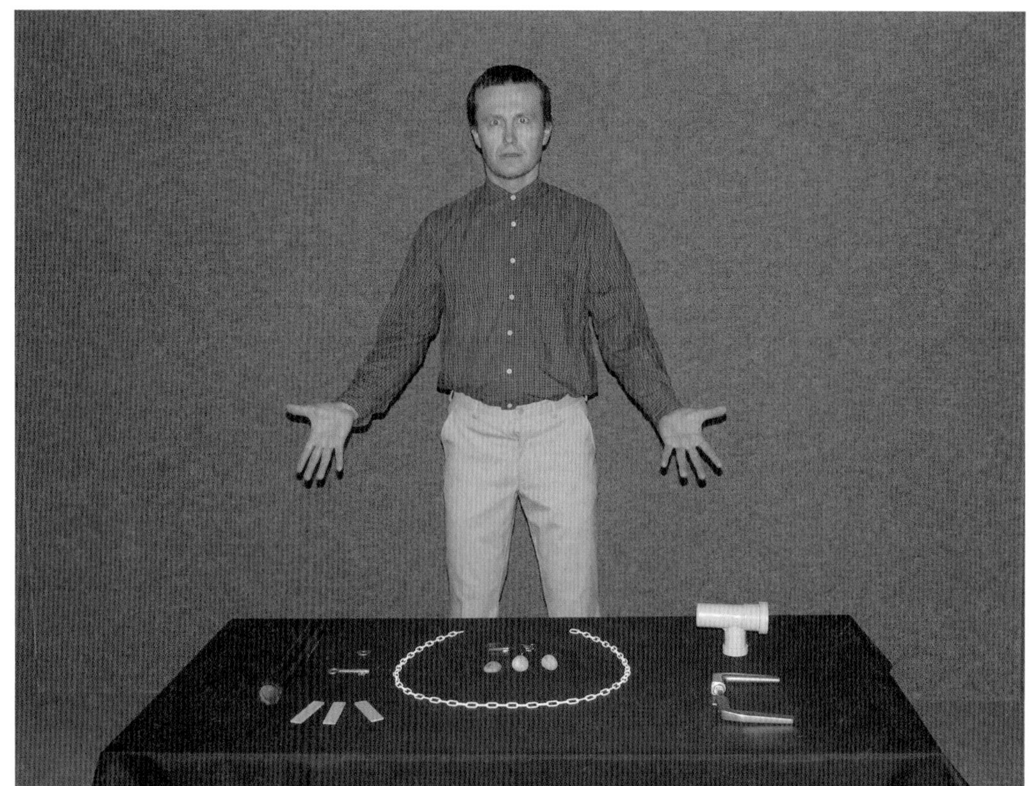

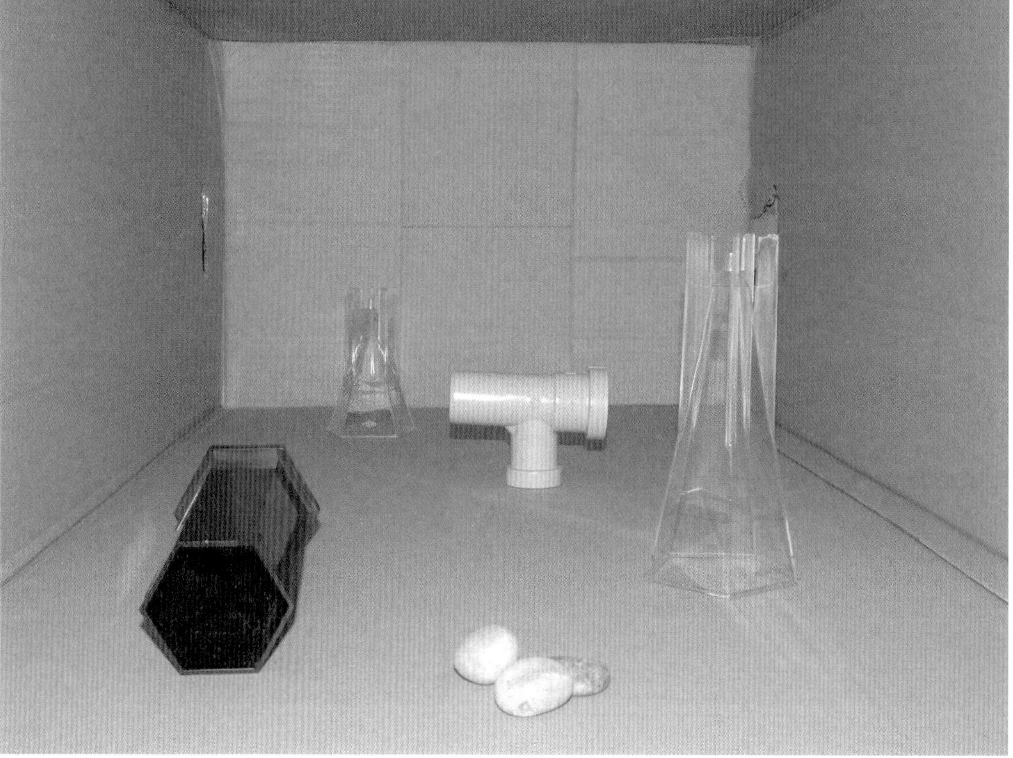

Jos De Gruyter & Harald Thys *Travaux Photographiques* (excerpt), 2006

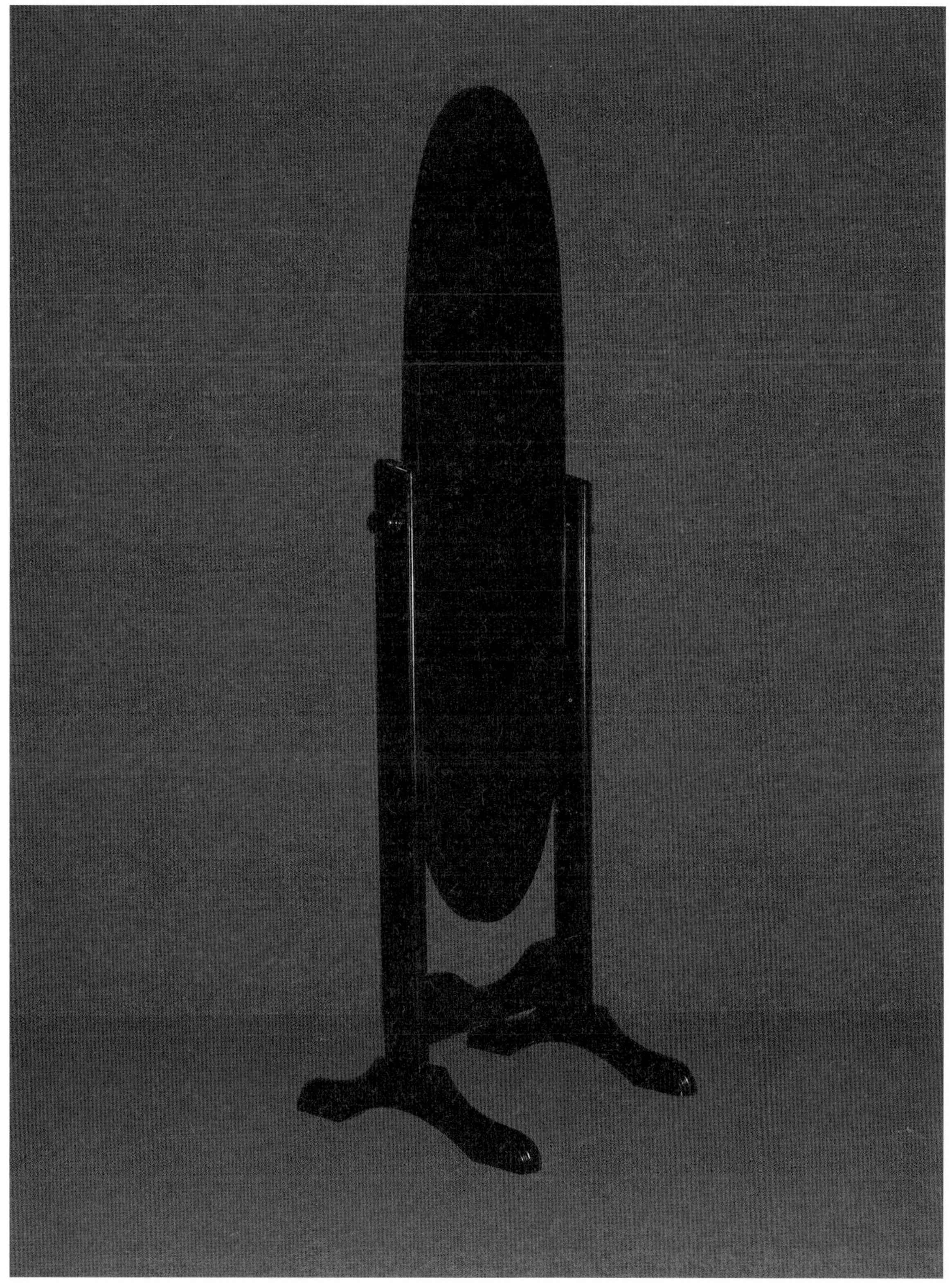

Jos De Gruyter & Harald Thys *Travaux Photographiques* (excerpt), 2006

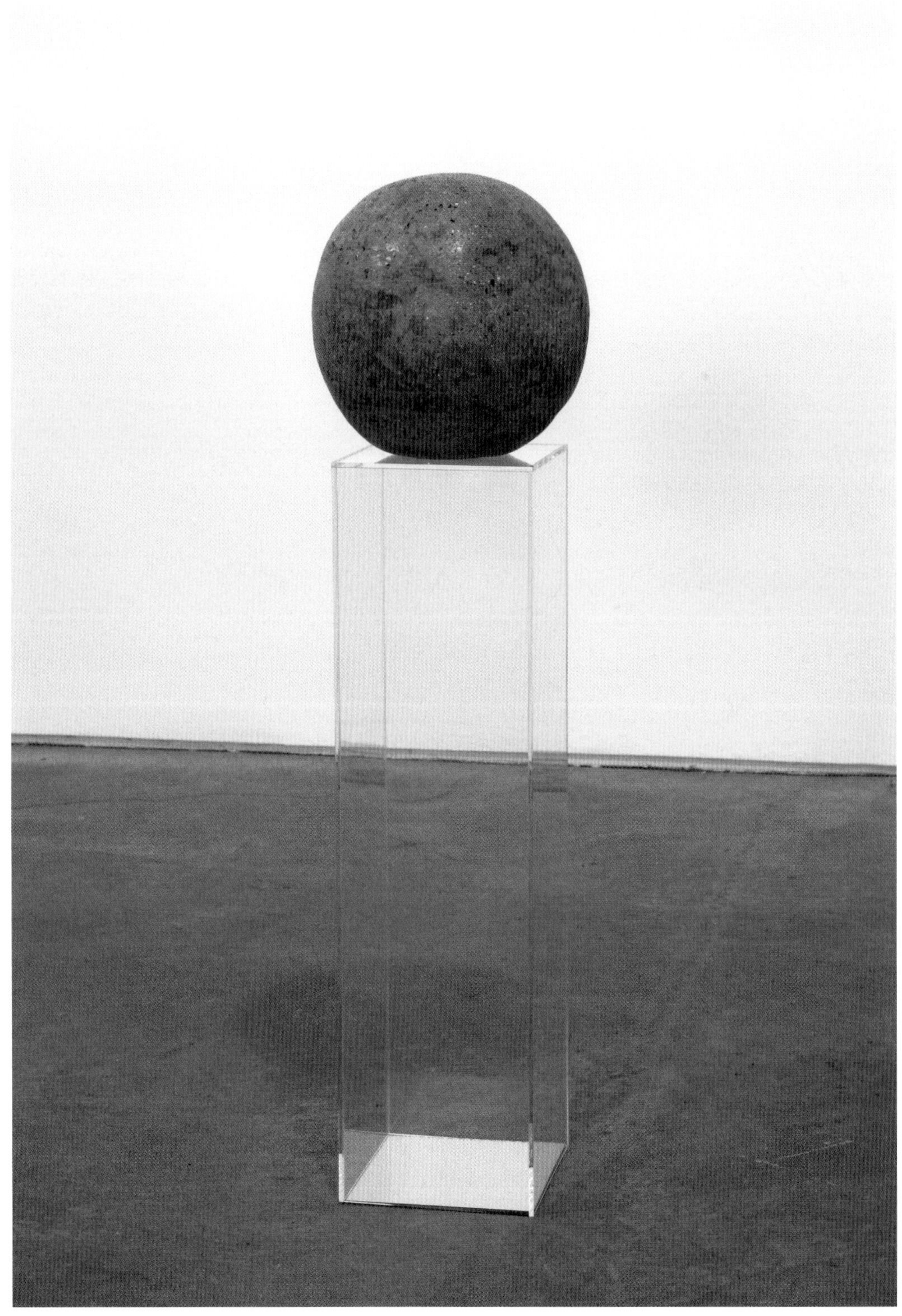

Mark Soo & Elizabeth Zvonar *Perfect Sphere / Negative Thought*, 2007

Dieter Roelstraete studeerde filosofie aan de Universiteit Gent. Sinds 2003 is hij als curator aan het MuHKA verbonden, waar hij reeds talrijke tentoonstellingen organiseerde. Hij is mede-hoofd-redacteur van *Afterall*, dat onder meer door MuHKA wordt uit-gegeven, en redacteur van *A Prior Magazine*. Roelstraete is daar-naast als tutor ook verbonden aan het Piet Zwart Instituut in Rotter-dam en De Appel in Amsterdam.

De Portugese kunstenares **Leonor Antunes** (°1972) woont en werkt in Berlijn, waar haar werk in 2008 onder meer te zien was in Galerie Isabella Bortolozzi. Ze stelde ver-leden jaar ook tentoon in Lissabon, Londen, Parijs en Rio de Janeiro. Antunes' modernistische vormen-taal – en overeenkomstige gebruik van 'rijke' materialen zoals tropisch hardhout, koperlegeringen en, boven-al, leer – herinnert aan de utopi-sche aspiraties van *mid-century modern*, terwijl haar vormelijke experimenten met de presentatie van haar sculpturen in de ruimte de contouren van Eva Hesses radi-cale *anti-form* voor de geest halen. De titel van een tentoonstelling in Turijn in 2007, *Dwelling Place*, duidt op een van Antunes' voornaamste preoccupaties. hoe de wereld be-woonbaar maken? Of kunnen we de kunst zelf 'bewonen'? Net zoals bij veel andere kunstenaars in deze tentoonstelling staat de mense-lijke figuur in haar werk centraal: niet letterlijk, maar als een schaduw – de maat van (zo niet alle, dan toch) vele dingen.

De Duitse kunstenares **Eva Berendes** (°1974) maakt deel uit van een generatie jonge kunstenaars die met hernieuwd vertrouwen teruggrijpen naar 'ambachtelijke' tradities – zonder echter in een kritiekloze roman-tisering van archaïsch handwerk te vervallen. Berendes is voor-namelijk bekend om haar werken in textiel: losstaande, uit kleurrijke draad vervaardigde sculpturen, kamerschermen en monumentale gordijnen die, behalve aan de 'draadsculpturen' van Lygia Pape en Fred Sandback, onvermijdelijk aan de constructivistische traditie herinneren van de vroege Sovjet-periode, waarin voornamelijk vrou-welijke kunstenaars een cruciale rol speelden in de integratie van 'toegepaste' textielkunst in het hiërarchisch georganiseerde domein der 'schone' kunsten. Berendes stelde in 2008 onder meer tentoon in Londen en Berlijn, waar ze een bijdrage leverde aan de installatie die Goshka Macuga voor de plaatselijke biënnale concipieerde.

Kunstenaarsbiografieën | Artists' biographies

Leonor Antunes (°1972) was born in Portugal but for a number of years has been living and working in Berlin, where in 2008, she exhibited at the Isabella Bortolozzi Gallery. Last year, her work was also shown in galleries and art institutions in Lisbon, London, Paris and Rio de Janeiro. Antunes' angular mod-ernist forms and compliant use of 'rich' materials such as rare tropi-cal woods, copper and leather, certainly invoke the utopian aspi-rations of mid-century modernist design while her formal experi-ments with the presence and presentation of objects in space, recall the anti-form, pioneered by the likes of Eva Hesse. The title of an exhibition from 2007 in Turin (*Dwelling Place*) signal one of Antunes' primary concerns: how does a house, or the world for that matter, become a home? As is the case with many other artists in this exhibition, Antunes' work consistently invokes the human figure: not so much literally perhaps, but rendered primarily as a shadow – the measure, if not of all, then certainly of many 'things'.

Berlin-based German artist **Eva Berendes** (°1974) is part of a gen-eration of younger practitioners who have self-confidently revived interest in various traditions of 'artisanal' artistic production, of 'craft' – without relapsing, however, into an uncritical romance of the archaic and the manual for its own sake. Berendes is known primarily for her sculp-tural, three-dimensional works using textiles, cloth and thread: monumental, billowing curtains, as well as freestanding, colourful screens that are, paradoxically, transparent – simultaneously reminding us of the poetic, mini-malist thread 'sculptures' of Lygia Pape and Fred Sandback, and of the constructivist art of the early Soviet period, when a remarkable group of enterprising female artists hastened the integration of 'applied' (textile) arts into the rarefied, hierarchically rigid domain of fine arts. In 2008, Berendes' work was on view in solo exhibitions in Berlin and London, while she also contributed to Goshka Macuga's Lilly Reich-inspired installation, for the fifth Berlin Biennial.

Dieter Roelstraete was trained as a philosopher at the University of Ghent. Since 2003, he has been a curator at MuHKA, where he has organized numerous exhibitions. He is an editor of *Afterall Journal*, co-published by MuHKA, and a contributing editor to *A Prior Magazine*. Roelstraete is also a tutor at Piet Zwart Institute in Rotterdam and De Appel in Amsterdam.

Constantin Brancusi (°1876–†1957) bekleedt een centrale plaats in het pantheon en de ontwikkeling van de moderne (beeldhouw)kunst. Als jonge kunstenaar liet hij zijn Roemeense geboorteland achter zich en vestigde zich in Parijs, bij de aanvang van de twintigste eeuw nog steeds de onbetwiste wereldhoofdstad van de kunst. Veel van Brancusi's beeldhouwwerken, karakteristiek balancerend tussen biomorfe abstractie en architectonische figuratie, zijn intussen uitgegroeid tot onmiskenbare symbolen van de moderne kunst: *De kus*, *Torso van een jongeman*, *Slapende muze*, *Vogel in de ruimte*… In het atelier van Brancusi in Parijs kunnen ook nu nog de 'modellen' worden aanschouwd van 's mans bekendste publieke monument, de 'Kolom zonder einde' in de Roemeense stad Targu Jiu.

Net zoals zijn legendarische landgenoot Constantin Brancusi migreerde **Andre Cadere** (°1934–†1978) op jonge leeftijd naar Parijs.

Zijn naam is onlosmakelijk verbonden met zijn emblematische *barres de bois rond*, die in de jaren 1970 regelmatig in België te zien waren: eenvoudig uitziende, kleurrijk geringde 'staven', waarmee Cadere de grondslagen hielp leggen van wat men pas veel later *institutional critique* is gaan noemen – onooglijke interventies in tentoonstellings en kunstruimtes die er toch in slaagden het (principieel tolerante, maar in de praktijk vaak erg intolerante) kunstsysteem te destabiliseren. Recente retrospectieven in Baden-Baden en Maastricht hebben onze perceptie van Cadere als dissidente luis in de pels van de corrupte kunstwereld echter helpen amenderen; de *barres de bois rond* kan inmiddels ook als een kunstwerk op zich worden beschouwd, in plaats van enkel maar als een kritische 'correctie' – als een soort toverstaf of *talking stick* die eender welke ruimte tot die van de einzelgänger Cadere transformeert.

De loopbaan van de Schotse kunstenaar **Martin Creed** (°1968) is niet vrij van mediatieke controverses: de voormalige Turner Prize-laureaat blinkt uit in het bedenken van radicaal gereduceerde, minimale gestes die een maximaal effect genereren. Een mengeling van absurde humor, de lange schaduwen van Beckett en Duchamp en een theatrale minimalistische sensibiliteit zijn de stuwende krachten achter Creeds gestaag uitdijende catalogus: zijn werken mogen dan nog titelloos zijn, ze hebben wel elk hun eigen nummer – en er zijn er nu al meer dan duizend. Eén specifiek 'subgenre' binnen deze catalogus zijn de neonwerken: stoïcijnse spreuken of simpelweg enkelvoudige woorden, die in al hun prozaïsche directheid scherp contrasteren met de vaak dramatische, existentiële teneur van de neonspreuken van pionier Bruce Nauman.

Het in Brussel gevestigde kunstenaarsduo **Jos De Gruyter** (°1966) en **Harald Thys** (°1967) bouwt

reeds meer dan anderhalf decennium aan een idiosyncratisch filmoeuvre waarin de kritische (maar verre van humorloze) reflectie omtrent de menselijke conditie als een in essentie sociaal drama centraal staat. Hun video's, tekeningen en fotowerk waren de afgelopen jaren onder meer te zien op de 5de biënnale van Berlijn en op Manifesta 7 (allebei 2008). Daarnaast waren er recente solopresentaties in Antwerpen (Middelheim, 2004; MuHKA, 2007), Vancouver (Artspeak, 2007), Parijs (Le Plateau, 2007) en Berlijn (Isabella Bortolozzi, 2008). Na de voltooiing van hun informele trilogie *Ten Weyngaert / Die Fregatte / Der Schlamm von Branst* (2007–2008) presenteren De Gruyter & Thys in Mechelen nieuw, niet eerder gezien werk.

De van oorsprong Georgische kunstenares **Thea Djorzjadze** (°1971) emigreerde in het begin van de jaren 1990 naar West-Europa en studeerde onder meer in Amsterdam en Keulen, waar ze nog

---

Constantin Brancusi (°1876–†1957) occupies a central position in the development of modern sculpture. Leaving his native Romania behind at age 28, Brancusi allegedly walked all of 2,000 kilometres to Paris, then still very much the undisputed world capital of art. Many of Brancusi's sculptures, characteristically balancing between biomorphic abstraction and geometric, architectonic figuration have become iconic symbols of Modern Art in the grand, inspirational manner: *The Kiss*, *Torso of a Young Man*, *Sleeping Muse*, *Bird in Space*. After his death, Brancusi's atelier was meticulously reconstructed in an annexe of the Centre Georges Pompidou, where many of the 'models' of his best-known public monument – the 'Infinite Column', erected in the Romanian town of Târgu Jiu in 1938 – can still be viewed today.

Just like his legendary compatriot Constantin Brancusi, **Andre Cadere** (°1934–†1978) decided to move to Paris in the early years of his career. There, his name quickly became inextricably linked to the emblematic *barres de bois rond*, which

also appeared quite regularly in the Belgian art context: simple round rods or staffs made out of colourful wooden rings (their randomlooking serial stacking a matter of great conceptual importance) that helped lay the foundations for what only much later would become known as 'institutional critique' – minute interventions in the various hallowed spaces of art which where meant to destabilize an art establishment that was very often only in principle tolerant of precisely such critical invasions. Recent retrospectives in Baden-Baden and Maastricht have helped to nuance our picture of Cadere as a solitary paladin infiltrating the corrupt bourgeois world of art. However, in his absence, the *barres de bois rond* can now also be read as (aesthetically pleasing) objects in their own right, instead of mere critical 'corrections' – they may now appear as both magic wands or talking sticks, capable of transforming any exhibition space into a Cadere piece.

The career of Scottish artist **Martin Creed** (°1968) has not been exempt from quasi-scandals:

the former Turner Prize laureate is well-known for his radically reduced, minimal gestures producing maximal effects – works which ultimately revolve around a dramatic economy of means and ends. An exhilarating mix of absurdist, deadpan humour administered by the long, twinned shadows of Beckett and Duchamp, as well as a certain theatrical sensibility, constitute some of the driving forces behind Creed's prolific output: his untitled works are simply known by their numbers, which have long since left the 1,000 mark behind. One specific 'subgenre' within his oeuvre are the neon pieces, stoic phrases or sometimes even single words ('things') written in colourful neon tube lighting, their blunt, prosaic literalness in markedly sharp contrast with the often angst-ridden, existential formulas typical of the genre's best-known practitioner, Bruce Nauman.

Brussels-based Belgian artist duo **Jos De Gruyter** (°1966) and **Harald Thys** (°1967) have been working together for more than fifteen years, producing an idiosyncratic body of film and video

works that revolve centrally around a critical (though far from humourless – quite the opposite) reflection upon the social production of human behaviour under the strained conditions of rigidly choreographed communal (or family) living. Their videos, drawings and photographs have been included in exhibitions such as last year's fifth Berlin Biennial and Manifesta 7. In addition, they have had solo exhibitions in Antwerp (Middelheim, 2004; MuHKA, 2007), Vancouver (Artspeak, 2007), Paris (Le Plateau, 2007) and Berlin (Isabella Bortolozzi Gallery, 2008). After the completion of their highly acclaimed informal 'trilogy' *Ten Weyngaert/Die Fregatte/Der Schlamm von Branst* (2007–2008), De Gruyter & Thys will be showing primarily new sculptural works in Mechelen.

Born and raised in Georgia but trained in Western Europe, **Thea Djordjadze** (°1971) is a student of Rosemarie Trockel, with whom she has worked and exhibited on a number of occasions, for example in both artists' Cologne-based gallery Monika Spruth/Philomena

steeds woont. Met een van haar voormalige docenten aldaar, Rosemarie Trockel, werkte Djorzjadze al herhaaldelijk samen voor tentoonstellingen in hun galerie Monika Spruth/Philomena Magers. Djorzjadzes werk bekleedde een centrale plaats in Mies van der Rohes Neue Nationalgalerie tijdens de recentste biënnale, en in 2008 stelde ze ook solo tentoon in de Nürnberger Kunstverein. Hoewel het vraagstuk van de vorm haar belangrijkste preoccupatie kan genoemd worden, heeft het werk van Djorzjadze weinig uitstaans met de recente revival van een glad, door design geïnspireerd formalisme. Met generatiegenoot Thomas Houseago deelt ze bijvoorbeeld een karakteristieke voorliefde voor anachronistische materialen en technieken, die met name in haar 'onaf' ogende, ruwe en schetsmatige gipssculpturen zichtbaar worden.

De Italiaanse kunstenaar **Francesco Gennari** (°1973) schrikt niet terug voor dramatische, historisch be-laden symboliek: in zijn talrijke opake zelfportretten treedt hij vaak op als demiurgisch wezen – een sinister, quasi-goddelijk personage dat de wereld der levenloze materie een betekenende geest inblaast, letterlijk en figuurlijk 'animeert'. Zijn voorliefde voor traditionele, 'kostbare' materialen, en naar alchemie en hermetische kosmologische tradities verwijzende narratieve motieven roepen de herinnering op van een typisch Italiaanse sensibiliteit, die we eveneens terugvinden in bepaalde (late) uithoeken van de *arte povera* en de *pittura metafisica*. Gennari's werk was onlangs nog te bewonderen in solotentoonstellingen in Berlijn en Saint-Étienne, alsook op Manifesta 7 in Bolzano en op groepstentoonstellingen in Milaan, Parijs en Venetië.

Het werk van de Schotse kunstenaar **Thomas Houseago** (°1972) neemt een prominente plaats in in de recente revival van lang dood gewaande sculpturale tradities. In tegenstelling tot veel van zijn generatiegenoten spitst Houseago zich echter voornamelijk toe op de conventies van figuratie en expressie: zijn gebruik van gips en hout geven zijn vaak anachronistisch ogende artistieke keuze een extra radicale bijklank. Thomas Houseago studeerde aan de Central St. Martin's School of Art in London en De Ateliers in Amsterdam. Na enige tijd in Brussel te hebben geleefd, verhuisde Houseago enkele jaren geleden naar Los Angeles. In 2008 was zijn werk onder meer te zien in Glasgow, Los Angeles, Herald Street in Londen, Parijs, Milaan, Isabella Bortolozzi in Berlijn, de Sonsbeek-tentoonstelling in Arnhem en Xavier Hufkens in Brussel.

De van oorsprong Mexicaanse kunstenaar **Gabriel Kuri** (°1971) woont sinds enkele jaren in Brussel. In 2003 stelde hij zijn werk al tentoon in het MuHKA in het kader van de 'interventietentoonstellingen', waarbij jongere kunstenaars worden uitgenodigd actief met de MuHKA-collectie in een dialoog te treden. Daarna was zijn werk onder meer te zien op de biënnale van Venetië (2003), in het New Museum in New York (2007) en op de meest recente biënnale van Berlijn. Kuri's vormentaal verwijst dan wel naar de lange geschiedenis van de postminimale beeldhouwkunst (in dit geval verrijkt met een typisch 'Latijnse' flair), zijn conceptuele preoccupaties zijn doorgaans van een heel andere orde: economische systemen en transacties, het verkeer van goederen en informatiestromen en de bureaucratische 'praktijk van het dagelijks leven' – dat zijn in een notendop de centrale impulsen van zijn antimonumentale sculpturale praktijk.

De minimalistische sculpturen van **Camilla Løw** (°1976) lijken bij een overhaaste eerste aanblik te appelleren aan de recente formalistische golf in de 'nieuwe' beeldhouwkunst, terwijl er ook diepere echo's van het Russische constructivisme en de Amerikaanse minimal art in weerklinken. Løws

---

Magers. Djordjadze's hybrid sculptural work occupied a rather central role inside Mies van der Rohe's arch-modernist Neue Nationalgalerie during the last Berlin Biennial, and in 2008 she also exhibited at the Nürnberger Kunstverein. Concurrently with the exhibition in Mechelen, she will also have a solo show at the Kunsthalle Basel. Although Djordjadze names the question of form as the conceptual driving force of her practice, her work seems singularly disconnected from the revivalist preoccupation with gloss and interior design that is typical of so much so-called neo-formalism. Instead, she shares her co-generationist Thomas Houseago's characteristic enthusiasm for slightly anachronistic materials and techniques, for the primacy of *matter* – and this is most directly visible in the dramatic traces left behind by the artist's physical handling of plaster.

Italian artist **Francesco Gennari** (°1973) does not shy away from dramatic, history-laden symbolic gestures that seek to question the grand themes of the meanings of Art: his numerous, opaque self-portraits depict the artist as an elusive demiurgic being – a sinister, quasi-divine personage that can literally 'animate' any dead matter so as to make it art (again), i.e. inflate it with meaningful, signifying 'spirit'. His predilection for traditional, if rarefied, natural materials, and for motives that reference alchemistic and hermetic cosmological traditions, are imbued with a distinctly Italianate sensibility that also permeates certain 'subgenres' of (second-generation) *Arte Povera* and *Pittura Metafisica*. Gennari's work was recently on show in solo exhibitions in Berlin and Saint-Etienne, as well as in group shows such as Manifesta 7 in Bolzano, Paris, Venice, and in his home town Milan.

The work of California-based Scottish artist **Thomas Houseago** (°1972) occupies a central position in the recent revival of certain sculptural traditions that were long deemed dead (or at the very least terminally anachronistic) in this day and age of accelerating technological developments. However, unlike many of his like-minded contemporaries, whose reappraisal of sculpture very often entails an exclusive reconsideration of angular, abstract modernisms, Houseago has chosen instead to explore the domain of figuration and the depiction of the human form, thus adding even more weight (quite literally!) to the unintended radicalism of his artistic program. Thomas Houseago studied at Central St. Martin's School of Art in London and De Ateliers in Amsterdam. After having lived in Brussels for some years, he moved to Los Angeles. In 2008 his work has been included in exhibitions in Berlin, Glasgow, Milan and Paris. Recent solo shows include presentations at Herald Street in London, Xavier Hufkens Gallery in Brussels and David Kordansky Gallery in Los Angeles.

Mexican-born **Gabriel Kuri** (°1971) has been living and working in Brussels since 2003. That year, his first solo exhibition at a public institution in Europe took place at MuHKA in Antwerp, in the context of the so-called 'interventions program', a series of exhibitions in which younger artists are invited to enter into an active, quasi-curatorial dialogue with the collection of the museum. His work was subsequently included in high-profile art events such as the 2003 Venice Biennial, the opening exhibition of the New Museum in New York (2007) and the fifth Berlin Biennial (2008). Kuri's sculptural idiom may, superficially at least, reference the formal experiments of postminimal sculpture (enriched, in his case, with a typically 'Latin' flavour that is not without ironic self-awareness), his actual conceptual concerns are nonetheless highly distinctive: economic systems and transactions, the trafficking of goods and information through the bureaucratized 'practice of everyday life' – these, in a proverbial nutshell, are the central impulses of Kuri's radically anti-monumental sculptural practice.

The minimalist, modular concrete and steel sculptures of **Camilla Løw** (°1976) may at first sight appear to be anchored primarily in the context of a revival of certain formalist and retro-modernist concerns in contemporary sculptural practice. However, beyond the

centrale preoccupatie is echter de mensenmaat – de antropomorfe en antropometrische impuls die de beeldhouwkunst sinds mensenheugenis animeert. Camilla Løw leeft en werkt in Oslo, Noorwegen. Ze studeerde in 2001 af aan de gerenommeerde Glasgow School of Art. Haar werk was de afgelopen jaren onder meer te zien in solotentoonstellingen in Kunsthall No. 5, Bergen, Sutton Lane in Londen en Dundee Contemporary Arts, en in groepstentoonstellingen in de Kunstverein te Graz, Andrew Kreps Gallery in New York, het Middlesbrough Institute of Modern Art en het National Museum of Art, Architecture and Design in Oslo.

De van oorsprong Poolse, maar sinds lang in Londen gevestigde kunstenares **Goshka Macuga** (°1967) is vooral bekend om haar complexe, tentoonstellingsmatige installaties, waarin vaak niet haar eigen werk centraal staat, maar dat van haar inspiratiebronnen, voorbeelden, collega's en *compagnons de route*. Haar werk heeft daardoor onvermijdelijk een sterk archivaal, historiserend karakter en zet tegelijk ook het aloude debat over de precieze aard van het auteurschap verder. Macuga nam in 2008 onder meer deel aan de MuHKA-tentoonstelling *Santhal Family*, aan de biënnale van Berlijn en aan *The Great Transformation* in de Frankfurter Kunstverein. Ze was ook genomineerd voor de prestigieuze Turner Prize. In 2009 stelt Macuga onder meer tentoon in de Kunsthalle Basel, de Whitechapel Art Gallery in Londen en op de 53ste biënnale van Venetië.

De Nederlandse kunstenaar **Mark Manders** (°1968) woont sinds enkele jaren in het Belgische Ronse. Niet weinig sleutelmomenten van zijn artistieke loopbaan kregen dan ook vorm in België – een vroege solotentoonstelling in het MuHKA (1994), verschillende galerietentoonstellingen in Zeno X in Antwerpen (1994, 1997, 2004) en recentelijk een grote retrospectieve in het SMAK in Gent, die in 2008 ook al Zürich en Bergen aandeed. Manders, die in de vroege jaren negentig aan de kunstacademie in Arnhem afstudeerde (en al meteen een plaats kreeg toegewezen in de prestigieuze, in datzelfde Arnhem georganiseerde tentoonstelling *Sonsbeek 93*), bouwt intussen al bijna twintig jaar aan het labyrintische *Zelfportret als gebouw*, een veelvormig, gestaag uitbreidend sculpturaal oeuvre, dat als architecturaal ensemble is geconcipieerd en inmiddels talloze 'ruimtes' bevat. Manders, die ook als dichter actief is en samen met Roger Willems de uitgeverij Roma Publications bezielt, was de afgelopen jaren te gast op zowat alle toonaangevende internationale kunstmanifestaties: de biënnale van Venetië (2001), Documenta 11 (2002), Manifesta 5 (2004), de biënnale van Berlijn (2006) en Carnegie International (2008). Zijn werk bevindt zich in de collecties van 's werelds meest toonaangevende musea.

De Belgische, in Brussel woonachtige kunstenares **Valérie Mannaerts** (°1974) verwierf internationale bekendheid met haar presentatie in het Belgische paviljoen op de biënnale van Venetië in 2003 (samen met de eveneens uit Brussel afkomstige Sylvie Eyberg). Ze stelde meermaals in België tentoon – recentelijk nog in de Brusselse overzichtstentoonstelling *Un-Scene* in Wiels – en haar werk was de afgelopen jaren ook te zien in Canada, Nederland en Spanje. In 2007 was zij de centrale gast in het speciale Documentanummer van het kunsttijdschrift *A Prior*. Mannaerts is in vele media actief, maar concentreerde zich de afgelopen jaren vooral op sculpturen en naar abstractie neigende tekenkunst, waar ook de invloed van collagetechniek in doorschemert. Haar recente sculpturale experimenten bevragen de grenzen van dat medium: horen drapages, sokkels en soortgelijke contextualiserende effecten bij een sculptuur, of bepalen ze juist de grens tussen het kunstwerk en de wereld?

---

obvious referential framework of canonical American minimal art and Russian Constructivism, we encounter the decidedly ageless question of the human figure and its universal measure – 'man' effectively being the defining measure of Løw's strongly anthropometric and subtly anthropomorphic works. Camilla Løw lives and works in Oslo, Norway. In 2001, she graduated from the famed Glasgow School of Art. In 2008, her work was on view in solo exhibitions at Bergen Kunsthall No. 5, Sutton Lane in London and Dundee Contemporary Arts, as well as in group shows in the Kunstverein in Graz, Andrew Kreps Gallery in New York, the Middlesbrough Institute of Modern Art and the National Museum of Art, Architecture and Design in Oslo.

Goshka Macuga (°1967) was born in Poland but has lived in London for nearly two decades. She is known primarily for her complex, elaborate exhibition displays which very often feature the work of exemplary historical artists, as well as her peers, colleagues and various other travelling companions. Her work thereby inevitably acquires a strongly 'curatorial' flavour, with a strong emphasis on archival sensibilities and historiography, further complicating the ongoing debate about the limits (or, more positively, possibilities) of authorship and the twin avant-gardist 'myths' of authenticity and originality. In 2008 Macuga participated in *Santhal Family* organized at the Antwerp museum of contemporary art MuHKA, as well as in the fifth Berlin Biennial and *The Great Transformation* at the Frankfurter Kunstverein. She was also nominated for the prestigious British Turner Prize. In 2009, Macuga will exhibit at the Kunsthalle Basel, Whitechapel Art Gallery in London and the 53rd Venice Biennial.

Dutch artist **Mark Manders** (°1968) has been living and working in Belgium for a number of years. Quite a few crucial moments in his career have taken place in his newly adopted home country – an early solo exhibition at MuHKA (1994), various solo exhibitions at Zeno X Gallery in Antwerp (1994, 1997, 2004) and a recent large-scale survey show at the SMAK in Ghent (2008) that will travel to Kunsthaus Zürich in 2009. Manders, a graduate of the art academy of his native town of Arnhem (leading to his inclusion in the groundbreaking *Sonsbeek 93* exhibition), has been working on his *Self-Portrait as a Building* for almost two decades now – a labyrinthine structure that encompasses the entirety of his heterogeneous sculptural output, conceived as an architectural whole with many different spaces, differing in time, scale and timbre. Manders, who has published several volumes of poetry and co-founded, with Roger Willems, the artist book imprint Roma Publications, has been included in many prestigious group shows: the 49th Venice Biennial (2001), Documenta 11 (2002), Manifesta 5 (2004), the fourth Berlin Biennial (2006) and, most recently, the Carnegie International (2008). His work is included in the collections of many of the world's leading contemporary art museums.

Belgian, Brussels-based artist **Valérie Mannaerts** (°1974) first rose to international prominence through her presentation in the Belgian Pavilion at the 2003 Venice Biennial, where she exhibited together with, and in partial collaboration with, another artist from Brussels, Sylvie Eyberg. Mannaerts' work in the extended field of drawing, installation and video has been exhibited extensively in Belgium – most recently in an ambitious survey show of Brussels' flourishing arts scene at Wiels Contemporary Art Centre, named *Un-Scene* – as well as abroad, in art centres and galleries in Canada, the Netherlands and Spain. In 2007 she was the central featured artist in a Documenta special issue published by monographic Belgian art magazine *A Prior*. Mannaerts has been active in a wide array of media, but in recent years has concentrated most of her efforts on the question of sculpture and sculptural form. Her current forays into sculptural abstraction raise age-old questions with regards to the medium's limits and liminal possibilities: do draperies, pedestals and similarly contextualizing effects 'belong' to a sculpture? Can an artwork be fully autonomous, or is it anchored instead in its connection to the world?

De Canadese filmkunstenares **Judy Radul** (°1962) was in 2005 reeds een opgemerkte gast in de MuHKA-tentoonstelling *Intertidal: Vancouver Art & Artists.* Datzelfde jaar was haar werk ook te zien in *Video Dreams: Between the Theatrical and the Cinematic* in het Kunsthaus Graz, gevolgd door solopresentaties in Montreal en Toronto. Raduls vorming in de wereld van de performancekunst weegt sterk door in haar huidige artistieke preoccupaties – een caleidoscopisch complex van cinematografische, linguïstische en theatrale vraagstellingen waarin de relatie tussen regisseurs en acteurs steevast een belangrijke rol inneemt. In 2009 vormt haar werk de inzet van een eerste grote overzichtstentoonstelling in de Belkin Gallery aan de universiteit van British Columbia in Vancouver.

Steven Shearer (°1968) woont en werkt in Vancouver, Canada, waar hij deel uitmaakt van een generatie kunstenaars die de lokale dominantie van film en fotografie succesvol ondermijnen middels een kritische herwaardering van en een terugkeer naar meer traditionele technieken en praktijken. Shearer geniet internationale bekendheid om zijn geschilderde en getekende portretten van langharige, androgyne jongemannen – visuele motieven die hij bij voorkeur uit digitale fotocollages van duizenden piepkleine beelden put. Hij nam in 2005 al deel aan de MuHKA-tentoonstelling *Intertidal*, gevolgd door een opgemerkte deelname aan de biënnale van Berlijn in 2006; recentelijk stelde hij solo tentoon in De Appel in Amsterdam, IKON in Birmingham (beide 2007), het New Museum in New York en de Universiteit van Mexico City (beide 2008).

Mark Soo (°1977) en **Elisabeth Zvonar** (°1972) wonen en werken allebei in Vancouver, waar ze beiden tot een nieuwe generatie gewaardeerde kunstenaars behoren. Hun werk was er onlangs te zien in de overzichtstentoonstelling *Exponential Futures*, maar ook in groepstentoonstellingen in Brisbane, Manchester, Seattle, Sao Paulo en Tokyo. Samen stelden Soo en Zvonar tentoon in de New Yorkse galerie Cohan and Leslie, waarvoor ze een ensemble van werken produceerden onder de titel *Yo Yo Yo Ga Ga Ga*, een humoristische allusie op de psychedelische esthetiek (en bijpassende spirituele aspiraties) van de hippiecultuur – sterk ironisch, maar tegelijk ook bezield door een zekere sympathie met het object van hun liefdevolle spot.

Canadian film and video artist **Judy Radul** (°1962) was a participant, in 2005, of the survey show *Intertidal: Vancouver Art & Artists* organized at MuHKA. That same year, her work was also included in the aptly titled *Video Dreams: Between the Theatrical and the Cinematic* at the Kunsthaus in Graz; solo exhibitions of her work have been organized in Montreal, Toronto and Vancouver. Radul's training and background in the world of performance art clearly continue to (in)form and inspire her current artistic concerns and preoccupations – an elaborate kaleidoscope of cinematographic, linguistic and 'theatrical' questions that centre on the structuring relationship between actor and director, gesture and text, bodies and technologies. Radul is currently researching the various codes and rituals that regulate human behaviour in one of society's better known arenas of theatrical activity – the courthouse. In 2009 her work will be shown at the Belkin Gallery at the University of British Columbia in Vancouver, the first large-scale survey of its kind to date.

Steven Shearer (°1968) lives and works in Vancouver, Canada, where he is a member of a generation of artists who have successfully challenged the (well-publicized) local dominance of film and photography through a critical re-evaluation and re-appropriation of more 'traditional' techniques of artistic production – primarily drawing and painting in Shearer's case. He is known internationally for his portraits of long-haired, androgynous young men, their visual motifs invariably culled from digital photo collages that consist of thousands of tiny little images documenting suburban/teenage daily life. In 2005 he took part in the survey show *Intertidal: Vancouver Art & Artists* at MuHKA, followed by a high-profile contribution to the 2006 Berlin Biennial. Recent solo exhibitions include De Appel in Amsterdam and IKON in Birmingham (both 2007), as well as the New Museum in New York and the University Gallery of Mexico City (both 2008).

Mark Soo (°1977) and **Elisabeth Zvonar** (°1972) both live and work in Vancouver, where their individual work was recently on view in the survey show *Exponential Futures*, organized at the Belkin Gallery at UBC. Their work has been included in group shows in Brisbane, Manchester, Seattle, Sao Paulo and Tokyo, while they have exhibited the results of their collaborative efforts at New York gallery Cohan and Leslie, in a show for which they produced a series of works under the pseudonymous moniker *Yo Yo Yo Ga Ga Ga*, a humorous allusion to both hip-hop and psychedelic, hippy culture (here considered complete with its spiritual overtones). Soo & Zvonar's shared take on the feel-good cult of orientalist profundity is permeated by a gentle, loving irony, by a deep sense of empathy with the object of their cultural curiosity.

The Search for the Spirit

Curator: GRANT WATSON

The Search
for the Spirit

Kunstenaars | Artists:

Company Painting

Yael Davids

Luca Frei

General Idea

Eileen Gray

Image Bank

Luis Jacob

Johanna Natalie Wintsch

The search for the spirit

GRANT WATSON

In de jaren 1990 zag ik in New York ooit een man met een paar Japanse waaiers dansen. Hij stond op een podium, met zijn gezicht naar een auditorium vol fabelachtig gekostumeerde mensen gekeerd. Hij concentreerde zich desalniettemin helemaal op zijn performance, op de manipulatie van twee waaiers met zwarte concertinahandvaten en hun uitwaaierende kleed van witte veren. Zijn techniek deed aan die van een majorette denken: hij liet de waaiers cirkels en bogen maken en hen ongemerkt van hand tot hand gaan. Nu eens zweefden ze hem boven het hoofd, dan weer liet hij ze langszij klappen alsof het vleugels waren. Af en toe doorbrak het stroboscopische licht zijn duizelende choreografie, zodat het een reeks van bevroren beelden leek te worden; af en toe leek de danser omgeven door een wolk droog ijs. Op enkele beelden uit de film *The Times of Harvey Milk* [1] ziet de kijker Milk aan het werk terwijl hij tijdens een straatfeest in Castro, een buurt van San Francisco, in 1977 stemmen probeert te ronselen om als eerste openlijk homoseksuele ambtenaar tot de stadsraad verkozen te kunnen worden. We zien duizenden mensen de straat opgaan om dit cruciale moment in de emancipatie van hun buurt te herdenken: overal wordt er gedanst in het weldadige Californische zonlicht, op balkons, op daken, op geïmproviseerde podia. Danscultuur en de emancipatie van de homobeweging zijn al langer innig met elkaar verbonden; *fanning* (het dansen met waaiers) vloeide precies uit dit milieu voort als een hybride vorm tussen het exotisch-klassieke waaierdansen en de hardere esthetiek van denim en leer in: de soepelheid en gratie van de waaier wortelt er in een frontale machopose die weinig uitstaans heeft met de vrouwelijk kokette, plagerige routine van de peepshow. Iemand omschreef utopia ooit als een moment: die ene seconde net nadat de gevluchte slaaf zich heeft vrijgevochten en net vóór de werkelijkheid weer genadeloos toeslaat. De euforie die in deze beelden te zien is, was van even korte duur. Elf maanden na zijn verkiezing werd Harvey Milk vermoord, en kwam langzaamaan een conservatieve tegenbeweging op gang. Vier jaar later werden de eerste aidsgevallen opgetekend en die epidemie zou de homogemeenschap al snel decimeren – de epidemie trof daarmee niet alleen de dansers zelf, maar ook hun redenen tot dansen.

Decennia later, in de jaren 1990, beleefde *fan dancing* een weder-opstanding in de clubs van de rave-cultuur, waar het fenomeen door een jongere generatie dansers werd geherinterpreteerd en met nieuwe elementen werd verrijkt, zoals het dansen met vlaggen; die revival voorzag ook in een platform waarop de oorspronkelijke *fan dancers* eens te meer hun kunsten konden vertonen. In de performance die ik jaren geleden in New York zag, leek een man van middelbare leeftijd een hele geschiedenis te belichamen: zijn archief van gebaren had even-veel weg van een in memoriam voor diegenen die in de loop der jaren waren overleden, als van een feeste-lijk bewijs van de veerkracht van een emancipatiebeweging die ondanks alles nog steeds springlevend bleek.

In zijn in 1973 verschenen tekst *Pablum for the Pablum Eaters*, waarin het belang van mythes in het werk van het Canadese kunstenaars-collectief Image Bank centraal staat, schreef AA Bronson het volgende: 'De geschiedenis is het verhaal van de "groten der aarde", van een handvol welvarende, machtige personen. De armen en de afvalligen resten dan alleen mythes, legendes en folklore.'[2] Misschien zou Bronson mijn eigen interpretatie van het *fan-dancing*-fenomeen in dezelfde termen hebben gelezen. In zijn tekst beschrijft hij de mythe als een soort kracht die een hele constellatie van betekenissen door middel van beeld en gebaar in zich concentreert. Zoals Bronson het verder nog stelt: 'Je begint met een visie (visioen), en noemt dan pas de onderdelen.'[3]

Door middel van dit proces, door de intuïtieve ontmoeting met een naamloos iets, krijgt dit ongenoemde 'iets' betekenis en een narratieve vorm waarin verschillende corres-ponderende elementen en gelijkenis-sen op een speelse manier in stelling worden gebracht. Volgens deze (enigszins utopische) interpretatie van het begrip, kan de mythe (op-nieuw) een generatieve kracht worden: ze stelt ons in staat het verleden op een dergelijke wijze te herlezen dat er een nieuw, ander heden uit voort kan vloeien, en als politiek instrument kan ze zo de kloof tussen verschillende generaties helpen dichten.

In zijn afscheidsrede als de regerende Miss General Idea, die in een editie van *FILE Megazine* uit 1984 werd afgedrukt, noemt Michael Morris, een van de drijvende krachten achter het Canadese kunstenaarscollectief Image Bank, de waaier zowel een performancerekwisiet als een fetisj-object dat indexicaal verbonden is met de ondergrondse homocultuur: 'Beeld je de letters van het alfabet in alsof ze op een Japanse waaier waren afgedrukt. Een waaier die als taal wordt gebruikt in het Japanse theater, of de waaier als een object in de handen van Miss General Idea. "Mijn waaierdans", *my object lesson in language*.'[4]

Net als de semafoor – een systeem waar-in een 'alfabet' van verschillende gekleurde vlaggen wordt gebruikt om over grote afstanden met elkaar te communiceren – vervult Morris' waaier een communicatieve functie. Maar wat Morris met deze metafoor lijkt te bedoelen is dat de structuur van de waaier (die open- en weer dichtvouwt, evenveel laat zien als hij verbergt, sneller dan het menselijke oog kan volgen) bij uitstek in staat is om bepaalde vluchtige betekenissen in het leven op te roepen die al dansend afwisselend getoond en aan het oog onttrokken worden.

In 1971 ontmoetten Image Bank en de drie kunstenaars die samen General Idea vormden (Felix Partz, Jorge Zontal en AA Bronson) elkaar in Robert's Creek, een idyllische, buco-lische uithoek van de Canadese pro-vincie British Columbia, om er het project *Colour Bar Research* te reali-seren, een kunstwerk dat bestond uit drieduizend gekleurde houten staven (blauw, rood, geel en verschillende grijswaarden). De kunstenaars noemden deze kleurrijke houtblok-ken een 'literair procédé' dat over de wereld kon worden gedrapeerd, en hen kon helpen haar 'verborgen boodschap te ontcijferen.'[5]

In de fotografische documentatie van deze gebeurtenis zien we een groep naakte jongeren de gekleurde staven in Robert's Creek te water laten, ze in een kano deponeren en met hun armen weer opscheppen terwijl ze zelf heuphoog in het heldere water staan. Wat bij aanvang een mooi afgelijnd abstract schilderij leek, lost daarmee gaandeweg in het landschap op; tegelijk scherpt het werk onze blik opnieuw aan, en tovert het het hele landschap als het ware opnieuw tot kunstwerk om. In de Canadese context (en dat geldt des te sterker voor de Canadese west-kust, waar een relatief maagdelijke wildernis zich uitstrekt zover het oog reikt) bediende veel conceptuele kunst zich van dezelfde filter: de zintuiglijke interactie met de natuur, die een veranderlijke, relationele definitie van de grenzen tussen cultuur en natuur mogelijk maakte. Het waterelement dat *Colour Bar Research* omkadert, verleent een haast letterlijke dimensie aan de 'vloeibaarheid' van de grens tussen kunst en natuur, die in dit werk zowel wordt bevestigd als uitdijt, buiten zijn oevers treedt.[6]

Tijdens de zomerzonnewende van datzelfde jaar maakte General Idea vervolgens een roadtrip in een kampeerauto doorheen Canada als onderdeel van een lopend project met als titel *Light On*; in hun bagage vervoerden ze onder meer een tuig dat uit twee grote spiegels in een aluminium frame bestond; de spiegels konden in hoeken van 180 graden worden gemonteerd, en werden gebruikt om tegelijk zonlicht op gebouwen, voorwerpen en het omliggende landschap te werpen. Spiegels doken tijdens deze periode wel vaker op in het werk van Image Bank en General Idea (Robert Smithsons *Yucatan Mirror Displacements* uit 1969 was een belangrijke inspiratiebron). In AA Bronsons *Mirror Sequence* uit de periode 1969-1971 geeft een set van kleine cirkelvormige spiegels een vervormd beeld van het lichaam van de kunstenaar, en in een samenwerking tussen beide kunstenaarscollectieven met als titel *The Fire Mirror Video* (eveneens uit 1971) zien we een lijn buskruit op een strand vuur vatten en op zijn pad een reeks spiegels in de lucht blazen. Net zoals *Colour Bar Research* functioneert *Light On* als een soort landschapsschilderij, als weer een andere interventie in de scherp afgebakende natuur/cultuur-dichotomie, dit keer in een heel andere setting.

In Robert's Creek resulteerde een zonovergoten namiddag vol avontuurlijk, experimenteel spel in een bucolische hippierêverie (mooi weerspiegeld in een somptueuze omgeving vol water en bomen), terwijl *Light On* daarentegen plaats vond in een desolaat, vlak graslandschap, bezaaid met industriële structuren en doorkruist door spoorwegen. Hetzelfde spiegelende apparaat werd later opnieuw ingezet tegen de overweldigende achtergrond van de Niagara Falls, maar zijn lichtstralen doorkruisten evengoed het luchtruim boven de gebouwen van Yonge Street (de plek in Toronto waar de studio en het hoofdkwartier van General Idea waren ondergebracht). De kunstenaars hebben hier meer weg van een stelletje ingenieurs dan van typische bohemien-estheten; gecombineerd met het ruwere landschap en de voornamelijk zwart-witdocumentatie verkrijgt het werk daardoor een meer technisch karakter. Het mechanisme van de dubbele spiegel omschrijft een complex van ontologische relaties waarin het weerkaatste, gebroken licht kortstondig boven verschillende oppervlakken zweeft, het duistere interieur van een tunnel exploreert, stil blijft staan op een voorbijflitsende hogesnelheidstrein, of zachtjes over de gevels van handelszaken en appartementsgebouwen heen schuift.

Tijdens deze periode kaartten General Idea en Image Bank geregeld dezelfde of soortgelijke thema's aan, en deelden ze een gemeenschappelijke terminologie: in een minder bekend werk van Image Bank dat eveneens *Light On* (1971) heet, zitten twee naakte mannen tegenover elkaar op een strand; elk houden ze een kleine spiegel in de hand waarmee ze elkaars lichamen optisch aftasten – intiem, maar niet bepaald erotisch. De band die door de gemeenschappelijke titel wordt geschapen, is letterlijk en figuurlijk 'licht' van aard: ze verlichten elkaars lichamen alleen maar, nergens sluipt een element van eigendom of dominantie in hun relatie. Leo Bersani schrijft iets dat op deze ervaring van aanraking gelijkt in zijn essay over Andre Gides roman *L'immoraliste*. In dit boek lezen we hoe de protagonist Michel langzaam maar zeker van een slepende ziekte weet te herstellen door zich in een nieuw leven in Tunesië onder te dompelen: Michel zwemt in de Middellandse zee, zont nadien naakt op het strand en voelt zijn huid op al deze nieuwe prikkels en lustgevoelens reageren. De homo-erotische ervaringen die uit dit nieuwe sensuele bewustzijn voortvloeien, ontberen diepgang en psychologische complexiteit: Bersani omschrijft ze in haast abstracte, louter esthetische termen, als betrof het een onderzoek van bepaalde affiniteiten. Deze affiniteiten definiëren een zoektocht naar 'corresponderende vormen, texturen, kleuren en volumes […] die bepaalde identieke patronen traceren in onze relaties met het universum.' De hand uitreiken om zo 'een veelvoud aan andere oppervlakken' aan te raken – aangetrokken door iets wat niet noodzakelijk verlangen heet, maar door 'vormelijke affiniteiten', 'diagrammen van extensies' die uitzetten naar bepaalde formele verwantschappen toe.[7]

In 1970, als onderdeel van een door General Idea geïnitieerde studie van de lichaam/geest- en hand/hoofddichotomie,[8] brachten de kunstenaars een flyer in omloop in het mailartnetwerk met als titel *Manipulating the Self (Phase 1 – A Borderline Case)*: op de flyer stond een zwart-witfoto van Jorge Zontal afgebeeld terwijl hij één arm om zijn hoofd gekromd houdt, de kin mooi in de kom van zijn hand. Een bijbehorende tekst las als volgt: 'Het hoofd is afgezonderd, de hand is afgezonderd. Lichaam en geest zijn van elkaar gescheiden. De hand is een spiegel voor de geest: omarm je hoofd, hou je ellebogen achter je hoofd omhoog, grijp je kin met je hand. De handeling is volbracht: je houdt vast, en wordt tegelijk vastgehouden. Je bent zowel object als subject, tegelijk schouwspel en voyeur.'[9]

De flyer bevatte ook een open, aan alle potentiële respondenten gerichte uitnodiging om zichzelf in diezelfde pose te fotograferen en het aldus verkregen portret naar General Idea terug te sturen. Dit verzoek leverde een groot aantal reacties op. 112 daarvan werden later opgenomen in een klein pamflet en het gelimiteerde drukwerk met als titel *Manipulating the Self a.k.a. Manipulating the Scene* (1973). De grens tussen het ik (of het zelf) en de ander die zo letterlijk centraal stond in het spiegelspel op het strand in *Light On*, werd in dit project radicaal geïnternaliseerd: het onderzoeksobject is niet langer de externe ander, maar 'ikzelf'. Door middel van een eenvoudige, voor de camera uitgevoerde fysieke 'ingreep' wordt één deel van het lichaam gebruikt om een ander lichaamsdeel te manipuleren, aan te raken, te 'kaderen', zodat ons lichamelijke zelf tegelijk subject en object wordt, toeschouwer en voyeur. Deze performance nam vervolgens een collectief karakter aan: de manipulatie van het zelf keerde als groepsgebeuren herhaaldelijk terug tijdens talloze door General Idea georganiseerde lezingen en performances, vaak op het ritme van de door de groepsleden zelf gescandeerde instructies voor deze gebaren.

Naarmate de jaren 1970 voortschreden nam ook de complexiteit toe in de verschillende projecten waarmee General Idea vakkundig een mythologie van het eigen collectief hielp ontwikkelen. Vaak werden daartoe oudere ideeën en werken gerecycleerd en opnieuw geïntegreerd in enkelvoudige doch complexe narratieve constructies; de *Miss General Idea Pageants* bekleedden hierin een centrale plaats. Wat in 1970 nog begon als een geïmproviseerde schoonheidswedstrijd bij wijze van apotheose van een under-ground theaterfestival, nam een jaar later al veel ambitieuzere vormen aan toen de *Pageant* de Art Gallery of Ontario in Toronto aandeed: het hele project werd als een in de studio opgenomen televisiegebeuren geconcipieerd, compleet met verschillende deelnemers, juryleden, een gastheer, celebrity's onder de toeschouwers, speeches en een extatisch publiek dat maar niet genoeg kon krijgen van de suspens van het evenement. De organisatie van een jaarlijks terugkerende wedstrijd bleek al snel praktisch te veeleisend (hoewel er toch een grootse finale werd gepland voor 1984), en in de loop der jaren transformeerde de *Miss General Idea Pageant* in een conceptuele troop die het kunstenaarscollectief in staat stelde verschillende projecten met en in elkaar te verweven. Toch bleef de ongrijpbare figuur van Miss General Idea een onverminderd centrale rol spelen, als ideaaltypisch, glamoureus zinnebeeld van schoonheid en kunst. 'Je begint met een visie (visioen), en noemt dan pas de onderdelen': dat was nu precies wat General Idea tot op het einde van jaren 1970 bleef doen; ze stippelden het hele traject tot en met 1984 nauwkeurig uit, en legden jaren vóór de finale plaats kon vinden reeds alle facetten van het gebeuren vast – de architectuur, de façade en het interieur van het paviljoen, de manier waarop de zitplaatsen voor het publiek zouden worden geschikt, tot en met generale repetities van de publieksreacties op die bewuste avond. In de loop van dit proces werden General Idea-projecten als *Light On* heruitgevonden als 'the search for the site'[10] (een zoektocht naar de locatie van het paviljoen, welteverstaan), of werd het hierboven reeds beschreven dubbele spiegelmechanisme getransformeerd tot *Luxon V.B.* (1973), een jaloezie met spiegelende luiken die in de ramen van het paviljoen werd geïnstalleerd. Het *Colour Bar Research*-project werd eveneens opnieuw geïnterpreteerd en deed nu dienst als schema voor een *colour bar lounge*[11] waar voor het publiek voor de *grand finale* van 1984 verfrissingen konden worden ingeschonken. *Manipulating the Self* vormde een voorafschaduwing van de generale repetities voor de missverkiezingen, in die zin dat het publiek de 'juiste' responsen werden aangeleerd – opstaan, weer gaan zitten, uitjouwen, fluiten, slapen, spontane staande ovaties, een heuse brandoefening…

Tussen 1971 en 1984 nam Michael Morris van Image Bank de honneurs van regerende Miss General Idea waar; Morris (die eveneens bekendstond als Marcel Dot) had de eerste schoonheidswedstrijd in 1971 gewonnen en zichzelf tot Marcel Idea herdoopt om het gebeuren te commemoreren. Voor het selectieproces voor die eerste missverkiezing werden potentiële deelnemers aangemoedigd foto's van zichzelf op te sturen terwijl ze een soort kleed droegen dat speciaal voor deze gelegenheid door General Idea was ontworpen. Michael Morris' inzending bestond uit een foto waarop hij zichzelf (alsof het een cape betrof) in het kleed had gewikkeld, compleet met het silhouet van een zwarte hand in perspex waarmee hij zijn naar boven gerichte gezicht liet omkaderen. Die zwarte hand had Vincent Trasov, Morris' medestander in Image Bank, tussen het zwerfvuil op straat gevonden; het object zou snel uitgroeien tot een belangrijk rekwisiet en later als *The Hand of the Spirit* door het leven gaan, een sleutelelement binnen het hele *Search for the Spirit*-project en het brede netwerk van mailartprojecten dat daarrond ontstond.

'The Search for the Spirit' vormde een belangrijk thema en een contextualiserend, omkaderend instrument voor het collectief tijdens deze periode. Het was de uiteindelijke *raison d'être* van de 'Miss General Idea Pageant', het format door middel waarvan deze zoektocht werd geoperationaliseerd. In een zomeraflevering van *FILE Megazine* uit 1978 beschrijven de kunstenaars de schoonheidswedstrijd en haar relatie tot de zoektocht als volgt: 'a framing device we have framed for our frame ups. The Search for the Spirit of Miss General Idea is the ritualized pageant of creation, production, selection, presentation, competition, manipulation, and revelation of that which is suitable for framing.' [12]

Miss General Idea was zelf een soort avatar van deze spirit, een echte kunstenaarsmuze; het was nu juist de taak van de kunstenaars om een context te ontwikkelen waarin deze 'verlichte idee' zich kon openbaren, zodat de geest eindelijk neer kon dalen, zich als dusdanig kon manifesteren. Michael Morris alludeerde op deze terminologie toen hij zijn ervaring als heersende *beauty queen* in zijn ontslagbrief in de volgende ironische pseudomystieke termen beschreef: 'Ik schreed door de Tuin van Eden, maar voelde geen verlangen ooit een hap van de verboden vrucht te nemen. Ik nam er vrede mee het paradijs alleen maar aan te raken, te voelen, te zien.' [13]

De concepten die in 'The Search for the Spirit' samenkomen, worden systematisch geordend door middel van de *Showcard Series*; de eerste 130 daarvan werden in 1975 geproduceerd, en tot en met 1979 werd de reeks gestaag verder uitgebreid. De toonkaarten geven een goed overzicht van de verschillende activiteiten van het collectief, inclusief een groot aantal toekomstige projecten en prototypes, hun methodologieën en parameters en brede belangstellingen. Elke kaart heeft een standaard silkscreenformaat, met een ruimte die is vrijgelaten om een fotografisch beeld in op te nemen (dat kan een bestaand beeld zijn, bijvoorbeeld uit een tijdschrift gescheurd, of een door de kunstenaars zelf vervaardigde foto) en een handgeschreven tekst. Bovenaan op de kaart staat de titel *The 1984 Miss General Idea Pageant Pavillion* en daaronder volgt de naam van het 'departement' (waarvan er in totaal vijf bestaan): '1. The Search for the Spirit of Miss General Idea', '2. The 1984 Miss General Idea Pageant', '3. Miss General Idea 1984', '4. The 1984 Miss General Idea Pavillion' en '5. The Frame of Reference'. [14] Onderaan op elke kaart prijkt de stempel van de General Idea-signatuur. De tentoonstelling *Search for the Spirit,* die in 1976 plaatsvond in de Galerie Gaëtan in Genève, bestond uit achtenveertig van de toonkaarten, in vier dubbele rijen van zes stuks opgehangen volgens structurerende principes die bepaalde terugkerende thema's en ideeën toelichtten.

In 2009, drieëndertig jaar na de tentoonstelling in Genève zullen de *Showcard Series* voor het eerst opnieuw in hun totaliteit te zien zijn, en in de oorspronkelijke volgorde bovendien – vier dubbele rijen van zes kaarten, een identiek arrangement van thema's, ideeën en formele gelijkenissen als datgene dat in 1976 door General Idea werd gestipuleerd. Deze keer zullen ze echter in een heel andere context worden getoond – in een rijkelijk versierde theaterzaal van een 19de-eeuwse jongensschool in Mechelen, in een tentoonstelling die één onderdeel vormt van een overkoepelend project dat zich tot taak heeft gesteld de kwestie van het 'spirituele' en het 'visionaire' vanuit een materialistisch perspectief te belichten. In deze nieuwe omgeving functioneert de *Showcard Series* als het centripetale punt van een meervoudige installatie van kunstwerken en archiefstukken die alle rond het concept van een 'zoektocht naar de geest' draaien – *Search for the Spirit* is dan ook de titel van de tentoonstelling als geheel geworden. Vertrekkend vanuit de vroege werken van General Idea en Image Bank waaiert de tentoonstelling uit in een veelheid van gelijkaardige materialen die hoofdzakelijk uit archivale bronnen, werden opgediept. Projecten als *Light On*, *Colour Bar Research* en *Manipulating the Self* worden er getoond naast 19de-eeuwse 'Company Paintings' van sadhoes die allerlei halsbrekende, het uithoudingsvermogen testende toeren uithalen – schilderijen die door Indische kunstenaars werden vervaardigd op vraag van de Britse overheersers, en waarin endogene picturale stijlen met Europese technieken werden vermengd. Een verzameling gouaches en architectuurtekeningen van Eileen Gray, de meeste daterend uit haar Parijse periode van de jaren 1920, vertalen het klassieke, quasi-suprematistische vocabularium van een canoniek modernisme in beelden van elegante interieurs vol tapijten en kamerschermen; Grays tekeningen communiceren een droombeeld van een gesofisticeerd, kosmopolitisch dagelijks leven. Geborduurde werken uit de Prinzhorn-collectie van de hand van de psychiatrische patiënte Johanna Natalie Wintsch spellen de namen uit van de verschillende artsen die haar behandelden; het symbolistische taaleigen van deze werken verraadt de invloed die Wintsch onderging als voormalig lid van de theosofische gemeenschap.

Ten slotte zijn er ook de werken van hedendaagse kunstenaars Luis Jacob, die de alombekende doeken van Mark Rothko herinterpreteerde aan de hand van een ouderwetse schrijfmachine, en Yael Davids, die een reeks workshops rond goochelen en circusacts organiseerde voor de bewoners van een Mechelse gevangenis. Al deze materialen worden geassembleerd in één enkele tentoonstellingsstructuur die werd ontworpen door de Zwitserse kunstenaar Luca Frei; conceptueel zijn ze met elkaar verbonden in hun zoektocht naar iets buitengewoons, of dit nu een kwestie van schoonheid, abstractie of glamour is, dan wel in termen van een transformatie van mentale en psychische staten kan worden gesteld, of als een culturele vorm die een geëmancipeerde subjectiviteit aan het licht brengt. De *fan dancer* op het podium transcendeert zijn context enkel en alleen maar door materialen en inhouden uit verschillende bestaande culturele contexten te kanaliseren; op een soortgelijke manier kunnen we stellen dat *elke* zoektocht naar de geest van de kunst telkens gedetermineerd wordt door de situatie vanwaaruit hij vertrekt.

Het is immers pas door middel van een ontmoeting met een bepaald landschap, een sociaal milieu, een politieke imperatief, iemands lichaam (of het eigen lichaam) dat die geest kan uitkristalliseren en een zekere vorm kan krijgen. De dialectiek tussen wat General Idea zo vaak als *content and context* aanduidde, is zo van toepassing zowel op de grondvesten vanwaaruit het kunstwerk verrijst, als op de methodologie van het feitelijke fabricatieproces. En de 'spirit' in kwestie duikt kortstondig op in een resem verschillende plaatsen (Canada in de jaren 1970, Indië rond de eeuwwisseling, Parijs in de jaren 1920, Duitsland in het tweede decennium van de 20ste eeuw, New York in de jaren 1990), als wel in een breed gamma aan idiomen (naturalistisch, modernistisch, *corporate*, oosters, westers, decoratief, mechanisch, serieel, indexicaal, rationeel en irrationeel): hij opereert als een virus dat deze plaatsen en talen zowel van binnenuit transformeert als omgekeerd van buitenaf op hen inwerkt.

(vertaling Dieter Roelstraete)

---

1 — *The Times of Harvey Milk*, geregisseerd door Rob Epstein en gedistribueerd door Pacific Arts, werd voor het eerst vertoond in 1984.

2 — AA Bronson, 'Pablum for the Pablum Eaters', voor het eerst verschenen in *FILE Megazine*, mei 1973; opnieuw gepubliceerd in het speciale retrospectieve nummer van *FILE Megazine*, uitgegeven door de Vancouver Art Gallery en Art Official Inc., 1984, p. 42.

3 — Ibid. p. 44.

4 — Michael Morris, editoriaal in het speciale retrospectieve nummer van *FILE Megazine*, uitgegeven door de Vancouver Art Gallery en Art Official Inc., 1984, p. 42.

5 — AA Bronson, op. cit., p. 48.

6 — Leo Bersani en Ulysse Dutoit, 'Almodovar's Girls' in *Forms of Being: Cinema, Aesthetics, Subjectivity*, London: British Film Institute, 2004, p. 101.

7 — Leo Bersani, 'The Gay Outlaw' in *Homos*, Harvard: Harvard University Press, 1996, p. 121.

8 — Fern Bayer verwijst hiernaar in 'Uncovering the Roots of General Idea: A Documentation and Description of Early Projects 1968–1975' in *The Search for the Spirit*, Toronto: Art Gallery of Ontario, 1997, p. 51.

9 — Ibid.

10 — Ibid. p. 57.

11 — Ibid. p. 112.

12 — 'General Idea's Framing Devices', voor het eerst verschenen in *FILE Megazine*; op. cit., p. 106.

13 — Michael Morris, op. cit., p. 11.

14 — Fern Bayer verwijst hiernaar in 'Uncovering the Roots of General Idea: A Documentation and Description of Early Projects 1968–1975' in *The Search for the Spirit*, Toronto: Art Gallery of Ontario, 1997, p. 113.

AA Bronson,
Pablum for the pablum eaters,
excerpt

Geschiedenis schrijven is niet geschiedenis maken. Wanneer iemand geschiedenis schrijft, schrijft hij niet wat is geweest, maar wat is, worstelt hij met de tijdskloof, probeert hij gebeurtenissen hun plaats te geven om te tonen, dat wat is, helemaal niet is, maar wat voortduurt. Geschiedenis is een middel om de verantwoordelijkheid te ontkennen voor het heden. Geschiedenis is het verhaal van een minderheid van 'groten', 'rijken' en 'machtigen'. De armen en de afvalligen blijven achter met mythen, legenden en folklore. Geschiedenis splitst cultuur af van de artistieke volkscultuur en legt haar in de handen van een culturele elite, de cultuurverslaafden. Geschiedenis is heel eenvoudig. Het is zeer duidelijk dat geschiedenis gewoon een andere realiteit is, feiten die verbonden worden met fictie, vertekend door de toeschouwers en gezien door de ogen van anderen. Zo bekeken is geschiedenis zeer simpele materie, een zeer simpel maar rijk medium en één om mee te spelen. Heel weinig mensen spelen met geschiedenis en historische vooruitgang. Zeker zijn de mensen die geschiedenis maken, geschiedenis geworden. Zeer weinigen maken het maken van de geschiedenis. We moeten beslist het onderscheid maken tussen geschiedenis en nieuws. Geschiedenis is het nieuws waarop we de hand leggen en dat we bewaren en herschrijven, herbekijken op zoek naar discrepanties en dat we monteren voor een bestaande behoefte. Nieuws is veel makkelijker te maken dan geschiedenis. Andy Warhol maakte nieuws en genoeg nieuws zodat hij waarschijnlijk geschiedenis zal maken doordat hij zoveel nieuws maakte. Hij was en is een mens die vertelt over het maken van nieuws. Nu heeft hij geschiedenis gemaakt door nieuws te maken. De volgende stap is geschiedenis te maken zonder nieuws te maken. Dit is een ultieme culturele manipulatie, de laatste stap voor de laatste druppel in de emmer, de big bang, de ontploffing van de nova, de explosie van het totale beeld.

Geschiedenis maken is een kwestie van lezen en aan de verwachting voldoen, geen uitgesproken verwachting, maar onderbewuste kennis die in ons leeft. Dit is moeilijk. Het vereist de geest van een crimineel. Maak een collage of ga ten onder. Verknip of zwijg.

Om te spelen met geschiedenis, moet men de geschiedenis verlaten, zich uit het historische proces terugtrekken, de causale logica de rug toekeren. We moeten in iets stappen. Als we goed kijken, zijn er twee dingen, er is geschiedenis voor de groten en er zijn mythes voor het gepeupel en het onderbewuste. Als we uit het ene willen stappen, moeten we dan in het andere stappen?

Nu is mythe heel iets anders dan geschiedenis. Ze opereert op een andere manier. Zoals geschiedenis kent ze methodes van groeitransformatie en stabilisatie; in veel opzichten bezitten mythes een veel ingewikkelder structuur dan geschiedenis.
[...]
Een mythe uit het verleden die naar het heden wordt overgebracht, wordt geritualiseerd en bepaalt dat het verleden mag gecreëerd worden door het heden, dat we heersers over onze eigen cultuur mogen zijn. Geschiedenis is het verleden dat heerser gemaakt is door het heden, uitgerust met de eigenschappen van oorzaak en gevolg die de controle uitoefent en onze behoefte aan verantwoordelijkheid voor ons zelf en onszelf prijsgeeft. We werken hier alleen maar.

In een mythe blijkt dat er voor alles een uitleg moet zijn. We beginnen bij een visie en benoemen de onderdelen. We structureren een kosmologie door ze te beschrijven. We bewegen ons niet achter het beeld van het beeld. Het is duidelijk dat mythe en kunst heel erg verwant zijn: ze miniaturiseren allebei. Ze maken de realiteit vlot toegankelijk. Ze leggen het ondoorgrondelijke vast in bevattelijke termen. Ze classificeren het bekende, het onbekende. Het is duidelijk dat een conceptueel kunstenaar in zekere zin miniaturiseert: hij begint met de delen en legt de structuur bloot. Heel vaak beginnen conceptuele kunstenaars met de onderdelen en maken de structuur zichtbaar. Een mythe werkt net andersom: de mythe begint bij de structuur en benoemt de onderdelen. *Image Bank* start met een structuur en gaat op zoek en benoemt de delen. Daarom noemen we *Image Bank* een mythisch kunstenaar, en samen met enkele anderen is het dat wat ze zijn. Het is belangrijk in te zien dat *Image Bank* weet dat ze mythische kunstenaars zijn. Omdat het hen buiten de Geschiedenis plaatst: het Oorzaak & Gevolg- continuüm; het laat hen toe ermee te spelen, en ze doen het ook.
[...]
De gewenning van een art junkie is geworteld in het beeld. *Het beeld is een virus*. Het beeld draagt zijn eigen realiteit in zich, verankert onbewuste verbanden in zijn spleten op een manier die concepten belet om er controle over te krijgen of er definities op toe te passen. Het beeld wint veld, houdt een voet tussen de deur van de kunst, laat ruimte voor ideeën, definieert contouren negatief. Dit vestigt de illusie dat men weer in staat is om te zien, de illusie het geheel te overzien. Dit is miniaturisering. Geschiedenis en wetenschap hebben de wereld uitvergroot tot op het punt dat hij niet langer vatbaar is als een conceptuele entiteit. Aan de andere kant hebben ze instrumenten ontwikkeld voor de uiteenrafeling van hele systemen, zoals studies over het video tijdsverloop of opslagsystemen met microfiches. Het is de functie van de mythe en de kunst om wisselende verbanden en het gevoel van mogelijke verbanden te creëren die het mogelijk maken het Universum te beschrijven als een visie die 'nu' heet. We mogen ons niet langer achter het beeld of achter het beeld van het beeld bewegen. Wat de dynamiek van de visie betreft is het noodzakelijk in te zien dat een wisseling van realiteiten simpelweg een wisseling van zien is. Het is noodzakelijk om in te zien dat we op verschillende niveaus visies ontwikkelen, dat er een onderscheid is tussen genaturaliseerde en gecultiveerde informatie, en in te zien hoe gecultiveerde informatie geritualiseerd wordt tot natuurlijke informatie tot op het punt dat ze op haar beurt weer als grondstof wordt opgenomen in culturele processen voor verdere bewerking. Het bekende adagio 'The medium is the Message' is eenvoudigweg dit: de omkering van het medium en de verheffing van de visie tot een niveau van gewenning en complexiteit.

Image Bank beweegt binnen deze gebieden van onze aandoening, van ons onvermogen om te zien en legt de verbanden opnieuw als een operationele methode om alles te verklaren en te rekenen op de toekomst. Soms gebeurt er iets, terwijl we het uitspreken en lijkt wat we hebben gezegd op een titel. Beroemde uitspraken werken op deze manier. Roepnamen werken op deze manier. Dan wordt een beschrijving een naam en de naam bevat de beschrijving. Zo werkt een mythe. Al sprekend doen en doen we het. Realiseren we de mythe.

(vertaling Frank Vandecaveye)

AA Bronson,
Pablum for the pablum eaters,
excerpt

Writing history is not making history. Writing history, one is not writing what has been but what is, one is struggling with the time gap, one is attempting to put events in their place, to show that what is, is not what is at all but what has been extended. History is a means of denying responsibility for the present.

History is the story of the 'great' and the wealthy and the powerful few. The poor and the renegade are left with myths, legend and folklore. History splits culture from the artist culture from the people and leaves it in the hands of the cultured few, the culture addicts.

History is very simple. It is very clear that history is just another reality, fact tied with fiction, distorted by the viewing and seen through the seeing of others. History then is a very simple matter, a very simple, a very rich medium and one to play with. Very few people are playing with history and historical progress. Certainly the men that are making history are being made history. Very few are making the making of history. Certainly one must distinguish between history and news. History is the news we get to keep and rewrite, replay for discrepancies and edit to the existing need. News is much easier to make then history. Andy Warhol made news and enough news that he will probably make history for making news. He was and is a man making the making of news. Now he has made history by making news. The next step is to make history without making news. This is an ultimate culture manipulation, the last step before the last drop in the bucket, the big bang, the nova blow up total image explosion.

Making history is a matter of reading and meeting anticipation, not vocal anticipation but the subliminal knowledge that rides about us. This is difficult. It requires the mind of a criminal. Collage or perish. Cut up or Shut up.

In order to play with history one must drop out of history, drop out of the historical process, drop out of the causal reality. One must step into something. If one looks, there are two things:, there is history for the great and myths for the rabble and the subliminal. If one wants to step out of one, must one step into the other?

Now myth is a very different matter than history. It operates in different terms. Like history it has methods of growth transformation and stabilisation; in many ways myths is much more sophisticated a structure than history.
[...]
Myth in the past brought into the present, ritualized and enacted that the past may be created by the present, that we may be masters of our own culture. History is the past made ruler by the present, endowed with properties of cause and effect that is control that relinquish our need to responsibility for our self and our own. We only work here.

In myth it is all very clear that everything must be accounted for. One starts with a vision and names the parts. One structures a cosmology through description. One does not move beyond the image of the image. It is clear that myth and art are closely related: they both miniaturize. They make reality readily available. They establish the unfathomable in fathomable terms. They classify the known, the unknown.

It is clear that a conceptual artist miniaturizes in a certain way: he begins with the parts and reveals the structure. Very often conceptual artist are starting with the parts and revealing structure. Myth does the opposite: myth starts with the structure and names the parts, miniaturizes from the other hand. Image Bank starts with the structure and names the parts. So we are calling Image Bank mythical artist, and along with a few others that is what they are. It is important to see that Image Bank knows they are mythical artist. As it put them outside of the History: Cause & Effect continuum it allows them to play with it, and they do.
[...]
The art junkie's habit is founded on image. Image is virus. The image carries its own realities within it, harbouring subliminal connections in its interstices in a manner that defies concepts to gain control or apply definition. The image gains territory, holds a foot in the door of art, leaving a space for ideas, defining contours negatively. This establishes the illusion of being able to see again, the illusion of a whole.

This is miniaturization.
History and science have enlarged the world to the point where it is no longer viable as conceptual entity. On the other hand they have developed tools for the collapse of whole systems, such as video time lapses studies or microfiche retrieval systems.

It is the function of myth and of art to re-establish correspondences and the sense of the possibility of correspondences that may allow the description of the Universe as a vision named 'now'. We may no longer move beyond the image, nor beyond the image of the image. Concerning the mechanics of vision it is necessary to see that a shift in realities is simply shifting seeing. It is necessary to realize the levels of vision, the split between naturalized and culturalized information and the manner in which culturalized information may become ritualised as natural information to the point where it in turn may be absorbed by the cultural progresses as raw material for further processing. The famous 'Medium is the Message' is simply this:, media inversion and the raising of vision to addictive levels and complexities.

Image Bank moves within the areas of our affliction, of our inability to see and re-establishes correspondences as an operational method of accounting for everything and banking on the future.

Sometimes one is talking, something happens and what one has said has the nature of a title. Famous sayings are this way. Nicknames are this way. Then a description becomes a name and the name contains the description. This is how a myth works. Doing speaking and one does it. One realizes the myth.

The search for the spirit

GRANT WATSON

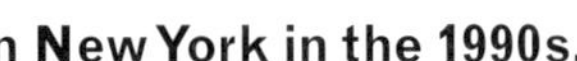

n New York in the 1990s, I once saw a man dancing with a Japanese fan. He stood on a stage facing the auditorium surrounded by people wearing fantastic costumes. All of his attention was concentrated on his performance: manipulating his two fans, with their concertina black handles and trail of white feathers, using a technique similar to that of twirling a baton so that they circled and spun, invisibly passed from hand to hand, went flying above his head, or flapped up and down to the side like wings. Sometimes the strobe lights fragmented the choreography of the dance so that it became a series of frozen images, at other times the dancer was caught in a cloud of dry ice.

Footage from *The Times of Harvey Milk* [1] shows Milk canvassing at the 1977 Castro Street Fair for election to San Francisco's city hall as the city's first openly gay official. In it you see thousands of people on the street celebrating the existence of their neighbourhood (and this particular moment of emancipation) by dancing in the Californian sunshine, out in the streets, on temporary stages, crowded onto balconies and roofs.

Dance culture has always been linked to the gay liberation movement, and 'fanning', in particular, emerged from this milieu as a form that appropriated the exotic language of classical fan dancing, but juxtaposed it with the harder aesthetic of leather and denim, the dexterity and grace of the fan thus becoming anchored in an upfront 'macho' posturing rather than the teasing peep show routine of the feminine coquette. Someone once defined utopia as the split second after the runaway slave has broken free, just before reality bites; equally, the euphoria captured in this footage proved to be short-lived. Harvey Milk was shot dead eleven months into his term, and along with a conservative backlash, only four years later the first cases of the AIDS epidemic appeared, which would eventually decimate the entire community, including its fan dancers, along with their reason to dance.

Decades later, in the 1990s, rave culture brought fan dancing back to the clubs, where it was reinterpreted by a younger generation who introduced new elements into it (such as dancing with flags and luminescent light sticks), and this revival also provided a forum on which the original fanners could once again practice their art. The performance I had witnessed in New York by a man then in his forties, encapsulated a whole history through an archive of gestures; it seemed to be an act of remembrance for those who had died, and a testimony to a liberation movement that had survived against the odds.

In his 1973 text *Pablum for the Pablum Eaters* on the uses of myth in the work of Canadian artist group Image Bank, AA Bronson wrote: 'History is the story of the "great" and the wealthy and the powerful and the few. The poor and the renegade are left with myth, legend and folklore.'[2] Perhaps he would have seen the interpretation of fanning – which I have just given – in these terms. In his text, myth is described as something that pulls a constellation of meanings together in concentrated form through image and gesture. As Bronson put it, 'one starts with a vision and (then) names the parts.'[3] Through this process, something unnamed which is intuited through an encounter is given meaning in a subsequent narration, in which a set of correspondences are brought into play. In this somewhat utopian understanding of the term, myth becomes a generative force that re-reads the past in order to constitute the present differently, and it can be a political tool that crosses generational divides.

In his farewell address as the reigning Miss General Idea in the 1984 edition of *FILE Megazine,* Image Bank's Michael Morris invokes the fan as a performance prop and fetish object that is indexically linked to gay subculture, writing: 'Imagine the letters of the alphabet printed on a Japanese fan. A fan used as language in Japanese theatre, the fan as object in the hand of Miss General Idea. This my "fan-dance", my object lesson in language.'[4]

As in semaphore, a system in which an 'alphabet' of different coloured flags is used to communicate across distances, this fan has a communicative function. But what Morris suggests with this metaphor is that the fan's structure, which opens and closes to simultaneously reveal and conceal (along with its customary movements, quick, fluttering and contrived to outwit the eye), gives rise to meanings that are fugitive and that flicker in and out of visibility.

In 1971 at Robert's Creek, in the idyllic rural setting of British Columbia, Image Bank, along with a group of other artist collaborators including General Idea's Felix Partz, Jorge Zontal and AA Bronson, performed their *Colour Bar Research*, which involved three thousand colour bars – wooden blocks painted in primary colours and grey scale. The colour bars were described by these artists as a 'literary device' which could be 'laid upon the world in order to decipher the message therein'.[5] In the photographic and video footage of this event, a group of naked young people float the colour bars on the surface of the creek, place them inside a canoe and scoop them up in their arms while standing waist-high in the water. Through these activities, the integrity of this work as a potentially complete abstract painting is dissolved into the landscape; simultaneously, it also becomes a visual focus that rearticulates the landscape as art. In the Canadian context, and particularly on the West coast, set against the presence of a wilderness stretching away as far as the eye can see, conceptual art was at times filtered through a sensory interface with nature and positioned along a nature/culture boundary which was understood as fluid and relational. Here, the element of water, used to demonstrate the piece, highlights the fluid character of this divide as both a recuperation and a 'loss of boundaries [...] a flowing out of frames'.[6]

During the summer solstice of the same year, as part of a project entitled *Light On*, General Idea set out across Canada in a camper van carrying with them an apparatus consisting of two large mirrors supported in an aluminium frame which could be rotated 180 degrees; it was used to shine rays of light onto the landscape as well as buildings and objects. Mirrors were featured in several projects by both Image Bank and General Idea around this time – Robert Smithson's *Yucatan Mirror Displacements* (1969) was an important influence – including AA Bronson's *Mirror Sequence* (1969-1971), in which small circular mirrors distort views of the artist's body, and a collaboration between the two groups titled *Fire Mirror Video* (1971), in which a line of gunpowder ignited on the beach explodes a series of mirrors in its path. Like the *Colour Bar Research*, *Light On* proposed a form of landscape painting and/or intervention that again delineated a nature/culture borderline, but in a very different setting.

While at Robert's Creek a halcyon summer's afternoon of experimentation and play gave rise to a bucolic ambience of hippie reverie folded into a lush environment of water and trees, *Light On* took place across a flat landscape of grassland, interspersed with industrial buildings and crisscrossed by railway lines. The mirror apparatus was also used against the thundering backdrop of the Niagara Falls, and its ray momentarily flashed across the buildings of Toronto's Yonge Street where General Idea's studio/headquarters were located. The artists appear more as engineers than bohemian aesthetes, and this, coupled with a rougher terrain as well as the black and white documentation give the piece a more technical character. Using the double mirror mechanism, an ontology of relations is set out in which the deflected light hovers briefly across surfaces like the conscious eye, exploring the inside of a tunnel, remaining still on the moving surface of a high speed train, floating gently up and down the facade of storefronts and apartment buildings.

During this period, General Idea and Image Bank frequently addressed similar issues and used a shared terminology. For example, in a lesser known work by Image Bank also called *Light On* (1971), two naked men sitting on a beach are shown in the intimate but not quite erotic act of exploring the surface of each other's bodies using hand held mirrors. This shared terminology creates a connection between the two projects, a quality of touch which is 'light' – in both senses of the word, in that it illuminates, but is simultaneously without the element of dominance or ownership. Something similar to this experience of touch is described by Leo Bersani in his essay on Andre Gide's novel *The Immoralist*. Here, the book's main character Michel, who is recovering from a serious illness, begins to feel a new life emerging in response to the environment of Tunisia. He swims in the sea and then lies naked in the sun and feels

his skin become alert to the pleasure of these sensations. His homoerotic encounters, extending from this generalised sensuality, are described as being without depth or psychological complexity and are theorised by Bersani in abstract, almost aesthetic terms as the investigation of an affinity. They are the search for 'correspondences of form, texture, colour, and volume […] which trace designs of sameness in relations with the universe.' A reaching out to touch 'multiple other surfaces' through an attraction that comes not necessarily from desire, but perhaps through 'formal affinities that diagram out extensions, the particular families of form to which we belong.'[7]

In 1970, as part of General Idea's studies in 'mind/body and hand/head dichotomies',[8] a flyer entitled *Manipulating the Self (Phase 1 – A Borderline Case)* featuring a black and white photograph of Jorge Zontal with one arm wrapped around his head, the hand catching his chin, was circulated through the mail art network along with the following text: 'The head is separate: the hand is separate. Body and mind are separate. The hand is a mirror for the mind – wrap your arm over your head, lodging your elbow behind and grabbing your chin with your hand. The act is now complete. Held, you are holding. You are object and subject, viewed and voyeur.'[9]

The flyer included an invitation for respondents to photograph themselves performing this gesture and to send the image back to General Idea. This request garnered numerous responses, 112 of which were included in a small pamphlet and used later in the limited edition print *Manipulating the Self a.k.a Manipulating the Scene* (1973). The borderline between self and other which was investigated by the two figures

on the beach in Image Bank's *Light On* is internalised in this project so that the object under examination becomes the self. Here, in a slight physical adjustment performed for the camera, one part of the body is called upon to touch, manipulate and frame another, so that the self becomes 'object and subject, viewer and voyeur.' Subsequently, the work took on a collective aspect when the 'manipulating the self gesture'[10] was rehearsed by groups of people at lectures and performances organised by General Idea, with members of the group giving spoken instructions.

As the 1970s progressed, General Idea skilfully engineered their projects towards the development of an oeuvre and a group mythology, often recycling works and ideas and folding them back into a singular, if highly complex narrative, the central strand of which was the Miss General Idea Pageant. What began in 1970 as an improvised beauty pageant at the tail end of an underground theatre festival, progressed in 1971 to become a much more ambitious affair at the Art Gallery of Ontario – conceived as a studio-televised event, including contestants, judges, a master of ceremonies, celebrity guests, speeches and an audience thrilled with the suspense of it all. Deciding that an annual contest was too much trouble to organise (although nevertheless 'planning' to stage a grand finale in 1984), the *Miss General Idea Pageant* eventually became a conceptual trope utilised by the group as a way of weaving diverse projects together. At the heart of it, the elusive Miss General Idea cut a singular figure, representing the ideal of glamour as both beauty and art. 'One starts with the vision then names the parts' – and this is what General Idea proceeded to do right up to the end of the 1970s, conceiving and designing every aspect of the 1984 pageant, including the architecture of the pavilion, its facade, its interior design, the seating arrangements and even rehearsals of the way the audience was supposed to behave on the final night. In this process, projects such as General Idea's *Light On* became dubbed as 'the search for the site'[11] (of the pavilion), and its double mirror mechanism morphed in to the *Luxon V.B.* (1973), a venetian blind with mirrored slats which was to be installed in the pavilion's windows. Image Bank's *Colour Bar Research* was re-interpreted in the new scheme as the 'colour bar lounge'[12] where audiences at the 1984 pageant could seek refreshment; *Manipulating the Self* prefigured the rehearsals for the pageant, in which audiences were trained in the appropriate responses, such as: standing, sitting, booing, hissing, sleeping, spontaneous standing ovations and a fire drill.

Between 1971 and 1983 the reigning Miss General Idea was Image Bank's Michael Morris (also known as Marcel Dot), who won the 1971 pageant and changed his name to Marcel Idea to mark the event. The selection process for the 1971 pageant included prospective contenders being required to send in a photograph of themselves wearing a gown mailed out to pre-selected participants. The submission from Michael Morris featured the gown wrapped around him like a cape, as well as the silhouette of a black hand in Perspex, framing his upturned face. This hand, which was found amongst garbage lying around the street by Image Bank's Vincent Trasov, was the prototype for an important prop that came to be known as *The Hand of the Spirit* – a central element in General Idea's *Search for the Spirit*, as well as an object widely used by artists across the mail-art network.

The 'Search for the Spirit' was an important theme and 'framing device' used by General Idea during this period. It was the *raison d'être* of the *Miss General Idea Pageant*, itself the format through which the search became operational. In the 1978 summer issue of *FILE Megazine*, General Idea describe the pageant and its relationship to the search as 'a framing device we have framed for our frame ups. The Search for the Spirit of Miss General Idea is the ritualized pageant of creation, production, selection, presentation, competition, manipulation, and revelation of that which is suitable for framing.'[13]

Miss General Idea herself was the avatar of the spirit or the artists' muse, and the task of the artists was to provide a context in which to receive the 'illuminated idea' so that the spirit could settle and become manifest. Operating from within this terminology, Michael Morris described his experience of being the reigning queen using mock/pseudo mystical terms when he wrote in his resignation letter: 'I have walked through the Garden of Eden but had no desire to eat the forbidden fruit. I have been content to touch, to feel, to see paradise.'[14]

The concepts that come together in *The Search for the Spirit* are systematically laid out in the *Showcard Series*, 130 of which were produced in 1975 and the rest added by 1979. These give an overview of the group's different projects, including their prototypes for the future, their working methodology and the parameters of their fields of interest. Each card is of a standard silkscreen format, with a space allocated for a photographic image (either a found image re-photographed by the artists or cut out from a magazine, or an image produced by the artists) and a handwritten text. At the top of each card is written *The 1984 Miss General Idea Pageant Pavillion*, and below this the name of a 'department'. These include: 1. 'The Search for the Spirit of Miss General Idea', 2. 'The 1984 Miss General Idea Pageant', 3. 'Miss General Idea 1984', 4. 'The 1984 Miss General Idea Pavillion', 5.'The Frame of Reference'.[15] The bottom of each card is stamped with the General Idea signature. The exhibition *Search for the Spirit*, which originally took place at the Galerie Gaëtan in Geneva in 1976, included forty-eight of the show cards, arranged in four double rows of six, with particular ideas and themes explained in each row.

In 2009, thirty-three years after the Geneva exhibition, the *Showcard Series* are being brought together once again and displayed in the original order – four double rows of six with the same arrangement of themes, ideas and formal correspondences that were set out by General Idea in 1976. This time they are shown in a very different context – in an elaborate 19th century school hall in Mechelen (complete with a stage for school plays), in an exhibition which is one chapter of a larger project exploring notions of the 'spiritual' and the 'visionary' from a materialist perspective. In this new setting, the *Showcard Series* constitute the centre piece for an installation of works and archival displays that bring together a set of ideas around the nuclear concept of a 'search for the spirit' – effectively the exhibition's title. Starting with the early works of General Idea and Image Bank, the exhibition opens up to include corresponding material from diverse, mainly archival sources. Projects such as *Light On, Colour Bar Research* and *Manipulating the Self* are shown alongside 19th century Company Paintings of Sadhus performing feats of endurance which were commissioned by the British from Indian artists using a hybrid language that mixed European techniques with indigenous styles; a set of gouaches and architectural plans by Eileen Gray, produced mostly in Paris during the 1920s, that translate the vocabulary of high modernism, reminiscent of Suprematist painting, into elegant interiors, carpets and screens, and communicate a vision of sophisticated cosmopolitan living; stitched works by psychiatric patient Johanna Natalie Wintsch from the Prinzhorn Collection that spell out the names of the doctors in her clinic, and suggest a symbolic language influenced by her connection to the Theosophical movement; and work by contemporary artists Luis Jacob (who has reproduced iconic paintings by Mark Rothko using the keys of a typewriter) and Yael Davids (who has organised a series of circus skills and magic workshops with inmates from the Mechelen municipal prison) will round up the exhibition.

These materials are brought together in a single display structure designed by the artist Luca Frei; conceptually, they are linked by a search for something extra-ordinary, be it in terms of beauty, abstraction or glamour, of the transformation of mental or psychic states, or of cultural forms that bring to light an emancipated subjectivity. The fan dancer on the stage transcends his context only by marshalling material from several existing contexts, and likewise, the search is always informed by the situation from which it departs, because here, a relational encounter with a landscape, a social milieu, a political imperative, a person's body – or one's own – is the medium through which the spirit is able to emerge and take shape.

The dialectic between what General Idea repeatedly refer to as 'content and context' applies to both the ground on which the work is made, as well as the methodology of its making. And the spirit in question briefly inhabits a series of places (including Canada in the 1970s, India in the 1900s, Paris in the 1920s, Germany in the 1910s, New York in the 1990s) as well as a diversity of languages (naturalistic, modernist, corporate, oriental, occidental, decorative, mechanical, serial, indexical, rational and irrational) and, like a virus, transforms them from the outside in and from the inside out.

---

1 — *The Times of Harvey Milk* was directed by Rob Epstein, distributed by Pacific Arts and first screened in 1984.

2 — AA Bronson, *Pablum for the Pablum Eaters*; first published in *FILE Megazine*, May 1973; republished in the special retrospective issue of *FILE Megazine*, June 1984, co-produced by the Vancouver Art Gallery and Art Official Inc, p. 42.

3 — Ibid., p. 44.

4 — Michael Morris: editorial in the special retrospective issue of *FILE Megazine*, op. cit., p. 11.

5 — AA Bronson, op. cit., p. 48.

6 — Leo Bersani and Ulysse Dutoit, 'Almodóvar's girls' in *Forms of Being: Cinema, Aesthetics, Subjectivity*, London: British Film Institute, 2004, p. 101.

7 — Leo Bersani, 'The Gay Outlaw' in *Homos*, Harvard: Harvard University Press, 1996, p. 121.

8 — Referred to by Fern Bayer in 'Uncovering the Roots of General Idea: A Documentation and Description of Early Projects 1968–1975' in *The Search for the Spirit*, Toronto: Art Gallery of Ontario, 1997, p. 51.

9 — Ibid.

10 — Ibid.

11 — Ibid. p. 57.

12 — Ibid. p. 112.

13 — 'General Idea's Framing Devices', first published in *FILE Megazine*; op. cit., p. 106.

14 — Michael Morris, op. cit., p. 11.

15 — Referred to by Fern Bayer in: 'Uncovering the Roots of General Idea: A Documentation and Description of Early Projects 1968–1975' in *The Search for the Spirit*, Toronto: Art Gallery of Ontario, 1997, p. 113.

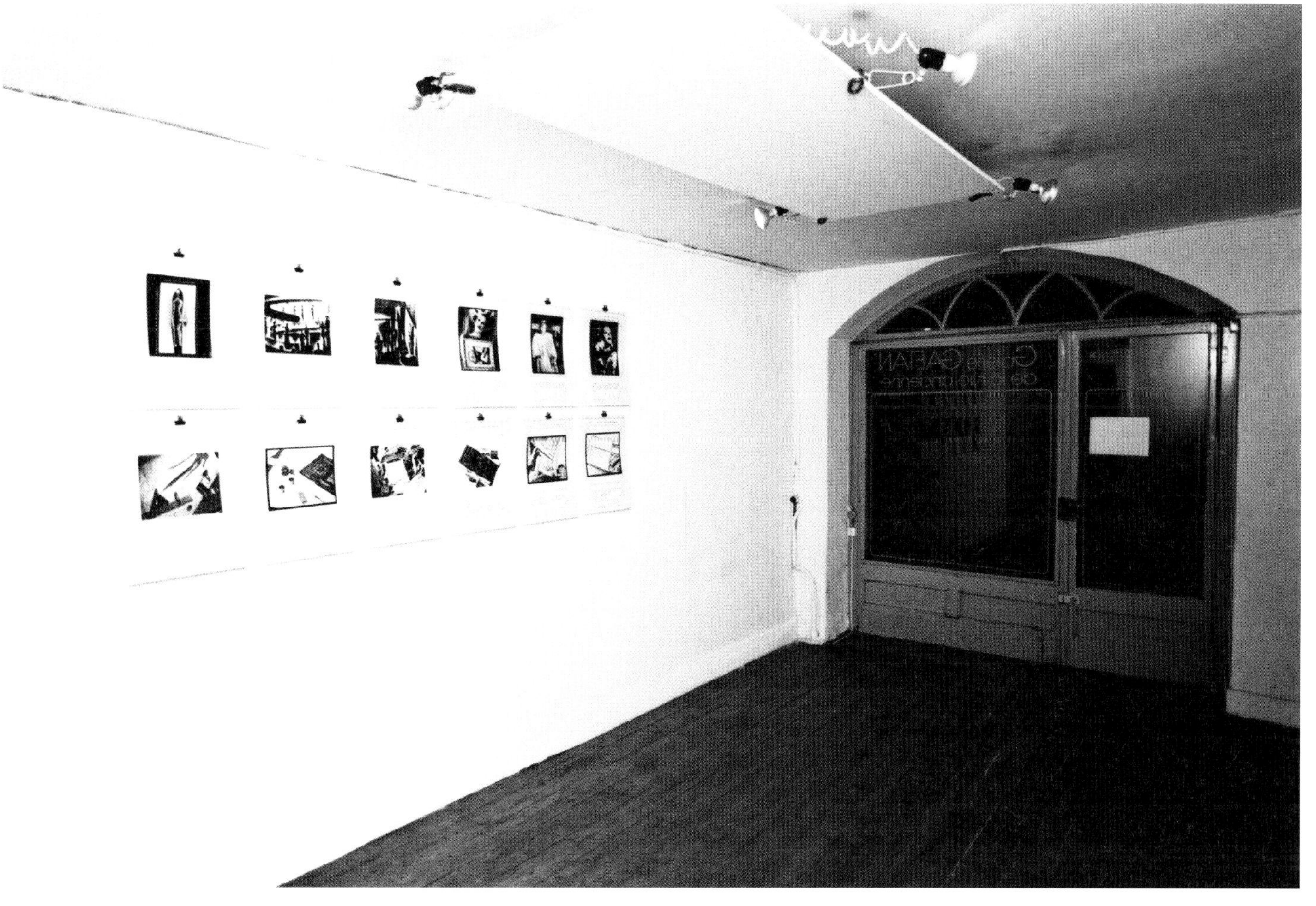

General Idea *The Search for the Spirit Exhibition installation view* (detail), Galerie Gaëtan, Geneva, November 1976

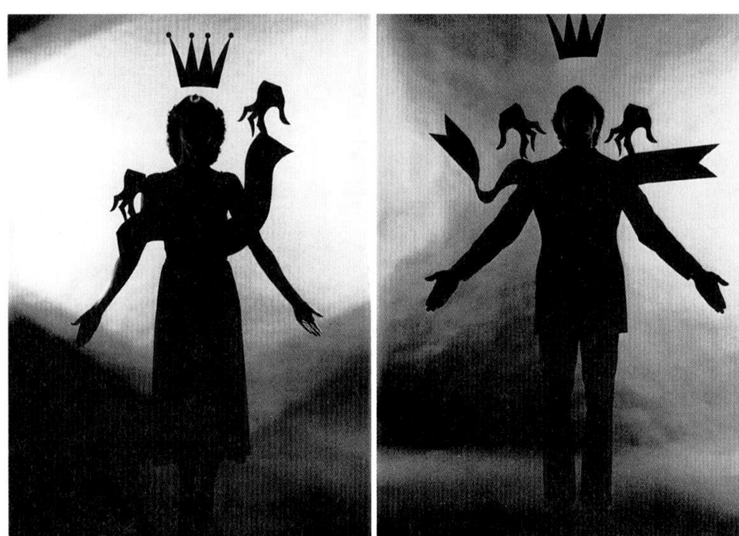

General Idea Pamphlet pages *Search for the Spirit* (detail), 1976

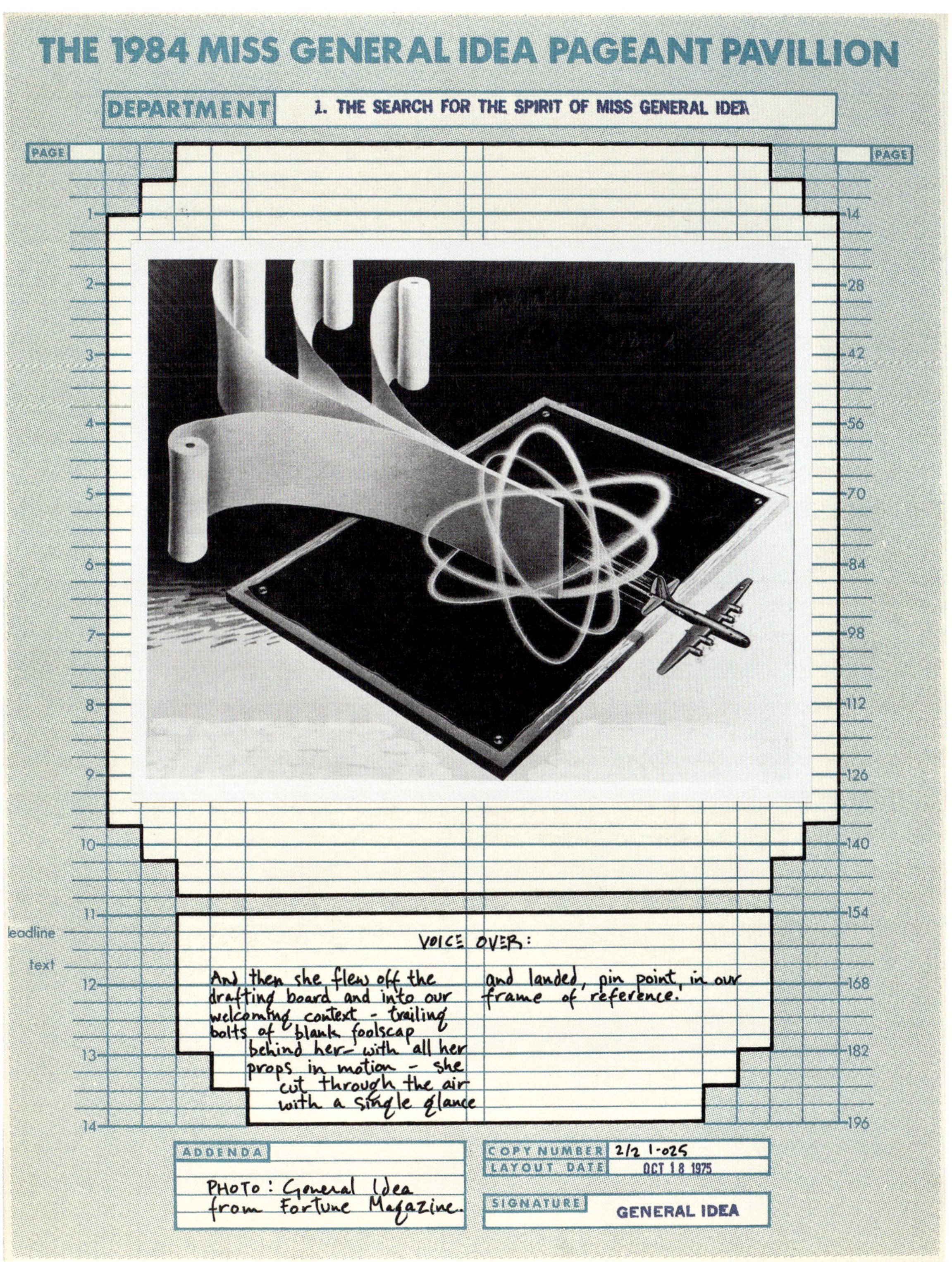

General Idea *Show card Series 1-025 Voice Over*, 18 October 1975

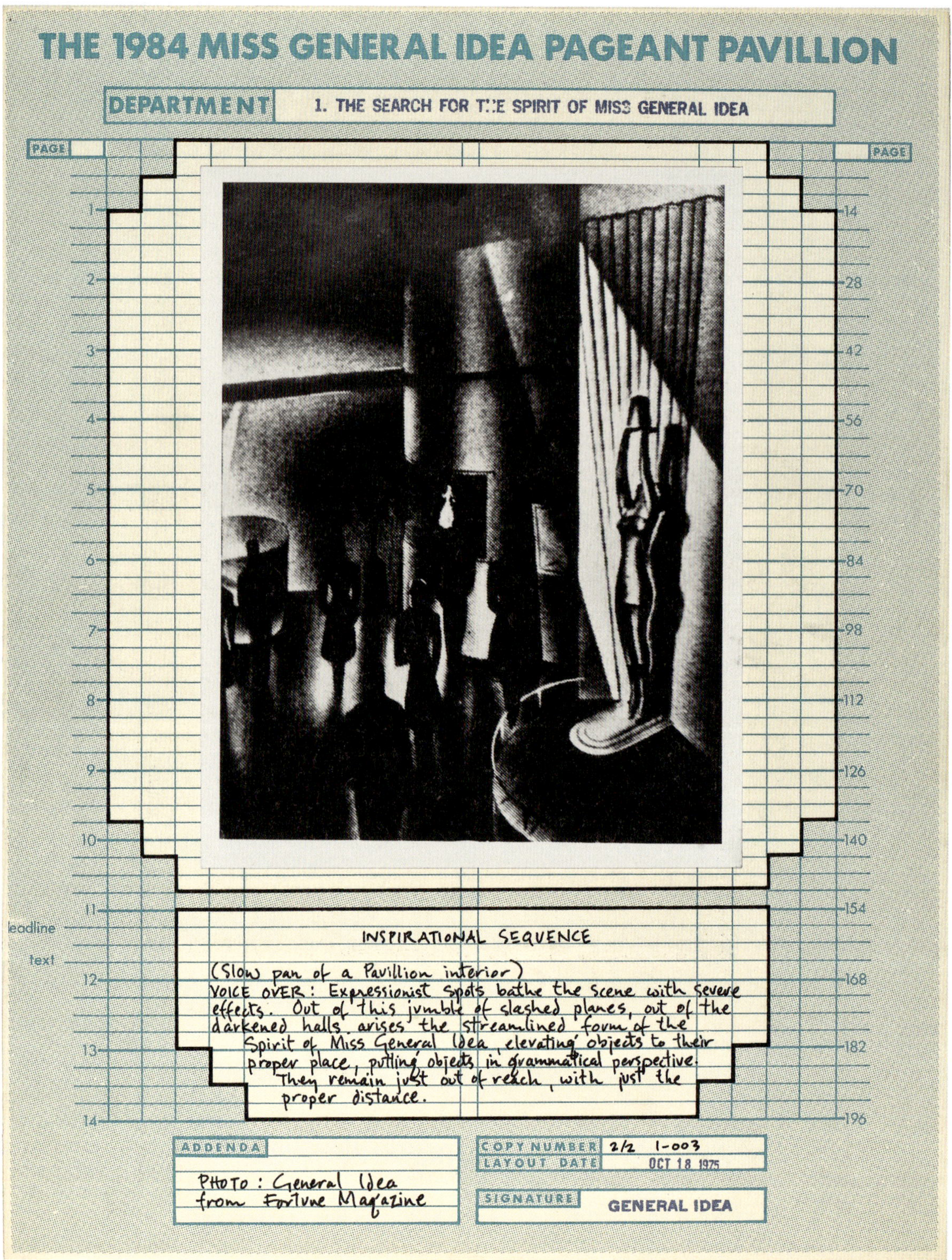

General Idea *Show card Series 1-003 Inspirational Sequence*, 18 October 1975

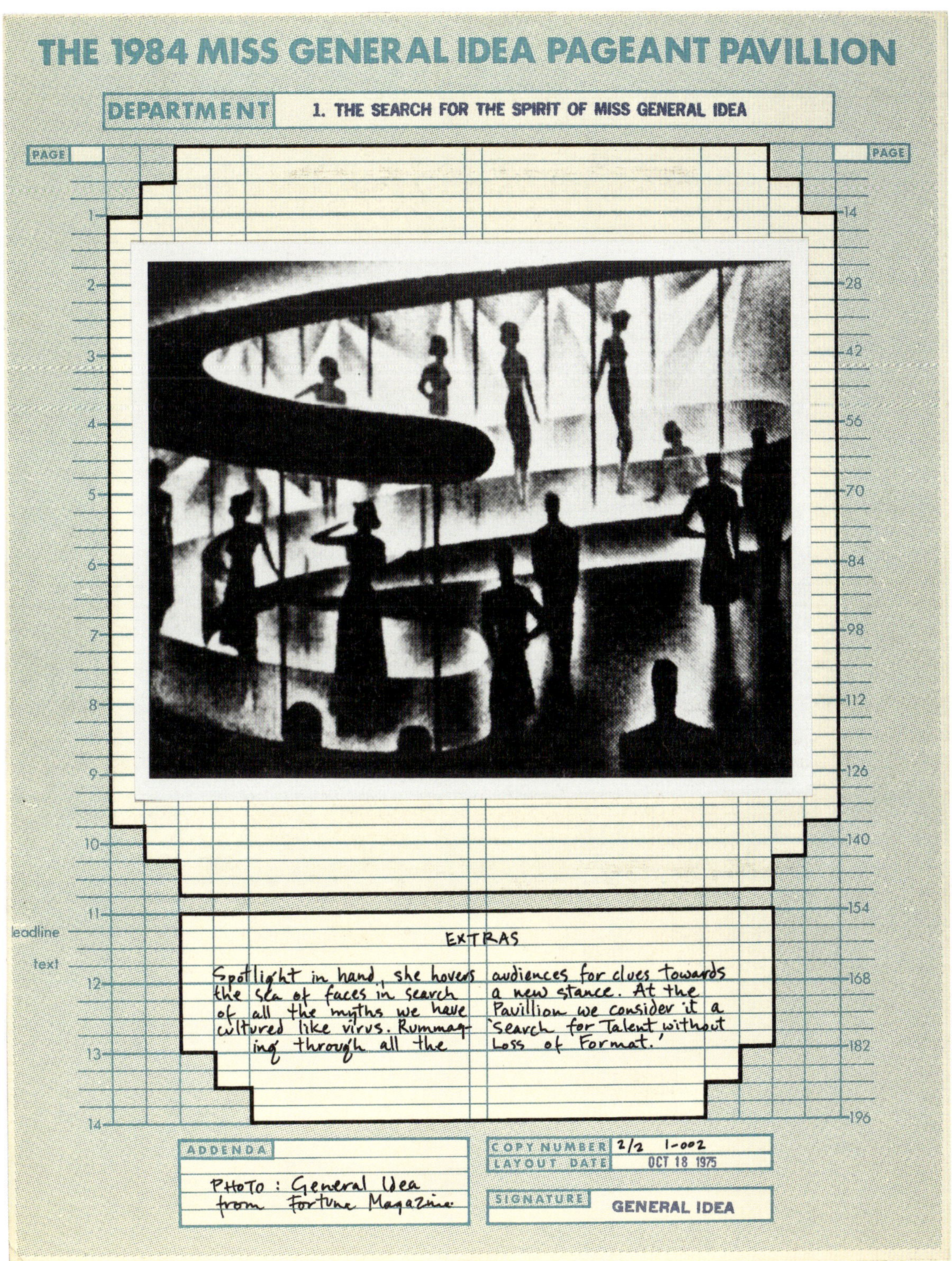

General Idea *Show card Series 1-002 Extras*, 18 October 1975

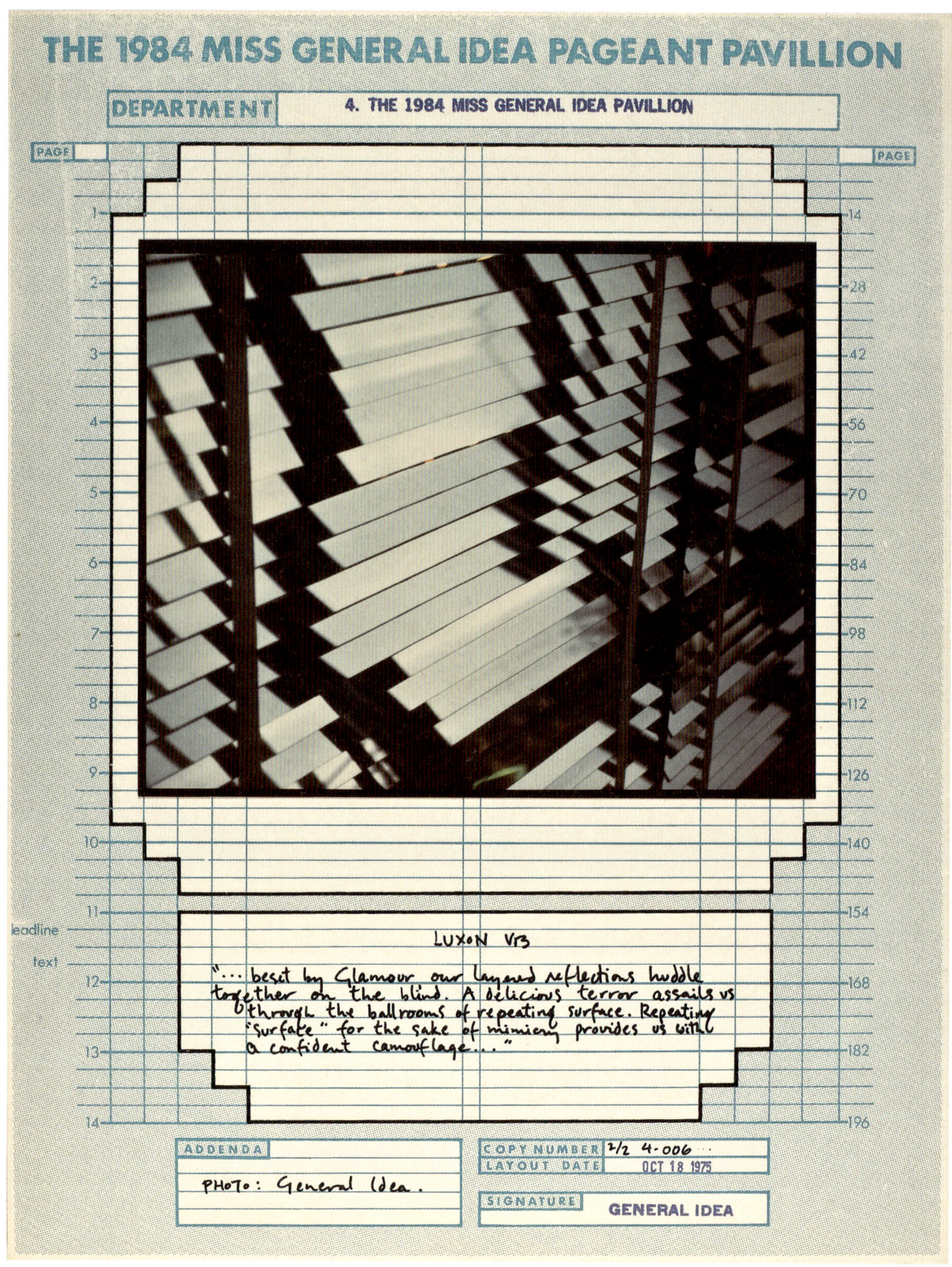

General Idea *4-006 Luxon VB*, 18 October 1975

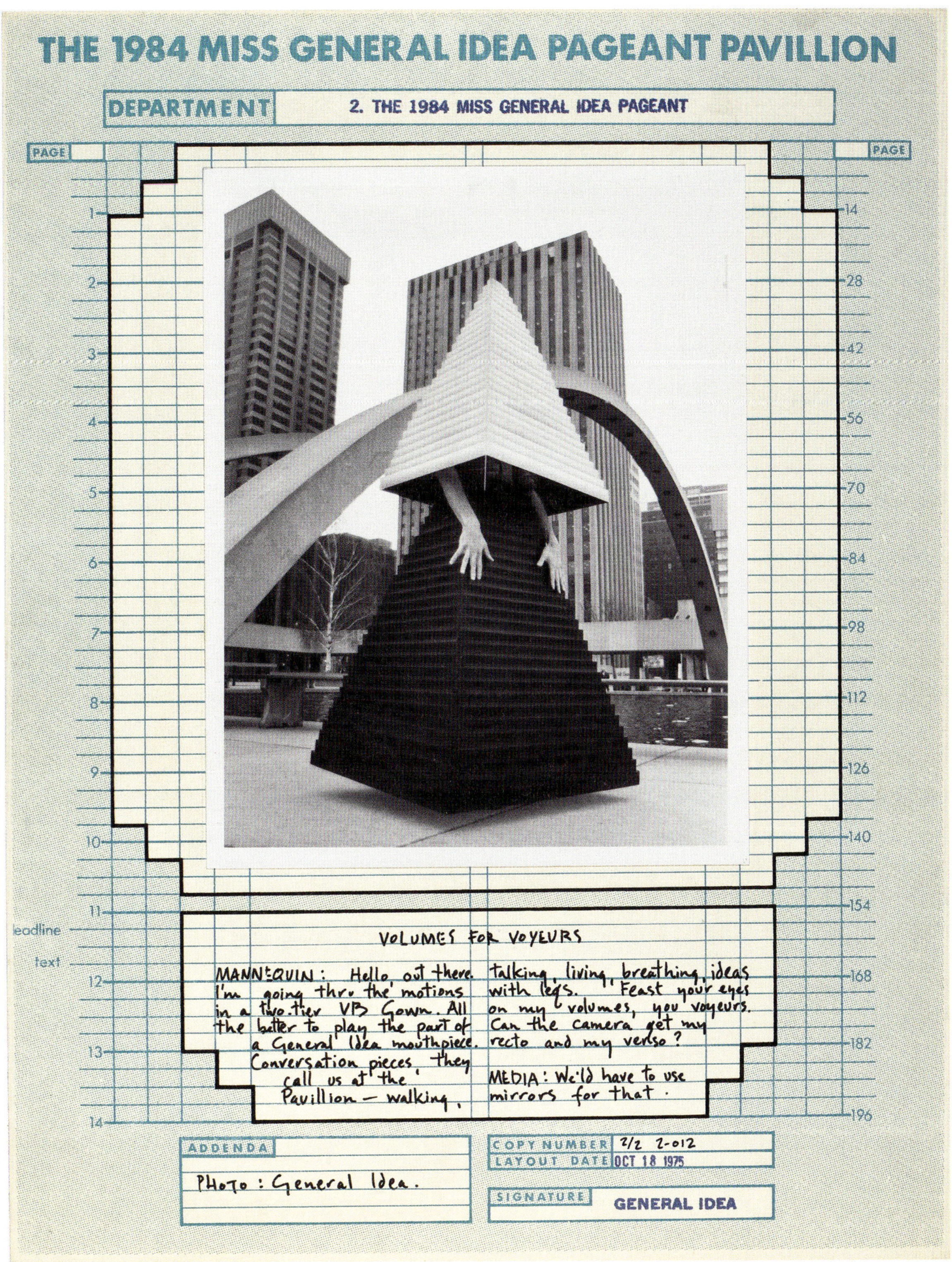

General Idea *2-012 Volumes For Voyeurs*, 18 October 1975.

```
ZZOZOO8OZOZOOOZOZOZ$ZZZZ$$$ZZOZZZ$ZOZZZ
ZZ8DNNNNNNNNNNNNNNNDNDDNNNNNNDNNNDOZZ$
$Z8NNMMNNNNNNNNNNMNNNNNNNNNNNNNMNNMDZ$$
$$8NNNNNNNNNNNMNNMNNNNNNNNNNNNMMNNNND$$$
$Z8NMNNNNNNDNNNNNNNNNNNNNNNNNNNNNNNNZ$$
$$8NNNMNNNNNNNNNNNNNNNNNNNNNNNNNNNNDZ$$
$ZDNNNNNNNNNNNDNNNNNNNNNNNNNNNNDNND8Z$$
7$DDNNNNNNNNNNNDNNDNNNNNNNNNNNDNNDD877$
$7DDNNNNNNNNNNNNDDDNDDNNNNNNNNNNNNNDD8$7$
7$8DDDNNNDDNNNNNNDDDDNNNDNNNNDDDNND8$7Z
7$ODDDNDDDDDDDDDDDDDDDDDDDDDDDDDDD8OZ$7O
$$7777$777777I77777II777777I7777777I77O
7$I77II?II?IIIII?I?II?????????III777I7Z
77II???++++++++===++?+++=+++????I?II7$$
77I?+?+++++=+++===+==+===+++=+++?+?II7$
7I?++++++++=================+=======++++?I77$
I7?++++++++=============+=+++=+++++I77$
7I?++++=++++=========++=+=+++++++++?I77Z
77I?++++++++++++=======+====+=+==+++?I7Z
77I?++++++++++=++==========++=+===+?77$
77?+++++++++=====+=====+==++=++=++?I77$
7I?+++++++===+====++++=+++++++=+++?I77$
7I?++++++++++====+===+++++=+++===++?I7$
77I?++++++++=+====++==+++++++=+==++?I77
7I?+++++++=++=======+++++++++++++++?I7$
77?++??+++++++====+===+++++++++++++?I7$$
77I????+++++++++++++==+++++++++++++++???$$
77I???+??+??+++=+++++++++?++?++?????7$$
$$7$$7$7I7$7$7$Z77$$777II777$$777$77$$7
```

Luis Jacob *They Speak in Tongues to the Dead*, 2009

```
ZZZZOOOOZOZOOOOZZZZZZZZZZOOZOOOOZOOOOOOOOOOOOOOOOOOOO
ZO888888888888888888888888888888888888888888888888880
ZO8O8888888888888888888888888888888888888888888880880
$O8888888888888888888888888888888888888888888888888080
ZOO8888888888888888888888888888888888888888888080Z80
ZO88888888888O8888888888888888888888888888888888ZOO
ZOO8O8O888888880888808888888888880888888888888808000
ZOOOOOOO88OOOOOOOO8O888888O8O888888O8O8888888D80888OOO
ZOOO8OOOOOOOOOOOO88OOOOOOOOOOO8OO8OO8O8888888888888OOO
ZOOO8OOOOOOOOOOO8O8OOOOOOOOOOOOOOOOOOO8888O8O8888888OOO
ZOO8OOOOOOOOOOOOOOOOOOOOOOOOOOOOOOOOOOOO8OOO8888888OOO
Z8O88OOOOOOOOOOOOOOOOOZOOOOOOOOOOOOOOOOOOO8OO888888OOO
Z8O8888888OOOOOOOOOOZOZZOZOOOOOOOOOOOOOO8888O8O88OOO88OO
OOZZO8ZO8OOOOOOOOOOZZ$$ZZOOOZOOOOOOOOOO8888OO888OO88OO
OZ$ZZ$$$$$$$$$$$$$7777777777$7$$$$$$$$$$$$$$$$$Z$$ZOO
8Z$$$$$$$$$$$$$7777777777777777777777777777$$$$$$$OO
8Z$$$$$$$$$$$$7$7777777777777777777777777777$$77$$$$$OO
O$Z$$$$$$$$$$$$$777777$7777777777$$7777777$$$$$$$$$80
OZZ$$$$$$$$$$7$$7777777777777777777777777$7$$$$$$$$$80
OZ$$$$$$$$7$$$$$$$7777777777$$7$77$$$$$$$$$$$$$$$$$80
OZZ$$$$$$77$$$$$7$$$$7$7$77$$$777$$77$$$$$$$$$$$$$$80
OZ$$$$$$$$$$$$$$$$$$$$$$$$$$$$$$$$$$$$$$$$$$$$$$$Z80
OO8D88DDDDDDDDDDD88D8888DDDDDDDDDDDDDDDDDDDDDDDD8OOO
O8DDDNNDDDDDDDDDDDDDDDDDDDDDDDDDDDDDDDDDDDDDDDDDD8OZ
8DDDDDDDDDDDDDDDDDDDDDDDDDDDDDDDDDDDDDDDDDDDDDDDDD800
8DDDDDDNDDDDDDDDDDDDDDDDDDDDDDDDDDDDDDDDDDDDDDDDDDD800
O8DDDDDDDDDDDDDDDDDDDDDDDDDDDDDDDDDDDDDDDDDDDDDDDDD800
ODDDDDDDDDDDDDDDDDDDDDDDDDDDDDDDDDDDDDDDDDDDDDDDDD800
O8DNDDDDDDDDDDDDDDDDDDDDDDDDDDDDDDDDDDDDDDDDDDDDDDCO
O8DNDDDDDDDDDDDDDDDDDDDDDDDDDDDDDDDDDDDDDDDDDNDDDD800
ODDDDDDDDDDDDDDDDDDDDDDDDDDDDDDDDDDDDDDDDDDDDDNDDDDO8
O8DDDNNNDDDDDDDDDNDDDDDDDDDDDDDDDDDDDNNNDDDDDDDDNDD8O
O8DDDDDDDDDDDDDDDDNDDDDDDDDNDDDDNDDNDDNDDNDDDNDDDNNND8O
O8DDDDDNDDDDDDNDDDDDDDDDDNNDDDNNDDDDDDDDNNDNNNNNND88
88DDNNNDDDNDDDDDDDDNNDNDNDDDDNNDDDDDDDDDDDDNNNNNNND88
88DNNDDDNNNNNDNNNDNNDNDDDDDDDDDDDDDDDDDNDNNNNNNDND88
88DNNDDDNNNNNDNDNNNDDDDDDDDDDDDDDDDDDDDNNNNNNNNND88
88NNDDDNNNNDDDDNNDDDNDDDDDDDDDDDDDDDDNDDNNNNNNNNNNND88
88D8888888DDDDDDDD88D888DDDD88DDD8D88DDDDD888888D888
8O8OO8OOOO8888OOOOOOOOOOOO8OOOOOOOOO88O888888888888D8
```

Luis Jacob *They Speak in Tongues to the Dead*, 2009

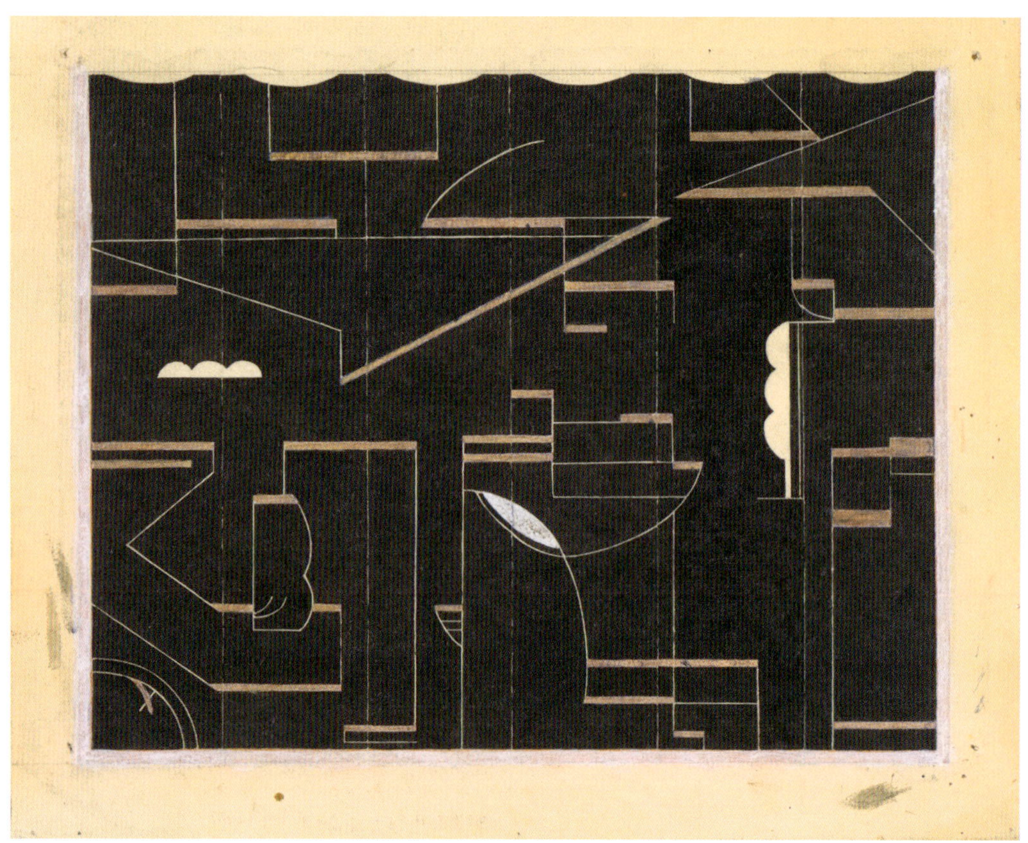

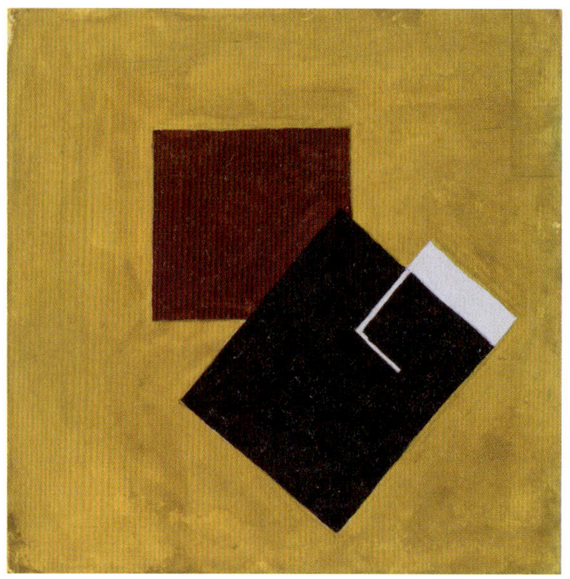

Eileen Gray *Design for a carpet – Bretano*, 1928 | **Eileen Gray** *Design for a lacquer screen*, 1920

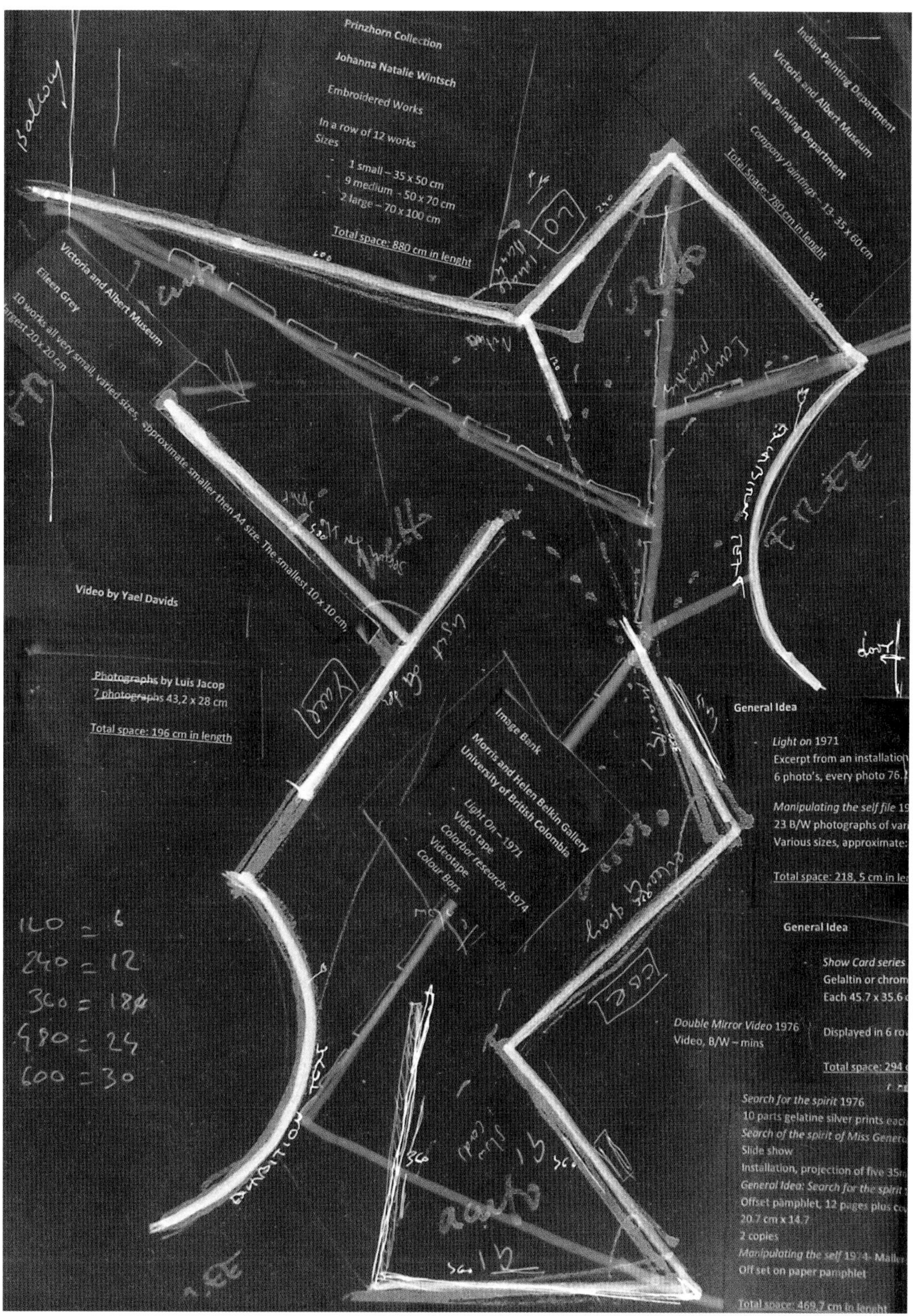

Luca Frei *Untitled (Search for the Spirit exhibition design and structure)*, 2009

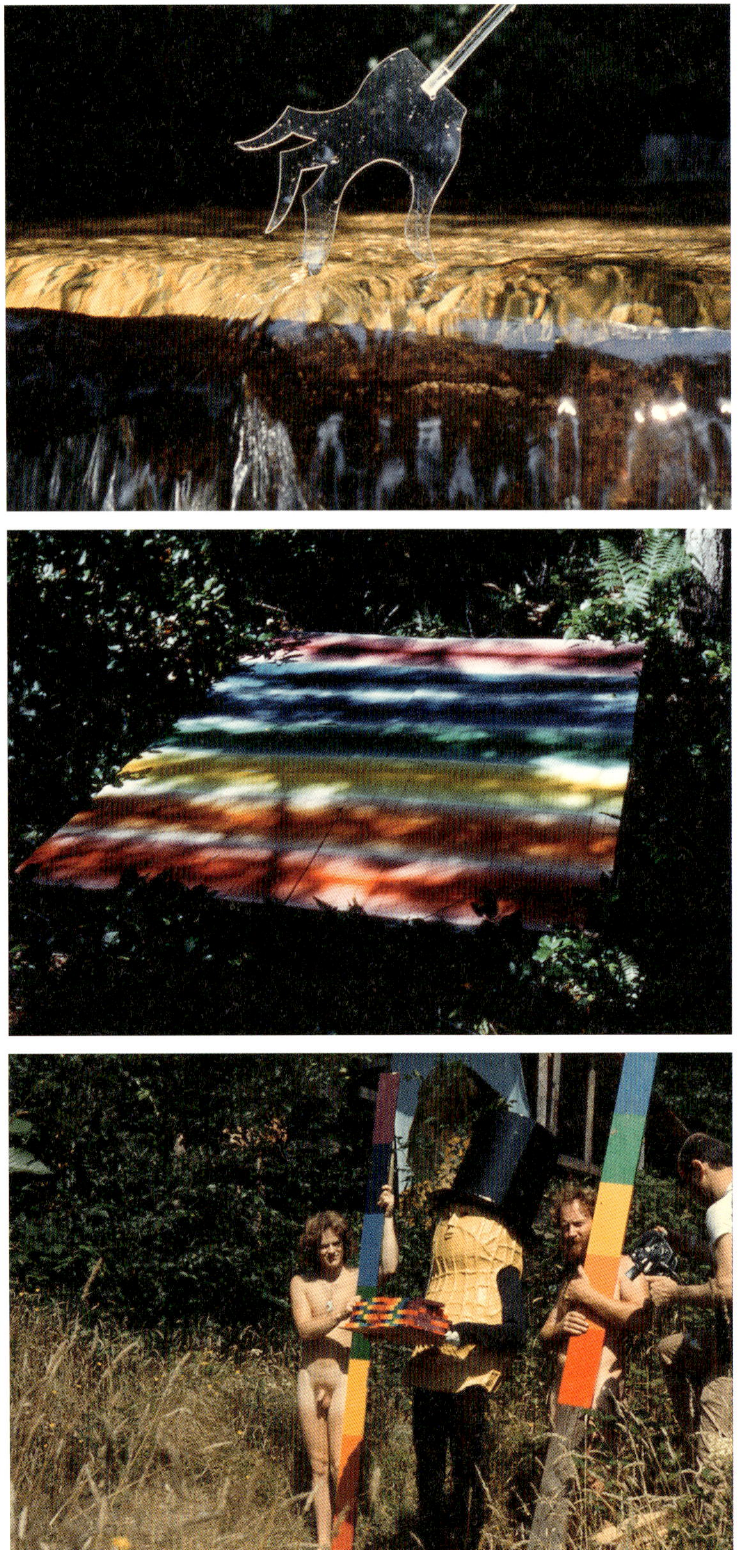

Image Bank *Film clip – Colour bar research*, 1974

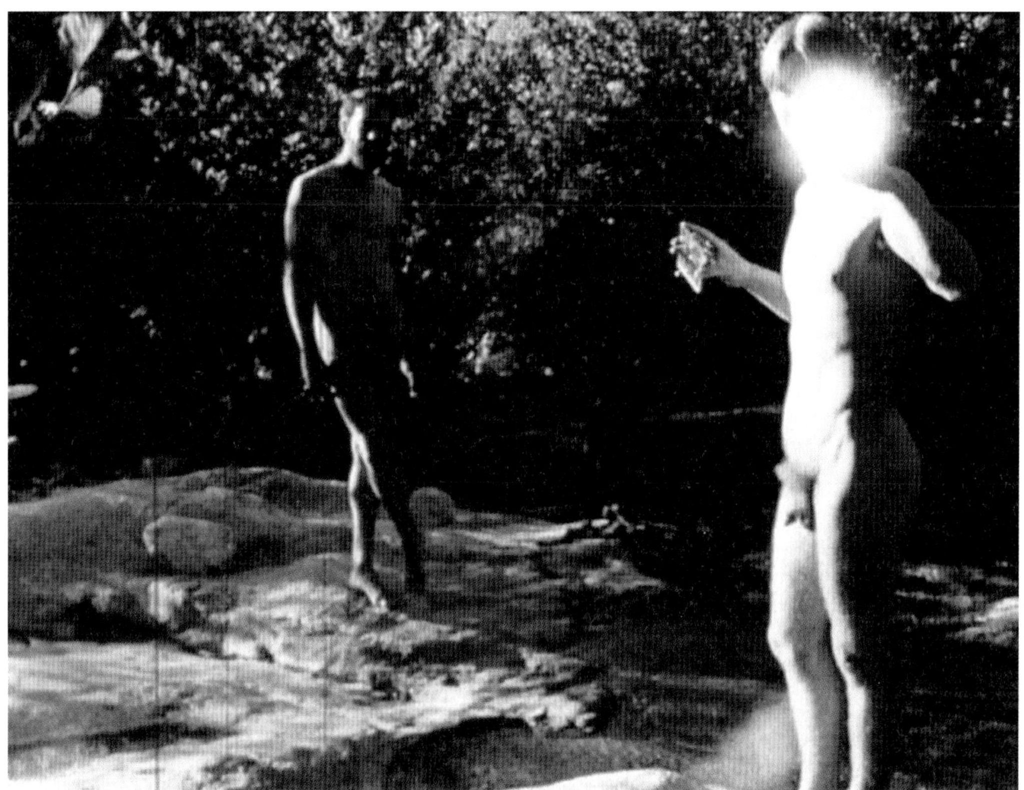

Image Bank *Film clip – Light On*, 1974

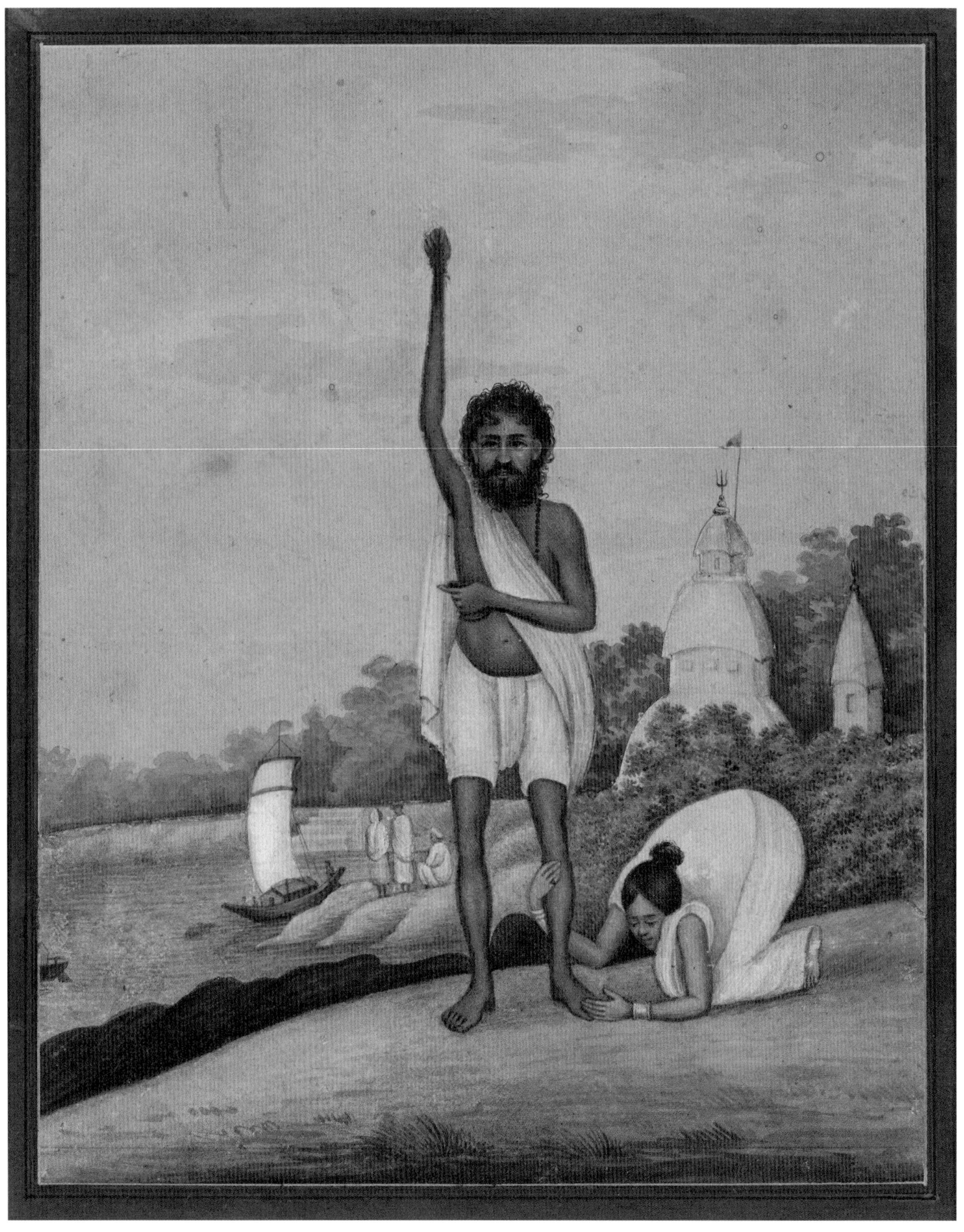

Company Painting Hindu Fakir Hindu Fakir of Urdhbhavan (asceet), door een anonieme Patna-kunstenaar naar
Sir Charles D'Oyly's *Costumes of India* |
Hindu Fakir or Urdhbhavan (ascetic), by an anonymous Patna artist after Sir Charles D'Oyly's *Costumes of India*, Patna (India), 1830

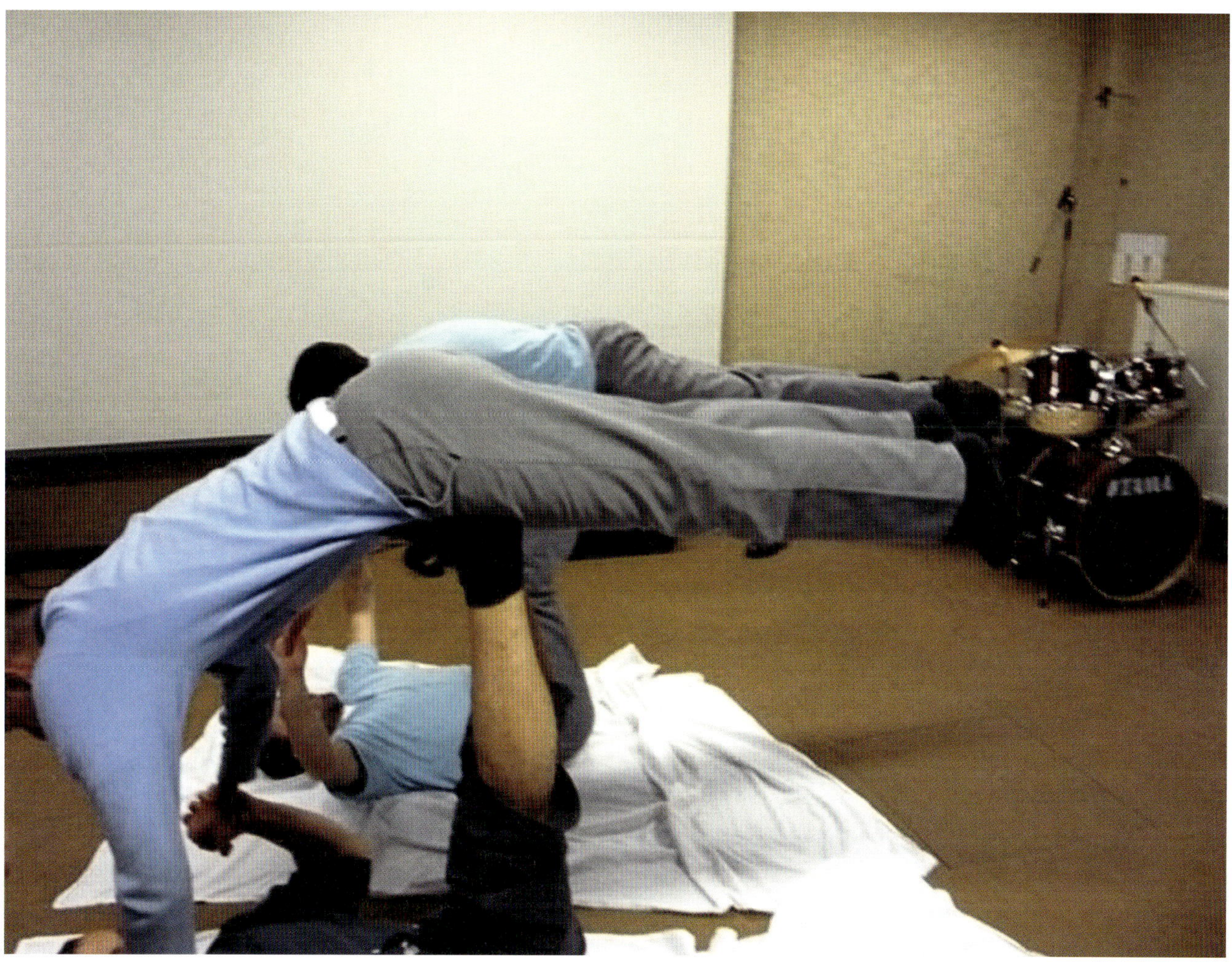

Workshop circusvaardigheden, magie en illusie met gevangenen van de Mechelse Gevangenis, georgeaniseerd door Yael Davids |
Workshop on the themes of circus skills, magic and illusion with inmates from Mechelen City Prison, organised by Yael Davids

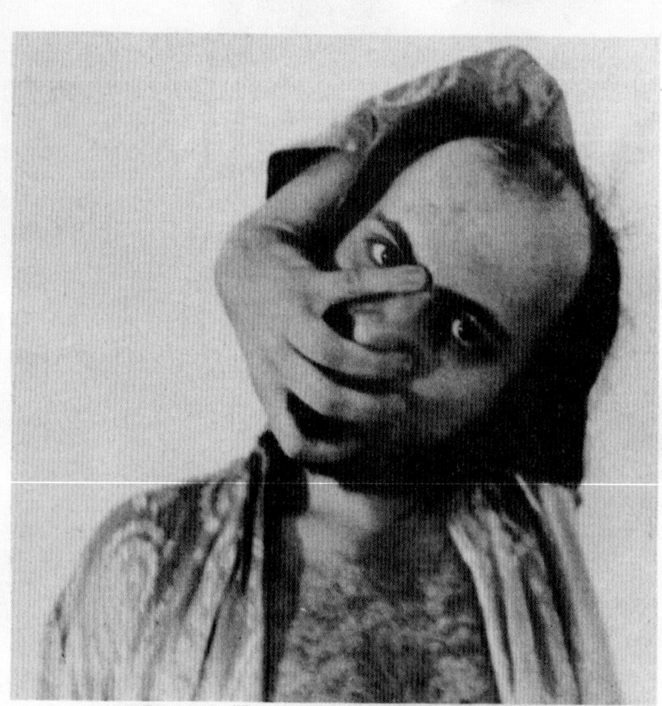

General Idea Mailer for *Manipulating the Self (Phase 1 – A Borderline Case)*, 1970

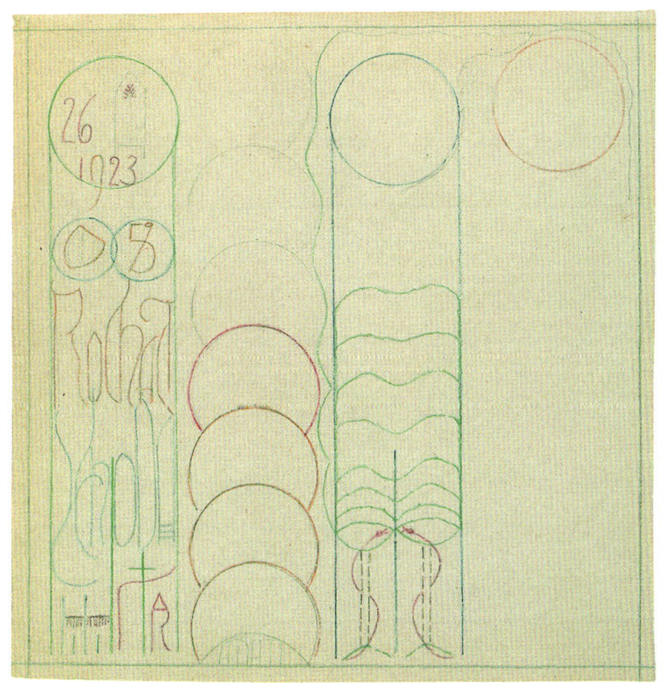

Johanna Natalie Wintsch *Dieu=Mere Pair*, 1923

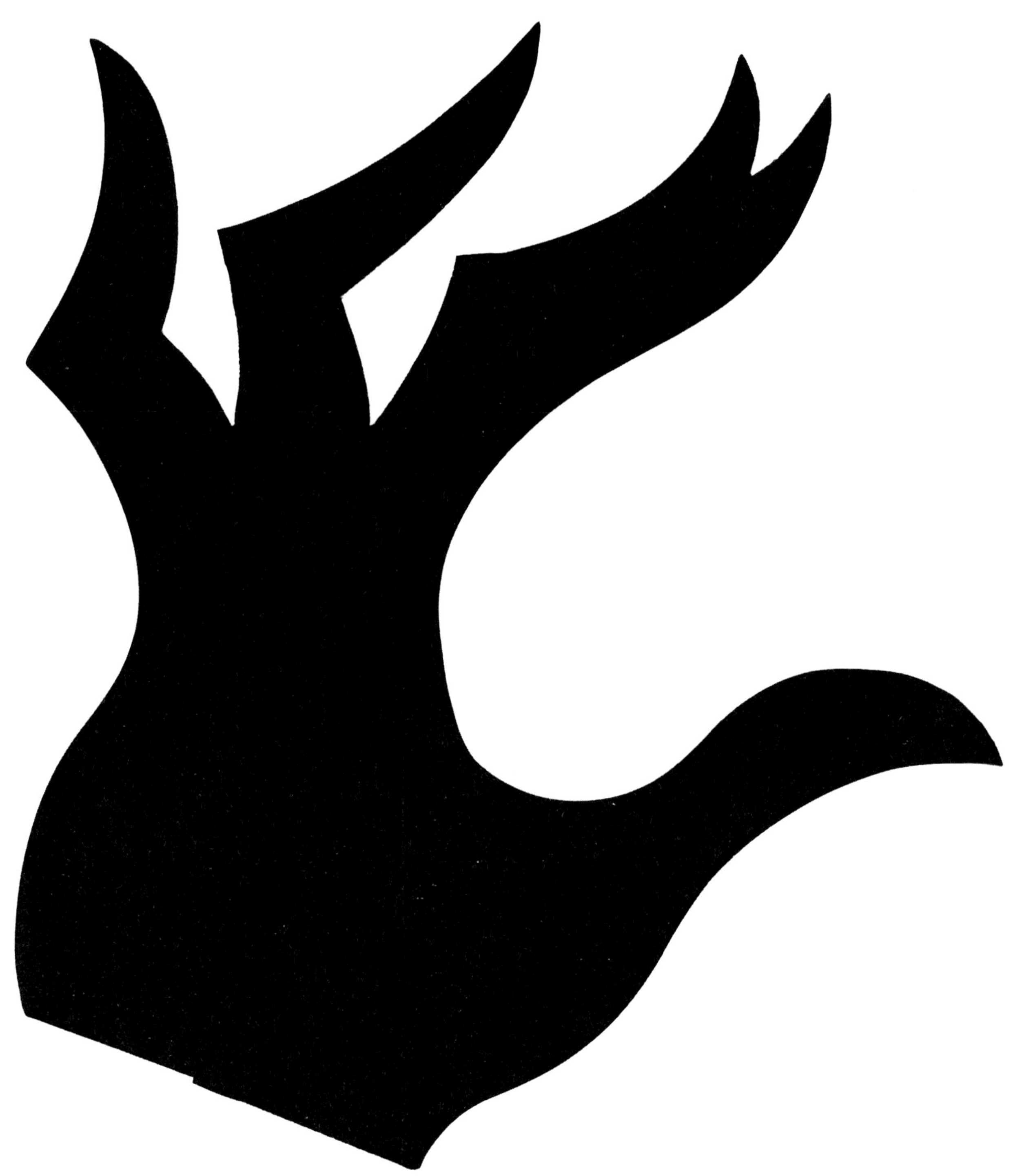

Grant Watson is als curator verbonden aan het Museum van Hedendaagse Kunst Antwerpen (MuHKA) waar hij tentoonstellingen, lezingen en kunstenaarsprojecten organiseert. Voordien, tussen 2001 en 2006, werkte hij als curator beeldende kunsten bij Project arts centre in Dublin en studeerde hij curatorschap en beeldcultuur (Visual Cultures) aan het Goldsmiths College London.

Gedurende de 18de en 19de eeuw maakten de Britse heersers uitgebreid gebruik van Indische kunstenaars om het leven van alledag in het koloniale India af te beelden – zijn architectuur en eeuwenoude monumenten, zijn godheden en religieuze festivals, klederdracht, beroepen en kasten. Deze kunstenaars waren oorspronkelijk als miniaturisten opgeleid, maar ontvingen ook onderricht in specifiek Europese technieken zoals aquarel, perspectief en clair-obscur. Uit deze ongebruikelijke mengvorm vloeide de traditie voort van wat later **Company Paintings** werden genoemd, naar de leden van de Britse East India Company die deze miniaturisten te werk stelden. Deze voornamelijk op papier geproduceerde beelden stellen de verschillende lagen van de Indische bevolking voor (inclusief de Britten) en vormen een accurate weergave van hoe het er in het Indië van de 18de en 19de eeuw aan toe ging. De grootste en belangrijkste collectie van Company Paintings bevindt zich in de afdelingen Indië en Zuidoost-Azië van het Victoria and Albert Museum in Londen.

Yael Davids (°1968, Kubbutz Tsuba, Israel) woont en werkt in Amsterdam. Haar dubbele vorming als beeldend kunstenares en performer manifesteert zich in haar praktijk door de interactie tussen de menselijke gestalte en handgemaakte structuren – de juxtapositie van de expressieve kwaliteiten van het ene en het omkaderende potentieel van het andere. Haar ambitieuze performances berusten vaak op de deelname van een groot aantal 'acteurs' die gezamenlijk grote, door de kunstenares ontworpen modulaire structuren manipuleren; de dynamische composities die zo ontstaan, verkrijgen hierdoor een sterk emotionele, soms zelfs erotische lading. Haar werk was te zien in *Here We Dance* (Tate Modern, 2000), *Memorial to the Iraq War* (ICA London, 2007), *Sinopale* (1ste biënniale van Sinop, Turkije, 2006), het performanceprogramma van de biënnale van Venetië in 2005, *If I Can't Dance I Don't Want To Be Part Of Your Revolution* (Utrecht, Den Bosch en Leiden, 2005) en Platform Garanti in Istanbul (2004).

Kunstenaarsbiografieën | Artists' biographies

During the 18th and 19th centuries the British employed Indian artists to depict life in colonial India and to produce a record of its architecture, ancient monuments, deities, festivals, costumes, occupations and castes. Made by artists with a background in miniature painting but trained in European artistic techniques such as watercolour, perspective and chiaroscuro, these works produced an unusual hybrid form later known as **Company Paintings** because they were created by Indian artists employed by members of the British East India Company. These images (mostly works on paper) serve as representations of different strata of Indian society (including the British) and show how they would have appeared during the 18th and 19th centuries. The largest and most important collection of Company Paintings can be found in the Indian and South East Asian Department at the Victoria and Albert Museum in London.

Yael Davids (°1968 in Kibbutz Tsuba, Israel) lives and works in Amsterdam. With a background in both performance and fine art, her practice is concerned with the interaction between the human form and man-made structures and juxtaposes the expressive qualities of the one with the framing ability of the other. Her ambitious performances often involve large numbers of people working collectively to manipulate and move modular structures designed by the artist to produce dynamic compositions with emotional, and sometimes erotic, overtones. Her work has been seen as part of *Here We Dance* at Tate Modern (2008), *Memorial to the Iraq War* at the ICA in London (2007), *Sinopale* (1st Biennial of Contemporary Art of Sinop, 2006), the performance section of the Venice Biennial (2005), *If I Can't Dance I don't Want to be Part of Your Revolution* in Utrecht, Den Bosch and Leiden (2005), and at Platform Garanti in Istanbul (2004).

Grant Watson is a curator based in Antwerp working at the Museum van Hedendaagse Kunst Antwerpen (MuHKA) where he organizes exhibitions, lectures and artist projects. He was previously the Curator of Visual Arts at Project in Dublin between 2001 and 2006 and studied Curating and Visual Cultures at Goldsmiths College London.

Luca Frei (°1976) is een in het Zweedse Lund gevestigde Zwitserse kunstenaar. Zijn praktijk leunt dicht tegen architectuur en design aan, en bedient zich van velerlei media: beeldhouwkunst, installaties, werk op papier, en structuren die op 'tentoonstellingsmeubilair' lijken en/of daadwerkelijk ook zo functioneren. Freis structuren ademen een strenge minimalistische sfeer, reageren vaak direct op een specifieke architecturale context, maar berusten eveneens op diepgaand onderzoek naar specifieke politieke en sociale systemen. Frei is hierbij voornamelijk geïnteresseerd in de geschiedenis van het verzet tegen de status-quo. Zijn internationale artistieke traject behelst onder meer de tentoonstellingen *Watch Out* in Studio Dabbeni Lugano (2008), *Studies/Play* in de Lunds Konsthall (2008), *Democracy in America: the National Campaign* in Creative Time te New York (2008), *Disobedience* in Nottingham Contemporary (2008), *Modelle für Morgen* in de European Kunsthalle te Keulen (2007), *Der Prozess* (3de biënnale van Praag 2007) en de 9de biënnale van Istanboel (2005).

General Idea (**AA Bronson** °1946; **Felix Partz** °1945–†1994; **Jorge Zontal** °1944–†1994) was een vanuit Toronto en New York opererend collectief van kunstenaars die vijfentwintig jaar lang samen leefden en samen werkten. Deze pioniers van de vroege Canadese conceptuele en mediakunstscene waren onder meer actief in mailartprojecten, vroege videokunst en performance; ze gaven daarnaast ook *File Magazine* uit. Gevoed door hun interesse in de kritische toe-eigening en ondermijning van populaire mediavormen evolueerde hun werk van de *Miss General Idea Pageant* in de jaren zeventig naar een onderzoek van televisie, corporate logo's en commercie in de vroege jaren tachtig, concluderend met aan de aidsepidemie gewijde projecten in de vroege jaren negentig. Hun werk wordt getypeerd door een gevatte geestigheid en een kritische blik op cultuur in het algemeen en de kunstwereld in het bijzonder. Het uitgebreide oeuvre van General Idea bestrijkt vele media, maar bijzondere vermelding moet worden gemaakt van hun diverse uitgebreide voorlichtingsprojecten gerelateerd aan aids. In 1974 richtte General Idea Art Metropole op: een non-profittentoonstellingsruimte gewijd aan hedendaagse kunst in multipel-formaat. Retrospectieven van hun werk doen geregeld belangrijke Europese en Amerikaanse kunstinstituten aan, gaande van Documenta 10 (Kassel, 1997), Kunst-Werke in Berlijn (2006), het Centro Andaluz de Arte Contemporaneo in Sevilla (2007) en de biënnale van Venetië in 2007.

Eileen Gray (°1878–†1976) was van Ierse afkomst, maar woonde bijna haar hele leven in relatieve obscuriteit in Parijs. Haar reputatie als een van de meest invloedrijke meubelontwerpers en architecten van de twintigste eeuw is een vrij recent fenomeen; ze is intussen ook tot een heus feministisch icoon uitgegroeid. Als pionier van de moderne beweging in binnenhuisontwerp en architectuur ontwikkelde Grey zowel een distinctieve stijl als dito werkwijze, zoals onder meer blijkt uit de opulente, luxueuze toetsen waarmee ze de geometrische vormen van industrieel geproduceerde materialen (typisch voor de ontwerpen van de Internationale Stijl) verrijkte.

Haar beroemde Bibendum-stoel uit staal en leer is inmiddels een instant herkenbaar icoon van de twintigste-eeuwse kunst. Haar werk is nu opgenomen in verscheidene belangrijke museumcollecties, zoals die van het National Museum of Ireland in Dublin, het Victoria and Albert Museum in Londen en het MoMA in New York.

Image Bank werd in 1969 opgericht door **Michael Morris** en **Vincent Trasov** als een database van materialen die werden bijeengebracht door middel van een netwerk van corresponderende kunstenaars die voornamelijk in Noord-Amerika actief waren. Image Bank had als doel de productie van een collectieve, op processen gebaseerde artistieke praktijk te stimuleren – en de ondermijning, door middel van het creatieve herstructureren van bestaande normen, van het heersende regime van vervreemding en reïficatie in de kapitalistische maatschappij. De groep nam tevens deel aan participatorische, performatieve projecten als *Colour Bar Research* (1971) en videowerken als *Light On* (1971), maar ook aan grootschaliger evenementen

---

Luca Frei (°1976) is a Swiss artist based in Lund (Sweden). His practice, which approximates design and architecture, includes sculpture, installation, works on paper as well as structures that appear like, or function as, exhibition design systems. These works, which have a minimal, pared-down quality, often respond to a particular place or architecture, and sometimes carry with them an investigation into political or social systems, excavating a history of resistance to the status quo in the process. Frei has exhibited internationally, including in *Watch Out* (Studio Dabbeni Lugano, 2008), *Studies/Play* (Lunds Konsthall, 2008), *Democracy in America: the National Campaign* (Creative Time, New York, 2008), *Disobedience* (Nottingham Contemporary, 2008), *Modelle für Morgen* (European Kunsthalle, Cologne, 2007), *Der Prozess* (3rd Prague Biennial, 2007), and the 9th Istanbul Biennial (2005).

General Idea (**AA Bronson** °1946; **Felix Partz** °1945–†1994; **Jorge Zontal** °1944 –†1994) was an artist group based in Toronto and New York who lived and worked collectively for twenty-five years. Pioneers of early conceptual and media-based art in Canada, their early works included mail art projects, performances, props, videos and *File Megazine*. Their interest in subverting and inhabiting popular and media culture moved from the *Miss General Pageant* in the 1970s through an investigation of television, corporate logos and commerce in the early 1980s, to projects addressing the AIDS epidemic in the late 1980s, early 1990s. Typified by wit and a critical take on culture in general, and the art world in particular, General Idea produced an extensive oeuvre in diverse media, including an extensive public information project relating to AIDS. In 1974 General Idea founded Art Metropole, a non-profit space dedicated to contemporary art in multiple format. Retrospective exhibitions of General Idea's work continue to tour in Europe and America, most recently at Kunst-Werke in Berlin (2006) and the Centro Andaluz de Arte Contemporaneo in Seville (2007), and their work has been included in Documenta 10 (Kassel, 1997) and the 2007 Venice Biennial.

Born in Ireland but working in Paris for most of her life, **Eileen Gray** (°1878–†1976) was largely unknown during her lifetime, but has since been recuperated as one of the most influential furniture designers and architects of the 20th century, as well as a feminist icon. A pioneer of the modern movement in architecture and design, Gray's style was as distinctive as her way of working, and she developed an opulent, luxuriant take on geometric forms and the industrially produced materials then being introduced by the International Style designers. Her famous leather and tubular steel Bibendum Chair is now an instantly recognizable icon of 20th century design. Her work is held in various important museum collections, including the National Museum of Ireland in Dublin, The Victoria and Albert Museum in London and the Museum of Modern Art in New York.

Image Bank was founded in 1969 by **Michael Morris** and **Vincent Trasov** as a 'bank' of material collected through a system of postal correspondence between a network of artists, primarily based in North America. The aim of Image Bank was to produce a collaborative process-based practice that could challenge the prevailing order of alienation and commodification in capitalist society by creatively restructuring its norms. The group also engaged in participatory and performative projects such as the *Colour Bar Research* (1971) and video works such as *Light On* (1971), as well as participating in larger events involving other artists such as *Art's Birthday*, *Decca Dance* and the *Miss General Idea Pageant*. Image Bank never officially stopped operating, but their final project (an exhibition

als *Art's Birthday*, *Decca Dance* en de hiervoor vermelde *Miss General Idea Pageant*. Image Bank werd nooit echt officieel ontbonden, maar hun voor 1978 geplande afscheidstentoonstelling van mailart werd op het laatste moment nog een halt toegeroepen door een rechtszaak vanwege een bedrijf uit New York dat eveneens Image Bank heette. Een aanzienlijke collectie van Image Bank-materialen (boeken, multipels, video, klankopnamen, edities, foto's, tekeningen en drukwerk) is vandaag terug te vinden in het Morris/Trasov-archief van de Morris and Helen Belkin Art Gallery aan de universiteit van British Columbia in Vancouver.

De Canadese kunstenaar **Luis Jacob** (°1970) woont en werkt in Toronto. Zijn artistieke praktijk bestrijkt een breed gamma van media, gaande van sculpturen en video's tot installaties, werken in de publieke ruimte en fotomontages. Zijn filosofische onderzoek richt zich op de geschiedenis van het modernisme en de avant-garde, gekoppeld aan een fascinatie voor sociale vormen en het gebruik van gebaren. Zijn '*Albums*', samengesteld uit iden-

tieke pagina's waarin bestaande beelden *(found footage)* in een serieel grid worden geplaatst, alluderen op deze preoccupaties door de juxtapositie van verschillende fenomenen. Behalve als kunstenaar is Jacob ook geregeld actief als tentoonstellingsmaker; hij was als *curator in residence* verbonden aan de Blackwood Gallery van de Universiteit van Toronto in Mississauga waar hij *Golden Streams: Artists Collaboration and Exchange in the 1970s* organiseerde, met werk van onder meer Image Bank en General Idea. Jacobs internationale tentoonstellingsparcours omvat deelnames aan *LTTR Explosion: Practice More Failure* (Art In General, New York, 2006), *Towards A Theory* (Het Wilde Weten, Rotterdam), Documenta 12 (Kassel, 2007), de biënnale van Montreal (2007) en Platform Seoul (PKM Gallery, Seoul, 2008).

Johanna Natalie Wintsch (°1871 in Illnau–†1944) produceerde textielwerken die op het gebruik van gekleurd garen op een witte achtergrond berustten en vaak cryptische en occulte betekenissen bevatten. Als jonge vrouw stond zij haar fa-

milie financieel bij door als pianolerares te werken. Ze woonde ook theosofische bijeenkomsten bij totdat ze in 1917 in een psychiatrische kliniek werd geïnterneerd op basis van toenemende paranoia en het horen van stemmen. Het was in deze klinieken in Lausanne, Burghölzli en Rheinau dat ze begon te borduren (vaak 'smokkelde' ze de namen van haar artsen op haast onmerkbare wijze in haar complexe patronen), totdat ze in 1925 uiteindelijk werd ontslagen. Een groot deel van haar werk is nu terug te vinden in de Prinzhorn-collectie (opgericht door Hans Prinzhorn, een Duitse kunsthistoricus en arts die van 1886 tot 1933 leefde), een kunstverzameling van work van psychiatrische patiënten uit het begin van de twintigste eeuw. De collectie van Hans Prinzhorn bestaat uit meer dan vijfduizend items, voornamelijk tekeningen, maar ook olieschilderijen, aquarellen, sculpturen, foto's en werken in textiel. De verzameling is ondergebracht in een voormalige neurologische kliniek die in 1918 werd opgericht in de buurt van Heidelberg – nu een publiek toegankelijk museum met bijbehorend archief.

(vertaling Dieter Roelstraete)

---

of postcards) was stalled when they were threatened with legal action in 1978 by a New York company, also called Image Bank. A large collection of material from Image Bank including books, multiples, videos, sound recordings, editions, photographic prints and negatives, drawings and prints is held at the Morris/Trasov Archive at the Morris and Helen Belkin Art Gallery at the University of British Columbia in Vancouver.

The Canadian artist **Luis Jacob** (°1970) lives and works in Toronto. His practice, which spans a variety of media including sculpture, video, installations, public works and photographic montage, brings a philosophical investigation to a number of themes including the history of modernism and the avant-garde, an interest in social forms and the use of gesture. His '*Albums*', identical pages presenting imagery in a serial grid, are put together using found photographic footage that notate these concerns through image juxtapositions,

where correspondences between diverse phenomenan resonate. As well as practicing as an artist, Jacob also frequently works in a curatorial manner, and was the curator in residence at the Blackwood Gallery at the University of Toronto at Mississauga where he organised *Golden Streams*: *Artists Collaboration and Exchange in the 1970s*, which included works by Image Bank and General Idea. Jacob has exhibited internationally, including in *LTTR Explosion: Practice More Failure* at Art In General in New York (2006), *Towards a Theory* at Het Wilde Weten in Rotterdam (2007), at Documenta 12 in Kassel and the Montreal Biennial (both 2007) and Platform Seoul at PKM Gallery in Seoul (2008).

Johanna Natalie Wintsch (°1871 in Illnau–†1944) produced textile works, using coloured stitching on a white ground that often had cryptic or occult meanings. As a young woman, she worked as a piano teacher to support her family and

attended Theosophical gatherings before being admitted to a private institution in 1917 on account of hearing voices and experiencing paranoia. Here, and in subsequent mental hospitals in Lausanne, Burghölzli and Rheinau, she took up embroidery, often stitching her doctors' names in an elaborate and disguised form, until she was released in 1925. A large collection of her work is held by the Prinzhorn Collection (founded by German Art historian and doctor Hans Prinzhorn, 1886–1933), which includes artworks made by patients from different psychiatric institutions in the early decades of the 20th century. The collection consists of over 5000 works of art, mostly drawings, but also works in different media such as oil painting, watercolour, sculpture, textiles and photography. The collection is now housed in a former neurological clinic built in 1918 in the vicinity of the psychiatric hospital in Heidelberg, and today is a public museum and archive.

Betreffende het voortraject

Overzicht

Het discursieve voortraject van *All That Is Solid Melts Into Air* had als bedoeling de thema's en concepten van voornoemde tentoonstelling (en van het initiatief *Stadsvisioenen* in het algemeen) dichter bij de Mechelse bevolking te brengen. Het begon allemaal met op diverse plekken ingeplante leesgroepen. Uiteindelijk resulteerde dit in een breder opgevatte notie van een 'discursieve gemeenschap' die doorheen een uiteenlopende reeks formats gestalte kreeg. Door middel van intensieve workshops werden bestaande maar informele 'studie-plekken' afgebakend. Dit voortraject werd geconcipieerd en uitgewerkt in nauw overleg met de kunstenares Sarah Pierce, en spitste zich op drie onderscheiden sites toe: Galerie Transit, de stadsgevangenis en het stadsarchief. Massale participatie vanwege de Mechelse bevolking hadden we hiermee niet voor ogen. De nadruk lag veeleer op het intensieve engagement van kleinere groepen belangstellenden die samen actief ideeën genereerden.

Het voortraject werd uitgebreid gedocumenteerd in een afzonderlijke publicatie samengesteld door Sarah Pierce en uitgegeven door Metropolitan Complex en vzw MMMechelen.

Galerie Transit

Een studiegroep bestaande uit zes kunstenaars en gecoördineerd door Herman Van Ingelgem reflecteerde hier over de centrale thematische preoccupaties van *Stadsvisioenen*. Op deze bijeenkomsten bediscussieerden de deelnemers ook elkanders artistieke praktijken. De gesprekken concentreerden zich op bepaalde problematieken in het hedendaagse kunstdebat die met sociale vraagstukken samenhangen. Bijzondere aandacht ging hierbij uit naar de aard en het gebruik van de publieke ruimte en de kwestie van mediatisering en representatie. De resultaten van deze discussies werden bijeengebracht in het stadsarchief in Mechelen, waar het door het publiek kan geraadpleegd worden.

Team:
Studiegroep: Herman Van Ingelgem, Vaast Colson, Anne Daems, Emmanuel Lambion, Ivo Provoost en Simona Denicolai, Koen Van Synghel
Met bijzondere dank aan: Dirk Vanhecke, Bert De Leenheer van Galerie Transit, Frank Herman, An Volckaert

Mechelen Gevangenis

De kunstenares Yael Davids ontwikkelde en leidde een reeks workshops met de gedetineerden in de Mechelse stadsgevangenis rond het centrale thema van illusionisme, circus- en goocheltrucs (zie foto p. 243). Elke workshop werd afzonderlijk in goede banen geleid door een professional uit de wereld van het theater, acrobatiek en illusionisme. De workshops werden tevens gekarakteriseerd door een sterk narratieve kwaliteit. Dit proces culmineerde in een performance die de gedetineerden voor een beperkt publiek van genodigden ten uitvoer brachten, en gedocumenteerd werd in een film die Davids voor dit project realiseerde. Deze film zal tijdens de tentoonstelling *All That Is Solid Melts Into Air* doorlopend te zien zijn.

Team:
Yael Davids
Gedetineerden en cipiers
Workshop: Einat Tuchman, Ghani Minne, Miguel Cordoba, Adrien Husser en Quintijn Ketels
Camera: Christina Clar
Met bijzondere dank aan:
André Van Bergen, Wim Adriaenssen, Fons Van Den Broeck

Stadsarchief Mechelen

Sarah Pierce legde zich tijdens haar onderzoeksactiviteit in het archief van de stad toe op de geschiedenis en 'mythologie' van Mechelen. Ze werkte daartoe nauw samen met archivaris Willy Van de Vijver. Het stadsarchiefproject bestaat eveneens uit interviews met een groep mensen die het archief voor verschillende redenen aanspreken: uit genealogische nieuwsgierigheid bijvoorbeeld, of als onderdeel van historisch onderzoek. Het materiaal dat Pierce op deze manier uit het archief wist op te vissen vormt een belangrijke component van de publicatie die de kunstenaar voor het voortraject samenstelde.

Team:
Sarah Pierce
Willy Van de Vijver, hoofdarchivaris
Interviews: Maja Lozic, Vincent Indekeu, Karen De Doncker
Bezoekers aan het archief

Projectteam

MuHKA Museum van Hedendaagse Kunst Antwerpen in samenwerking met vzw MMMechelen en Stadvisioenen
Grant Watson, curator
Maja Lozic, assistent
Robrecht Ghesquière, coördinatie/productie
Het voortraject kwam tot stand met de steun van de Evens Stichting.

With regards to the pre-trajectory

Overview

The discursive pre trajectory for *All That Is Solid Melts Into Air* was intended to bring the themes and ideas in the exhibition and more generally in the overall *City Visions* initiative to people living and working in Mechelen. Starting with the idea of setting up reading groups in the city, it expanded to include a broader notion of 'discursive community' realized through different formats including intensive workshops, and identifying existing if informal places of study and research. Devised in collaboration with the artist Sarah Pierce, this pre trajectory has focused on three sites — Transit Gallery, Mechelen City Prison and the City Archives of Mechelen as places for group discussion. Rather than attempt mass participation, the emphasis has been on the intensive engagement by smaller groups who have been actively involved in generating works and ideas.

The pre-trajectory is documented in a separate publication edited by Sarah Pierce and published by Metropolitan Complex and MMMechelen vzw.

Transit Gallery

A study group of six artists coordinated by the artist Herman Van Ingelgem was established to reflect on the central thematic issues of *City Visions* and to present and discuss their practices. These conversations focused on current debates in the art world that have a relationship to social issues, with a particular emphasis on the nature and use of public space and media representation. Material from this discussion has been collected and placed in the City Archives of Mechelen where it is accessible to the public.

Team:
Study Group: Herman Van Ingelgem, Vaast Colson, Anne Daems, Emmanuel Lambion, Ivo Provoost and Simona Denicolai, Koen Van Synghel
Special thanks to: Dirk Vanhecke, Bert De Leenheer of Transit Gallery, Frank Herman, An Volckaert

Mechelen City Prison

Artist Yael Davids conceived and led a workshop with inmates from Mechelen City Prison over a four week period on the theme of circus skills, magic and illusion (see p. 243). The workshops were conducted by professionals in the area of theatre, acrobatics and magic tricks and also included the element of storytelling. This process culminated in a performance by the inmates at the prison for a small invited audience and has been documented in a film produced by the artist which will be screened to the public as part of *All That Is Solid Melts Into Air*.

Team:
Yael Davids, artist
Prison inmates and guards
Workshop instructors: Einat Tuchman, Ghani Minne, Miguel Cordoba, Adrien Husser and Quintijn Ketels
Filming: Christina Clar
Special thanks to: Andre Van Bergen, Wim Adriaenssen, Fons Van Den Broeck

City Archives of Mechelen

The artist Sarah Pierce has selected the City Archives to research history and mythology connected to Mechelen, working with the archivist Willy Van de Vijver to identify archival material pertaining to this. The City Archives project also includes interviews with the group of people who use the archive for diverse reasons including tracking family genealogies and undertaking historical research. Material from the archive will form an important component of the publication edited by Sarah Pierce.

Team:
Sarah Pierce, artist
Willy Van de Vijver, Head Archivist
Interviews Maja Lozic, Vincent Indekeu, Karen De Doncker
Visitors of the archive

Project team

MuHKA Museum van Hedendaagse Kunst Antwerpen in partnership with MMMechelen vzw Stadvisioenen
Grant Watson, project curator
Maja Lozic, project assistant
Robrecht Ghesquière, project coordination/production
The Pre-Trajectory is supported by Evens Stichting.

Beeldverantwoording |
Image credits

Niet Niets | Not Nothing

— curator Edwin Carels

Beelden doorheen het essay
(stereokaarten van Joseph Plateau)
met dank aan het Museum voor de
Geschiedenis van de Wetenschappen
Universiteit Gent. Reproductie Thomas
Weynants i.s.m. Myriade. |
Images throughout the essay (stereogra-
phic photographs of thin films, Joseph
Plateau) courtesy the Museum voor de
Geschiedenis van de Wetenschappen
Universiteit Gent. Reproduction Thomas
Weynants in collaboration with Myriade.

53 **Alex Rich & Jürg Lehni**
Met dank aan de kunstenaars |
Courtesy the artists

54 **Lea Lagasse**
Met dank aan de kunstenaar |
Courtesy the artist

55 **Matt Groening**
Met dank aan | Courtesy Fox Television

56-57 **Dominique Somers**
Met dank aan de kunstenaar |
Courtesy the artist

58 **Annie Catrell**
Met dank aan de kunstenaar |
Courtesy the artist

59 **Joseph Plateau**
Foto | Photo Thomas Weynants,
Museum voor de Geschiedenis
van de Wetenschappen Gent

60 **Jonathan Monk**
Lisson Gallery London

61 **Charles Darwin**
The Natural History Museum London

62 **Persijn Broersen & Margit Lukács**
Met dank aan de kunstenaar |
Courtesy the artist

63 **Jacobus Johannes De Raedt**
Erfgoedcel Mechelen

64-67 **AL and AL**
Alle beelden van |
All images by AL and AL

68 **Douglas Gordon**
Foto | Photo MuHKA

69 **Yves Klein**
Guy Pieters Gallery

70 **Richard Knerr**
Met dank aan | Courtesy WHAM-O

71 **Gordon Matta Clark**
Foto | Photo MuHKA

72 **Günther Uecker**
Koninklijk Museum voor
Schone Kunsten Antwerpen

73 **Arnold Floris van Langren**
Erfgoedcel Mechelen

74 **Quay Brothers**
© Timothy Quay

75 **Sherridan Stymest**
Met dank aan de kunstenaar |
Courtesy the artist

76 **Anoniem | Anonymous**
FotoMuseum provincie Antwerpen

77 **Edith Dekyndt**
Met dank aan de kunstenaar |
Courtesy the artist

83 **Professor Caspar Schott**
Uit beeldarchief van | Image archive
Deutsches Museum von Meisterwerken
der Naturwissenschaft und Technik

Het Werk | The Work

— curator Bart De Baere

90 **Isa Genzken**
© Isa Genzken, 1990 & 2000,
met dank aan | courtesy
Neugerriemschneider, Berlin

91 **Mangelos**
Bruikleen | Loan Zdravka Bašičević

92 **Marcel Broodthaers**
© Maria Broodthaers

97 **Raoul De Keyser**
Bruikleen | Loan MuHKA, Antwerpen
(foto | photo MuHKA)

97 **Thierry De Cordier**
Bruikleen | Loan MuHKA, Antwerpen
(foto | photo Heirman Graphics)

98-99 **Vladimir Kokolia**
Met dank aan de kunstenaar |
Courtesy the artist

100-101 **NS Harsha**
© N.S. Harsha, met dank aan |
Courtesy Bodhi Art,

102 **Jimmie Durham**
© Jimmie Durham. Foto |
Photo Andrea Galiazzo,

103 **Q. Lê Dinh**
Foto | Photo Q. Lê Dinh

104-105 **Joseph Delappe**
Foto | Photo Christine A. Butler

106-107 **Hiwa K.**
Foto | Photo Hiwa K.

108-109 **Ivan Kožarić**
Foto | Photo Ivan Kožarić

110 **Joëlle Tuerlinckx**
Met dank aan | Courtesy
Stella Lohaus Gallery

112-113 **Valentine Kempynck**
Bankje/2009 van Valentine Kempynck
is een productie van kc nOna i.s.m.
De Garage (Cultuurcentrum Mechelen)
en OMSK (Dordrecht) | Bankje/2009 by
Valentine Kempynck is a production of
kc nOna with De Garage (Cultuurcentrum Mechelen) and OMSK (Dordrecht)

114 **Moniek Toebosch**
Foto's | Photo's Rudy J. Luijters

116 **Christophe Terlinden**
Foto's | Photo's Christophe Terlinden
& Bert De Leenheer

117 **Johannes Vogl**
Foto | Photo Johannes Vogl

118-119 **Nina Canell & Robin Watkins**
Foto | Photo Nina Canell. Met dank
aan | courtesy the artist, Manifesta7
& Mother's Tankstation

120-121 **Suchan Kinoshita & Marcel Hiller**
Met dank aan de kunstenaars |
Courtesy the artists

De Maakbare Mens |
The Man-Made

— curator Liliane Dewachter

140 **Desiree Dolron**
Met dank aan | Courtesy
Galerie Gabriel Rolt

141 **Yves Klein**
© Yves Klein, ADAGP, Paris

141 **Chris Burden**
Met dank aan | Courtesy Electronic
Arts Intermix (EAI), New York

141 **Marina Abramovic**
Met dank aan | Courtesy Marina
Abramovic, Netherlands Media Art
Institute Montevideo, Amsterdam
142 **Ron Athey**
Met dank aan | Courtesy Ron
Athey and Western Project
142 **Danny Devos**
Foto | Photo Frank Pinckers
142 **Franko B**
© Manuel Vason
143 **Vito Acconci**
Met dank aan | Courtesy Solomon
R. Guggenheim Museum, New York
144-145 **Ana Mendieta**
© Legal successors Ana Mendieta
146 **Hans Danuser**
Met dank aan | Courtesy Hans Danuser
147 **L.A. Raeven**
Met dank aan | Courtesy
Ellen de Bruijne Projects
148 **Susana Pilar Delahante Matienzo**
Met dank aan | Courtesy
Susana Pilar Delahante Matienzo
149 **ORLAN**
Met dank aan | Courtesy
Galerie Michel Rein, Paris
150 **Rachel Goh**
© Rachel Goh
151 **IngridMwangiRobertHutter**
Met dank aan | Courtesy
IngridMwangiRobertHutter &
Galleria Il Trifoglio Nero, Genova
152-153 **Kirsten Geisler**
Met dank aan | Courtesy
Galerie Akinci, Amsterdam
154 **Micha Klein**
Met dank aan | Courtesy Micha Klein
155 **Inez Van Lamsweerde
& Vinoodh Matadin**
© Inez Van Lamsweerde
& Vinoodh Matadin
156-157 **Erwin Olaf**
© Erwin Olaf. Met dank aan |
Courtesy Flatland Gallery, Utrecht
156-157 **Eduardo Kac**
© Eduardo Kac
158 **Philip Brophy**
© Philip Brophy
159 **Stelarc**
Foto | Photo Garry Shepherd
160 **Charles Atlas**
Met dank aan | Courtesy Electronic
Arts Intermix (EAI), New York
161 **Frank Theys**
© Frank Theys

Het Ding | The Thing
— curator Dieter Roelstraete

189 **Martin Creed**
Met dank aan | Courtesy the artist
& Galerie Jörg Johnen, Berlin
190 **Anonyme** (Legs. Constantin Brancusi)
© Foto | Photo CNAC / MNAM /
Foto dist. RMN

191 **Constantin Brancusi**
© Foto | Photo CNAC / MNAM /
Foto dist. RMN
192 **Leonor Antunes**
Met dank aan de kunstenaar |
Courtesy the artist & Air de Paris, Paris
Foto | Photo André Morin, le Crédac, 2008
193 **Eva Berendes**
Met dank aan de kunstenaar | Courtesy
the artist & Sommer & Kohl, Berlin
Foto | Photo Jens Ziehe
194 **Thea Djordjadze**
Met dank aan de kunstenaar |
Courtesy the artist, Monika Sprüth/
Philomene Magers, Cologne/Berlin
& Micky Schubert, Berlin.
Foto | Photo Adeline Morlon
195 **Francesco Gennari**
Met dank aan de kunstenaar | Courtesy
the artist & Johnen + Schöttle, Cologne
196 **Gabriel Kuri**
Met dank aan de kunstenaar |
Courtesy the artist & Franco Noero, Turin
197 **Steven Shearer**
Met dank aan de kunstenaar | Courtesy
the artist & Galerie Eva Presenhuber,
Zürich
198 **Judy Radul**
Met dank aan de kunstenaar |
Courtesy the artist
199 **Camilla Løw**
Met dank aan de kunstenaar | Courtesy
the artist & Sutton Lane, London/Paris
200-201 **Valérie Mannaerts**
Met dank aan de kunstenaar |
Courtesy the artist
202 **Mark Manders**
Met dank aan | Courtesy
the Art Gallery of Ontario, Toronto
203 **Mark Manders**
Met dank aan | Courtesy
Rabobank Collection
204 **Thomas Houseago**
Met dank aan | Courtesy
Xavier Hufkens, Brussels
Foto | Photo Allard Bovenberg
205 **Goshka Macuga**
Met dank aan | Courtesy Kate MacGarry,
London & A Foundation/Greenland
Street, Liverpool
Foto | Photo Andy Keate
206-207 **Jos de Gruyter & Harald Thys**
Met dank aan de kunstenaars | Courtesy
the artists
208 **Mark Soo & Elizabeth Zvonar**
Met dank aan de kunstenaars |
Courtesy the artists & Cohan
and Leslie, New York

The Search for the Spirit
— curator Grant Watson

229 **General Idea**
Met dank aan | Courtesy of
AA Bronson, New York/Toronto.
Foto | Photo © Georg Rehsteiner.

230 **General Idea**
Met dank aan | Courtesy of
AA Bronson, New York/Toronto.
Foto | Photo The Gas, Company, Toronto
231-235 **General Idea**
Canadian Museum of Contemporary
Photography. Gift of the artists,
Toronto, 1993
236-237 **Luis Jacob**
Met dank aan | Courtesy
of Birch Libralato, Toronto
238 **Eileen Gray**
© V&A Images / as advised by
the National Museum of Ireland
239 **Luca Frei**
Met dank aan | Courtesy the artist
& Studio Dabbeni, Lugano, Elastic,
Malmö, Balice Hertling, Paris
240-241 **Image Bank**
Michael Morris & Vincent Trasov
242 **Anonieme Patna kunstenaar**
© V&A Images / Photo Catalogue.
All rights reserved.
243 **Yael Davids**
Met dank aan de kunstenaar |
Courtesy the artist
244 **General Idea**
Met dank aan | Courtesy of AA Bronson,
New York/Toronto. Foto | Photo
Art Gallery of Ontario, Toronto
245 **Johanna Natalie Wintsch**
Met dank aan | Courtesy of
Sammlung Prinzhorn, Heidelberg
246 **Image Bank**
Michael Morris & Vincent Trasov

Colofon | Colophon

Al Het Vaststaande Verdampt.
Vijf Reflecties Over Materialistische Spiritualiteit In
De Hedendaagse Kunst |
All That Is Solid Melts Into Air.
Five Reflections On Materialist Spirituality In Contemporary Art.

Dit boek verschijnt naar aanleiding van de tentoonstelling | This book was published on the occasion of the exhibition

All That Is Solid Melts Into Air | Al Het Vaststaande Verdampt
Mechelen
Cultuursite Onder de Toren
21.03.2009–21.06.2009

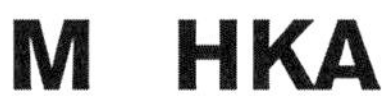

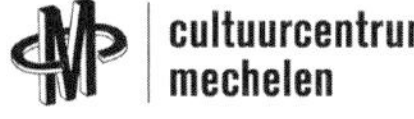

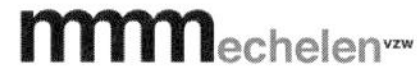

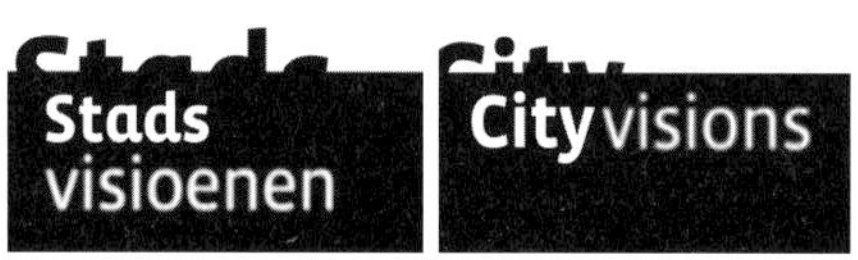

Concept
Bart De Baere, Dieter Roelstraete, Grant Watson

Curatoren | Curators
Edwin Carels
Bart De Baere
Liliane Dewachter
Dieter Roelstraete
Grant Watson

Projectcoördinator | Project coordinator
Robrecht Ghesquière

Architectuur | Architects
B-Architecten: Evert Crols, Dirk Engelen, Sven Grooten, Kathy Van de Velde

Opzet publieksbegeleiding | Concept visitor service
Bart De Baere, Koen Leemans, Peggy Saey, Sofie Vermeiren

Al Het Vaststaande Verdampt is een productie van het MuHKA, het Cultuurcentrum Mechelen en MMMechelen vzw in het kader van het evenement Stadsvisioenen.
All That is Solid Melts Into Air is produced by MuHKA, Cultuurcentrum Mechelen and MMMechelen vzw as part of the City Visions event

Raad van Bestuur | Board of Directors of MMMechelen vzw
Bart Somers (voorzitter | chairman), Frank Nobels (ondervoorzitter | vice-chairman), Anissa Temsamani (ondervoorzitter | vice-chairman), Heidi De Nijn (secretaris | secretary), Kristl Strubbe (penningmeester | treasurer), Stefaan Deleus, Bart De Nijn, Marie-Louise Grouwet, Rita Janssens, Willem Kluppels, Vicky Laghuwitz (deskundige | expert), Walter Roggeman, Etienne Van Den Bergh, Tom Wezenbeek (waarnemer | observer)

Raad van Bestuur | Board of Directors of MuHKA
Wouter De Ploey (voorzitter | chairman), Koen T'Sijen (ondervoorzitter | vice-chairman), Stef Van Bellingen, Lex ter Braak, Chantal De Smet, Hilde Daem, Thérèse Legierse, Bo Coolsaet, Christine De Ketelaere, Ivo Van Vaerenbergh, Ingrid Luyten, Philip Heylen, Frank Benijts, Catherine Van Den Heuvel, Rupa Bhansali, Vivian Liska, Saïd El Khadraoui

Met medewerking van | collaborators:

MMMechelen vzw:
Christel Kersemans, algemene coördinatie | general coordination
Frederik Picard, coördinatie communicatie | communications coordination
Anne De Roeck, projectcoördinatie sociaalartistieke projecten | project coordination – social artistic projects
Robrecht Ghesquière, projectcoördinatie actuele kunsten | project coordination – contemporary arts
Frank Herman, projectcoördinatie architectuur | project coordination – architecture
Hélène Vandenberghe, projectcoördinatie erfgoed | project coordination – heritage
Lucie Vangerven, publiekscoördinatie | visitor coordination
Barbara Van de Perre, communicatiemedewerker | communications assistant
Tine Deca, communicatiemedewerker | communications assistant
Heidi Booi, administratief medewerker | administrative assistant

MuHKA vzw:
Bart De Baere (directeur | director), Luc Delrue (zakelijke leiding | financial director), Ghislaine Peeters (productie | production), Jos Van den Bergh (preproductie | preproduction), Kathleen Weyts (communicatie | communication)
Jürgen Addiers, Raoul Amelinckx, Katrien Batens, Maya Beyns, Carine Bocklandt, Els Brans, Marcel Casneuf, Tom Ceelen, Ann Ceulemans, Celina Claeys, Christine Clinckx, Rita Compère, Anna Cruse, Leen De Backer, Frederic De Vos, Jan De Vree, Flore De Vreeze, Luc Delrue, Martine Delzenne, Liliane Dewachter, Staf Dierickx, Sophie Gregoir, Ria Hermans, Sabine Herrygers, Helena Jachschieyeva, Brigitta Jacobs, Joris Kestens, Christine Lambrechts, Fleur Lamers, Hughe Lanoote, Ben Lecok, Viviane Liekens, Maja Lozic, Geertrui Pas, Alexandra Pauwels, Joost Peeters, Anne-Marie Poels, Aicha Rafik, John Reiff, Ruth Renders, Emmy Rijstenbil, Dieter Roelstraete, Iris Roevens, Staf Rombouts, Peggy Saey, Rita Scheppers, Katleen Schueremans, Vincent Stroep, Dominique 't Jolle, Georges Uittenhout, Chris Van Den Broeck, Ria Van Den Broeck, Frank Van Der Kinderen, Carine Van Dyck, Willy Van Gils, Lut Van Nooten, Roel Van Nunen, Gerda Van Paemele, Lutgarde Van Renterghem, Annemie Van Roey, Kris Van Treeck, Sofie Vermeiren, Nine Verschueren, Jan Vertommen, Grant Watson, Magda Weyns, Hans Willemse
Gidsen | guides: Sarah Bruynoghe, Helena Buyst, Jerina Colyn, Sandra De Clerq, Hendrikje De Gendt, Sanne De Wolf, Karen Delfosse, Natacha Dimovska, Els Dittrich, Anouk Fraweel, Diana Gadaldi, Juanita Geerts, Lise Hellemond, Katelijne Leysen, Oona Maes, Anne Nijs, Lien Quintelier, Leen Sauviller, Ellen Schroven, Sam Sterckx, Heidi Swerts, Koen Thiry, Margot Thysens, Piet Van Hecke, Eva Van Loock, Harm van Zwol

CCMechelen:
Koen Leemans (directeur | director), Chris Breeus, Brendan Burny, Jan Christiaens, Katleen Colpaert, Brien Coppens, Kris Cuypers, Goedele De Veuster, Kevin De Vos, Sam De Wit, Eric Eeckhoudt, Danny Henderickx,

Lut Keppens, Paul Lammar, Christel Mievis, Willem Moyson, Peter Piessens, Christiane Roelans, Tomas Schilders, Lies Timperman, Annelien Van Damme, Anne Van de Voorde, Imke Van Oost, Kaat Van Praet, Jade Van Uytsel, Lars Van Vlasselaer, Chris Vanderbeek, Carlo Vanhout, Greet Verbruggen, Guido Verreydt

**MuHKA dankt |
would like to thank:**

De kunstenaars | The artists

Niet Niets | Not Nothing
(Edwin Carels): AL and AL, Rom Bohez (SMAK), Lisson Gallery, Kristel Wautier (Museum voor Geschiedenis van de Wetenschappen, Universiteit Gent), Thomas Weynants (Visual-Media.eu), KMSK, Provinciaal Fotomuseum Antwerpen, Erfgoedcel Mechelen, plantsoendienst Mechelen, Liene Aerts, Joanne H. Cooper (Curator Bird Group, Natural History Museum, London), Monica Ballin (Wham-O, The Pollack PR Marketing Group)

Het Werk | The Work
(Bart De Baere): Rien Aarsen, ANWB Den Haag, Maria Broodthaers, Bodhiart (Amit Judge & Amruta Nemivant), Carine De Cordier & Thierry De Cordier, Piet De Keyser, Sjarel Ex, Andrea Galiazzo, Jo Haazen, Rieks Hoogenkamp, Martin Janda, Fedor Kiebert, Daniël Knorr, Kunstencentrum nOna, Luk Lambrecht, Stella Lohaus, Eddy Marien, Snjezana Pintaric, Nicolaus Schafhausen, SKOR, Branka Stipancic, Studenten van de Academie Mechelen, Aneta Szylak, Eugene Tan, Tom Van Gestel, Abe van der Werff, Harm Visser, Robin Watkins, Wyspa, Ivica Zupan, Gerrit Vanden Bosch (Archivaris van het Aartsbisdom Mechelen), Luc Van Hilst (pastoor Scherpenheuvel), Arts Council of Ireland, Bettles Lodge & Air, Alaska.

De Maakbare Mens | The Man-Made (Liliane Dewachter): Galerie Akinci, Amsterdam; Ellen de Bruijne Projects, Amsterdam; Daros Latinamerica AG, Zürich; Electronic Arts Intermix, New York;

Solomon R. Guggenheim Museum, New York; IVAM, Valencia; Montevideo, Amsterdam; Galerie Michel Rein, Paris; Garry Shepherd, Melbourne; Gallery Torch, Amsterdam; Galleria Il Trifoglio Nero, Genova; VLM Studio, New York; Western Project Gallery, Los Angeles, Sarah Bruynoghe, Andy Merregaert, Jozef Merregaert Research: Alice Fettweis, Sabine Herrygers, Fleur Lamers & Jenny Quermia

Het Ding | The Thing
(Dieter Roelstraete): Air de Paris, Isabella Bortolozzi, Catriona Jeffries, Xavier Hufkens, Jörg Johnen, Kate MacGarry, Valeria Napoleone, Franco Noero, Eva Presenhuber, Sommer & Kohl, Sprüth & Magers, Sutton Lane, Micheline Szwajcer

The Search for the Spirit
(Grant Watson): A A Bronson, Martha Hanna, Cyndie Campbell, Ceridwen Maycock, Michael Morris, Vincent Trasov, Scott Watson, Morris and Helen Belkin Art Gallery, Terri Sudeyko, Luis Jacob, Divia Patel, Padraic E. Moore, Victoria and Albert Museum, Thomas Roeske, Ingrid Traschuetz, Museum Sammlung Prinzhorn, Luca Frei, Yael Davids, Scheppers Instituut, Marc Vercauteren

Stagiaires: Sarah Bruynoghe, Dorine De Vos, Samuel Sterckx

We danken de tentoonstellingsbouwers en vrijwilligers voor hun inzet voor de totstandkoming van de tentoonstelling |
Thanks to all the technicians and volunteers on site for their dedication in helping to realize the exhibition

Catalogus | Catalogue

Hoofdredactie | Editor-in-chief:
Dieter Roelstraete

Coördinatie | Managing Editor:
Wannes Gyselinck

Coverillustratie | Cover illustration:
Jimmie Durham, *Crashed Car*, met dank aan de kunstenaar | courtesy the artist

Vormgeving | Lay-out:
Dooreman

Engelse vertaling, behalve waar anders vermeld | English translations except where otherwise noted:
Catherine Romanik

D/2009/247
ISBN 978-90-209-8318-0
NUR 646/651
© Uitgeverij Lannoo nv, Tielt | MuHKA | MMMechelen vzw, 2009

Gedrukt door | Printed by
Drukkerij Lannoo nv, Tielt, 2009

www.muhka.be
www.mmmechelen.be
www.lannoo.com

Al Het Vaststaande Verdampt
wordt gesubsidieerd en gesponsord door |
All That Is Solid Melts Into Air
is subsidized and sponsored by

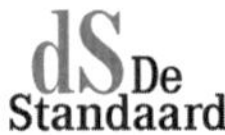
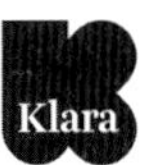
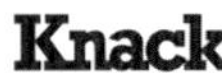
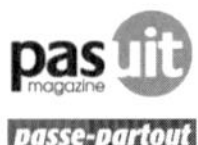

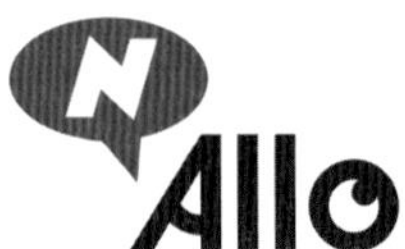
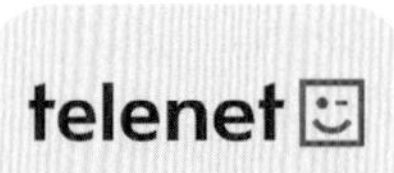
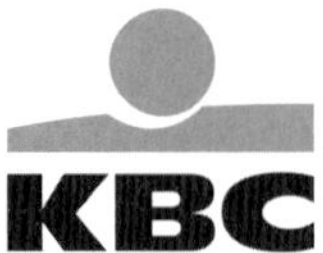

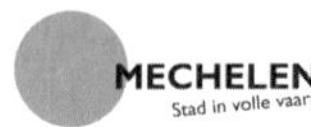
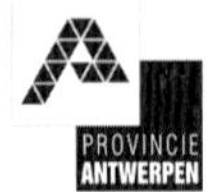
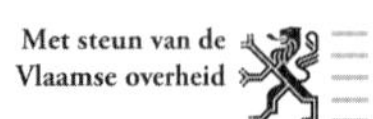

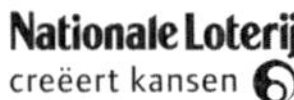
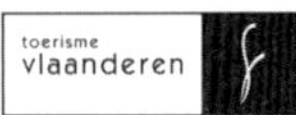
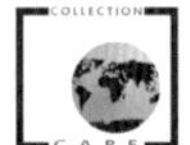

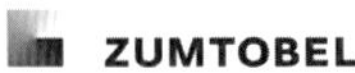
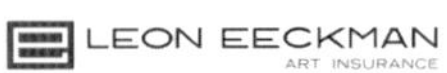
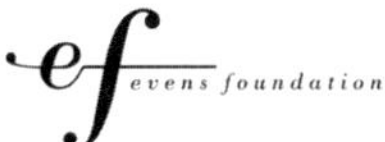